IAN
KERSHAW

DER HITLER MYTHOS

Führerkult und
Volksmeinung

Pantheon

Die Originalausgabe erschien 1987 unter dem Titel
The Hitler Myth. Image and Reality in the Third Reich
bei Oxford University Press, Oxford. Sie wurde vom Autor für
die deutschsprachige Fassung vollkommen überarbeitet.
Für diese Ausgabe wurde der Text erneut vollständig durchgesehen.

Klimaneutral
Druckprodukt
ClimatePartner.com/14044-1912-1001

MIX
Papier | Fördert
gute Waldnutzung
FSC® C083411
FSC
www.fsc.org

Penguin Random House Verlagsgruppe FSC® N001967

3. Auflage

Umschlaggestaltung: Büro Jorge Schmidt, München
Satz: Uhl + Massopust, Aalen
Druck und Bindung: CPI books GmbH, Leck
Printed in the EU
ISBN 978-3-570-55375-6

www.pantheon-verlag.de

INHALT

VORWORT

Eine Vorstudie dieses Buches wurde 1980 von der Deutschen Verlags-Anstalt im Rahmen der Schriftenreihe der »Vierteljahrshefte für Zeitgeschichte« publiziert, die vom Institut für Zeitgeschichte in München herausgegeben wurde. Ich hoffte damals, mit dieser Publikation einen bescheidenen Beitrag zum Verständnis der Dynamik der nationalsozialistischen Herrschaft zu liefern, indem ich – durch den Spiegel der Berichte über die Volksmeinung, die die Lauscher des Regimes auf verschiedenen Ebenen zusammenstellten – herausarbeitete, wie gewöhnliche Deutsche während des Dritten Reiches Hitler sahen. Der Führerkult, so schien es mir, war sicher ein Kernelement der Funktionsweise des Regimes. Darüber hinaus war das Ausmaß von Hitlers Popularität von entscheidender Bedeutung für die plebiszitäre Grundlage seiner Herrschaft und demzufolge auch für die Durchsetzung der weltanschaulichen »Vision«, die er verkörperte. Daher schien es lohnend, den Versuch zu unternehmen, nicht nur die Schaffung des Führerkults durch Propaganda zu beschreiben, sondern auch seine Herausbildung »von unten« zu schildern, indem ich die Einstellung ungezählter normaler Leute untersuchte (wie sie sich in der Überwachung der Meinungsströmungen durch das Regime spiegelte). Die Propaganda war tatsächlich, wie alle Forschungen ergeben, dann am wirkungsvollsten, wenn sie auf solchen bestehenden Einstellungen aufbaute, sie verstärkte und ausnutzte, die in gewisser Weise bereits ihrer Botschaft gegenüber günstig gestimmt waren. Daher schien es wichtig, den »Hitlermythos« nicht nur als eine Schöpfung der Propaganda, sondern teilweise auch als Reflex bereits bestehender

Mentalitäten, Erwartungen, Hoffnungen und Wünsche zu verstehen, die zwar nicht die gesamte Bevölkerung teilte, die aber gleichwohl weitverbreitet waren. Die freundliche Aufnahme des Buches, zu der es besonders in Deutschland kam, bestärkte mich in der Annahme, dass ich hier den richtigen Ansatz verfolgte. Da dieses Buch nun schon seit längerer Zeit nicht mehr lieferbar ist, bin ich hocherfreut über die Veröffentlichung des vorliegenden Buches, die allerdings in vielfacher Hinsicht von der früheren deutschen Version abweicht. Dazu sind einige Erläuterungen angebracht.

Das Buch ging aus Forschungsarbeiten hervor, die ich damals im Rahmen des bahnbrechenden Forschungsprojekts »Bayern in der NS-Zeit« am Institut für Zeitgeschichte in München durchführte. Mit großer Freude erinnere ich mich an meine Beteiligung an diesem Projekt. Zu jener Zeit hatte ich gerade erst meine Aufmerksamkeit der modernen deutschen Geschichte zugewandt – ein gewaltiger Wechsel von meiner vorherigen Beschäftigung mit der Wirtschaft englischer Klöster im 13. und 14. Jahrhundert –, und ich vertiefte mich mit großer Begeisterung in das neue Forschungsfeld. Dabei erhielt ich die bestmögliche Unterstützung von den Mitarbeitern des Instituts, von dem Forscherteam des »Bayern-Projekts« (insbesondere von Elke Fröhlich und Falk Wiesemann) und vor allem von Martin Broszat, dem damaligen Direktor des Instituts, der auch das Projekt leitete. Darüber hinaus konnte ich mich auf die unerlässliche Hilfe der Archivare verschiedener Abteilungen des Bayerischen Staatsarchivs stützen. All dies bedeutete für mich eine unbedingt notwendige Einführung in eine nachhaltige Auseinandersetzung mit der schwierigsten, heikelsten und in tragischer Weise wichtigsten Phase der modernen deutschen Geschichte.

Seinerzeit interessierte ich mich nicht speziell für die Person Adolf Hitler. In erster Linie ging es mir um die Sozialgeschichte der nationalsozialistischen Zeit, und bei meinen Forschungen stand die Analyse der verschiedenen Strömungen der Volksmeinung im Vordergrund. Der Schwerpunkt lag dabei auf dem Phänomen des politischen Dissens. Dennoch faszinierte mich sehr bald die Art und Weise, wie das Hitler-Bild der Öffentlichkeit in den Berichten, mit denen ich mich beschäftigte, immer wieder als starkes Element der Konsensbildung aufzutauchen schien. Oft sah es so aus, als setze es sich über die vielen Faktoren hinweg (oder kompensiere sie), wo die Menschen dem Regime, der Partei, den gesellschaftlichen und wirtschaftlichen Verhältnissen, bestimmten Seiten der Regierungspolitik und – nicht zuletzt – örtlichen Repräsentanten der NSDAP und ihrer Nebenorganisationen höchst kritisch gegenüberstanden. Deshalb entschied ich mich dafür, in einem Teil meiner Arbeit systematischer auf Wandel und Entwicklung des »Führermythos« einzugehen, während ich mich ansonsten auf den Dissens konzentrierte, der mich von Beginn an interessiert hatte. Für mich waren allerdings beide Themen einander ergänzende Teilaspekte einer Gesamtuntersuchung – dabei ging es um Akklamation aus der Bevölkerung einerseits, um abweichende Meinungen andererseits.

Im Laufe zahlreicher Gespräche entwickelte Martin Broszat ein immer größeres Interesse an den Teilen meiner Arbeit, in denen es um das Hitler-Image im Volke ging. Meine Ergebnisse deckten sich in gewissem Maße mit Einsichten, die er selbst in einem Aufsatz formuliert hat, den ich für brillant hielt (und immer noch halte). Hier ging es um die Zusammenhänge zwischen »sozialer Motivation« und dem, was Broszat »Führerbindung« nannte, sowie darum, wie diese beiden Elemente die innere Dynamik des NS-Systems formten. Martin Broszats Begeisterung für das, was sich aus meinen Forschungen ergab, führte dazu, dass er mir die Notwendigkeit klarmachte, meine Resultate in einem gesonderten Buch über den »Hitlermythos« darzulegen. Das Ergebnis war die ursprüngliche deutsche Version. Ich war sehr dankbar, dass Martin Broszat eine großzügige Einführung zu diesem Buch verfasste, in der er das Werk in den Kontext der Hitler-Forschung jener Zeit einordnete.

Selbstverständlich hatte ich mich damals mit Hitler noch nicht vom Standpunkt eines Biografen auseinandergesetzt, es ging mir nur um sein öffentliches Image. Dies sollte mich jedoch, was ich damals noch nicht erkannte, zunehmend auf das Gebiet der »Hitler-Forschung« führen, es sollte sich als Beginn eines Weges erweisen, der mich während des größten Teils zweier Jahrzehnte immer mehr dahin brachte, mich in meiner Arbeit auf die Person des Diktators zu konzentrieren – für mich persönlich hieß es nun also: »Hitler und kein Ende.«

Der Verlag Oxford University Press interessierte sich gleich nach Erscheinen der ursprünglichen Publikation des »Hitlermythos« für eine englische Ausgabe des Werkes. Ich habe damals zunächst gezögert. Zu der Zeit war ich sehr stark mit der Vorbereitung der Veröffentlichung des anderen Teils meiner Forschungsergebnisse beschäftigt, die ebenfalls bei Oxford University Press erscheinen sollten – hier ging es um Formen abweichenden Verhaltens unter den Bauern, bei der Industriearbeiterschaft und in der protestantischen Bevölkerung sowie um Einstellungen zur Judenverfolgung. Meine Priorität war damals einzig und allein die Fertigstellung dieser Untersuchung, die schließlich 1983 unter dem Titel *Popular Opinion and Political Dissent in the Third Reich: Bavaria, 1933–1945* erschien. Ich war mir auch dessen bewusst, dass die Konzentration auf Bayern in der Ursprungsversion des »Hitlermythos« bei einer Ausgabe in englischer Sprache revidiert werden musste. Das bedeutete weitere Recherchen, um Material aus anderen Teilen des Reiches einzuarbeiten. Außerdem wollte ich etwas ausgleichen, was ich inzwischen als Mangel des zuerst veröffentlichten Textes erkannt hatte, indem ich ein neues Kapitel über ein ganz offensichtlich wichtiges Thema einfügte: Es handelt vom Platz des Antisemitismus im Hitler-Image der Bevölkerung. Schließlich hielt ich es auch noch für angebracht, eine neue Einleitung und einen neuen Schluss hinzuzufügen, wo ich den Kult um Hitler als zentrales Element seiner »charismatischen Herrschaft« behandeln konnte. All dies führte zu einer Verzögerung, ehe ich mich bereit erklärte, eine vollkommen überarbeitete englische Fassung mit den oben genannten Veränderungen vorzubereiten. Dieses englische Buch erschien schließlich 1987. Die vorliegende Übersetzung beruht auf diesem Text.

Ich bin allen Freunden und Kollegen sehr dankbar, die mich mit Rat und Ermutigung unterstützten, als ich die Forschungsarbeiten zu diesem Buch durchführte. Unverändert bleibt auch mein aufrichtiger Dank an jene Körperschaften, die meine ersten Forschungsaufenthalte in Bayern und anderswo finanzierten. Vor allem zu erwähnen ist hier nach wie vor die Alexander von Humboldt-Stiftung, die mir einen einjährigen Aufenthalt in München ermöglichte.

Für die hier vorliegende, vollkommen überarbeitete neue deutsche Fassung habe ich Ulrich Volz und Michael Neher von der Deutschen Verlags-Anstalt sowie den Übersetzern Boike Rehbein und Klaus Kochmann zu danken.

Ian Kershaw

EINLEITUNG

Kaum ein politischer Führer, wenn überhaupt einer, genoss bei seinem Volk eine größere Popularität als Hitler während des Jahrzehnts nach seiner Machtergreifung am 30. Januar 1933. Man hat behauptet, auf dem Höhepunkt seiner Popularität seien neun von zehn Deutschen »Hitleranhänger, Führergläubige« gewesen.[1] Welche Einschränkungen bei solch einer kühnen Behauptung auch notwendig sein mögen, lässt sich doch mit Gewissheit sagen, dass die Unterstützung für die NSDAP weit geringer war, was ihre Führer deutlich bemerkten.[2] Der Beifall für Hitler erstreckte sich weit über die Gruppe derer hinaus, die sich selbst als Nationalsozialisten betrachteten, und erfasste viele, die den Institutionen, der Politik und der Ideologie des Regimes kritisch gegenüberstanden. Dieser Umstand hatte eine fundamentale Bedeutung für die Funktionsfähigkeit des Dritten Reiches. Die Bewunderung Hitlers durch Millionen Deutsche, die sich ansonsten nur in geringem Maße dem Nationalsozialismus verschrieben hätten, bedeutete, dass die Person des Führers als Kern eines grundlegenden Konsenses eine entscheidende integrative Kraft im nationalsozialistischen Herrschaftssystem bildete. Ohne Hitlers außerordentliche persönliche Popularität wäre das hohe Maß an allgemeiner Zustimmung undenkbar, auf die das Regime immer wieder zurückgreifen konnte – um seine Aktivitäten im In- und Ausland zu legitimieren, um den Widerstand zu entschärfen, um die Unabhängigkeit des Führers von den nationalkonservativen Eliten zu fördern, die gedacht hatten, sie könnten Hitler kontrollieren, und um das frenetische und zunehmend gefährlichere Moment der NS-Herrschaft zu verstärken. Am wichtigsten aber ist, dass Hitlers eigene Machtposition durch seine enorme Popularität immer unangreifbarer wurde. Das war der Grundstein für den selektiven Radikalisierungsprozess während des Dritten Reiches, in dessen Verlauf persönliche Obsessionen in greifbare Wirklichkeit übersetzt wurden.

Die biografische Beschäftigung mit den Einzelheiten von Hitlers eigentümlicher Persönlichkeit und seiner Lebensgeschichte – die in zahlreichen Veröffentlichungen umfassend untersucht wurden[3] – vermag seine außerordentliche Anziehungskraft nicht hinreichend zu erklären. Auch Hitlers obsessive ideologische Fixierungen, die ebenfalls bekannt sind, können nicht für seine ungewöhnliche Beliebtheit verantwortlich gemacht werden. So wäre es ein Leichtes, beispielsweise die Zugkraft des Antisemitismus als entscheidenden Faktor bei der Gewinnung von Anhängern der NS-Bewegung hochzustilisieren[4] (obgleich seine funktionale Bedeutung als einheitsstiftende Idee *innerhalb* der Bewegung kaum zu bestreiten ist). Des Weiteren dürfte die Vorstellung eines nahen Krieges um Lebensraum für ein Volk, das im Anschluss an die Wirtschaftskrise nach Verbesserung der materiellen Lebensbedingungen strebte und vor der Aussicht eines neuen Krieges überwiegend Angst hatte, kaum eine ausschlaggebende Verlockung dargestellt haben.[5] Daher wurde mit einiger Plausibilität behauptet, dass Hitlers ideologische Obsessionen noch lange nach der Machtergreifung selbst für die meisten Anhänger der Nationalsozialisten eher einen symbolischen als einen konkreten Sinn hatten.[6]

Es drängt sich die Notwendigkeit auf, die weitreichenden Erkenntnisse über Hitler als Person zu ergänzen, indem man das Schwergewicht auf das *Image* Hitlers als Führer legt. Die Quellen von Hitlers immenser Popularität müssen, wie mit Recht gefordert wurde, »in denen, die ihn bewunderten, nicht so sehr im Führer selbst«[7] gesucht werden. Mit dem vorliegenden Buch soll ein Schritt in diese Richtung getan werden.

Es befasst sich in erster Linie nicht mit Hitler selbst, sondern mit dem propagandistischen Prozess der Imagebildung und vor allem mit der Rezeption des Images in der deutschen Bevölkerung – wie sie Hitler vor dem und im Dritten Reich sahen. Anders gesagt, geht es im Buch weniger darum, wie Hitler wirklich war, als darum, was er für Millionen Deutsche zu sein schien. In diesem Kontext versucht es, als eine Untersuchung im Bereich der politischen Imagologie, zu zeigen, wie der »Hitlermythos« – womit ich ein »heroisches« Image und eine volkstümliche Wahrnehmung Hitlers meine, die ihm größtenteils krass von der Wirklichkeit abweichende Eigenschaften und Motive zuschrieben – seine essenzielle integrative Funktion ausfüllte, dem Regime die Grundlage der Massenunterstützung zu liefern.[8] Das Buch soll die wichtigsten Fundamente des »Hitlermythos« freilegen, auf welcher Grundlage er errichtet und wie er instand gehalten wurde. Damit sucht es die Hauptelemente des Konsenses herauszuarbeiten, die der »Hitlermythos« verkörperte, und schließlich die Konsequenzen darzustellen, die der »Hitlermythos« für die Durchsetzung der ideologischen Ziele des Nationalsozialismus hatte.

Die beiden Themen der Image-Bildung und der Image-Rezeption sind eng miteinander verwoben. Es gibt nicht den geringsten Zweifel daran, dass der »Hitlermythos« von einem Regime, dem die Notwendigkeit der Herstellung eines Konsenses klar war, als integrative Kraft bewusst konstruiert wurde. Hitler selbst widmete der Bildung seines öffentlichen Images bekanntermaßen größte Aufmerksamkeit. Sorgfältig achtete er auf Stil und Haltung während seiner Reden und anderer öffentlicher Auftritte. Und er war darauf bedacht, jede Andeutung menschlicher Fehler zu vermeiden; beispielsweise wollte er nicht gesehen werden, wenn er eine Brille trug, Sport oder eine andere Tätigkeit ausübte, bei der er nicht hervorragend und Gegenstand der Belustigung anstelle der Bewunderung sein könnte. Seine Ehelosigkeit, die Goebbels als Opfer des persönlichen Glücks für das Wohl der Nation darstellte, wurde von Hitler ebenfalls als funktionelle Notwendigkeit angesehen, um seine Popularität bei den deutschen Frauen zu erhalten, deren Unterstützung er als wesentlich für seinen Wahlerfolg betrachtete.[9] All das hängt eng mit seinen bekannten Ansichten über die Massenpsychologie zusammen, die in *Mein Kampf* dargelegt wurden und denen Gustave Le Bons über die nahezu grenzenlose Manipulierbarkeit der Massen ähnelten.[10] Im Dritten Reich selbst war Hitler die Bedeutung seines »allmächtigen« Images für seine Führerposition und die Stärke des Regimes augenscheinlich bewusst. In diesem Sinne wurde bereits richtig festgestellt, dass »Hitler seine eigene Funktion gut verstand, die Rolle, die er als ›Führer‹ des Dritten Reiches spielen *musste*«, dass er »sich in eine Funktion verwandelte, die *Funktion des Führers*«.[11]

Der manipulative Zweck hinter dem »Hitlermythos« bestand somit von Anfang an. Er wurde von den Angehörigen der herrschenden Klassen, die zur aktiven Unterstützung der NSDAP bereit waren, in recht zynischen Worten als »Verdummung der Massen«[12] begrüßt und gefördert, aber auch um sie von der Verlockung des Sozialismus in die Arme einer antisozialistischen, konterrevolutionären Massenbewegung zu führen – wenngleich das Ausmaß, in dem der »Hitlermythos« im Dienste der Interessen des Monopolkapitals geschaffen wurde oder ihnen tatsächlich diente, leicht übertrieben werden kann.[13] Unbestreitbar scheint lediglich, dass der konstruierte »Hitlermythos« in seiner integrativen Funktion unabdingbar war: erstens als Mittel gegen die starken Zentrifugalkräfte innerhalb der NS-Bewegung selbst und zweitens als Mittel zur Herstellung eines grundlegenden Konsenses in der deutschen Bevölkerung in Bezug auf die Ziele und die Politik, die sich mit dem Führer in Verbindung bringen ließen. Und je offensichtlicher die objektiven Widersprüche in den sozialen Bestrebungen der nationalsozialistischen Massenbasis wurden, desto größer wurde die funktionale Notwendigkeit, mithilfe einer Verdinglichung und Ritualisierung des »Hitlermythos« eine solide Grundlage affektiver Integration zu schaffen.[14]

Ende 1941, auf dem Höhepunkt der nationalsozialistischen Macht und Herrschaft in Europa, nahm Goebbels die Schöpfung des »Führermythos« als die größte Errungenschaft seiner Propaganda für sich in Anspruch.[15] Das tat er mit einer gewissen Berechtigung, und wir werden uns in einigen der späteren Kapitel mit der Untersuchung des »Hitlermythos« als Resultat der »Image-Bildung« durch die Meister der neuen Propagandatechniken beschäftigen. Allerdings wurde zu Recht darauf hingewiesen, das »heroische« Hitler-Bild sei »nicht nur den Massen aufgezwungen, sondern auch von ihnen mitgeschaffen worden«.[16] Die Propaganda war insbesondere dort wirkungsvoll, wo sie sich auf bestehende Werte und Einstellungen stützte, anstatt ihnen entgegenzuarbeiten. Das gegebene Feld vorhandener Überzeugungen, Vorurteile und Phobien, das einen wichtigen Platz in der deutschen politischen Kultur einnahm und in das der »Hitlermythos« leicht eingepflanzt werden konnte, bildet demnach ein weiteres wesentliches Element in der Erklärung, wie sich das propagandistische Image Hitlers als »Repräsentant«, der den »wahren Sinn für das Eigentum des deutschen Volkes« aufrechterhielt, festsetzen und zur Blüte gelangen konnte.[17]

Daher beginnen wir notwendigerweise mit den Wurzeln des Führerkults, der lange vor dem Aufstieg des Nationalsozialismus existierte, und mit seiner frühen Reifung innerhalb der NS-Bewegung vor seiner Ausweitung auf die breite Wählerschaft zwischen 1930 und 1933. Wie man weiß, stimmte in den Märzwahlen von 1933 – die in einer Atmosphäre nationaler Euphorie auf der Rechten und extremer terroristischer Unterdrückung der Linken stattfanden – nicht einmal jeder zweite Wähler für Hitlers Partei. Die meisten Deutschen standen ihrem neuen Kanzler entweder feindselig oder zwiespältig gegenüber. Dennoch gewann Hitler während der folgenden drei Jahre vor dem Hintergrund einer scheinbar vollständigen Wiederbelebung der deutschen Gesellschaft jene »Mehrheit der Mehrheit«[18] für sich, die 1933 nicht für ihn gestimmt hatte. Der Führerkult war inzwischen als Massenphänomen fest etabliert und lieferte dem NS-Regime die Legitimation eines bewunderten Führers, der ein zuvor ungekanntes Maß an Lobhudelei und Unterwürfigkeit seitens der Bevölkerung genoss. Noch zur Zeit von Hitlers Ernennung zum Kanzler Ende Januar 1933 war das kaum vorstellbar gewesen. Der Übergang vom Image des Parteiführers zu dem des überragenden nationalen Führers ist Gegenstand des zweiten Kapitels. Einige wichtige Elemente im Aufbau des »Hitlermythos« werden in den folgenden Kapiteln näher untersucht. Die außerordentliche Widerspiegelung von Hitlers populärem Image in Reaktionen auf das Massaker an der SA-Führung in der »Nacht der langen Messer« am 30. Juni 1934, die Loslösung Hitlers von der NSDAP sowie den Missetaten und dem schlechten Ruf lokaler Parteibosse für das Volksbewusstsein und die Art, in der Hitlers Ansehen – nicht zuletzt dank öffentlicher Loyalitätsbekundungen von Priesterschaft und Klerus – die Gefahren des »Kirchenkampfs« weitgehend unbeschadet überstand, werden eingehend betrachtet. Den letzten Aspekt der Konstruktion des »Hitlermythos«, den wir untersuchen, ist der Einfluss der Serie unvorstellbarer Erfolge in der Außenpolitik, dann der Eskalation der Spannungen und schließlich des Kriegsausbruchs auf die Bildung des legendären Führerimages. Zur Zeit der deutschen Siege im Westen 1940 waren die Hauptkomponenten des »Führermythos«, die in dem des großen militärischen Genies und gleichzeitigen Repräsentanten des einfachen »Frontsoldaten« gipfelten, beisammen. Die späteren Kapitel behandeln die anfängliche Widerstandskraft dieses Mythos während des langsamen Niedergangs und seinen vollständigen Zusammenbruch, als das Dritte Reich kollabierte. Das letzte Kapitel geht von der chronologischen Folge aus, um ein letztes komplexes und wichtiges Thema anzugehen: die Rolle und Bedeutung der »Judenfrage« in Bezug auf Hitlers öffentliches Image.

Die Quellen für die Untersuchung fallen hauptsächlich in zwei Kategorien: zum einen zahllose interne vertrauliche Berichte über Meinungen und Moral, die regelmäßig von deutschen Regierungsbeamten, Polizei- und Justizbehörden, Organen der NSDAP und dem Geheimdienst (SD) erstellt wurden; zum anderen, bis zu den Anfangsjahren des Krieges, die reichhaltigen Berichte, die aus Deutschland zu den Gegnern des NS-Regimes ins Exil gelangten, in erster Linie diejenigen, die der Führung der exilierten SPD (die sich Sopade nannte und zuerst in Prag, dann in Paris und zuletzt in London saß) zugespielt und von ihr herumgereicht wurden. Die Vorzüge und Fallstricke dieses Materials habe ich an anderer Stelle erörtert.[19] Daher möge es hier genügen, auf einige zusätzliche Probleme dieser Quellen hinzuweisen, die sich in Bezug auf eine Rekonstruktion volkstümlicher Hitler-Bilder stellen.

Es ist klar, dass wir Hitlers Popularität zu keinem gegebenen Zeitpunkt des Dritten Reiches quantifizieren können. Die Berichte der Agenten des Regimes liefern uns eine große Zahl unterschiedlicher subjektiver Stellungnahmen, das heißt qualitativer Urteile über den Stand der öffentlichen Meinung. Natürlich waren die Menschen besonders zurückhaltend mit geringschätzigen Bemerkungen über den Führer, welche Kritik man auch immer an anderen Aspekten der nationalsozialistischen Herrschaft riskieren konnte. Zur Zurückhaltung der Bürger mit einer Kritik an Hitler gesellte sich die Furcht der Berichterstatter, ihre Vorgesetzten zu verärgern. Wir müssen also mit der Möglichkeit rechnen, dass Lobeshymnen in den Berichten eher die – wirkliche oder erzwungene – Meinung des Berichterstatters als die der Öffentlichkeit widerspiegeln. Auch wenn die Kommentare Einstellungen der Öffentlichkeit getreu ausdrücken, können diese Einstellungen selbst natürlich Ausdruck einer mehr oder weniger erzwungenen Konformität sein anstatt einer echten Popularität Hitlers. Der Natur der Dinge gemäß ist es schwieriger, die regimefreundlichen Kommentare in den Berichten zu interpretieren, bei denen man wegen der unterschwelligen Momente von Angst und Zwang zu Skepsis neigt, als die regimefeindlichen Stellungnahmen und Aktionen der Bevölkerung auszuwerten, die oft für sich selbst sprechen. Eine potenzielle Gefahr besteht also darin, die oppositionellen Einstellungen zu überschätzen und dementsprechend die ehrliche Zustimmung und den Konsens herunterzuspielen. Bezüglich des Materials, das uns zur Verfügung steht, gibt es kein objektives oder externes Kriterium zur Lösung dieser Schwierigkeit. So unvollkommen das Urteil des Historikers auch sein mag, muss es doch hinreichen, wenn es sich auf sorgfältige Quellenkritik, Auseinandersetzung mit der ganzen Materialfülle von verschiedenen Einrichtungen und eine Bereitschaft, zwischen den Zeilen zu lesen, stützt.

Die Berichte sind jedoch vom Echo direkter Kritik an Hitler nicht frei. Von der Mitte des Krieges an wächst die Zahl ablehnender Stellungnahmen – die eindeutig, wenn auch im Ausdruck verblümt sind. Dadurch wird die Annahme gestützt, dass der positive Grundton der früheren Berichte im Großen und Ganzen echte Popularität widerspiegelte, während weitreichende und fundamentale Kritik an Hitler fehlte. Gleichzeitig gibt es hinreichend Belege – beispielsweise in den Akten der politischen »Sondergerichte« wie auch in anonymen Briefen und den Berichten über Aktivitäten von »Staatsfeinden« – über die Arten negativer Stellungnahmen, die im Dritten Reich über Hitler gemacht wurden, selbst wenn diese bis zur Mitte des Krieges nur die Ansichten einer kleinen Minderheit der Bevölkerung ausgedrückt zu haben scheinen.

Die Berichte der Sopade[20] sind natürlich den internen Berichten diametral entgegengesetzt gefärbt. Die Berichterstatter der Sopade griffen mit Vorliebe Anzeichen für eine antinationalsozialistische Stimmung auf, die sie in ihrem Tätigkeitsmilieu unter der Industriearbeiterschaft nicht selten antrafen, und tendierten gelegentlich dazu, sich in ihrem Urteil zu täuschen, indem sie das Ausmaß unterschwelliger Opposition gegen das Regime überschätzten. Den Herausgebern der »Deutschland-Berichte« ist diese Gefahr deutlich bewusst, ebenso wie einigen »Grenzsekretären« der Sopade, die für die Übermittlung der Berichte zuständig waren. Daher ist es umso auffälliger und bezeichnender, dass selbst diese oppositionellen Quellen des Öfteren bereitwillig die Macht und Bedeutung des Hitler-Kults bezeugten und die Ausdehnung der immensen Popularität des Führers auf die Kreise der Arbeiterklasse zugestanden, die eindeutig keine Anhänger des Nationalsozialismus waren. Obgleich das Material der Sopade wichtige Unterschiede und eine gänzlich andere Perspektive aufweist, liefert es größtenteils eine überzeugende Bestätigung des Bildes vom Hitler-Image und seiner Wirkung, das man aufgrund der internen Quellen gewinnt. Das Material reicht also aus, zumindest in groben Zügen die Entwicklung von Hitlers Image, die Kurve seiner Popularität und die zugrunde liegenden Faktoren herauszuarbeiten. Das soll in den folgenden Kapiteln geschehen.

Bei der Darstellung des Führerkults, der sich mit Hitler verband, und der Einschätzung seiner Wirkung erscheinen mir Max Webers theoretische Einsichten bezüglich des »Idealtyps« der »charismatischen Autorität« trotz der Zweifel an ihrer Anwendbarkeit auf konkrete historische Fälle immer noch als äußerst wertvoll.[21] Max Weber fasste charismatische Führerschaft, die er von »traditionaler« und »legaler« (das heißt auf unpersönlichen, »rationalen«, bürokratischen Regeln aufgebauter) Herrschaft unterschied, als außergewöhnliche, instabile und daher vorübergehende Herrschaftsform auf, die meist in Krisen- oder Ausnahmesituationen entsteht und nicht an der Lösung alltäglicher Regierungsprobleme, sondern an der Überwindung außergewöhnlicher Krisen und Notstände orientiert ist. Charismatische Autorität beruht nach Weber auf »Heldenkraft oder Vorbildlichkeit« des Führers, auf Eigenschaften, um derentwillen er »als mit übernatürlichen oder übermenschlichen oder mindestens spezifisch außeralltäglichen ... Kräften oder Eigenschaften« begabt angesehen wird.[22] Charisma ist demnach eine Eigenschaft, die sich durch die subjektiven Bewertungen der Anhänger bestimmt.[23] Die »Anhänger« des Führers werden gewonnen, und ihre Unterstützung beruht auf persönlicher Loyalität, nicht auf abstrakten »Regeln« oder Positionen, wird durch große Taten, aufsehenerregende Erfolge und bemerkenswerte Leistungen aufrechterhalten, die den wiederkehrenden »Beweis« für die »Berufung« des Führers bilden. »Der Träger des Charisma ergreift die ihm angemessene Aufgabe und verlangt Gehorsam und Gefolgschaft kraft seiner Sendung. Ob er sie findet, entscheidet der Erfolg. Erkennen diejenigen, an die er sich gesendet fühlt, seine Sendung nicht an, so bricht sein Anspruch zusammen. Erkennen sie ihn an, so ist er ihr Herr, so lange er sich durch ›Bewährung‹ die Anerkenntnis zu erhalten weiß.«[24] Ein Misserfolg, insbesondere eine Serie von Misserfolgen, bildet damit eine fatale Schwächung des Charismas. Selbst ohne Misserfolge ist die »Veralltäglichung« – der Rückfall in Stabilisierung, Regulierung, Systematisierung, Normalität – eine konstante Bedrohung für die charismatische Herrschaft. Nur die Dynamik ständiger Erfolge vermag eine charismatische Autorität zu erhalten, die dementsprechend instabil ist und eine »revolutionäre«, wenngleich »notständische«, also vorübergehende Herrschaftsform darstellt.[25]

Max Weber befasste sich mit der charismatischen Autorität vor allem im Kontext »primitiver« Gesellschaften, in denen Kriegsherren, Häuptlinge, Propheten und Schamanen an die Macht gelangen konnten. Seine Analyse der charismatischen »Anhängerschaft« bezieht sich auf die unmittelbaren Leibwächter, Jünger und Handlanger des Führers. Diese Begrifflichkeit ist von zahlreichen Historikern mit Erfolg auf den Nationalsozialismus angewandt worden, insbesondere auf Hitlers Beziehungen zu seinen Gefolgsleuten und auf seine Position innerhalb der Bewegung.[26] Die Folgerungen wurden jedoch selten auf den weiteren Rahmen von Hitlers Verhältnis zum deutschen Volk ausgedehnt[27], obgleich das im Zeitalter der Massenkommunikation und -politik eine durchaus legitime und fruchtbare Vorgehensweise sein dürfte.

Einer der bekanntesten deutschen Historiker hat unlängst bemerkt, es bliebe die erste Aufgabe für die Gelehrten, »den Aufbau des Charismas, das Hitler nicht frühzeitig umgab, sondern das er erst allmählich entwickelte und maximal optimierte, bis er als unbestrittener ›Führer‹ an der Spitze von Bewegung und Staat stand, historisch-systematisch zu analysieren«.[28] Wichtige Aspekte dieser Aufgabe – zum Beispiel die intellektuellen Wurzeln der »charismatischen Autorität«, die politischen Strukturen, durch die sie begünstigt wird[29], die pseudoreligiöse Dimension ihrer Anziehungskraft, der Vergleich des Hitler-Kults mit Führerkulten in anderen Gesellschaften, insbesondere im faschistischen Italien, und ihr Einfluss auf ausländische »Meinungsführer« – bedürfen einer systematischeren Auseinandersetzung, als sie hier geleistet werden kann. Das Buch ist jedoch darum bemüht, zu dieser Arbeit beizutragen, indem es die Grundlagen von Hitlers charismatischer Wirkung und immenser persönlicher Popularität zu klären sucht und die Unabdingbarkeit des »Führermythos« für das Funktionieren der NS-Herrschaft demonstriert. Ich hoffe, zeigen zu können, dass die Bewunderung für Hitler weniger auf den merkwürdigen und geheimnisvollen Grundsätzen der nationalsozialistischen Ideologie beruhte als auf sozialen und politischen Werten – die allerdings oft verzerrt und in extremer Form dargestellt wurden. Das lässt sich außer im Dritten Reich auch in vielen anderen Gesellschaften beobachten. In diesem Sinne enthalten die Ursachen der Bewunderung – so eigenartig uns die Vergötterung Hitlers durch die Bevölkerung einer modernen Industrienation vorkommen mag – eine nicht gerade beruhigende Botschaft.

TEIL 1

DER AUFBAU DES »HITLERMYTHOS« 1920–1940

Kapitel 1

»Führer des kommenden Deutschland«

Das Hitler-Bild in der Weimarer Zeit

»Wir glauben daran, dass das Schicksal ihn dazu berufen hat, dem deutschen Volk den Weg zu zeigen. Darum grüßen wir ihn in Hingabe und Verehrung und wünschen nur, dass er uns erhalten bleibe, bis sein Werk vollendet ist.«

Goebbels, 1929

»Heroisches« Führertum war lange vor Hitlers spektakulärem Aufstieg ein wichtiges Element im Denken der nationalistischen und völkischen Rechten. Mit Recht kann man es als »eine der zentralen Ideen der antidemokratischen Bewegung der Weimarer Republik« und einen »ihrer unverzichtbaren Glaubensartikel« betrachten.[1] Auch nachdem Hitler mit dem gescheiterten Putsch von 1923 vorübergehend ins Rampenlicht des öffentlichen Interesses getreten war, verstrich geraume Zeit, bis völkische Schriftsteller und Politiker, die den »Führer-Gedanken« propagierten, ihre Erwartungen mit dem Führer der NSDAP verbanden. Die Idee und das Image eines »Führers der Deutschen« waren demnach schon längst herausgebildet, ehe sie auf Hitler zugeschnitten wurden. Sie existierten viele Jahre parallel zum Wachstum der NS-Bewegung, ohne dass es den Befürwortern der Notwendigkeit eines »heroischen« Führertums aufging, Hitler könne *der* Führer sein, auf den sie gewartet hatten.

Die Bereitschaft, alle Hoffnung auf das »Führertum«, die Autorität eines »starken Mannes« zu setzen, war nicht spezifisch für Deutschland. Die Befürwortung eines starken autoritären Führertums durch bedrohte Eliten und seine Annahme durch verängstigte Massen war (und ist) in vielen Gesellschaften zu beobachten, in denen ein schwaches pluralistisches System unfähig zur Überbrückung tiefer politischer und ideologischer Gräben ist und sich in einer letzten Krise zu befinden scheint. In Anbetracht des Ausmaßes der Krisen des parlamentarischen Systems in mehreren europäischen Staaten zwischen den Kriegen und noch im langen Schatten des Ersten Weltkriegs kamen überall in Europa populistische und militaristische Führer als Teile faschistischer und quasifaschistischer Bewegungen empor, außerhalb Deutschlands in erster Linie der Ducekult im faschistischen Italien.[2] Obgleich man den Führerkult in Deutschland klar in diesen Zusammenhang einordnen kann, sind seine charakteristischen Eigenschaften und seine Ausdrucksform auf Faktoren einer spezifisch deutschen politischen Kultur zurückzuführen, die weit älter war als Hitler.

Die Wurzeln der Vorstellungen des »heroischen« Führertums in Deutschland reichen bis ins 19. Jahrhundert zurück, zu den politischen Ideen und mythischen Visionen deutschen Führertums, die der romantisch-konservativen Strömung des völkisch-nationalistischen Denkens zu eigen waren. Sieg, Tapferkeit und Heldentum zählten zu den Bestandteilen eines wachsenden »Kultes der Nation« in jenen Kreisen. In sakralen Licht- und Feuerfesten mit einer Mischung germanisch-heidnischer, christlicher Symbolik und mystischen Ritualen feierten sie vom Beginn des 19. Jahrhunderts an den »deutschen« Sieg über Napoleon in der »Völkerschlacht« von Leipzig 1813 und die »Wiedergeburt«, Stärke, Lebenskraft und Hoffnung, die mit der nationalen Einheit assoziiert wurden. Dieser »heroische« und mystische germanische Symbolismus war natürlich keineswegs die herrschende Strömung innerhalb des deutschen Nationalismus, weder vor noch nach der Einheit. Aber nach 1871 erhielt das Bestreben des neuen deutschen Staates, eine »Nationalisierung der Massen« zu erreichen, diesen Symbolismus am Leben und förderte ihn sogar.[3] Sichtbare Zeichen dessen waren die Errichtung gigantischer Nationaldenkmäler am Ende des 19. Jahrhunderts – von einer Größe und Eigenart, die man beispielsweise in der britischen politischen Kultur jener Zeit vergebens sucht –, Granitverherrlichungen mythischer Helden, großer Siege und nationaler Triumphe. Militarismus, Heldentum und nationale Einheit im Gewand eines religiösen Symbolismus bildeten den Grundton des neu geschaffenen Nationalfeiertags zur Erinnerung an den Sieg über die Franzosen in der Schlacht von Sedan 1870.

Das konstruierte Image des Kaisers – das sich wiederum stark von zeitgenössischen Darstellungen der englischen Monarchie unterschied – wies ebenfalls die Vermengung militärischer Stärke mit nationaler Einheit, heldenhaften Leistungen und einem pseudoreligiösen Symbolismus auf. Ein gutes

Beispiel dafür war das monumentale Denkmal des berittenen Kaiser Wilhelm I. in Uniform, das größtenteils von Veteranenvereinen finanziert und 1897 auf dem Kyffhäuser in Thüringen errichtet wurde, einem der »heiligsten« Berge Deutschlands, auf dem der Legende nach Friedrich Barbarossa bis zur Wiedergeburt des mittelalterlichen Reiches schlief.[4] Im Schatten Bismarcks war die Herrschaft Wilhelms I. weitgehend entpersonalisiert und institutionalisiert worden. Der junge, ehrgeizige, autokratische und zur Demagogie neigende neue Kaiser und der Rückzug Bismarcks von der politischen Bühne verwandelten das Image des Kaisers in einen voll entwickelten, personalisierten Hohenzollernkult.[5] Nach der Aussage eines führenden zeitgenössischen Politikers vereinte Wilhelm II. in seiner Person die beiden Bilder des regierenden Staatsmannes und des schlafenden Heldenkaisers, während ein bekannter evangelischer Theologe meinte, im Herzen jedes Deutschen lebe auch ein deutliches Bild des Kaisers, das Ausdruck und Produkt unserer gesamten Geschichte sei.[6]

Die rasche Enttäuschung der übertriebenen Hoffnungen und Erwartungen, die die deutsche Rechte in den Kaiser gesetzt hatte, förderte jedoch einen entgegengesetzten heroisierenden Personenkult mit der nostalgischen Überhöhung und Verehrung des abgesetzten »eisernen Kanzlers«. Vom gesamten Reichsgebiet aus wurden Pilgerfahrten zu Bismarcks Heimat in Friedrichsruh unternommen. »Noch zu Lebzeiten wurde Bismarck zum Mythos; gleichzeitig aber zum hochpolitischen Urbild dessen, was man später ›nationale Opposition‹ nannte: eine Opposition, die, im Gegensatz zu jener der ›Reichsfeinde‹, es mit dem Reich gut und groß meinte und an deren Spitze ein großer Mann stand. Es schmiegten sich an sein Bild die Antisemiten, die Nationalisten, die Alldeutschen, die von einem germanischen Großreich träumten.«[7] Ein bemerkenswerter Ausdruck des Bismarck-Kults in Stein war die Errichtung von etwa 500 »Bismarcktürmen« in ganz Deutschland zwischen 1900 und 1910, die nach dem Grabmal des Gotenkönigs Theoderich in Ravenna gestaltet waren und der Erinnerung an den Schöpfer der deutschen Einheit huldigen sollten.[8]

Die wachsende Enttäuschung der populistischen Rechten über Wilhelm II. erzeugte das Wunschbild eines »Volkskaisers«, der als Verkörperung von Stärke und Lebenskraft die Feinde Deutschlands im Innern vernichten und der jungen Nation auf Kosten »minderwertiger Völker« die wohlverdiente Größe verleihen sowie ein Reich für »ein Volk ohne Lebensraum« schaffen würde.[9] Das heroische Image eines künftigen deutschen »Volkskaisers« wurde in extremer Form von Heinrich Claß, dem Vorsitzenden der Alldeutschen Liga, entworfen und in seiner chauvinistischen Polemik *Wenn ich der Kaiser wär'* dargestellt, die 1912 unter einem Pseudonym veröffentlicht wurde und innerhalb von zwei Jahren in fünf Auflagen erschien:

> Das Bedürfnis lebt heute noch in den Besten unseres Volkes, einem starken tüchtigen Führer zu folgen; alle, die unverführt geblieben sind von den Lehren undeutscher Demokratie, sehnen sich danach, nicht weil sie knechtisch gesinnt wären oder charakterschwach, sondern weil sie wissen, dass Großes nur bewirkt werden kann durch die Zusammenfassung der Einzelkräfte, was sich wiederum nur durch die Unterordnung unter einen Führer erreichen lässt. Ein Glück für unser Volk, wenn in dem Träger der Krone dieser Führer ihm erstünde.[10]

Während Claß sein Buch verfasste, waren die von ihm vertretenen Auffassungen – einschließlich des heroischen Führertums als wichtiger Komponente, die aus den ideologischen Strömungen der deutschen politischen Kultur erwachsen war, wie ich sie oben kurz beschrieben habe – bereits weitverbreitet, besonders unter den protestantischen Mittelschichten und den Intellektuellen. Die romantisch-nationalistischen Ideale des Führertums fanden auch Anklang bei einem großen Teil der bürgerlichen Jugendbewegung.[11] Die wachsende

Anziehungskraft der Vorstellungen eines »heroischen« Führertums auf populistisch-nationalistische Kreise der deutschen Rechten schon vor dem Ersten Weltkrieg – wozu es etwas schwächer ausgeprägte Parallelen im vorfaschistischen Italien gab, die den Boden für den späteren Aufstieg des Ducekults bereiteten[12] – wurde in hohem Maße gefördert durch die wachsende Kluft zwischen dem empfundenen Bedürfnis nach nationaler Einheit und ihrem offenkundigen Fehlen in der Wirklichkeit.[13] Die Kluft selbst wurde durch drei interdependente Faktoren vertieft und betont: die soziale und politische Erschütterung, die den nahezu simultanen Übergang zu einem Nationalstaat, einer konstitutionellen Regierung (auch wenn deren Charakter ziemlich autoritär war) und einer Industriegesellschaft begleitete;[14] die starke Zersplitterung des politischen Systems (die fundamentale soziale Trennlinien widerspiegelte);[15] und schließlich die Verbreitung einer chauvinistisch-imperialistischen Ideologie, die nach einem rechtmäßigen »Platz an der Sonne« für Deutschland, eine angebliche »Habenichtsnation«, schrie.[16] Die Grundbedingungen für die wachsende Empfänglichkeit für die Vorstellungen eines »heroischen« Führertums und für das Heranreifen übertriebener Hoffnungen auf einen kommenden Führer lagen vor allem in der Kombination aggressiver, expansionistischer Erwartungen, die man in eine hochtrabende Weltpolitik setzte, mit der scharfen Wahrnehmung der Schwächen und Gefahren der bürgerlichen Parteien- und Interessenpolitik vor dem Hintergrund der wachsenden Bedrohung der politischen und sozialen Ordnung durch die demokratischen Kräfte des Sozialismus. Man könnte vermuten, dass das Potenzial für die Verbreitung der Ideen »charismatischen« oder »heroischen« Führertums um so größer wird, je tiefer die Gräben innerhalb einer Gesellschaft und je größer die Diskrepanzen zwischen den Erwartungen an die Regierung und ihren wirklichen, den Glauben an ihre Legitimität untergrabenden Leistungen werden, indem das Führertum einen fundamentalen Bruch mit der Vergangenheit und eine große, neue Zukunft zu ermöglichen scheint.

Dieser Moment war in Deutschland 1914 natürlich noch fern, als der Ausbruch des Krieges inmitten der nationalen Euphorie die inneren Spannungen und Trennlinien zu beseitigen und das Versprechen und den Glanz neuer Horizonte zu eröffnen schien. In Wirklichkeit vertiefte der Krieg bekanntermaßen die Gräben, bis 1918 der revolutionäre Kulminationspunkt erreicht wurde. In völkisch-nationalistischen und wahnhaft expansionistischen Kreisen, die vor dem Kriegsende zahlenmäßig rasch anwuchsen, wie die Gründung der Vaterlandspartei 1917 zeigte, führte eine idealisierte »Schützengrabenerfahrung« (die sich in der nationalistischen Kriegsliteratur nach 1918 widerspiegelt) »wahren Führertums« sowie soldatischer Treue und Kameradschaft zu einer Intensivierung, Radikalisierung und teilweisen Neugestaltung der bestehenden Ideale »heroischen« Führertums. Für diejenigen, die nach 1918 in den Freikorps weiterkämpften, verband sich die persönliche Loyalität gegenüber den heroischen Militärführern, deren Namen die Brigaden trugen, zunehmend mit tatkräftiger konterrevolutionärer Politik.[17] Und Veteranenorganisationen, deren bekannteste der Stahlhelm ist, propagierten diese Empfindungswelt die gesamte Weimarer Zeit hindurch.[18] Das Trauma der Rechten von 1918 – der militärische Zusammenbruch, der Sturz der Monarchie und der alten Ordnung, die Übernahme der Macht durch die verhassten Sozialdemokraten, die vor 1918 als »Reichsfeinde« diffamiert worden waren – transformierte die zuvor eher latenten als wirksamen Vorstellungen des autoritären »heroischen« Führertums in eine wirkungsmächtige konterrevolutionäre Kraft, die zunächst vage und zerrissen war, aber eine alternative Vision zu der des Weimarer parteipolitischen Systems darstellte.

Im breiten Spektrum politischer und psychologischer Kräfte, die zur Bildung der Idee des »heroischen« Führertums beitrugen, verdient die pseudoreligiöse Färbung besondere Beachtung. Die Idee des Führertums entsprang teils der traditionellen Autoritätshörigkeit, teils der Säkularisierung des christlichen Heilsglaubens. Insbesondere für die deutschen Protestanten, deren Bindung an die Kirche schwand, die jedoch traditionell zur Unterordnung unter eine Autorität, vor allem unter die des Staates, erzogen wurden, bildete die von der völkisch-nationalistischen Rechten propagierte Idee eine Art säkularisierten Heilsglauben. Und in der protestantischen Kirche selbst, die bereits durch theologische Streitigkeiten zerrissen war, welche sich zu einer »Glaubenskrise« auswuchsen, entstand ein Flügel, in dem sich völkische politische Ideen mit einem christlichen Erweckungseifer zu einer unheiligen Mixtur verbanden.[19] Die Förderung derartiger Empfindungen trug dazu bei, unter durchschnittlichen Protestanten den Boden für die Aufnahme der Vorstellungen vom »politischen Heil« zu bereiten, die ein »echter« nationaler Führer schaffen und damit eine christliche Erneuerung möglich machen würde. Weiter unten wird uns der ausgeprägte religiöse Aspekt des »heroischen« Führertums wiederholt begegnen, wenn wir uns mit der Entwicklung des Hitler-Kults vor und nach 1933 befassen.

Die völkisch-nationalen Hoffnungen auf einen Führer in der Weimarer Zeit brachen mit den Traditionen eines Monarch-Untertanen-Verhältnisses und ersetzten es durch zum Teil neofeudale, aber auch pseudodemokratische Vorstellungen eines Führer-»Anhänger«-Verhältnisses, in dem der Führer autoritär den Willen des Volkes repräsentierte, ohne in der Art eines Monarchen oder Diktators über oder neben ihm zu stehen.[20] Den idealen Führer erblickte man nun in einem Mann aus dem Volk, dessen Eigenschaften Kampf, Konflikt und die Werte des Schützengrabens verkörperten. Er sollte hart, mitleidlos, entschlossen, kompromisslos und radikal sein, die von Privilegien und Klassen geplagte Gesellschaft beseitigen und einen neuen Anfang begründen, indem er das Volk in einer ethnisch reinen und sozial harmonischen »nationalen Gemeinschaft« einte. Das war ein vollkommenes Gegenbild zur »führerlosen Demokratie«[21] Weimars und ihrem spaltenden System, das von verachtenswerten »Politikern«, bloßen Parteifunktionären, geführt wurde.

Die extreme Zersplitterung der Weimarer Politik und die tiefen politischen und ideologischen Gräben, die jede Hoffnung auf eine Einheit und Integration innerhalb des Weimarer »Systems« zunichtemachten, hielten nicht nur die Visionen der nationalistischen und völkischen Rechten am Leben, sondern förderten auch die wachsende Zustimmung zu den vernichtenden Angriffen in rechtsgerichteten Schriftstücken auf den »offenbaren Führermangel, der unserer ideenarmen Zeit den Stempel der geistigen und politischen Dauerkrise aufdrückt«.[22] »Führung«, so wurde behauptet, könne in konstitutionellen »Systemen« nicht gefunden werden, sondern stamme als Schicksalsgegebenheit aus dem inneren Wesen eines Volkes. Wie es in einem Text recht mystisch hieß: »Der Führer kann nicht gemacht, kann in diesem Sinn auch nicht ausgelesen werden; der Führer macht sich selbst, indem er die Geschichte seines Volkes begreift.«[23] Das Heil konnte nur von einem Führer kommen, der von der »Vorsehung« auserkoren und gesegnet war und Deutschland aus seiner Not befreien und seine frühere Größe wiederherstellen würde. »In unserem Elend«, wurde in der nachrevolutionären Phase geschrieben, »sehnen wir uns nach dem Führer. Er soll uns den Weg und die Tat zeigen, die unser Volk wieder ehrlich machen können.«[24] Als Verkörperung der Bedürfnisse und Bestrebungen des Volkes würde er der »Träger göttlicher Schicksals- und Gnadengewalt«[25] sein, »Ausführungsorgan einer ihn transzendierenden Macht«.[26] In scharfem Gegensatz zu den farblosen und elenden Kompromiss-Politikern der Weimarer Republik würde der künftige Führer ein Mann mit außerordentlichen Fähigkeiten und politischer Stärke sein, kühn und entschlossen, zu dem seine »Anhänger« mit Bewunderung und Hingabe aufsehen könnten. Ein Text aus dem Jahre 1920 spezifiziert Eigenschaften des »Führers«, die 15 Jahre später wichtige Attribute des Hitler-Images werden sollten:

> Der Führer richtet sich nicht nach der Masse, sondern nach seiner Sendung; er schmeichelt der Masse nicht; hart, gerade und rücksichtslos geht er ihr voran, in guten und bösen Tagen. Der Führer ist radikal; er ist ganz, was er tut, und tut ganz, was er tun muss. Der Führer ist verantwortlich, d.h. er tut den Willen Gottes, den er in sich verkörpert. Gott schenke uns Führer und helfe uns zu wirklicher Gefolgschaft.[27]

In dieser extremen Form stellte der Glaube an ein »heroisches« Führertum im Deutschland der frühen Zwanzigerjahre natürlich eine Randposition der äußersten Rechten des politischen Spektrums dar, aber Elemente dieser Sehnsucht reichten zweifellos weit in die Reihen derer hinein, die hinter den bürgerlich-konservativen Parteien und Bewegungen standen. Ende der Zwanzigerjahre, vor allem in der sich verschärfenden Weltwirtschafts- und Regierungskrise, wurde in weiten Kreisen ein vollständiges Scheitern der Weimarer Demokratie und eine tödliche Krise des gesamten politischen Systems diagnostiziert, sodass die Idee des »heroischen« Führertums vom Rand des politischen Spektrums ins Zentrum rückte. Viele Mitglieder der den Nationalsozialisten fernstehenden sogenannten »patriotischen« Organisationen der Rechten ließen, ermutigt durch Mussolinis Beispiel in Italien, den Ruf nach einem nationalen Diktator laut werden, der Deutschland aus seiner Notlage befreien sollte. Die mächtige Kriegsveteranenorganisation Stahlhelm rief beispielsweise »nach der starken Hand«, die Deutschland, »wie Mussolini sein Vaterland, von der Plage des Parlamentarismus« befreien solle, und behauptete, das Volk brauche »nur *einen* Mann, *einen* Führer«.[28] Wie weit die Idee des »heroischen« Führertums die Gesellschaft zu dieser Zeit bereits durchdrungen hatte und in welchem Maß sie nicht mehr nur mit reaktionär-romantischen, quasireligiösen Vorstellungen, sondern eindeutig materialistischen Erwägungen in einer fortgeschrittenen Industrienation verbunden war, wird in neueren ökonomischen Analysen der Automobilindustrie der Zwanzigerjahre deutlich. Die Automobilindustrie kam zum Schluss, dass die Misere der Industrie nur durch eine überlegene Führerpersönlichkeit, einen Mann großer Tatkraft überwunden werden könne, und sprach im Zusammenhang mit der Herstellung von Kraftfahrzeugen von Heil oder Zerstörung, Wegen zur Freiheit und Kampf um die Weltherrschaft.[29]

In den frühen Zwanzigerjahren war der Moment noch fern, in dem Hitler, der kaum mehr war als ein provinzieller Wirtshausagitator, von der Bevölkerung mit der Idee »heroischen« Führertums in Zusammenhang gebracht und als genau der Führer betrachtet werden konnte, der von der Vorsehung geschickt worden war, um Deutschland zu einen und seine Größe wiederherzustellen. In etwas mehr als einem Jahrzehnt aber wurde eine Vision, die anfangs nur von einer wahnsinnigen Randgruppe der extremen Rechten ernst genommen worden war, bis zur Mitte der Dreißigerjahre die zentrale, allumfassende Idee im politischen Leben Deutschlands. Im Ausgang von neueren Untersuchungen über die interne Geschichte und Entwicklung der NSDAP und ihre steigende Anhängerzahl vor 1933 versuche ich im Rest dieses Kapitels, den Aufstieg des »Hitlermythos« innerhalb der NS-Bewegung nachzuzeichnen – seine Akzeptanz zunächst durch einen harten Kern von Parteifanatikern, dann durch eine wachsende Zahl neuer Mitglieder und kurz vor 1933 durch ein Drittel der Bevölkerung, das die Nationalsozialisten wählte. Des Weiteren sollen einige Züge von Hitlers Image in den nicht nationalsozialistischen Kreisen der Bevölkerung während der Jahre kurz vor der »Machtergreifung« skizziert werden.

Schon 1920/21 wurde Hitler innerhalb der NSDAP als »Führer« bezeichnet, wenn auch meist nur als einer der Parteiführer neben dem Vorsitzenden Anton Drexler. Die Verwendung des Ausdrucks »unser Führer« wurde ab Ende 1921 häufiger, nachdem Hitler im Juli desselben Jahres den Parteivorsitz übernommen hatte, hauptsächlich im Zusammenhang mit Reden Hitlers bei Parteiversammlungen[30], durch die er wiederholt seine Unersetzlichkeit für die Bewegung als talentierter Redner unterstrich. Die Variante »unser Führer« war zu jener Zeit gleichbedeutend mit dem Titel »Führer der NSDAP« (anstelle des alten und konventionelleren Titels »Vorsitzender der NSDAP«), der zum ersten Mal wahrscheinlich im *Völkischen Beobachter*, dem Parteiorgan, vom 7. November 1921 verwendet wurde.[31] Der Gebrauch des Wortes »Führer« war 1920/21 also explizit und gewohnheitsmäßig auf Hitlers Führungsposition innerhalb der NSDAP beschränkt. Eine bedeutsame Verlagerung fand jedoch statt, als das Wort nach Mussolinis sogenanntem »Marsch auf Rom« im Oktober 1922 zum ersten Mal in Analogie zum italienischen »Duce« gebraucht wurde. Im November 1922 erklärte Hermann Esser, eine der führenden Persönlichkeiten innerhalb der Partei, auf einer Versammlung im Hofbräuhaus Hitler zum deutschen Mussolini. Danach trat der Ausdruck »unser Führer Adolf Hitler« ohne Beschränkung auf seine Parteiämter im *Völkischen Beobachter* immer häufiger auf, vor allem ab Mitte 1923.[32] Ein Artikel im *Völkischen Beobachter* vom Dezember 1922 schien sogar zum ersten Mal den Anspruch zu erheben, Hitler sei *der* Führer, auf den Deutschland wartete. Sein Verfasser sprach anlässlich einer Parade der NSDAP in München von »der freudigen Gewissheit« der Anhänger Hitlers, »etwas gefunden zu haben, wonach sich Millionen sehnen, einen *Führer*«.[33] Etwas früher im selben Jahr lautete die Widmung eines Buches an Hitler: »… dem großen Manne der Tat Adolf Hitler, dem furchtlosen Führer zu Deutschlands Auferstehung«, obgleich vor etwa 1930 Widmungen wie »dem aufrechten Deutschen« oder »dem deutschesten Kämpfer der Gegenwart« häufigere Formulierungen waren.[34]

Die Anfänge eines Personenkults um Hitler innerhalb der NSDAP reichen also in das Jahr vor dem Putsch zurück, als Hitler eine gewisse politische Bedeutung erlangt hatte, zumindest in München, wo ein Journalist ihn als »nebst dem Hofbräuhaus… die einzige bemerkenswerte Rarität in München« auszeichnete.[35] In einer Rede im Münchener Zirkus Krone behauptete der damalige SA-Kommandant Göring im April 1923, »sehr viele Hunderttausende« seien bereits überzeugt, »dass Hitler der einzige Mann sei, der Deutschland wieder hochbringen könne«.[36] Briefe, die in dieser Zeit aus rechtsgerichteten Kreisen an Hitler gerichtet wurden, spiegeln ebenfalls die enthusiastischen Hoffnungen auf ihn wider, die so weit gingen, Parallelen zwischen ihm und Napoleon zu ziehen.[37] In Memmingen wurden Ende 1923 neue Mitglieder der NSDAP »feierlich auf Leben und Tod« auf Hitler eingeschworen, und das frühere Sturmlied der Brigade Ehrhardt wurde mit dem neuen Refrain »Hitler treu ergeben, treu bis in den Tod, Hitler wird uns führen bald aus dieser Not« in nationalsozialistischen Kreisen anscheinend immer populärer.[38]

Außerhalb dieser kleinen Gruppen fanatischer bayrischer Nationalsozialisten hatte Hitler zu dieser Zeit im Wesentlichen das Image und den Ruf eines vulgären Demagogen, der kaum mehr als unter dem Münchener Pöbel heftigen Widerstand gegen die Regierung mobilisieren konnte – insofern die breite deutsche Öffentlichkeit ihn überhaupt beachtete. Das Image unterschied sich stark von den »Salonmanieren«, die Hitler pflegte, um seine Akzeptanz beim rechtsgerichteten Münchener Großbürgertum zu sichern, das seinerseits bereitwillig glaubte, selbst ein etwas exzentrischer Volksredner, der die Massen zur Unterstützung der konterrevolutionären Sache zu mobilisieren vermochte, könnte von einem gewissen Nutzen sein.[39]

Trotz der übertriebenen Erwartungen und Hoffnungen einiger seiner Anhänger unterschied sich Hitlers Selbstbild nicht sehr von der Einschätzung außenstehender Beobachter.

Er akzeptierte seine Rolle als »Trommler«, dessen Aufgabe darin bestand, den Weg für den eigentlichen großen Führer frei zu machen, der die Bühne betreten und Deutschland aus seiner Not befreien würde. Es wurde behauptet, »dass sich sein Selbstverständnis vom Beginn seiner politischen Laufbahn bis zum Tag des Putschversuchs im Prinzip nicht gewandelt hat«.[40] Eine vollständige Betrachtung von Hitlers Reden vor dem Putsch scheint jedoch nahezulegen, dass 1922/23 eine Veränderung in seiner Vorstellung von politischer Führung stattfand, teilweise sicherlich im Zusammenhang mit seiner Bewunderung für Mussolinis Erfolg in Italien. Seine wachsende Beschäftigung mit »heroischer« Persönlichkeit und Führung, mit unbedingtem Gehorsam gegenüber einem Führer aus dem Volk und für das Volk sowie mit dem historischen Charakter der Mission, die der Führer ausführen würde, kann in seinen öffentlichen Erklärungen Ende 1922 und 1923 verfolgt werden. Noch im Mai 1923 äußerte Hitler, er bereite lediglich das Volk auf den Diktator vor, wenn er denn käme.[41] Nur zwei Monate danach sagte er, etwas mehrdeutig, dass die Rettung nicht von Majoritätsbeschlüssen des Parlaments, sondern einzig vom »Wert der Persönlichkeit« erwartet werden könne, und dass er, als Führer der NSDAP, seine Aufgabe in der »Übernahme der Verantwortung« erblicke.[42] Im Oktober erklärte er, die Führerfrage brauche »noch nicht beantwortet zu werden, ehe nicht die Waffe geschaffen sei, die der Führer handhaben müsse«. Erst dann müsse man »unseren Herrgott bitten, dass er uns den rechten Führer gebe«.[43] Und im Prozess wegen Landesverrats vor dem Münchener »Volksgericht« im März 1924 erkannte er Ludendorff als »militärischen Führer des kommenden Deutschland« und »Führer der kommenden großen Abrechnung« an, beanspruchte für sich selbst jedoch die Rolle des »politischen Führers«.[44] Wenngleich noch immer unbestimmt, schien Hitlers Führungskonzept 1923 schärfere Konturen anzunehmen und »heroischer« zu werden. Es war allerdings noch unklar, wer der »große Führer« sein und worin genau Hitlers Rolle bestehen sollte, wenn die »Trommelei« ihr Ziel erreicht hatte. In seinem Selbstbild schien er einen Teil des Übergangs vom »Trommler« zum »Führer« schon vollzogen zu haben. Da Hitlers »heroisches« Führer-Image zu keiner zeitgenössischen Persönlichkeit passte, nicht einmal zu Ludendorff, bedurfte es nur des fehlgeschlagenen Putsches, um das unklare Konzept seiner Rolle Ende 1923 in das der heroischen Führerfigur von *Mein Kampf* zu verwandeln – ein Übergang, der sich im wachsenden Selbstbewusstsein, das Hitler bei seinem Prozess zeigte, schon ankündigte.[45]

Während seiner Gefangenschaft in Landsberg – in den Monaten, in denen er begierig las und meditierte, für seine Mitgefangenen täglich »Seminare« veranstaltete, zahlreiche Besucher, die sich in Lobhudelei über ihn ergingen, empfing und den ersten Entwurf von *Mein Kampf* schrieb – kam Hitler zu der Überzeugung, dass er nicht nur für die Rolle des Trommlers bestimmt sei, sondern für die des Führers selbst.[46] Wahrscheinlich trugen das Echo, das er in seiner neuen Rolle als Märtyrer der »nationalen Bewegung« bei der deutschen Rechten fand, sowie die Schmeichelei und Heldenverehrung seitens der Zeit seiner Gefangenschaft entmutigten, demoralisierten und gespaltenen Parteimitglieder wesentlich zur Transformation seines Selbstbewusstseins bei. Bis zu einem gewissen Grad hatten also die nun auf Hitler gerichteten Erwartungen Anteil an der Vorformung des Images, das er für sich selbst zu übernehmen begann.[47] Der »Führermythos« war eine Schöpfung seiner Anhängerschaft, bevor sich Hitler dieser Rolle anpasste.

Die »ruhigen Jahre« der NS-Bewegung zwischen 1925 und 1928, als die 1925 neu gegründete NSDAP in der nicht nationalsozialistischen Presse kaum mehr Erwähnung fand und bei den Reichstagswahlen von 1928 nur dürftige 2,6 Prozent der Stimmen erhielt, waren gleichwohl die Jahre, in denen die Parteiorganisation auf das gesamte Reichsgebiet ausgedehnt wurde und die Mitgliederzahl erheblich zunahm. In dieser Zeit wurde die NSDAP zum Auffangbecken der verbliebenen Gruppierungen der völkischen Rechten, und Hitlers Führungsposition wurde stärker, bis sie kaum mehr angreifbar war. Obgleich die Neugründung der Partei im Februar 1925 direkt von Hitler und seinen Münchener Gefolgsleuten ausgegangen war, bedurfte es infolge der Zersplitterung der Bewegung nach dem Putsch und der »führerlosen Zeit« während Hitlers Inhaftierung zunächst beträchtlicher Anstrengungen, seine Führung nach 1925 zu konsolidieren. Vor allem in Norddeutschland, wo Hitlers Ansehen in völkischen Kreisen weit geringer war als in Bayern, blieb seine Führungsposition anfangs umstritten.[48] Einen wichtigen Schritt zur Gewinnung der skeptischen norddeutschen Parteiführer und der Etablierung von Hitlers unumschränkter Vorherrschaft bildete die Bamberger Parteiversammlung im Februar 1926.[49] Wenig später konvertierte Joseph Goebbels, bis dahin Anhänger der pseudosozialistischen Fraktion innerhalb der NSDAP, zu einem ergebenen und fanatischen Hitler-Gläubigen und erhielt den Posten des Berliner Gauleiters als erste Frucht von Hitlers Gunst, die ihm so viel bedeutete.[50] Von da an wurde er zum beredtesten Verfechter des »Hitlermythos« in der NSDAP. Noch 1926 verfasste er einen Huldigungsbrief an Hitler, in dem er seine Vorstellungen über den Führer Deutschlands auf Hitler projizierte. Der große Führer, erklärte er, werde nicht gewählt, sei nicht abhängig von den Launen der Massen, sei kein Parlamentarier, sondern ein Befreier der Massen. Mit einer deutlich pseudoreligiösen Note sprach er vom Führer als der »Erfüllung einer geheimnisvollen Sehnsucht« und als einem Mann, der den Massen in ihrer tiefsten Verzweiflung den Weg zum Glauben weise. »Wie ein Meteor stiegen Sie vor unseren staunenden Blicken auf und taten Wunder der Klärung und des Glaubens in einer Welt der Skepsis und Verzweiflung.«[51]

Der bewusste Aufbau des »Führermythos« in den Jahren

nach der Neugründung der Partei hatte eindeutig auch die Funktion, den Mangel an ideologischer Einheit und Klarheit der verschiedenen Fraktionen innerhalb der NS-Bewegung wettzumachen. Die Führerfigur lieferte den Kitt, der die »Anhängerschaft« normaler Parteimitglieder und untergeordneter Parteiführer verband – und stellte damit eine Einheit her, die mittlerweile besonders wichtig geworden war, da die NS-Bewegung sich über ihre ursprünglichen bayrischen Grenzen ausgedehnt hatte und recht heterogene Elemente aus den anderen Teilen des Reiches umfasste. Ein äußeres Zeichen der Verpflichtung der Parteimitglieder auf die Person ihres Führers war 1926 innerhalb der NSDAP die Einführung des obligatorischen »Heil Hitler«, das seit 1923 sporadisch gebraucht worden war.[52] Die funktionale Bedeutung des »Hitlermythos« als stabilisierendes und integratives Moment innerhalb der Bewegung zeigt sich in der Bereitschaft Gregor Strassers, Chef der Parteiorganisation und persönlich Hitler gegenüber eher distanziert und kritisch, den Wert des »Führermythos« anzuerkennen und seinem Aufbau vorbehaltlos zuzustimmen. In einem Artikel von 1927 sprach er von der Beziehung zwischen den Parteimitgliedern und Hitler in Begriffen, die der germanischen Vorstellung von Herzog und Gefolgsmann entlehnt waren:

> Die innerliche Hingabe an die Idee des Nationalsozialismus, der glühende Glaube an die sieghafte Kraft dieser Befreiungs-, dieser Erlösungslehre, verbindet sich mit einer tiefen Liebe zu der Person unseres Führers, der der leuchtende Herzog ist der neuen Freiheitskämpfer… Herzog und Gefolgsmann! In diesem urdeutschen, nur dem deutschen Wesen und dem deutschen Geist ganz verständlichen, ebenso aristokratischen wie demokratischen Verhältnis von Führer zu Geführten liegt die Wesenheit des Aufbaues der NSDAP beschlossen… So ist unser erster Gruß im neuen Jahr, wie es der letzte im alten war: Heil Hitler![53]

Zu den frühen »Gestaltern« des Hitler-Images gehörte auch Rudolf Heß. In einem privaten Brief von 1927 schrieb er, es sei vor allem notwendig,

> dass der Führer in seiner propagandistischen Rede unbedingt sein muss. Er darf nicht wie ein Wissenschaftler die Für und Wider abwägen, er darf seinen Hörern nie die Freiheit lassen, auch anderes für richtig zu halten ... Hier trifft sich der große Volksführer mit dem großen Religionsstifter: Den Hörenden muss ein apodiktischer Glaube vermittelt werden, nur dann vermag die Masse der Anhänger dorthin geführt zu werden, wohin sie geführt werden soll. Sie wird auch dann dem Führer folgen, wenn Rückschläge eintreten, aber nur dann, wenn sie den unbedingten Glauben an die unbedingte Richtigkeit des eigenen Volkes vermittelt erhielt.[54]

Es dürfte kein Psychologismus sein, in dieser klaren Darstellung von Heß' eigener kriecherischer Hingabe und in Goebbels' Haltung gegenüber Hitler eine Suche nach einem säkularen – anstatt einem religiösen – Glauben zu erblicken. Natürlich behielten viele der erprobteren Parteimitglieder, vor allem wenn sie eine höhere Position innehatten oder vom Zentrum der Parteitätigkeit in München weit entfernt waren, persönlich eine eher nüchterne Einstellung gegenüber Hitler bei. Solange noch nicht definitiv entschieden war, ob alle Reste der alten völkischen Gruppierungen für die NSDAP gewonnen werden konnten, blieb Hitler für die meisten Parteiführer, unabhängig von seinen mutmaßlichen persönlichen Eigenschaften, ein Symbol der Einheit der Partei. So schrieb der stellvertretende Gauleiter von Hannover, Karl Dincklage, in einem privaten Brief von 1927, obwohl sein Gau Hitler »getreue Gefolgschaft« halte, sei es »gänzlich gleichgültig, ob wir Ludendorff oder Hitler für den größeren halten. Das sei jedem überlassen.«[55]

Zu jener Zeit gewann der Führerkult in der wachsenden

Anhängerschaft der Partei immer mehr an Boden. Wenngleich Hitler den propagandistischen Wert des Personenkults klar erkannte und ihn deshalb förderte, war er dennoch darauf bedacht, Peinlichkeiten und Schäden zu vermeiden, die mit den extremeren Formen geschmackloser Huldigung des »gottgesandten Führers« verknüpft waren. Der Tonfall eines besonders banalen Gedichts – es ist auffällig, wie oft die Bewunderer Hitlers den Knittelvers wählten, um ihrer Verehrung Ausdruck zu verleihen –, das zu seinem 40. Geburtstag veröffentlicht wurde und ihn als »Siegfried« und »Held der Front« anredete, war offensichtlich selbst für Hitler zu viel. Er erklärte, das Gedicht, das von der antinationalsozialistischen Presse gnadenlos persifliert wurde, sei ohne seine Erlaubnis und gegen seinen ausdrücklichen Wunsch geschrieben und gedruckt worden, und zog seine wöchentliche Kolumne im *Illustrierten Beobachter* für eine Zeit lang zurück.[56] Offenbar hatte er jedoch keine Einwände gegen Goebbels' Geburtstagsgruß, der am selben Tag in der Berliner Parteizeitung *Der Angriff* erschien. In ihm hieß es, »das Schicksal« habe Hitler dazu berufen, »dem deutschen Volk den Weg zu zeigen. Darum grüßen wir ihn in Hingabe und Verehrung und wünschen nur, dass er uns erhalten bleibe, bis sein Werk vollendet ist.«[57]

Die Überschwänglichkeit solcher Huldigungen wurde von der Mehrheit der Parteimitglieder wahrscheinlich noch nicht geteilt, die in Anbetracht des minimalen Einflusses der NSDAP auf die offizielle Politik vor 1929 nicht gerade großen Anlass zu Optimismus hatten. Die in der Provinz tätigen Parteimitglieder, die trotz des schlechten Ergebnisses der NSDAP bei den Reichstagswahlen 1928, in denen sie nur 2,6 Prozent der Stimmen und zwölf Sitze erhielt, unaufhörlich aktiv waren, sahen außerdem viel zu deutlich den Einfluss der lokalen Faktoren auf den Erfolg, als dass sie alles auf Hitler gesetzt hätten. Die Situation änderte sich grundlegend durch das Ergebnis der Reichstagswahlen von 1930, die im Zeichen der wachsenden Krise der Wirtschaft und des Staates standen und den

Nationalsozialisten die sensationelle Zahl von 6,4 Millionen Stimmen brachten, das heißt 18,3 Prozent der abgegebenen Stimmen und 107 Sitze, womit sie auf einen Schlag zur zweitstärksten Partei im Reichstag wurden. Es ist kaum verwunderlich, dass die Parteiführer über das Ergebnis jubelten[58], das ihre kühnsten Träume übertraf und den Durchbruch zu einer Massenpartei und damit auch zu breiter Medienpräsenz bedeutete. Bereits ein Jahr zuvor war es der Partei gelungen, ihr Image einer »wahnsinnigen Randgruppe« abzuwerfen, politisch sowie sozial für das konservative Bürgertum salonfähig zu werden und, wie die propagandistische Avantgarde von Hugenberg und anderen als seriös geltenden Führern der »nationalen Opposition«, das verstärkte Interesse der Medien auf sich zu ziehen. Nach dem Wahlerfolg vom 14. September 1930 rückten die NSDAP und ihr Führer allerdings ins Zentrum der Aufmerksamkeit, wurden zu *dem* Medienthema. Der Punkt war erreicht, an dem der Hitler-Kult nicht mehr nur der Fetisch einer kleinen politischen Gruppierung von Fanatikern war, sondern begann, für Millionen von Deutschen die Hoffnung auf ein neues politisches Zeitalter zu signalisieren.

Selbst nach dem Wahltriumph von 1930 glaubten viele intelligente und informierte Beobachter der politischen Szene in Deutschland, dass die nationalsozialistische Partei früher oder später zusammenbrechen und in ihre Bestandteile zerfallen müsse.[59] Ihre soziale Basis war diffus – die einer ausgesprochenen Protestpartei[60] –, und sie hatte kein klares politisches Programm anzubieten, nur ein widersprüchliches Amalgam sozialrevolutionärer Rhetorik und reaktionärer Tendenzen; schließlich baute sie stark auf den Personenkult, der den Demagogen Hitler umgab – den man als Sprachrohr kleinbürgerlicher Ressentiments betrachtete, letztlich aber als Dilettanten, der trotz des unter Krisenbedingungen erzielten momentanen Erfolgs dazu verurteilt war, den eigentlichen Trägern der Macht und den traditionellen Herrschaftseliten zu unterliegen.

Die Unterschätzung der NS-Bewegung durch viele kritische Beobachter im Jahre 1930 beruhte teilweise auf der Verkennung der Kraft des Personenkults, des Rufes nach einem starken Mann und »charismatischen« Führer, der während der sich verschärfenden Wirtschaftskrise in immer breiteren Kreisen der Bevölkerung laut wurde. Mehrere hundert erhaltene politische »Biografien« einfacher Parteimitglieder, die der Partei vor 1933 beigetreten waren, sind unlängst analysiert worden; die Betrachtung liefert überwältigendes Beweismaterial für die Kraft des »Führermythos« innerhalb der NS-Bewegung und für den Magnetismus des Personenkults bei der Anwerbung neuer Parteimitglieder. Eines von diesen schrieb, nachdem es Hitler zum ersten Mal reden gehört hatte: »Da gab es nur noch eine Sache für mich, entweder mit Adolf Hitler zu gewinnen, oder für ihn zu sterben. Die Persönlichkeit des Führers hatte mich total in ihrem Bann.«[61] Ein anderes Mitglied schrieb über seine »Bekehrung« zum Nationalsozialismus: »Ich kam nicht zufällig zu Hitler. Ich suchte nach ihm. Mein Ideal war eine Bewegung, die die nationale Einheit der gesamten arbeitenden Bevölkerung des großen deutschen Vaterlandes bewirken würde… Die Realisierung meines Ideals konnte nur durch einen Mann erfolgen, Adolf Hitler. Die Wiedergeburt Deutschlands kann nur durch einen Mann erfolgen, der nicht in Palästen, sondern in einer Hütte geboren ist.«[62] Derartige eindeutige Anspielungen auf die Bibel treten nicht selten in den autobiografischen Aufzeichnungen einfacher Nazis auf. Viele von ihnen, so auch das folgende Beispiel, haben einen Unterton, der an säkularisierten Glauben gemahnt:

> Ein Nicht-Nazi, der nicht die enorme elementare Gewalt der Führer-Idee erlebt hat, wird niemals irgendetwas davon verstehen. Aber lassen Sie mich diesen Leuten als tiefste Wahrheit mitteilen: Wann immer ich für die Bewegung arbeitete und mich für unseren Führer einsetzte, fühlte ich, dass es

> nichts Höheres oder Edleres gab, das ich für Adolf Hitler und dadurch für Deutschland, unser Volk und Vaterland tun konnte... Der wahre Inhalt meines Lebens ist meine Arbeit für und meine Verpflichtung gegenüber Hitler und einem nationalsozialistischen Deutschland... Hitler ist die reinste Verkörperung des deutschen Charakters, die reinste Verkörperung eines nationalsozialistischen Deutschlands.[63]

Bei Parteikundgebungen überboten sich junge Nationalsozialisten in Behauptungen, der Führer habe sie angesehen. Für einen »Parteikameraden«, der sich durch eine Kette von SS-Männern hindurchzwängen, seine Hand ausstrecken und sie von Hitler berühren lassen konnte, war das Erlebnis so überwältigend, dass ihm der »Heilruf« im Hals stecken blieb, »als er, mich sekundenlang anschauend, kurz meine Hand drückt... Die Kameraden (Zeugen meines Glückes) umringen mich, jeder will die Hand drücken, die in des Führers Rechten geruht.«[64] In ihrem quasireligiösen Aberglauben erinnern solche Handlungen und Empfindungen an die vermeintlichen Heilkräfte der Berührung durch einen mittelalterlichen Monarchen. Das zeitgenössische Hitler-Image für die jüngeren Parteimitglieder wird in dem Kommentar eines früheren SA-Mannes, der 1928 im Alter von 18 Jahren bereits ein überzeugter Nazi war, in einem Interview jüngeren Datums genau umrissen:

> Man hat sich natürlich unter dem Herrn Hitler den Mann vorgestellt, der alles weiß, der alles kann, der alles durchsetzen würde, wenn er mal die Möglichkeit hätte, die Macht auszuüben. Er war also schon die Leitfigur für uns junge Nationalsozialisten. Dieser Mann erschien uns als integre Person.[65]

Diese »alten Kämpfer« waren natürlich Extremfälle der Anfälligkeit für den Hitler-Kult. Das rasche Ansteigen der Parteimitgliedschaft zwischen 1930 und 1933 bedeutete jedoch, dass eine ständig wachsende Zahl von Deutschen dem »Führermythos« zu erliegen begann. Von 1930 an musste man Hitler als politische Macht in Deutschland ernst nehmen. Während die nicht nationalsozialistische Presse vorher Hitler und der NSDAP kaum Beachtung geschenkt hatte, tauchte Hitler ab 1930 regelmäßig in den Schlagzeilen auf – ein augenscheinlicher Beleg für die Verbreitung des Gefühls, dass er eine außerordentliche und nicht zu ignorierende politische Figur war, ob man für oder gegen ihn war. Der Aufbau des Hitler-Kults war dementsprechend nicht mehr auf Mitglieder der NSDAP beschränkt, sondern dehnte sich auf einen Großteil der Bevölkerung aus. Außerhalb der NSDAP-Mitglied- und -wählerschaft war das Hitler-Image vor 1933 allerdings noch weit von der späteren legendenhaften Verherrlichung entfernt. Aber Hitler erwarb den Ruf eines außergewöhnlichen Parteiführers, eines Mannes, dem man nicht neutral begegnen konnte. Wo immer er auftrat, bewirkte er eine Polarisierung der politischen Meinung. Es war kaum möglich, eine Haltung zwischen ekstatischer Zustimmung und bitterer Verurteilung einzunehmen.

Bevor wir zum Hitler-Image der Nationalsozialisten zurückkehren, müssen wir einen kurzen Blick auf die Gegenbilder der drei rivalisierenden Blöcke – der sozialdemokratischen und kommunistischen Linken, des politischen Katholizismus und der nationalistischen bürgerlich-konservativen Rechten – werfen. Auf unterschiedliche Weise trugen selbst die Gegenbilder zu einer gesteigerten Beachtung des außergewöhnlichen Führers der NSDAP bei, auch wenn diese größtenteils negativ war.

Das Bild, das die linke – sowohl sozialdemokratische wie kommunistische – Presse von Hitler entwarf, war beherrscht vom marxistischen Stereotyp des Lakaien imperialistischer Kräfte im Dienst des Monopolkapitals, des Werkzeugs der Feinde der Arbeiterklasse. Wenn Hitler an die Macht käme, prophezeite sie jedoch recht zutreffend, würden Armut,

Unterdrückung, ungekanntes Elend und letztlich Krieg die unausweichliche Folge sein. Antifaschistische Theorien, die am Modell des italienischen Faschismus entwickelt worden waren, wurden weitgehend auf Hitler und die NSDAP übertragen. Die sozialistische Presse bezeichnete Hitler einfach als »Führer der deutschen Faschisten« und suchte durch offene Angriffe auf ihn – indem man ihn sehr sarkastisch darstellte, seine Tapferkeit an der Front während des Ersten Weltkriegs in Zweifel zog oder ihn wegen Bestechlichkeit durch Schmiergelder von Industriellen oder ausländischen Geldgebern verleumdete – den Personenkult als Betrug zu entlarven.[66] Der »Erretter Deutschlands« wurde abgetan als »nichts anderes« als ein »Stabsgefreiter: ein aufgeblasener Renommist«.[67] Auf seine Brutalität wurde in Schlagzeilen wie der folgenden hingewiesen: »Überfall mit der Nilpferdpeitsche. Die Peitsche in Hitlers Auto gefunden.« Darauf folgte ein Artikel darüber, dass der Wagen Hitlers bei dessen Besuch in Magdeburg am Straßenrand angehalten habe und die Insassen eine Gruppe von Reichsbannerleuten brutal zusammengeschlagen hätten.[68]

Die Tendenz der Linken, Hitler zu unterschätzen, war ebenso stark wie die der konservativen Rechten. Selbst Carl von Ossietzky, der mit deutlich größerem Weitblick als viele andere linksgerichtete Autoren für die *Weltbühne* schrieb, stempelte Hitler als Scharlatan ab und erklärte das deutsche Bürgertum für unglaublich dumm, sich einem »halbverrückten Schlawiner« anzuschließen, einer »feigen, weibischen Pyjamaexistenz«, einer bloßen »Kreatur der Industrie«.[69] In den Augen Otto Brauns, bis Juli 1932 SPD-Ministerpräsident Preußens, war Hitler nichts weiter als der »Prototyp eines politischen Abenteurers«, der auf der Basis von Demagogie und Finanzierung aus zwielichten Quellen in der Lage war, Verzweifelte, Profithungrige und Reaktionäre zu sammeln, die gegen den Staat waren – »der Rattenfänger von Braunau« wurde er in einer Broschüre der SPD von 1932 genannt.[70] Die Verharmlosung Hitlers war in der Propaganda der KPD noch ausgeprägter, in der die Person und der Personenkult heruntergespielt wurden. Im Parteiorgan *Rote Fahne* wurde Hitler beständig als Handlanger der Kapitalisten und Grundbesitzer betrachtet.[71] Es ist bekannt, dass groteske Fehlurteile Ernst Thälmann, den Vorsitzenden der KPD, dazu verleiteten, 1931 zu behaupten, »der Faschismus beginnt nicht, wenn Hitler kommt, er hat längst begonnen«, und noch im Herbst 1932 Brüning »für die wichtigste Figur unter den bürgerlichen Politikern und für den kommenden Mann« zu halten sowie über die Möglichkeit zu schreiben, dass »die kluge und berechnende deutsche Bourgeoisie« Hitler an die Macht kommen ließ, da es unvorstellbar sei, dass Hitler den Kapitalismus aus der Sackgasse führen könnte.[72] Für die KPD, die ab 1928 in erster Linie den »Sozialfaschismus« attackierte, gab es keinen wesentlichen Unterschied zwischen den nicht kommunistischen Hauptkandidaten der Präsidentschaftswahlen von 1932: Eine Stimme für Hindenburg war eine Stimme für Hitler.[73]

Dennoch blieb der wachsende Hitler-Kult nicht ohne Wirkung auf das politische Denken der Linken. Es wurde sogar die These aufgestellt, dass in jener Epoche selbst um Ernst Thälmann, den man jetzt als »Führer des deutschen Proletariats« bezeichnete, bewusst ein Führerkult entwickelt wurde.[74] Die linken Autoren waren offenbar irritiert durch ein Phänomen, das sie größtenteils nur unangemessen erfassen konnten, und gaben sich meist damit zufrieden, den Hitler-Kult als Massenhysterie der Nazianhänger zu verharmlosen. Ein Erklärungsversuch, der im November 1932 in der angesehenen sozialdemokratischen Zeitschrift *Das Freie Wort* veröffentlicht wurde, wandte sich der weiblichen Massenpsychologie zu und erblickte Hitlers Anziehungskraft in einer gleichsam erotischen, weiblichen Attraktivität für das herabgesunkene »Lumpenbürgertum«. Der Autor des Artikels mit dem Titel »Die Frau Hitler. Psychologie um einen Führer« verwies auf sein »Primadonnenwesen, ... seine einstudierten Gesten, seine krankhafte Eitelkeit gegenüber sich selbst und der Bewegung« als im Wesen weibliche Charakterzüge und zitierte zustimmend eine Beschreibung Hitlers durch den italienischen Faschisten Malaparte, der wohl geschrieben hatte, es gäbe nichts Männliches an Hitler und »seine feminine Seite« erkläre »den Erfolg Hitlers, seine Gewalt über die Menge«.[75]

Das negative Image Hitlers in der linksgerichteten Presse hat vermutlich dazu beigetragen, die tiefe Abneigung gegen den Nationalsozialismus unter den Teilen der Arbeiterklasse zu verstärken, die im sozialdemokratischen und kommunistischen Milieu aufgewachsen und traditionell in den Reihen der organisierten Arbeiterschaft verwurzelt waren. Nachdem die Zerschlagung der linken Parteien, ihrer Institutionen und Öffentlichkeitsorgane sowie der Gewerkschaften Anfang 1933 das negative Hitler-Image in den Untergrund und die Subkultur der Opposition gezwungen hatte, war es weiterhin Teil der Propaganda des illegalen Arbeiterwiderstands. Die Opposition versuchte, das Pressemonopol der Regierung mit heimgedruckten Flugblättern, Schmierereien an den Fabrikmauern und Klosprüchen zu bekämpfen. Allerdings hatte die zunehmend offensichtliche Unangemessenheit der simplen Darstellung Hitlers als bloßen Agenten des Monopolkapitals großen Anteil an der Orientierungslosigkeit der Linken nach 1933 und ihren Schwierigkeiten, eine realistische Analyse der Machtstrukturen des neuen Regimes zu liefern.

Bekanntlich leistete neben der organisierten Arbeiterschaft die katholische Subkultur dem Eindringen der Nationalsozialisten den größten Widerstand. Das herrschende Hitler-Bild der katholischen »Meinungsführer« war ebenso negativ. Ihr Hauptangriffspunkt bestand im antichristlichen Wesen der NS-Bewegung und der Philosophie ihrer Führer.[76] Verschiedene Publikationen suchten zu beweisen, dass Hitlers Auffassungen in direktem Widerspruch zu den Lehren des christlichen Katechismus standen.[77] Besonders in Bayern, wo der Katholizismus und ein extremer Antimarxismus weitverbreitet waren, betrachtete man Hitler und seine Bewegung als eine Variante des »gottlosen Bolschewismus« – eine Assoziation, die nach 1933 während des »Kirchenkampfs« häufig wiederkehrte.[78] Obwohl sich die katholischen Polemiken gegen die Nationalsozialisten im Allgemeinen darauf konzentrierten, die antireligiöse und vor allem antikatholische Stoßrichtung des Nationalsozialismus anzugreifen, fand sich in mehreren Veröffentlichungen eine umfassende Demontage der gesamten NS-Doktrin. Katholische Publikationen aus den frühen Dreißigerjahren geißelten Hitlers Brutalität, seine Verachtung der Menschenrechte, Kriegstreiberei und Erhebung der Gewalt zu einem Prinzip politischen Verhaltens.[79] Insbesondere die katholische Wochenschrift *Der gerade Weg*, die in München von Dr. Fritz Gerlich – 1934 in Dachau ermordet – und Pater Ingbert Naab herausgegeben wurde, griff Hitler rückhaltlos an. Im September 1932, als das Zentrum trotz seiner offenen Solidaritätsbekundungen mit fünf SA-Leuten, die wegen des brutalen Mordes an einem Kommunisten in Potempa zum Tode verurteilt worden waren, mit den Nationalsozialisten verhandelte, sah *Der gerade Weg* bei Hitler »die Unbedingtheit des Bösen«.[80]

Wenige Monate zuvor hatte die vermeintliche Feindseligkeit Hitlers gegenüber der Kirche eine wichtige Rolle gespielt, die katholischen Parteien davon zu überzeugen, den protestantischen, aber »frommen« Hindenburg in den Präsidentschaftswahlen zu unterstützen. Die katholischen Wahlkämpfer leugneten eifrig die persönlichen Qualitäten des »Nonvaleurs« Hitler und seine Eignung für die bedeutende Position des Staatsoberhaupts. Redner der BVP, der rechten Schwesterpartei des Zentrums, evozierten alle sozialen Vorurteile einer Partei des bayrischen »Establishments«, indem sie die Vorstellung verspotteten, »Hitler, der Tüncher«, könne im Ausland Respekt erheischen, sprachen ihm jegliche Voraussetzung und Erziehung zum Staatsoberhaupt ab und bestritten die Möglichkeit eines Vergleichs zwischen Hitler, der 1912 aus Österreich geflohen war, um dem Militärdienst zu entgehen, und dem Kriegshelden Hindenburg.[81] Ebenso wichtig war es ihnen, die neoheidnische Vergötterung und Mythologisierung Hitlers anzugreifen und bloßzustellen. Ein Redner berichtete von einer Frau, die in ihrem Haus einen Altar mit einem Bild Hitlers anstelle der Monstranz errichtet hatte, und erklärte, er »verstehe einfach das deutsche Volk nicht, dass es sich so verführen lasse … Hitler sei es gelungen, die Dummen zu organisieren, und zur NSDAP gehen nur Dumme, Hysterische und Narren … Im Falle, dass Hitler gewählt würde, würde ein unheilbares Unheil über das deutsche Volk kommen, Deutschland würde sicherlich zerschlagen werden.«[82]

Hitler selbst war sich der Notwendigkeit, sein antichristliches Image loszuwerden, wohl bewusst, wenn seine Partei in katholischen Gebieten einen Durchbruch erzielen wollte. Schon zu Beginn der Zwanzigerjahre war er darauf bedacht, die katholische Kirche nicht unnötig zu verärgern.[83] Während des Aufstiegs zur Macht bemühte sich die NSDAP in katholischen Gebieten wie dem Rheinland und Bayern – größtenteils erfolglos – darum, ihr »positives Christentum« zu betonen, das Schandmal einer antireligiösen Partei zu beseitigen und klarzustellen, dass nur der Nationalsozialismus die Kirche vor dem Marxismus schützen könne.[84] 1930 hielt es Hitler für unumgänglich, sich von Alfred Rosenberg, einem der führenden Ideologen der Partei, zu distanzieren, dessen Buch *Der Mythos des 20. Jahrhunderts* seinen Ruf als Hauptvertreter des »neuen Heidentums« und herausragende »Hassfigur« der katholischen Kirche zementiert hatte.[85] Auf einer Großveranstaltung in der katholischen Hochburg Bayern im April 1932 sagte Hitler, während ihn die norddeutschen Protestanten als Handlanger Roms und die süddeutschen Katholiken als heidnischen Wotananbeter abgestempelt hätten, vertrete er lediglich die Meinung – womit er auf eine weitverbreitete Abneigung gegen den Klerus abzielte –, die deutschen Priester sollten sich, wie es in Italien schon der Fall sei, aus der Politik heraushalten und auf ihre konfessionellen Angelegenheiten und pastoralen Pflichten beschränken: Was der Papst in Italien erlaubt habe, schloss er, könne in Deutschland keine Sünde sein. Gleichzeitig wurde er nicht müde zu erklären, er sei ein tiefreligiöser Mensch, die »seelische Not« des deutschen Volkes sei noch größer als seine wirtschaftliche und die Tolerierung von über 14 Millionen antireligiösen, atheistischen Marxisten in Deutschland sei äußerst beklagenswert.[86]

Trotz aller Beteuerungen spielte das negative Image des »neuen Heidentums«, das die NSDAP nicht abzuschütteln vermochte, sicher eine große Rolle bei der außerordentlich starken Immunität gegen den Nationalsozialismus, die vor 1933 in katholischen Kreisen bestand. Selbst nach dem Verschwinden der unabhängigen katholischen Presse in der Frühphase des Dritten Reiches war der katholische Klerus in der Lage, dieses Image durch seine subtile »Propaganda« aufrechtzuerhalten – wobei ihm die oft kruden Angriffe der Nationalsozialisten im »Kirchenkampf« zu Hilfe kamen. Das negative Image blieb während des gesamten Dritten Reiches ein wichtiger Grund für die Entfremdung der katholischen Bevölkerung vom Regime und für Formen des Widerstands gegen den Nationalsozialismus seitens der katholischen Subkultur. Trotzdem wurde auch die Auffassung vertreten, dass »es dem Nationalsozialismus trotz allem vielleicht doch noch einmal gelingen könnte, aus seinem Programm, seinen Zielen und seinem Parteileben alles das auszuschalten, was dem Katholizismus grundsätzlich und tatsächlich widerstrebt ...«.[87] Die Vorstellung, dass es etwas autoritäres, patriotisches, antimarxistisches, übrig gebliebenes »Gutes« im Nationalsozialismus gebe, eröffnete die Möglichkeit für eine Kehrtwendung. Dazu waren die katholischen Bischöfe bereit, nachdem Hitler im März 1933 seine Toleranz und Hilfsbereitschaft gegenüber der Kirche beteuert hatte. Ferner enthielt die Vorstellung das Potenzial für die Trennung zwischen »dem gottesfürchtigen

Staatsmann« Hitler und den antichristlichen Radikalen innerhalb der Partei, insbesondere Rosenberg.[88]

In den Medien des dritten großen ideologischen Blocks neben den Nationalsozialisten, der nationalkonservativen Rechten, wurde Hitler natürlich nicht so negativ porträtiert wie in der linken und der katholischen Presse. Hitlers Image war hier größtenteils das eines Massenagitators, eines »Trommlers«, eines begabten Demagogen, der imstande war, die Emotionen für die nationale Sache anzuheizen. Die bürgerliche Presse sympathisierte nicht selten mit den Ideen, für die Hitler eintrat, und widmete ihm und der NS-Bewegung immer mehr und meist wenigstens maßvoll zustimmende Berichterstattung. Seinen extremen Nationalismus und wütenden Antimarxismus betrachtete man natürlich als positive Eigenschaften, während seine demagogische Begabung mit der Hoffnung verknüpft wurde, er könne die Massen vom Sozialismus abbringen. Gleichzeitig machte man sich Sorgen bezüglich des »Sozialismus« der NSDAP – Sorgen, die sich im Wahlkampf für die Novemberwahlen 1932 verstärkten, als die Nationalsozialisten sich am Streik der Berliner Verkehrsbetriebe beteiligten.[89] Die Gewaltbereitschaft der Nationalsozialisten wurde zwiespältig beurteilt, sie war verschiedentlich Anlass zur Sorge, wurde aber häufiger als tapfere Selbstverteidigung gegen die kommunistischen Ausschreitungen betrachtet. Offenbar war man überdies der Meinung, dass Hitler selbst nicht mit der Gewalt in Verbindung gebracht werden sollte, wie die scharfe Verurteilung seiner Solidaritätsbekundungen für die Mörder von Potempa beweist.[90] Am negativsten wurde Hitler in der nationalkonservativen bürgerlichen Presse während des Präsidentschaftswahlkampfs im März und April 1932 dargestellt, als man die unanfechtbaren Qualitäten des alten Feldmarschalls Hindenburg, der erneut selbstlos zur Erfüllung seiner Pflicht gegenüber dem Vaterland bereit war und traditionelle deutsche Werte verkörperte, mit den Eigenschaften seines Herausforderers kontrastierte – Emporkömmling,

Sprachrohr der schlecht informierten, ungebildeten, hysterischen Massen, Oberhaupt einer Bewegung wilder Extremisten und unheilvoller Elemente und vor allem »Parteimann« im Gegensatz zu Hindenburg, dem nationalen Führer.[91] Besonders Hitlers Ablehnung des Vizekanzlerpostens im August 1932 gab der bürgerlichnationalen Presse neuen Anlass, seinen Machthunger anzuprangern und vor einem Mann zu warnen, der um jeden Preis die Alleinherrschaft seiner Partei durchsetzen wollte. Insgesamt wurde die Haltung der rechtsgerichteten nicht nationalsozialistischen Presse gegenüber Hitler im Laufe des Jahres 1932 jedoch wohlwollender. Selbst wenn sie sich weigerten, den Personenkult um Hitler voranzutreiben oder offenen Enthusiasmus zu zeigen, und wenn sie öffentlich Besorgnis über die Aussicht auf eine Hitler-Regierung äußerten, begannen konservative deutschnationale Zeitungen wie die Berliner *Deutsche Tageszeitung* Ende 1932, »keine andere Lösung zu sehen, als Hitler mit der Lösung der Krise zu beauftragen«.[92]

Während der fünf Wahlkämpfe des Jahres 1932, als die rasenden Anstrengungen der NS-Bewegung Deutschland in Aufruhr versetzten, erreichte der Führerkult in der schnell expandierenden nationalsozialistischen Presse neue Höhepunkte.[93] Im *Völkischen Beobachter*, der seine Auflage zwischen 1929 und 1932 nahezu verfünffachen konnte[94], und anderen NS-Organen wurde täglich aufs Neue der Eindruck einer unaufhaltsam zur Macht fortschreitenden Bewegung erweckt, die vereint hinter ihrem Führer stand, einem Mann mit der Mission, Deutschland zu retten, einem Mann, der ungeachtet temporärer Rückschläge seinen Weg ging. Während die nicht nationalsozialistische Presse ihn immer noch als »Herrn Hitler« oder als »Führer der NSDAP« titulierte, war in der NS-Presse nur noch von »Adolf Hitler« (nie einfach »Hitler«), »unserem Führer« oder einfach »dem Führer« die Rede.[95] Zunehmend benutzte man auch eine Formulierung, die die Unausweichlichkeit des historischen Prozesses zum Ausdruck bringen sollte, der Hitler bald an die Macht und ein neues Deutschland an den Tag bringen würde: »... der Führer des neuen Deutschlands.«[96]

Unter den Fanatikern kannte der Führerkult jetzt keine Grenzen mehr, und seine Auswüchse lieferten den ideologischen Feinden der Nationalsozialisten nützliche Munition. Unter der Überschrift »Der Hausaltar der Nationalsozialisten« machte sich die sozialistische Zeitung *Das freie Wort* über die lächerlichen Extreme der Hitlerverehrung unter einigen seiner weiblichen Verehrer lustig:

> Hitler ist das A und O unserer Weltanschauung. Jedes national-sozialistische Haus muss eine Stätte haben, wo der Führer uns greifbar nahe ist. An solcher Stätte müssen ihm gebefreudige Hände und Herzen täglich kleine Ehrungen in Form von Blumen und Ranken darbringen.[97]

Gänzlich kontraproduktiv für die NS-Propaganda waren die gelegentlichen Ausbrüche von »Enthusiasmus« örtlicher Parteisprecher, die sich selbst in ausgesprochenen Hochburgen der Katholiken zu der Behauptung hinreißen ließen, die einzige historische Parallele zu Hitler, der mit sieben Männern begonnen hatte und nun eine riesige Anhängerschaft hatte, sei Jesus Christus, der zu Anfang zwölf Getreue gehabt und dann eine religiöse Bewegung von Millionen geschaffen habe.[98] Obgleich die pseudoreligiöse Motivation, die für viele augenscheinlich hinter dem Hitler-Kult zu liegen schien, zahlreiche außergewöhnliche und peinliche Bezeugungen der Verehrung hervorbrachte, fanden die routinierteren Erzeugnisse der NS-Propaganda normalerweise wirkungsvollere Wege, Nutzen aus ihr zu ziehen. So heißt es in einem Bericht im *Stürmer* über Hitlers unerwartetes Auftreten bei einem Treffen von Parteifunktionären aus Streichers Gau Franken in Nürnberg vom September 1932:

> Ungeheurer Jubel dankt dem Führer. Unbändige Kraft hat er den vielen Hunderten in die Herzen gegossen. Sie sind stolz, einen solchen Mann zum Führer zu haben. Keiner der Teilnehmer wird diese Tagung vergessen. Sie ist jedem zu einem heiligen Erlebnis geworden, das ihn freudig kämpfen heißt für Hitler, für Deutschland.[99]

Der Ausdruck solch einer »Liebesbeziehung« zu Hitler wurde, sofern nicht nur bewusst für propagandistische Zwecke artikuliert, auch zu diesem fortgeschrittenen Zeitpunkt sicher nicht von der gesamten Anhängerschaft der Nationalsozialisten geteilt. Die neuere Forschung hat hinreichend gezeigt, wie komplex die Interpretation der unterschiedlichen Motive für die Unterstützung des Nationalsozialismus ist.[100] Die Elemente der Mixtur, in der sich harte materialistische Eigeninteressen mit »irrationalen« Motivationsformen vermengten, werden wegen des Fehlens zeitgenössischer Meinungsumfragen nie genau auszumachen sein, sodass sich Spekulationen nicht umgehen lassen. Es wäre in jedem Fall verfehlt, bei der Konzentration auf den Hitler-Kult andere wichtige Aspekte der Anziehungskraft der Nationalsozialisten zu vernachlässigen. Dennoch kann seine Bedeutung als Angelpunkt der NS-Propaganda nicht infrage gestellt werden. Seine Funktion, die divergierenden Motivationen der Anhängerschaft, die auf ideologischen Prinzipien und sozialen Versprechen beruhten, in der Führerfigur zu vereinen und zu personalisieren, war fundamental. Als »Sprachrohr«, insbesondere der Ressentiments und Aspirationen der unteren Mittelschichten – als »Inkarnation kleinbürgerlicher Ideale und Wunschvorstellungen«[101] –, artikulierte und legitimierte Hitler individuelle Klagen, Forderungen und Eigeninteressen, während die persönlichen Loyalitätsbande zum Führer den Identifikationsgrad innerhalb einer Bewegung verstärkten, deren zentrifugale Tendenzen eine ständige Bedrohung ihres Zusammenhalts darstellten.[102] Und für das alteingesessene Bürgertum, das, zumindest in den Städten, den Nationalsozialismus zunehmend für eine erwägenswerte Alternative hielt[103], bot Hitler – trotz seines offensichtlichen Mangels an »staatsmännischen« Eigenschaften – ein Argument gegen die weitverbreiteten Zweifel an der Fähigkeit der NSDAP, eine verantwortungsbewusste Regierung zu bilden.[104]

Vor den Wahlen zur Reichspräsidentschaft wurden im März und April 1932 wichtige Komponenten des »Hitlermythos« extensiv propagiert, besonders vor dem zweiten Wahlgang, in dem Hitler Hindenburg direkt herausforderte. In dieser Wahl konnte der Führer der NSDAP, der vor 1929/30 auf der Ebene der Reichspolitik noch ziemlich unbekannt gewesen war, über 13 Millionen Stimmen sammeln – über ein Drittel der abgegebenen Stimmen – und als Kandidat auftreten, der dem Sieger ebenbürtig war, dem verehrten Feldmarschall des Ersten Weltkriegs, den alle großen Parteien außer NSDAP und KPD unterstützt hatten. Die Propaganda der Nationalsozialisten hatte eine erstaunliche Wirkung gehabt. In den letzten Tagen vor der Wahl tauchte in ganz Deutschland ein Plakat auf, das Hitlers Kopf in bewusstem Gegensatz zu den farbigen Wahlplakaten vor einem vollständig schwarzen Hintergrund zeigte. Den Leuten wurde der unverschnörkelte Slogan eingehämmert, eine Stimme für Hitler sei eine Stimme für den Wandel, eine Stimme für Hindenburg eine Stimme für den Status quo.[105] Die Wahl wurde als Wettstreit zwischen dem Repräsentanten des Weimarer »Systems« und dem Führer des neuen, jungen Deutschlands dargestellt, der für Goebbels »der Führer, der Prophet, der Kämpfer, ... die letzte Hoffnung der Massen, ... das leuchtende Symbol deutschen Freiheitswillens« war.[106]

Der zweite Wahlgang der Präsidentschaftswahlen, der eine Woche vor den Parlamentswahlen am 10. April stattfand, wurde spektakulär durch neue Entwicklungen im Aufbau des »Hitlermythos«. Die umworbene »große Propagandareise des Führers durch Deutschland«[107] wurde zum ersten Mal in der Wahlgeschichte größtenteils per Flugzeug durchgeführt, das Hitler zum Besuch der Wahlveranstaltungen im gesamten Reichsgebiet gechartert hatte. In seinem ersten Wahlkampf, als er noch mit dem Auto unterwegs gewesen war, hatte er auf einer elftägigen Rundreise in zwölf Städten gesprochen. Durch seinen medienwirksamen »Deutschlandflug« unter dem Slogan »Der Führer über Deutschland« war er in der Lage, auf Kundgebungen in 20 Großstädten innerhalb von nur sechs Tagen zu sprechen. Auf seinen vier Deutschlandflügen zwischen April und November 1932 hielt Hitler Reden auf insgesamt 148 Massenkundgebungen, durchschnittlich drei pro Tag, wobei er in den Großstädten oft vor 20000 bis 30000 Menschen sprach und so innerhalb dieses einen Jahres von buchstäblich Millionen Deutschen leibhaftig gesehen und gehört wurde.[108] Sein Wahlkampf war ein mit außerordentlicher Virtuosität durchgeführter Redefeldzug, in dessen Verlauf Hitler die Massen erreichte wie kein deutscher Politiker vor ihm.

Obgleich die Funktion der Massenkundgebungen, die mit der Hingabe von Erweckungsveranstaltungen und von Hitler im Ton des politischen »Missionars« und Propheten abgehalten wurden, hauptsächlich darin bestand, die bereits Überzeugten anzustacheln und zu den Bekehrten zu predigen[109], trugen die »Deutschlandflüge« zweifellos dazu bei, den Hitler-Kult weit über die Reihen der NSDAP-Mitglieder und überzeugten Anhänger hinaus populär zu machen. Hitlers Anziehungskraft als Redner inmitten der Wirtschaftskrise, in der aufgepeitschte Emotionen wie ein Pendel zwischen Angst und Verzweiflung auf der einen und Euphorie und utopischen Zukunftshoffnungen auf der anderen Seite oszillierten, beruhte auf der Fähigkeit, seine Reden direkt auf die Krisenmentalität sowie die Stimmung ungezügelter Aggressivität und Feindseligkeit gegenüber dem »System« bei seinen größtenteils mittelständischen Zuhörern zurechtzuschneiden.

Die Atmosphäre einer Massenkundgebung hielt eine Hamburger Lehrerin, Louise Solmitz, in ihren Notizen fest:

> Die Stunden gingen hin, die Sonne strahlte, die Erwartung stieg ... Es ging auf 3 Uhr. ›Der Führer kommt!‹ Ein Ruck ging durch die Massen... Da stand Hitler im einfachen schwarzen Rock und blickte wartend über die Menge. – Ein Wald von Hakenkreuzfähnlein rauschte empor, in brausendem Heilruf machte sich der Jubel über diesen Augenblick Luft. Dann sprach Hitler. Hauptgedanke: Aus Parteien soll ein Volk werden, das deutsche Volk... Die Stimme war heiser vom vielen Reden der letzten Tage. Als die Rede beendet war, erhob sich brausender Jubel und Beifall. Hitler grüßte, dankte, das Deutschlandlied tönte über die Bahn. Man half Hitler in den Mantel. Dann ging er. – Wieviele sehen zu ihm auf in ergreifender Gläubigkeit als dem Helfer, Erretter, als dem Erlöser aus übergroßer Not. – Zu ihm, der den preußischen Prinzen, den Gelehrten, den Geistlichen, den Bauern, den Arbeiter, den Erwerbslosen aus der Partei rettet ins Volk hinein.[110]

Bewusst steuerte Hitler bei seinen »Deutschlandflügen« nicht nur die großen Städte, sondern auch die Provinz an, wo die Propaganda noch eindrucksvollere Wirkungen zeitigte. In den verschlafenen Kleinstädten der bayrischen Provinz waren Hitlers Veranstaltungen eine Sensation, die die Bevölkerung nie zuvor erlebt hatte. Der *Miesbacher Anzeiger*, eine »weiß-blaue« bayrische Lokalzeitung, bezeichnete Hitlers Rede in der kleinen oberbayrischen Stadt am 17. April während des Wahlkampfs für die Landtagswahlen in Bayern als »nie dagewesene Sensation«[111], auf die Tausende in strömendem Regen gewartet hatten. Natürlich hatte Hitler als Redner auch zuvor schon beträchtlichen Zulauf gehabt.[112] Aber der Andrang der früheren Wahlkämpfe kann mit dem von 1932 nicht verglichen werden. In Günzburg etwa hatte Hitler im

Jahre 1930 rund 1200 Menschen angezogen – eine Zahl, die denen der SPD-Versammlungen ungefähr entsprach. Als er im Oktober 1932 in die Stadt zurückkehrte, um eine »programmatische Wahlkampfrede« zu halten, wurde die Versammlung von 7000 bis 8000 Menschen besucht. Die Veranstaltung, an der auch viele auswärtige Besucher teilnahmen, musste in den großen Hallen der Maschinenfabrik Mengele abgehalten werden (nicht mehr wie früher in der Turnhalle).[113] Die Atmosphäre der Veranstaltung und die Verehrung Hitlers, die wie immer bei Hitlers Kundgebungen durch das lange Warten auf seine Ankunft aufgeputscht waren, kommen im stilisierten Bericht des *Völkischen Beobachters* zum Ausdruck:

> In den Mittagsstunden beginnt die große Völkerwanderung. Zu Fuß, mit Fahr- und Motorrädern, mit Fuhrwerk und Auto strömen die Menschen von allen Seiten herbei ... Lange vor Beginn sind die beiden großen Hallen überfüllt ... Tausende müssen draußen stehen ... Dann kommt der Führer. Kaum kann ihm die SA den Weg frei halten durch die Menschenmassen. Jubelnde Heilrufe begrüßen ihn. Das dreijährige Töchterchen des Burgauer Sturmführers Schmalzgruber überreicht ihm einen großen Blumenstrauß, das sechsjährige Söhnchen des SA-Mannes Linder ein Bild. Und wieder sehe ich, wie schon so oft, jenes frohe Leuchten in des Führers Augen, als er seine Hand auf den Scheitel der Kinder legt ...[114]

Die Tatsache, dass es der NSDAP in Günzburg gelang, im November 1932 weitere Stimmen zu gewinnen, während ihre Zahl im Reich insgesamt zurückging, könnte – trotz aller Übertreibungen im zitierten Bericht – auf die Veranstaltung Hitlers, der durch seine Anhänger mit »fast hysterischer Begeisterung« begrüßt wurde, zurückzuführen sein.[115]

Die Berichte im *Völkischen Beobachter* konstruierten unter Schlagzeilen wie »Grandioser Verlauf der Hitler-Tage« oder

»Des Führers Siegeszug durch Bayerns Gaue« natürlich ein Hitler-Image, das dem der verleumdeten tatsächlichen Machthaber in Deutschland diametral gegenüberstehen sollte. Der »Führer, der im Volke selbst wurzelt« und eine riesige Anhängerschaft hat, wurde mit von Papen kontrastiert, der ein bloßes Oberhaupt einer nicht durch das Volk legitimierten Regierung und für seine Position »auf einen kleinen Kreis von Reaktionären« angewiesen war.[116] Hitler nahm diese Angriffslinie in seinen Reden auf und bediente sich dabei wohlfeiler populärer Vorurteile gegen die fetten Ministergehälter und exklusiven Lebensstile der Minister, um von Papen zu geißeln, der angeblich Eigentum im Wert von fünf Millionen Mark besaß und dennoch sein Kanzlergehalt einstrich, während Hitler selbst auf ein solches Gehalt für alle Zeit verzichten wolle, da er nur an der selbstlosen Arbeit für sein Volk interessiert sei.[117]

Die enthusiastischen Berichte der NS-Presse über Hitlers Wahlkampf vermochten dennoch nicht die Tatsache zu verbergen, dass die NSDAP bis Ende 1932 noch keine entscheidenden Breschen in die politischen Lager der Arbeiter- und Katholikenparteien schlagen konnte. Selbst innerhalb der NSDAP war Hitlers »Charisma« keineswegs grenzenlos.[118] Einem Bericht vom März 1932 zufolge waren einige Nationalsozialisten der Meinung, Hitler habe nicht die erforderlichen Eigenschaften und Fähigkeiten für den Posten des Reichspräsidenten: »Hitler habe sich bisher nur als politischer Agitator betätigt; man könne sich ihn jedoch nicht als Reichspräsidenten vorstellen.«[119] Auch erfüllte Hitler nicht bei allen Massenkundgebungen die Erwartungen. Die nüchternen, wenn auch nicht ganz unvoreingenommenen Berichte der staatlichen Institutionen widersprechen der ekstatischen Berichterstattung der NS-Presse häufig sehr stark. So hieß es beispielsweise über Hitlers Rede vor 4000 Menschen in Würzburg am 6. April 1932, sie habe den »übertriebenen Erwartungen« der Zuhörer nicht entsprochen und sei »selbst für Anhänger der Partei eine Enttäuschung« gewesen, während die 7000 bis 8000 Teilnehmer an einer Kundgebung im niederbayrischen Dorf Pocking im Oktober 1932, die der *Völkische Beobachter* als »eine mächtige Bezeugung von Vertrauen in den Nationalsozialismus seitens der niederbayrischen Bauern« bezeichnete, anscheinend größtenteils Parteimitglieder aus der Umgebung und Neugierige gewesen waren.[120]

Vor allem die Wahlmüdigkeit und interne Probleme der NSDAP stellten für Hitlers »charismatische« Anziehungskraft im Herbst 1932 eine harte Probe dar. Goebbels hatte im selben Jahr befürchtet, die Partei könne Gefahr laufen, sich in den Wahlen »zu Tode zu gewinnen«[121], aber als die Propagandamaschinerie für den fünften großen Wahlkampf des Jahres in Gang gekommen war, schien die Eroberung der Regierungsmacht weit entfernt. Insbesondere nach Hitlers Ablehnung des Vizekanzlerpostens, den ihm der Reichspräsident bei einem Treffen am 13. August 1932 angeboten hatte, wurden die Parteimitglieder ungeduldig über den scheinbar endlosen Kampf um die Macht und begannen, ihrem Unmut über eine »Partei, deren Führer nicht weiß, was er will, und die kein Programm hat«, Luft zu machen.[122] Außerdem reagierten zahlreiche protestantische Anhänger ungehalten über die Koalitionsverhandlungen mit dem Zentrum zu Beginn desselben Monats.[123] Im Oktober 1932 machte Hitler die seltene Erfahrung, in Nürnberg, dem Zentrum des nationalsozialistischen Franken, vor einem halb leeren Saal sprechen zu müssen.[124] Diese kritische Phase zeigt, wie sehr das konstruierte »Charisma« Hitlers von einer Faktorenkombination abhängig war, wie zerbrechlich es war und wie es nur durch anhaltenden Erfolg aufrechterhalten werden konnte.

Gleichwohl lässt sich kaum bestreiten, dass schon vor der »Machtergreifung« mehr als 13 Millionen Deutsche potenzielle »Hitler-Gläubige« geworden und im Wesentlichen dem »Führerprinzip« und dem Personenkult um Hitler erlegen waren. Bei der verbleibenden Mehrheit der Bevölkerung schienen die Meinungen zu Hitler den ideologischen Trennlinien zu entsprechen, die wir oben betrachtet haben: unversöhnlicher Hass in der organisierten Arbeiterschaft, tiefes Misstrauen unter den Katholiken und in den nationalkonservativen Mittelschichten vor allem das Gefühl, dass der Mann trotz seines niedrigen sozialen Status und der »sozialistischen« Tendenzen in seiner Bewegung für eine gewisse Zeit von Nutzen sein könnte.

Mindestens drei allgemeine Faktoren müssen bei der Erklärung berücksichtigt werden, wie der Führerkult trotz dieser unterschiedlichen und oft ausgesprochen negativen Einstellungen zu Hitler in einer erstaunlich kurzen Zeit nach dem Januar 1933 weite Kreise der Bevölkerung und letztlich in einem beträchtlichen Maß die große Mehrheit der Deutschen erfassen konnte.

Von ausschlaggebender Bedeutung war das weitverbreitete Gefühl des offensichtlichen Bankrotts des Weimarer Systems und seiner Führung. Es war »Zeit« für ein neues »Führertum«. Versuche, ungeeigneten Kandidaten für ein »Charisma« wie Brüning und Hugenberg die Attribute dieses »Führertums« zuzuschreiben, waren fehlgeschlagen, auch Hindenburg war während der Präsidentschaftswahlen als »erprobte Heldengestalt« und »Führer der deutschen Nation« bezeichnet worden.[125] 1932 vermittelten Presseberichte von allen Seiten den starken Eindruck einer nahezu vollständigen Lähmung der Regierung und einer völlig gespaltenen Nation, die sich in einer Folge verbissener Wahlkämpfe aufrieb. Unter diesen Bedingungen war das Bild eines dynamischen, energiegeladenen, »jugendlichen« Führers, der einen entscheidenden Richtungswechsel anbot und ein Heer fanatischer Anhänger hinter sich hatte, keineswegs unattraktiv. Viele Zweifler waren bereit, Hitler eine Chance zu geben. Und verglichen mit der pathetischen Hilflosigkeit seiner unmittelbaren Vorgänger als Kanzler wirkten die Energie und Regsamkeit von Hitlers Regierung in den Monaten nach seiner Machtübernahme beeindruckend.

Zweitens bereitete die starke Unterschätzung Hitlers vor 1933 den Weg für eine zunächst zögerliche und herablassende, dann oft vollständige Begeisterung für seine augenscheinliche Bereinigung der innenpolitischen Situation, die eigentlich jenseits der Fähigkeiten eines aufwieglerischen Emporkömmlings lag.

Der dritte und wichtigste Faktor bestand darin, dass Hitler einen bereits hergestellten, umfassenden ideologischen Konsens verkörperte, an dem auch jene teilhatten, die zuvor keine Nationalsozialisten gewesen waren, mit Ausnahme der Linken. Seine Hauptmerkmale waren ein entschiedener Antimarxismus einschließlich der scheinbaren Notwendigkeit eines mächtigen Schlages gegen die linken Kräfte; eine tiefe Feindschaft gegenüber dem gescheiterten demokratischen System einschließlich des Glaubens, dass ein starkes, autoritäres Führertum für einen Wiederaufschwung notwendig sei; ein weitverbreitetes Gefühl, das sich auch auf Teile der Linken erstreckte, dass Deutschland in Versailles großes Unrecht widerfahren und es von allen Seiten durch Feinde bedroht sei. Dieser Konsens bot das Potenzial für die starke Unterstützung eines nationalen Führers, der eine absolute Verpflichtung, persönliche Opferbereitschaft und selbstlose Hingabe an die Sache der inneren Einheit und äußeren Stärke aufzuweisen schien.

Am 31. Januar 1933 nannte der Leitartikel einer konservativen Zeitung, der *Münchener Neuen Nachrichten*, die über die fünfthöchste Auflage der deutschen Zeitungen verfügte und sich gegenüber den Nationalsozialisten feindseliger als jedes andere bürgerliche Presseorgan gezeigt hatte, inmitten weiterer skeptischer Töne die Bedingungen, unter denen Hitler mit dem Prestige der Kanzlerschaft schnell an Popularität gewinnen könnte. Er war verfasst von Erwein Freiherr von Aretin, einem Monarchisten, der oft mit den Nationalsozialisten die Klingen gekreuzt hatte und im März 1933 prompt in Schutzhaft genommen wurde:

> Wir haben in den letzten Monaten einen beispiellosen Verfall der staatlichen Ordnung gesehen... Wir haben... eine so lange Spanne des führenden Intrigierens um die Macht hinter uns, dass wir uns selbst verleugnen würden, gäben wir nicht ehrlich der Hoffnung Ausdruck, dass diese Wendung von Dauer sei, und dass die Größe der Aufgabe die neuen Männer herausrisse aus der Enge und der Dumpfheit der Parteien in eine Welt, in der es nur mehr Deutsche gibt und ihre Feinde... Als ein riesiger, zu bewältigender Berg liegt vor der neuen Regierung das größte wirtschaftliche Problem unserer Tage, die Arbeitslosigkeit, deren wirksame Bekämpfung keiner ihrer Vorgängerinnen möglich war. Das Kabinett Hitler wird sich dessen bewusst sein, dass nichts ihm so viel Vertrauen erwecken könnte wie Erfolge, die es hier zu erzielen vermöchte. Hier darf niemand ihm die tätige Mithilfe verweigern. Im Kampf gegen Not und Hunger darf es keine Parteien geben. Hier muss gezeigt werden, ob dem Kritiker so vieler Jahre ein besseres Können entspricht. Dann wird kein Deutscher dem neuen Kabinett den Dank verweigern, den zu verdienen sein erstes Bestreben sein soll.[126]

Die Gedanken sind klar: Erfolg in der Verfolgung nationaler Ziele und Aufhebung der Trennlinien der Parteipolitik könnten Hitler eine neue Größe als nationaler (nicht Partei-)Führer verschaffen. Damit entstünde die Möglichkeit, frühere halbherzige Anhänger, Unentschlossene und selbst Gegner in Bewunderer des Führers und damit zumindest teilweise Anhänger des NS-Staates zu verwandeln. Es war die Aufgabe der nationalsozialistischen Propaganda, die nun rasch ein beinahe vollständiges Monopol der Medienkontrolle errang, diese Verwandlung in die Wirklichkeit umzusetzen.

Kapitel 2

»Sinnbild der Nation«

Die Darstellung Hitlers in der Propaganda 1933–1936

»Man kommt eigentlich gar nicht mehr zum Diskutieren vor lauter Wundern und Staunen, was unser Hitler alles macht … Seit der Mann die Geschichte in die Hand genommen hat, da klappts.«
Schwäbisches Volksblatt, 9. September 1933

»Wir sehen … in ihm das Sinnbild der unzerstörbaren Lebenskraft der deutschen Nation, das in Adolf Hitler lebendige Gestalt geworden ist.«
Otto Dietrich, Huldigung zu Hitlers Geburtstag 1935

Der vom Berliner Gauleiter Goebbels inszenierte, unendlich scheinende Fackelzug, den Hitler und Hindenburg am Abend des 30. Januar 1933 vom Balkon der Reichskanzlei aus betrachteten, sollte unterstreichen, dass es sich bei der Ernennung Hitlers zum Reichskanzler nicht um einen gewöhnlichen Regierungswechsel handelte. Die grandiose Feier des persönlichen Erfolgs Hitlers und des »Sieges« seiner Bewegung sollte den Deutschen suggerieren, sie seien Zeugen eines historischen Bruches mit der Vergangenheit, des Beginns einer neuen Ära. Schon waren Stimmen zu hören, die sagten, Hitler werde die gewonnene Macht niemals aufgeben.[1]

Außerhalb der NSDAP und ihrer Anhänger bewirkte Hitlers Ernennung zum Reichskanzler jedoch keineswegs, dass die Menschen ihre früheren Ansichten aufgaben. Zweifellos teilten viele, die noch die katholischen Parteien unterstützten, die am 31. Januar 1933 im Leitartikel des *Regensburger Anzeigers*, einer der BVP nahestehenden Zeitung, geäußerte Meinung, dass die Kanzlerschaft Hitlers ein »Sprung ins Dunkle« sei. Vor allem unter den Linken herrschte die Auffassung vor, Hitler werde nicht mehr als das Aushängeschild eines reaktionären Kabinetts sein, das von Hugenberg, von Papen und ihren Freunden dominiert sei, den direkten Vertretern der herrschenden Klasse in Deutschland. Man nahm an, dass auch die Unerfüllbarkeit des heterogenen Programms der Nationalsozialisten, das unterschiedlichen Bevölkerungsgruppen alles Mögliche versprochen hatte, bald zu einer tief greifenden Desillusionierung der Massenbasis der NSDAP und einem rapiden Popularitätsverlust Hitlers führen werde.[2] Abseits vom Trubel der großstädtischen Feiern anlässlich der »Machtergreifung«, in den Teilen der deutschen Provinz, in denen die Wahlergebnisse der Nationalsozialisten bis 1933 dürftig gewesen waren, änderte die Ernennung Hitlers zum Kanzler anfangs wenig an der ausgeprägten Apathie und Skepsis, die durch das Elend der Wirtschaftskrise sowie die scheinbar end- und fruchtlosen Wahlschlachten und parteipolitischen Auseinandersetzungen hervorgerufen worden waren. In diesen Gebieten herrschte eine pessimistische Einstellung vor: Viele waren der Meinung, dass Hitler schwerlich Verbesserungen bewirken könne und »dass Hitler nicht einmal so lange in diesem Amte [sein würde] als sein Vorgänger General von Schleicher«.[3]

Die Einstellung gegenüber Hitler und der neuen Regierung wurde in diesen Gebieten jedoch schon im Februar 1933 positiver. Viele Menschen blieben zwar zurückhaltend, wollten Hitler aber eine Chance geben, um zu sehen, was er ausrichten konnte: Die Lage konnte kaum schlechter werden. Die Berichte aus Niederbayern und der Oberpfalz hatten Anfang Februar noch den Mangel an Begeisterung der überwiegend katholischen Bauern für den Regierungswechsel hervorgehoben; Ende des Monats deuteten sie bereits an, Hitlers Regierungsübernahme sei in der Bauernschaft »nicht ungünstig aufgenommen« worden und vor allem unter den früheren Mitgliedern des Bauernbunds verbreite sich die Auffassung, dass »Hitler der richtige Mann« sei.[4] Aus Oberbayern wurde ebenfalls berichtet, »dass die neue Reichsregierung unter der Bauernschaft nur wenig Ablehnung finde, dass man vielmehr ihre Taten abwarten wolle«. Der erhöhte Einfuhrzoll auf Vieh und die leichte Steigerung der Vieh- und Holzpreise wurden bereits als Erfolge der Regierung verbucht und waren für die Bauern Anlass zu einer gewissen Hoffnung auf bessere Zeiten.[5]

Von Anfang an schien die Hitler-Regierung eine Dynamik und Kraft auszustrahlen, die in scharfem Gegensatz zur Lähmung der vorangegangenen Regierungen stand. Die Vitalität des Regimes spiegelte sich auch im Stil der Berichterstattung mancher Zeitungen wider, die dem Nationalsozialismus eher distanziert gegenüberstanden. Dadurch trugen sie zum wachsenden Eindruck bei, der Wendepunkt sei erreicht, endlich geschehe etwas. Und im Mittelpunkt der Erwartungen stand der neue Reichskanzler.

Hitler kam nicht nur das Prestige der Kanzlerschaft zugute. Die nationalsozialistische Propaganda bemühte sich, den Anschein zu erwecken, dass Hitler eine neue und andere Art von Reichskanzler sei. Der Wahlkampf für die Reichstagswahlen am 5. März bot ihr ausreichend Gelegenheit, den Kanzler der »nationalen Erhebung« mit neuen Attributen auszustatten und sein Führer-»Genie« zu betonen. Unter den »revidierten« Wahlkampfbedingungen Anfang 1933, als die Nationalsozialisten wüteten und ihre ideologischen Gegner brutal unterdrückt wurden, konnten die Massenkundgebungen in höherem Maße als zuvor von der Großstadt auf das Land ausgedehnt werden. Hitlers Kanzlerschaft wurde im Gegensatz zu einem bloßen Regierungswechsel als »welthistorisches Ereignis« dargestellt. Die nationalsozialistischen Redner wurden nicht müde zu betonen, Hitler sei das letzte Bollwerk gegen die kommunistische Gefahr, die letzte Hoffnung der Bauern und Arbeiter, der Beschützer der christlichen Religion. Vor allem forderte die NS-Propaganda die Wähler auf, dem neuen Kanzler eine Chance zu geben: »Hitler hat uns bis jetzt nicht betrogen. Man muss diesen Mann erst einmal arbeiten lassen.«[6]

Während die nicht nationalsozialistische Presse in den Wochen nach der »Machtergreifung« einfach vom »Reichskanzler Hitler« sprach, prägte der *Völkische Beobachter* den Ausdruck »Volkskanzler« – womit eine neue pseudodemokratische Verbindung zwischen dem Volk und dem »Mann aus dem Volk«, der jetzt sein Führer war, suggeriert werden sollte. »So zieht nur ein wahrer Volkskanzler durch seine Gefolgschaft«, lautete die Überschrift eines Berichts über Hitlers Massenveranstaltung in Nürnberg Ende Februar.[7] Die nicht nationalsozialistischen Zeitungen zeigten sich allerdings weiterhin wenig beeindruckt. »Wieder die gleichen Anklagen und Versprechungen«, kommentierte eine katholische Zeitung sarkastisch den »großen Tag für Nürnberg«, an dem der »Volkskanzler« aufgetreten war, und die enormen Anstrengungen der NS-Propagandamaschinerie, die Massen zur Huldigung zu bewegen, die er verdiente. »Der kritische Zuschauer aber verlässt den Saal enttäuscht über die Rede des ›Volkskanzlers‹.«[8] Zumindest bei der Presse und den politischen »Meinungsführern« blieben die Ansichten über Hitler noch bis zum März 1933 entlang den parteipolitischen Trennlinien geteilt. Hitler wurde bestenfalls der unbestimmte Respekt entgegengebracht, der dem Inhaber des Kanzleramts gebührte. Er war der Regierungschef, aber in den Augen von mindestens zwei Dritteln der Deutschen noch nicht »der Führer«.

In den Wahlen am 5. März 1933 konnten die linken Parteien – trotz heftiger Repressalien – und die Parteien des politischen Katholizismus einen bemerkenswert hohen Anteil der Stimmen ihrer traditionellen Wählerschaft gewinnen. Außerhalb des linken Lagers war die potenzielle Unterstützung der neuen Regierungspolitik, insbesondere des neuen Kanzlers, jedoch weit größer als die Zahl der nationalsozialistischen Wähler. Nicht jede Stimme für eine nicht nationalsozialistische Partei im März 1933 war eine Stimme gegen alles, wofür Hitler stand: Zumindest einiges von dem, was die Nationalsozialisten anzubieten schienen, wirkte für weit mehr Menschen als die entschlossenen NS-Anhänger attraktiv. Ein Faktor war die leichte Verbesserung der wirtschaftlichen Situation, die schon in den ersten Wochen des Jahres 1933 zu bemerken war, nachdem die Wirtschaftskrise im Winter das Tal durchschritten hatte. Wichtiger noch war das steigende Prestige, das Hitler in großen Teilen der Mittelschichten und in konservativen Kreisen wegen seiner rücksichtslosen Unterdrückung der Linken genoss, insbesondere der Kommunisten, die in gemeinsamen Aktionen der Polizei und der Nationalsozialisten unter Görings Kontrolle durchgeführt wurde. Die Ausnutzung des lange schwelenden Hasses auf die Sozialdemokratie und den Kommunismus (die als Spielarten des Marxismus kaum getrennt wurden und damit den Feind der bestehenden Gesellschaftsordnung, der Religion und Deutschlands selbst bildeten) durch den selektiven Terror gegen die Linken verschaffte Hitler eine frühe Beliebtheit, die sich sogar auf die Reihen der katholischen Wähler ausdehnte. Ein Bericht aus einem katholischen Landkreis in Oberbayern illustriert das positive Echo auf die »Säuberungsaktionen« gegen die Linken in Preußen, vor der Vertiefung antilinker Vorurteile durch den Reichstagsbrand:

> Hitler räume nun in Preußen ordentlich auf, er werfe die Schmarotzer u. die Volksaussauger sauber auf die Straße. Auch in Bayern insbesondere in München dürfe er mal antreten u. eine dergleichen Säuberungsaktion vornehmen lassen ... Wenn Hitler so weiter arbeite, wie seither, wird er auf die kommende Reichstagswahl das Vertrauen des größten Teils des Deutschen Volkes erhalten ...[9]

Schon hier kündigte sich deutlich an, was zumindest für einige ausländische Beobachter unmittelbar nach dem Reichstagsbrand offensichtlich wurde: dass die drakonischen Maßnahmen der Regierung – durch die »Notverordnung zum Schutz von Volk und Staat« gegen »kommunistische Gewaltakte« wurden auf einen Schlag die wesentlichen Grundrechte der Reichsverfassung außer Kraft gesetzt und in der Nacht zum 28. Februar in Preußen bei Polizeirazzien Tausende von Kommunisten verhaftet – beim größten Teil der einfachen Mittelschicht und der Landbevölkerung Deutschlands auf wenig Kritik und nicht unbeträchtliche Zustimmung stießen. Der Angriff auf die Kommunisten wurde in einem recht typischen Bericht als »eine längst nötige befreiende Tat« bezeichnet.[10] Die weitreichende Bedeutung der Notverordnung anlässlich des Reichstagsbrands wurde nur von wenigen erkannt. Das Maß der Zustimmung verschaffte Hitlers Popularität am Vorabend der Wahlen neuen Auftrieb.[11]

Wenngleich auch außerhalb der Linken nicht wenige glaubten, die Nationalsozialisten hätten den Reichstag selbst angezündet, unterstützte die Mehrheit der Bevölkerung ohne Zweifel die Polizeiaktionen gegen die KPD, die »im nationalen Interesse« das Problem der »roten Gefahr« jetzt an der Wurzel zu packen schienen.[12] Hitler gewann eindeutig durch das Ausmaß der antikommunistischen Paranoia, die auch viele Deutsche außerhalb der NS-Bewegung erfasste und durch die offen propagierte Moskautreue der KPD zwar nicht verursacht, aber doch gefördert wurde. Als er noch Teil der Opposition war, hatte Hitler gesagt, im Falle einer Regierungsübernahme durch die Nationalsozialisten würden Köpfe rollen. Jetzt, da er mit äußerster Rücksichtslosigkeit vorging, konnte er als Beseitiger einer nationalen Gefahr porträtiert werden. Es war nicht das letzte Mal, dass Brutalität und Unterdrückung im Interesse von »Ruhe und Ordnung« Hitlers Popularität steigerten und als wichtige Komponente des »Führermythos« fungierten.

Dennoch stimmten in den Märzwahlen von 1933, die vor dem Hintergrund des Angriffs auf die Linke und in einer zur »nationalen Erhebung« hochstilisierten erhitzten Atmosphäre stattfanden, weniger als die Hälfte der Wähler für die NSDAP. Die Nationalsozialisten hatten immer noch keinen entscheidenden Durchbruch in die Blöcke der Linken und der Katholiken erzielt. Immerhin war es ihnen mithilfe einer Rekordwahlbeteiligung gelungen, einen erheblich höheren Stimmenanteil zu gewinnen als irgendeine andere Partei in der Weimarer Zeit. Besonders in den ländlichen katholischen Gebieten konnten sie einen bemerkenswerten Stimmenzuwachs verzeichnen; in Niederbayern betrug der Zuwachs der nationalsozialistischen Stimmen gegenüber den Juliwahlen 1932 22,9 Prozent.[13] Gerade die ärmeren Bevölkerungsschichten, die nie vollständig vom politischen Katholizismus absorbiert werden konnten, waren jetzt anfällig für die wachsende Anziehungskraft des »Hitlermythos«. Mit größter Wahrscheinlichkeit war Hitlers persönliche Popularität zum Zeitpunkt der Wahl bereits sehr viel größer als die der NSDAP. Aber erst nach der Wahl begann

Hitlers Beliebtheitskurve steil nach oben zu steigen, während Deutschlands politische Landschaft stark verändert und die Transformation von Hitlers Image des Parteiführers zu dem des nationalen Führers bewerkstelligt wurde.

Die Hitler-Euphorie kam nun ungehemmt zum Ausbruch. Der Autor eines kleinen Büchleins beschrieb diese Wochen beispielsweise als den »deutschen Hitler-Frühling« und stellte seiner Heldengeschichte über die »Machtergreifung« ein »Gedicht« von pseudoreligiöser Frömmigkeit voran:

> »Nun hat uns die Gottheit den Retter gesandt,
> Die Not hat ein Ende genommen,
> Freude und Jubel durcheilen das Land:
> Der Frühling ist endlich gekommen …«[14]

Wenngleich solche Verse – die kein Einzelfall sind – kaum den Geschmack der Leute trafen, die keine hartgesottenen Nazis waren, lieferten die dramatischen Veränderungen, die sich Anfang 1933 in Deutschland vollzogen, der Propagandamaschinerie die Gelegenheit, sich voll und ganz auf Hitler zu konzentrieren, und zwar nicht als Parteiführer oder Staatschef, sondern als Angelpunkt der »nationalen Wiedergeburt«. Über die Reihen der nationalsozialistischen Enthusiasten hinaus breitete sich das Gefühl aus, dass ein dynamischer und grundlegender Wandel im Interesse der gesamten Nation sowie der nationalen Einheit stattfand, dass der alten Politik ein Ende bereitet wurde, die mit Partikularinteressen verknüpft war und daher die sozialen und politischen Trennlinien fortschrieb.[15] Die grandiose Inszenierung der festlichen Eröffnung des Reichstags in der Potsdamer Garnisonskirche am 21. März – als Frühlingsanfang und Beginn einer neuen Jahreszeit ein symbolisches Datum, worauf die Zeitungen eilfertig hinwiesen – verstärkte nicht nur das Gefühl des »nationalen Aufbruchs«, sondern war auch ein wichtiger Meilenstein auf dem Weg zum Aufbau von Hitlers Image als nationalem

Führer. Dieses wurde zwei Tage später noch gesteigert durch seine Reichstagsrede für die Verabschiedung des Ermächtigungsgesetzes, in der er die Sozialdemokraten mit beißendem Spott bedachte – die kommunistischen Abgeordneten waren natürlich schon verhaftet worden oder hatten die Flucht ergriffen –, sich jedoch hütete, die religiösen Gefühle der Mitglieder der katholischen Parteien zu verletzen, und versprach, die Stellung der Kirchen im Staat zu erhalten.[16]

Seit der Wahl erlebte die NSDAP eine regelrechte Flut von Mitgliedsanträgen von Opportunisten – den »Märzgefallenen«, wie sie von den »alten Kämpfern« innerhalb der Partei genannt wurden. Jetzt, nach der Eröffnung des Reichstags in Potsdam, kam es in nahezu jeder deutschen Stadt zu spektakulären Loyalitätsbezeugungen für die neue Regierung. In Berichten heißt es, die Begeisterung des allergrößten Teiles der Bevölkerung »kam geradezu elementar zum Ausdruck«.[17] Der *Miesbacher Anzeiger*, die bayrische Provinzzeitung, die oben bereits zitiert wurde, hat die außergewöhnliche Atmosphäre der »Erneuerung«, die die berauschenden nationalistischen Erwartungen Ende März durchdrang, in einem Artikel über den »Tag des deutschen Volkes« eingefangen:

> Was sich heute in Deutschland abspielt, ist das Ringen nicht nur um Erneuerung des Staatsgedankens, sondern auch um Neugestaltung der deutschen Seele ... Das deutsche Volk hat sich von dem Alpdruck befreit, der viele Jahre auf ihm lastete, und hat sich auf den Weg gemacht in eine neue und hoffentlich segensreiche Zeit ... Möge der 21. März der Tag gewesen sein des Beginnes einer in sich unzerreißbar geschlossenen, alle gutgesinnten Volkskreise umfassenden freien deutschen Volksgemeinschaft auf christlicher, nationaler und sozialer Grundlage.[18]

Innerhalb weniger Tage wurden in Hunderten deutscher Städte und Dörfer »Hitler-Eichen« und »Hitler-Linden« gepflanzt – Bäume, die als alte heidnische Symbole seit Langem in den nationalistischen deutschen Liturgien präsent waren. Die Gemeinden übertrumpften einander in der Überschwänglichkeit ihrer Festreden anlässlich der Verleihung der Ehrenbürgerwürde an Hitler. So hieß es im Bochumer Antrag, ein »Fürst Bismarck hat das Reich zusammengeschmiedet, ein Adolf Hitler schmiedet die Nation zu einem einheitlichen Volk zusammen«.[19] Die Verleihung der Ehrenbürgerrechte an Hitler und an Hindenburg, die überall im Reich stattfand, sollte die Einheit zwischen dem alten und dem neuen Deutschland symbolisieren, die in Potsdam betont worden war. Die Notwendigkeit, zwischen Hitler und Hindenburg zu entscheiden, der die Wähler im Frühjahr 1932 gegenübergestanden hatten, hatte sich nun in eine harmonische Eintracht aufgelöst. Den Organisatoren des »Tages von Potsdam« war es glänzend gelungen, die Autorität und das Charisma des verehrten Reichspräsidenten im Interesse der neuen nationalsozialistischen Machthaber auszubeuten. Vor allem in den ersten Monaten des Regimes wurden die wechselseitige Achtung und Bewunderung für Kanzler und Reichspräsident ständig betont. Schon während des Wahlkampfes hatte die NSDAP mit Plakaten geworben, die den ehrwürdigen Reichspräsidenten neben dem »jugendlichen«, dynamischen Kanzler unter dem Slogan zeigten: »Der Marschall und der Gefreite kämpfen mit uns für Frieden und Gleichberechtigung.«[20]

Die beabsichtigte Assoziation des Neuen mit dem Alten, der traditionellen Autorität Hindenburgs mit dem plebiszitären Mandat Hitlers, war offenkundig. Diese Propaganda trug unzweifelhaft dazu bei, einen Teil des Vertrauens, das Hindenburg als Verkörperung der deutschen Nationalwerte genoss, auf Hitler zu übertragen. Die übertriebene Unterwürfigkeit Hitlers gegenüber dem alten Feldmarschall und seiner »Segnung« des von Hitler verkörperten »neuen Deutschlands« in der Potsdamer Garnisonskirche am Grabmal Friedrichs des Großen, über die in der Presse und der Wochenschau ausgiebig berichtet wurde, war in dieser Hinsicht ein Meisterstück suggestiver Propaganda. Obgleich Hindenburg bis zu seinem Tod 1934 Teil der nationalsozialistischen Imagebildung war, konnte es keinen Zweifel daran geben, dass der eigentliche Held der Imageproduzenten nicht der alte Reichspräsident war, der sieben Jahre lang die verhasste Republik repräsentiert hatte, sondern der »Volkskanzler« Hitler, dessen Stern sichtbar aufstieg. Und nach der Verabschiedung des Ermächtigungsgesetzes am 24. März 1933 war Hitlers Vorherrschaft als Kanzler, der nicht mehr vom Machtmittel der präsidialen Notverordnungen abhängig war, auch institutionell abgesichert.

Für den größten Teil der Bevölkerung wurde die nationale Euphorie in den Wochen nach den Märzwahlen, die sich auf Hitler (und zu einem geringen Teil auf Hindenburg) konzentrierte, durch die gleichzeitigen Wellen der Unterdrückung und des Terrors gegenüber denen, die nicht zu der neuen »Volksgemeinschaft« gehören wollten, nicht getrübt. Die Massenverhaftungen von Kommunisten und anderen »Staatsfeinden«, die im März in Deutschland durchgeführt wurden, fanden die gleiche allgemeine Zustimmung wie die früheren Angriffe auf die Linken in Preußen und die drakonischen Maßnahmen nach dem Reichstagsbrand. Es besteht kein Grund zum Zweifel, dass ein Bericht aus Niederbayern die in der Bevölkerung vorherrschende Stimmung – nicht nur in dieser Region – zutreffend wiedergab, indem er sie als Zufriedenheit der Menschen darüber charakterisierte, »dass die kommunistischen Hetzer in der Hauptsache unschädlich gemacht sind«.[21] Obwohl die neue bayrische Staatsregierung sich veranlasst fühlte, die Gerüchte von willkürlichen Massenverhaftungen zu ersticken und darauf hinzuweisen, dass nur Exfunktionäre von KPD oder Reichsbanner in »Schutzhaft« genommen worden seien, erweiterte sie ihr Unterdrückungsnetz mit einem Aufruf zur eigenständigen Polizeitätigkeit – unter Berufung auf das »Heimtückegesetz« vom

21. März 1933 – an »alle national gesinnten Volksgenossen, … Beleidigung der Reichsregierung oder Herabwürdigung der nationalen Revolution bei der zuständigen Gendarmerie« zu melden.[22] Dieser offenen Einladung wurde eifrig durch zahlreiche Denunziationen – die in ihrem Ausmaß selbst bei den Polizeibehörden auf Ablehnung stießen – von vielen einfachen Bürgern, oft aus persönlichem Groll gegen einen Nachbarn oder Arbeitskollegen, Folge geleistet.[23]

Die Atmosphäre der Einschüchterung und Überwachung in Bezug auf achtlose Bemerkungen, die ein neugieriges Ohr aufschnappen konnte, trug natürlich stark zu einer drastischen Verminderung negativer Kommentare über Hitler bei, die nun von den neuen, zur raschen Aburteilung politischer Straftäter geschaffenen Sondergerichten mit äußerster Strenge geahndet wurden. Pressezensur und Strafandrohung gegenüber der offenen Kundgabe abweichender Meinungen bedeuteten, dass von diesem Zeitpunkt an das einzige öffentliche Hitler-Image das von Goebbels, Dietrich und anderen Lieferanten der offiziellen Propaganda war. Gegen Hitler gerichtete Kommentare wurden in den Untergrund verbannt und kamen nur noch in illegalen Flugblättern der antinationalsozialistischen Opposition, rasch hingeschmierten Wandkritzeleien und unbedachten Äußerungen durch Alkohol gelockerter Zungen zum Ausdruck.

Wie weit der Personenkult sich innerhalb dieser kurzen Zeitspanne entwickelt hatte, zeigt sich in den Feierlichkeiten anlässlich Hitlers 44. Geburtstag am 20. April, die deutlich über die »normale« Ehrung eines Staatsoberhaupts hinausgingen. Die Straßen und Plätze fast jeder deutschen Stadt waren mit den sichtbaren Zeichen der Lobhudelei und des öffentlichen Beifalls für den »Volkskanzler« geschmückt. Auch wenn die Propagandamaschinerie sich selbst übertroffen hatte, konnte sie sich auf die in weiten Kreisen der Bevölkerung schon bestehende Neigung stützen, zumindest einige Elemente des wachsenden Hitler-Kults anzunehmen. Goebbels scheute sich nicht, Parallelen zu Bismarck zu ziehen. Andere Geburtstagsgratulanten gingen noch weiter. Und da Hitler seine Leistungen als ehemals bloßer »Trommler« und Agitator ohne »staatsmännische Qualitäten« vollbracht hatte, wurden sie umso mehr gelobt, denn sie waren »nur durch den vollen Einsatz seiner Persönlichkeit« möglich gewesen.[24]

Die Welle der Begeisterung für Hitler war ansteckend. Sie diente nicht nur dazu, die Hingabe der schon Bekehrten zu verstärken, sondern auch, die Widerspenstigen und Zögerlichen zu isolieren, indem sie sich als Außenstehende einer Gesellschaft fühlen sollten, in der die von Millionen ausgedrückten Lobeshymnen die Norm waren. Die Berichterstattung der Zeitungen – die noch nicht vollständig gleichgeschaltet waren – vermittelte denselben Eindruck. Der *Völkische Beobachter*, der nun immer mehr Leser fand, verkündete: »Die Nation huldigt dem Führer. Das ganze deutsche Volk begeht in würdigen, schlichten Feiern den Geburtstag Adolf Hitlers. Alle Städte und Dörfer in nie gesehenem Flaggenschmuck – Gottesdienste, Fackelzüge und Aufmärsche. Unzählige Beweise der Treue für den Volkskanzler ...«[25] Die bürgerlichen *Münchener Neueste Nachrichten*, die dem Nationalsozialismus jetzt natürlich wohlwollender begegneten als vor 1933, erblickten in der großen Zahl der Kundgebungsteilnehmer ebenfalls einen klaren Beweis dafür, dass Hitler den Ehrennamen des »Volkskanzlers« verdiene. Es erfordere keine großartigen Anstrengungen der Propaganda oder Organisation, behauptete die Zeitung, das Volk in allen Teilen des Reiches zu dieser enormen Beteiligung zu veranlassen. Der Bericht schloss mit den Worten:

> In einem noch vor wenigen Wochen kaum für möglich gehaltenen Gleichklang der Herzen bekannte sich die Bevölkerung zu Adolf Hitler als Führer des neuen Deutschlands ... Kurzum: Die begeisterte Anteilnahme an dem persönlichen Ehrentag des Kanzlers hat den Beweis dafür geliefert, dass

> Adolf Hitler im Bewusstsein des ganzen Volkes als Führer anerkannt ist und dass ihm das Herz Deutschlands gehört.[26]

Der »Hitlertag« wurde in Bayern wie im restlichen Deutschland als »ein frohes Fest des Volkes« begangen. Flaggen und Pflanzen zierten selbst in kleinen Dörfern die Häuser. In der Münchener Innenstadt waren mit Blumen und Lorbeer geschmückte Hitler-Bilder und -Büsten in den Schaufenstern ausgestellt, viele Häuser waren reich verziert, an den Straßenbahnen waren festliche Fahnen angebracht, und wo immer Menschen glaubten, einen Blick auf Hitler werfen zu können, der den Tag in seiner Münchener Privatwohnung verbrachte, kam es zu Ansammlungen. Die außergewöhnliche Rhetorik in den Hitler-Elogen der nationalsozialistischen Redner, die bereits alle Möglichkeiten des Superlativs ausschöpfte, konnte ihre propagandistische Funktion nur erfüllen, indem sie sich an schon vorgeformte Gefühle der Adressaten wandte. Sie lief auf den Ausdruck eines auf die Person Hitlers gelenkten »säkularisierten Glaubens« hinaus, wie der folgende Bericht über eine Rede des bayrischen Kultusministers Hans Schemm zeigt:

> Wenn man das historische Geschehen der Gegenwart in eine Parallele setze mit der gesamten deutschen Geschichte, dann werde man erst wissen, was der Name Hitler bedeute. Betrachte man jetzt das Gesicht Deutschlands, dann sehe man, dass ein anderer Baumeister dahinterstehe, der das Schönste aus der deutschen Seele herausgeholt habe… Er habe ein neues Gesicht Deutschlands geschaffen, als der Künstler und Baumeister, den uns der Herrgott geschenkt habe. Umspanne man die Geschehnisse von zweitausend Jahren, so müsse man feststellen, dass erst jetzt die letzte Gestaltung gefunden worden sei. Adolf Hitlers Maurer, Zimmermann und kleinster Tagelöhner sein zu dürfen, sei ein Geschenk des Himmels. In der Persönlichkeit Hitlers sei eine millionenfällige Sehnsucht des deutschen Volkes Wirklichkeit geworden.

Die Konstrukteure des Führerkults erkannten, dass die starke Betonung von Hitlers vielseitigem »Genie« in öffentlichen Reden und Presseberichten – im oben zitierten Artikel vom April 1933 wurde er auch als bester »Fachmann und Kenner auf dem Gebiet des Theaters und der Schauspielkunst« sowie als größter »Baumeister und Architekt Deutschlands« bezeichnet[27] – die Gefahr in sich barg, die »menschlichen Qualitäten« des »Volkskanzlers« in den Hintergrund zu drängen. Ihr arbeitete man mit dem Image von Loyalität und Mitgefühl entgegen, das in dem Bericht über Hitlers Krankenhausbesuch bei einem sterbenden »alten Kämpfer« zum Ausdruck kommt, mit dem der Führer »voll väterlicher Milde und Güte« sprach und zum Abschied »einen langen, herzlichen Händedruck« austauschte.[28] Goebbels griff diese Begebenheit in seiner Geburtstagsrede auf, indem er betonte, wie vertraut die »menschlichen Qualitäten« Hitlers seinen engen Kameraden seien, auch wenn die Millionen seiner Anhänger sie bislang weniger kannten. Er sei nicht nur das Symbol ihrer Zukunftshoffnungen – seine wahre Größe liege in der Schlichtheit seiner Persönlichkeit. Goebbels schloss in dem grauenhaft sentimentalen Ton, der an ein banales Gefühl inniger Vertrautheit mit dem Führer appellierte und zum künftigen Markenzeichen seiner Geburtstagselogen werden sollte: »Wir reichen dir dabei unsere Hände und geloben, dass du für uns immer das sein wirst, was du uns heute bist: ›Unser Hitler!‹«[29]

Hitler musste noch einen weiten Weg zurücklegen, um die Mehrheit derer für sich zu gewinnen, die ihn im März 1933 nicht unterstützt hatten. Die Geburtstagsfeiern des April 1933 waren ein Schritt auf diesem Weg. In den sechs Wochen nach der Wahl hatte sich sein Image stark verändert. Er war nicht mehr der Parteiführer, der gegen den Staat kämpfte und die Meinungen polarisierte, sondern – nach der nun mehr oder weniger uniformen Parteipropaganda – das Symbol der Einheit des deutschen Volkes, selbst für viele, die in der NSDAP immer noch eine Partei partikularer Interessen sahen.

In den folgenden Monaten wurden weitere wichtige Schritte auf dem Weg zur Ausmerzung aller möglichen alternativen politischen Bindungen vollzogen, die der Loyalität zu Hitler entgegenwirken konnten. Die Auflösung der noch bestehenden Parteien zerstörte jegliche Möglichkeit einer offenen Form organisierter Gegenloyalität. Symbolischer Ausdruck dessen war die zunehmende Ausdehnung des »Hitlergrußes« von der NSDAP auf die gesamte Bevölkerung, bis er schließlich zur Standardformel wurde. Das simple, aber ständig gebrauchte »Heil Hitler« wurde zum äußeren Bekenntnis der Unterstützung des Regimes – ganz gleich, ob es freiwillig, resigniert oder erzwungen vorgebracht wurde –, während seine Nichtverwendung ein klares Zeichen politischer Nonkonformität war. Der »Deutsche Gruß«, wie man ihn nun nannte, war sowohl Propaganda als auch Zwang: Jeder, der nicht als politischer Außenseiter betrachtet werden wollte, mit allen möglichen Konsequenzen, musste zumindest ein halbherziges »Heil Hitler« äußern; und das Meer ausgestreckter Arme bei jeder Großkundgebung war ein eindrucksvoller Beleg für die Einheit von Führer und Volk.

Der Gebrauch des »Deutschen Grußes« wurde für alle Beamten durch eine Verordnung des Reichsinnenministers Frick vom 13. Juli 1933 obligatorisch, ein Tag vor dem Verbot aller nicht nationalsozialistischen Parteien. Damit sollte die »Verbundenheit des ganzen deutschen Volkes mit seinem Führer nach außen hin« demonstriert werden. Ein gleichzeitiger Erlass, der den Hitlergruß auch für Nichtmitglieder der NSDAP zur Pflicht machte, wenn die Nationalhymne oder das Horst-Wessel-Lied gesungen wurde, enthielt die kaum verhüllte Drohung: »Wer nicht in den Verdacht kommen will, sich bewusst ablehnend zu verhalten, wird daher den Hitlergruß erweisen.« Auch körperliche Behinderung war keine Entschuldigung. Ein Anhang zum Erlass, der 14 Tage später hinzugefügt wurde, forderte, wenn es aufgrund körperlicher Beeinträchtigung unmöglich sei, den rechten Arm zu heben, »so ist es richtig, diesen Gruß durch Erheben des linken Armes auszuführen«.[30]

Ein weiteres sichtbares Indiz für die Verbreitung des »Hitlermythos« war der anhaltende Strom von »Pilgern« zum Berghof bei Berchtesgaden, die dort einen Blick auf Hitler zu erhaschen hofften. »Der Obersalzberg ist zu einer Art Wallfahrtstätte geworden«, hieß es in einem Bericht. »Die Gegend um das Haus Wachenfeld wird ständig von Verehrern und Verehrerinnen umstanden. Selbst auf Spaziergängen in einsamen Gegenden wird der Herr Reichskanzler von einem Schwarm zudringlicher Verehrer und Neugieriger verfolgt.«[31]

Die Berichte der bayrischen Regierungspräsidenten – die in Kontinuität und Breite die aus den anderen Teilen des Reiches übertreffen – weisen einstimmig darauf hin, dass die Unterstützung für Hitler und die NS-Regierung in den Monaten von April bis September 1933 beträchtlich zunahm, auch unter denen, die vorher kritisch bis feindselig eingestellt waren. Im September verschaffte die erste Parteikundgebung seit der »Machtergreifung« Hitler die Gelegenheit, eine Lobrede auf die Leistungen des Nationalsozialismus zu halten – insbesondere auf seine eigenen Leistungen.[32] Allerdings wären weder Rhetorik noch Zwang für den Aufbau des Hitler-Images hinreichend gewesen, wenn die Bevölkerung nicht den Eindruck gewisser Erfolge seitens der Reichsregierung gehabt hätte. Aus dem Gefühl, dass die Regierung die Probleme der Arbeitslosigkeit, ländlichen Verschuldung und Armut entschlossen anging und auf diesen Gebieten bereits erste Erfolge erzielte, erwuchsen neue Hoffnungen und ein verbessertes Prestige Hitlers und seiner Regierung.[33] Es waren eher die neu gewonnenen und wachsenden Hoffnungen hinsichtlich der wirtschaftlichen Entwicklung als die tatsächlichen – anfangs recht bescheidenen – Verbesserungen, die in dieser Phase den »Hitlermythos« mitgestalteten. Die »anheimelnde« Sprache der nationalsozialistischen Herausgeber kleiner Provinzblätter spielte auch eine Rolle dabei, dass jedes Zeichen einer Verbesserung oder Veränderung in der Region – mit sagenhafter Simplifizierung – Hitlers Größe zugeschrieben wurde, wie in folgendem Auszug aus dem Anfang September 1933 in einer kleinen schwäbischen Zeitung erschienenen Artikel:

> Man kommt eigentlich gar nicht mehr zum Diskutieren vor lauter Wundern und Staunen, was unser Hitler da alles macht. Nein, da kommst du einfach nicht zum Reden. Seit der Mann die Geschichte in die Hand genommen hat, da klappts … Und Arbeit gibts, seit der Hitler dran ist, endlich gehts doch mal los. Das Schönste aber ist, dass jeder mithilft, Arbeit zu schaffen. So muss es sein, dann kriegen wir den Karren schon aus dem Dreck. Schaut euch bloß einmal unseren Adolf-Hitler-Platz an. Da gibt es ein Mauern, Hämmern und Klopfen, dass es nur so eine Freude ist … Ich sags halt immer wieder, ich muss mich nur wundern. Wer hätte das gedacht, dass Günzburg einmal einen Donauhafen bekommt? Kein Mensch, sag ich euch. Ha, schaut doch hinunter zur neuen Eisenbahnbrücke. Das nenne ich mir Volkswirtschaft …[34]

Dass mit dem Bau der Eisenbahnbrücke schon 1932, vor Hitler, begonnen worden war, fand keine Erwähnung. Und dass die Stadt Günzburg ihren Hafen trotz der Gerüchte von 1933 nicht bekommen würde, konnten ihre Bürger nicht wissen. Wichtig war allein, dass es wieder aufwärtszugehen schien. Die Mentalität der Bevölkerung entsprach den Zielen der Propaganda, indem sie den Stimmungswandel personifizierte und Hitler zuschrieb.

Der Austritt Deutschlands aus dem Völkerbund im Oktober 1933, die damit verbundene Volksabstimmung und erste plebiszitäre Reichstagswahl, die für den 12. November angesetzt waren, vergrößerten Hitlers Ansehen noch. Die NSDAP trat jetzt natürlich als einzige Partei auf einer einzigen Wahlliste (der »Liste des Führers«) an. Obwohl die »Wahl« die Anerkennung und Legitimation der Politik und der Leistungen der gesamten Regierung bezweckte, konzentrierte sich der Tenor der Wahlkampagne nahezu ausschließlich auf die geforderte Loyalitätsbezeugung gegenüber der Person Hitlers. Selbst die nicht nationalsozialistische Presse bezeichnete ihn jetzt zunehmend als »den Führer«, während der Ausdruck »Volkskanzler« immer seltener auftauchte.

Die nationalsozialistische Presse fand pausenlos neue Wege, Hitlers Leistungen anzupreisen, so unvollkommen sie auch waren. Hitler selbst gab in seiner Rede am 1. November in Weimar die Richtung vor, als er sagte, er habe vier Jahre gefordert, um die Arbeitslosigkeit von sechs Millionen Deutschen zu beenden, und innerhalb von nur neun Monaten »Arbeit und Brot« für zweieinhalb Millionen Arbeitslose geschaffen.[35] Der Reichsbauernführer Darré wurde von angeblich 15 000 Zuhörern ständig mit donnerndem Applaus unterbrochen, als er in einer Rede in München den bedauernswerten Zustand der Landwirtschaft vor der »Machtergreifung« mit den darauffolgenden Leistungen des Führers verglich. Die Lehre für jeden Bauern war nach Darré eindeutig, »dass er steht und fällt mit Adolf Hitler«. Die öffentlichen Arbeiten und Arbeitsbeschaffungsmaßnahmen waren zu jener Zeit die wirksamsten Propagandainstrumente der Nationalsozialisten, und auch hier wurde das ganze Verdienst in erster Linie Hitler zugeschrieben, »der das gewaltige Arbeitsprogramm im Reich in die Wege geleitet« habe.[36]

Trotz der offenkundigen Unfreiheit der »Wahlen«, die keine Alternative zur nationalsozialistischen Politik und keine Garantie des Wahlgeheimnisses boten, war das Ergebnis – 90 Prozent bei der Volksabstimmung, 87,8 Prozent bei der »Reichstagswahl«[37] – ein unbestreitbarer Erfolg für Hitler. Auch für das Ausland stellte es eine öffentliche Demonstration der breiten Unterstützung dar, die er in Deutschland genoss. Gegner und Zweifler, die es gewagt hatten, den Wahllokalen fernzubleiben oder mit »Nein« zu stimmen, wurden als winzige Minderheit bloßgestellt. Wie authentisch das Ergebnis wirklich war, zeigt sich in der Tatsache, dass die Insassen des Konzentrationslagers Dachau – sicher nicht als Bastion des Nationalsozialismus bekannt – bei der Volksabstimmung zu 99,5 Prozent mit »Ja« stimmten![38] Trotz der geringen Bedeutung der offiziellen Zahlen kann dennoch kaum geleugnet werden, dass Hitler im November 1933 – besonders in Fragen der Verteidigung und Außenpolitik, die in der Volksabstimmung vorrangig Gegenstand waren – ein Maß an zwangloser Zustimmung genoss, das weit über das der Märzwahlen desselben Jahres hinausging. Wenn die Mehrheit der Deutschen die Auswüchse des Hitler-Kults auch als lächerlich oder anstößig empfand, war sie doch bereit anzuerkennen, dass Hitler kein gewöhnlicher Politiker war: Vor allem konnte man seine »Leistungen« nicht in Abrede stellen.

Kein Geringerer als der alte Reichspräsident persönlich bestätigte das anlässlich des Jahrestags der Ernennung Hitlers zum Reichskanzler in einem offenen Brief, in dem er seine »aufrichtige Anerkennung« für Hitlers »hingebende Arbeit« und »große Leistung« aussprach:

> Vieles ist in dem seither abgelaufenen Jahr zur Beseitigung der Wirtschaftsnot und zur Wiederaufrichtung unseres Vaterlandes geschehen und große Fortschritte sind gemacht worden … Ich vertraue auf Sie und Ihre Mitarbeiter, dass Sie das so tatkräftig begonnene große Werk des deutschen Wiederaufbaues auf der Grundlage der nun glücklich erreichten nationalen Einheit des deutschen Volkes im kommenden Jahr erfolgreich fortsetzen und mit Gottes Hilfe vollenden werden![39]

In diesem Sommer und Herbst hatte sich Hitler als fähig erwiesen, die »revolutionäre Glut« und die wilden Willkürhandlungen der Parteiaktivisten und SA-Leute, die während der »Machtergreifung« das Bild bestimmt hatten, einzudämmen und die Energien der Bewegung im Dienste der gesellschaftlichen »Entwicklung« zu kanalisieren.[40] Dadurch wurde die

Zurückhaltung vieler Menschen beseitigt, die zunehmend bereit waren, die Autorität des Führers zu akzeptieren, während sie gegenüber der Partei und ihren Tochterorganisationen eine kritische Haltung beibehielten und Hitler nicht mit den Vergehen der Parteiaktivisten in Verbindung bringen wollten.

Bei den Feiern zu Hitlers zweitem Geburtstag nach der »Machtergreifung« war der Führerkult weitgehend etabliert. Die Volksfestatmosphäre von 1933 war jedoch zugunsten einer rituellen Anrufung eines Totemgötzen gewichen. Die Zeitungen druckten die Geburtstagsrede des Reichspressechefs Dr. Otto Dietrich. Dessen Lobgesang war stereotyp und klischeehaft: Die Beschaffung von »Arbeit und Brot« wie auch die »Schicksalswende des deutschen Volkes« wurden Hitler allein zugeschrieben, der »mitten aus dem Volke emporgestiegen ist und noch heute im Volke steht«.[41]

Für viele, die die Wohltaten des Dritten Reiches noch nicht erreicht hatten, von denen die NS-Propaganda täglich tönte, wirkte Dietrichs Eloge hohl. Im Winter 1933/34 war es für breite Schichten der Bevölkerung offenbar geworden, dass die faktischen sozialen und wirtschaftlichen Verbesserungen kaum den großartigen Behauptungen der Nationalsozialisten entsprachen. Das nationalsozialistische »Wirtschaftswunder« machte äußerst geringe Fortschritte, eine Tatsache, die sich für viele mit den ersten Enttäuschungen über die unerfüllten Versprechen der Zeit vor der »Machtergreifung« verband. Die Begeisterung des Sommers von 1933 über die wirtschaftlichen Aussichten war verblasst. Unter der Bauernschaft, Teilen der Mittelklasse und insbesondere den Industriearbeitern und den Millionen, die immer noch ohne Arbeit waren, machte sich das Gefühl breit, dass die ökonomische Realität des Dritten Reiches wenig mit der propagandistischen Darstellung zu tun hatte.

Berichte aus dem gesamten Reichsgebiet bezeugen für die erste Hälfte des Jahres 1934 eine deutliche Verschlechterung der Stimmungslage[42] – die zweifelsohne mit ein Grund für die gedämpfteren Töne bei den Feiern zum Geburtstag des Führers war. Sie wirkte auch auf die Einstellungen gegenüber Hitler selbst zurück. Ein Sopade-Bericht aus Südwestdeutschland behauptete zur Jahresmitte: »Die Kritik macht auch vor Hitler nicht mehr halt.« In einem aus Sachsen hieß es, die Stimmung wende sich auch »gegen den Führer, dessen unnatürliche Verherrlichung nachlässt«. Und der Berliner Vertreter meinte, dass, während die Kritik bis vor wenigen Wochen sinngemäß gelautet habe, Hitler meine es gut, habe jedoch schlechte Ratgeber, er jetzt auch selbst ins Feuer der Kritik geriete, was auch beim Arbeitsdienst und innerhalb der SA der Fall sei, wo man allmählich begreife, »dass Hitler keinen Sozialismus will«.[43] Die Analysen der Sopade erkannten jedoch an, dass die Berichte keineswegs ein einheitliches Bild zeichneten. In einigen wurde immer noch auf die außerordentliche Bewunderung Hitlers im Volk hingewiesen, die sich auch auf die Arbeiterschaft erstrecke.[44] Nach einem Bericht aus Berlin schrieb man Hitler ehrliche Absichten zu, und es hieß, er könne nichts für die schlechte Verwaltung seiner Untergebenen. Derselbe Bericht erkannte an, dass diese Einstellung nur teilweise ein Resultat der »systematischen Führer-Propaganda« sei; man müsse sie auch auf den unbezweifelbaren Einfluss von Hitlers Persönlichkeit auf »einfache Menschen« zurückführen, Hitler besitze »gerade unter den Arbeitern noch viel persönliches Vertrauen«.[45]

Wie diese Kommentare nahelegen, war die fortbestehende Unzufriedenheit über die sozialen und wirtschaftlichen Verhältnisse – die wahrscheinlich meist von früheren Gegnern der Nationalsozialisten, vor allem aus der Arbeiterklasse geäußert wurde – problemlos vereinbar mit der Anerkennung anderer »Leistungen« des Regimes, besonders der angeblichen Leistungen Hitlers. Alltägliche Klagen aufgrund materieller Unzufriedenheit waren zwar bei der Bildung gängiger Einstellungen wirksam, führten aber keineswegs zur vollständigen Ablehnung des Nationalsozialismus oder des Führers, der in gewisser Weise über dem System stand und von der »Alltagssphäre« der trostlosen »Normalität« losgelöst war.[46] Obgleich der »Hitlermythos« im Licht wachsender ökonomischer Unzufriedenheit nicht unversehrt blieb, konnte er sich doch über dem Bereich alltäglicher materieller Sorgen halten und als kompensatorischer Mechanismus fungieren. Während die Euphorie, die eine Hitler-Rede oder ein größerer außenpolitischer Erfolg entfesselte, von kurzer Dauer war, bevor sie wieder dem grauen Alltag wich, blieb doch ein wohl von vielen geteiltes Gefühl zurück, dass der Führer unbeschadet aller vorübergehender Härten und Sorgen alles unter Kontrolle hatte und den Weg in eine bessere Zukunft wusste. Der »Hitlermythos« hatte demnach eine wichtige stabilisierende und integrierende Funktion innerhalb des nationalsozialistischen Systems, indem er Unzufriedenheit entschärfte und eine Sphäre der »nationalen« Politik und des »nationalen« Interesses schuf, die sich außerhalb der Normalität des Alltags befand und selbst Regimekritiker dazu brachte, wichtige Elemente der NS-Herrschaft zu unterstützen.

Besonders bei den politisch naiven und wirtschaftlich armen Menschen zeigte sich die sagenhafte Qualität des Hitler-Images deutlich darin, dass der Führer oft persönlich als Spender aller sozialen Wohltaten angesehen wurde, die das Regime hervorgebracht zu haben schien. Charakteristisch dafür ist der Bericht eines nationalsozialistischen Blockwarts aus Mühldorf am Inn vom Herbst 1935 über die Verteilung der Winterhilfe an die armen Bewohner seines Blockes.[47] Er sei, so schrieb er, überrascht und ermutigt von der vollkommen unerwarteten Reaktion der »Ärmsten der Armen« in seinem Block, also der Arbeitslosen, Rentner und Witwen. Die Äußerungen eines alten Rentners hinterließen einen besonders tiefen Eindruck:

> Er habe im vergangenen Winter reichlich vom WHV bekommen und er rühme das WHV als die schönste Tat des Füh-

> rers. Der Greis wohnt in einer sehr dürftigen Stube, aber das Führerbild grüßt von der rauchgeschwärzten, schon lange nicht mehr übertünchten Wand herunter.

Eine Frau habe ihm erzählt, wie erleichtert sie sei, dass der Staat sich nun wirklich um die Armen kümmere. Gefragt, ob sie Winterhilfe erhalte, habe eine andere Frau geantwortet: »Was fällt Ihnen denn ein? Seitdem Hitler am Ruder ist, hat mein Mann auch im Winter Arbeit. Da haben wir ein leichtes Auskommen. Früher wars freilich anders…« Die Frau eines ehemaligen Kommunisten habe hinzugefügt:

> Anfangs haben wir uns schon hart getan, denn Du weißt selbst, dass wir als Kommunisten verschrien waren. Aber wenn einmal andere vier Jahre arbeitslos sind, dann werdens auch radikal. Seit zwei Jahren arbeitet nun mein Mann in Töging. Da schau her, da hängt nun der Führer (sie zeigte auf ein Führerbild) in unserer ehemaligen Kommunistenbude, und unter dem Bild hab ich meinem Dirndl das Vaterunser gelernt, ich, die ich 1932 aus der Kirche ausgetreten bin. Alle Tage muss mein Dirndl für den Führer ein Vaterunser beten, weil er uns das tägliche Brot wiedergegeben hat.

Trotz aller Ausschmückungen – seitens des Blockwarts und seitens der Leute, die er besucht hatte – haben diese Kommentare einen authentischen Kern, der aufs Neue die in »einfacheren« Bevölkerungsschichten verbreitete Tendenz widerspiegelt, ihre Dankbarkeit zu personalisieren und alle vom Dritten Reich empfangenen sozialen Wohltaten unmittelbar Hitler als ihrem Urheber und Stifter zuzuschreiben. Für die politisch »Ungeschulten« reichten die Verteilung von Winterhilfe und andere Wohlfahrtsformen, die von der Partei als »Propaganda der Tat« durchgeführt und von den Betroffenen als »soziale Leistung des Führers« angesehen wurden, oft aus, sie von dem Mythos zu überzeugen, »dass der Führer im

Gegensatz zu der früheren marxistischen Regierung für die Armen sorgt«.[48]

Zwei Ereignisse im Sommer 1934 waren für die weitere Entwicklung des Führerimages entscheidend: die Niederschlagung des »Röhm-Putsches« und die Verschmelzung der Ämter des Reichskanzlers und des Reichspräsidenten nach Hindenburgs Tod am 2. August 1934. Die bemerkenswerten Reaktionen der Bevölkerung auf das von Hitler selbst angeordnete Massaker an der SA-Führung am 30. Juni 1934, das Hitlers Popularität großen Auftrieb verschaffte, anstatt sie zu schmälern, werden im nächsten Kapitel erörtert. Der zweite wichtige Schub für die Verbesserung von Hitlers Image resultierte aus Hindenburgs Tod, der für die Propagandamaschinerie eine weitere Gelegenheit bot, das hohe Ansehen des Verstorbenen im Interesse des NS-Regimes auszubeuten. In den Presseberichten über den Tod und die Beerdigung Hindenburgs war vom »nationalen Mythos des deutschen Volkes«, »getreuen Ekkehart« und »monumentalen Denkmal aus ferner Vergangenheit« die Rede, dessen größtes Verdienst darin bestanden habe, am 30. Januar 1933 der »jungen nationalsozialistischen Bewegung« das Tor zur Macht geöffnet zu haben.[49]

Hitler konnte es sich leisten, großzügig zu sein. Die einzige Person, die aufgrund ihrer verfassungsrechtlichen Stellung für die konservativen Oberschichten ein Gegengewicht gegen die NS-Führung gebildet hatte, war in das Walhalla der großen nationalen Helden eingezogen und bildete keine Gefahr mehr. Die folgende schleunige Abschaffung des Amtes des Reichspräsidenten – »unzertrennlich verbunden mit dem Namen des großen Toten«[50] – und die Ablegung eines persönlichen Treueeids der Beamten und Reichswehrsoldaten auf Hitler waren machtpolitische Akte von tiefer symbolischer Bedeutung. Am 4. August konnten die Zeitungsschlagzeilen verkünden: »Heute ist Hitler ganz Deutschland«.[51] Die Volksabstimmung vom 19. August, die die Änderungen seit Hindenburgs

Tod legalisieren sollte, war kaum mehr als ein ritueller Beifallsakt für Hitlers nun auch verfassungsrechtlich bestätigte unumschränkte Führervollmacht. Sie war das einzige von vier nationalen Plebisziten im Dritten Reich – anders als jene von 1933, 1936 und 1938 –, das nicht dem Beifall zu einem bedeutenden außenpolitischen Triumph diente. In diesem Fall lief die Abstimmung auf eine Vertrauensbezeugung für Hitler hinaus. Die Propaganda, die dem Plebiszit vorausging, war eine – wiederum ungewöhnlich – kurze und relativ gedämpfte Angelegenheit, an der sich Hitler selbst nicht beteiligte. Im Zentrum stand die Notwendigkeit, »von neuem und eindringlicher denn je den Beweis der Einheit von Führer und Volk vor uns selbst und der Welt zu erbringen«. Hitler, so wurde behauptet, habe ein zerrissenes Volk vereint und ihm den Weg zur Freiheit eröffnet. Es sei nun die Pflicht jedes Deutschen, diese Einheit im Kampf mit dem Führer für das Reich zu demonstrieren. Der Slogan lautete: »Hitler für Deutschland – ganz Deutschland für Hitler«.[52]

Das Ergebnis der Abstimmung zeigt, dass die Einheit von Führer und Volk nicht so vollständig war, wie die Nazis gewünscht hatten. Laut offiziellen Angaben stimmten 84,6 Prozent mit »Ja«, aber in einigen Regionen Deutschlands – besonders in Arbeitergegenden – hatten bis zu einem Drittel der Wähler Hitler ihre Stimme verweigert.[53] Der Rückgang des Anteils der »Ja«-Stimmen im Vergleich zum November 1933, der die Nazis sehr enttäuschte, spiegelte zweifellos die weitverbreitete wirtschaftliche Unzufriedenheit von 1934 und die wachsende Ernüchterung über die nationalsozialistische Partei und ihre Vertreter wider. Einem Bericht aus Aachen zufolge, der vor dem Plebiszit erschien, hätten einige Wähler Bedenken gehabt, ihre Stimme dem Führer zu geben, »weil darin ein Vertrauensvotum für die Reichsregierung und Partei erblickt werden könnte«. Und auf einen in Potsdam abgegebenen Stimmzettel war gekritzelt: »Für Adolf Hitler ja, aber tausendmal nein für die braunen Bonzen.«[54] Solche Meinungen belegten die Tendenz, Hitler vom besudelten Image seiner Untergebenen zu trennen – ein Phänomen, dem wir im folgendem Kapitel nachgehen werden.

Trotz des aus Sicht der Nationalsozialisten ziemlich unbefriedigenden Ausgangs der Volksabstimmung gibt es keinen Zweifel daran, dass die Beseitigung der lästigen SA-Führung und die neue Machtposition Hitlers nach Hindenburgs Tod dem Führerkult Auftrieb gaben. Nachdem die traumatischen Ereignisse des Sommers hinter ihm lagen, konnte Hitler während des Nürnberger Reichsparteitags im September 1934 dem Gefühl der Befriedigung, ja des Triumphs offenen Ausdruck geben.

Die große Nürnberger Parteifeier von 1934 war vor allem ein Vehikel zur Verbreitung des Führerkults. Der Führer hatte natürlich bei den früheren Sitzungen im Mittelpunkt gestanden, nun thronte er über der Partei, die gekommen war, ihm Ehre zu erweisen. Jetzt wurde das überdimensionale Hitler-Bild bewusst aufgebaut. Von Hitler persönlich erhielt die talentierte junge Regisseurin Leni Riefenstahl, die aufgrund ihrer Verehrung für den Führer niemals Mitglied der nationalsozialistischen Partei wurde, den Auftrag, unter dem Titel »Der Triumph des Willens«, den er selbst ersonnen hatte, den Reichsparteitag zu filmen. Der Film konzentrierte sich von Anfang bis Ende ausschließlich auf Hitler, sodass sogar seine engsten Paladine vollkommen in seinem Schatten standen und auf das Niveau von Komparsen herabsanken. Nach dem unruhigen Sommer zielte der Film darauf ab, Stärke und Einheit zu demonstrieren – die Kraft entschlossenen Willens, der alle Hindernisse überwindet und letztendlich triumphiert, sowie die Einheit von Partei und Volk in ihren Loyalitätsbanden zum Führer. Der Film war von der ersten Minute an mit Symbolismen überladen, als gezeigt wurde, wie Hitlers Flugzeug die Wolkendecke durchstieß, zur Landung auf Nürnberg ansetzte und einen kreuzförmigen Schatten auf die marschierenden SS-Männer und die Tausende warf, die auf den Straßen dem Führer in ekstatischer Erwartung entgegenfieberten. Was als »Ton des eindringlichen Messianismus« bezeichnet wurde, durchzieht den ganzen Film[55] bis zum End- und Höhepunkt der Kundgebung, an dem Rudolf Heß die Einheit von Führer, Partei und Volk proklamierte: »Die Partei ist Hitler. Aber Hitler ist Deutschland, wie Deutschland Hitler ist. Hitler! Sieg Heil!«[56] Die Kinosäle waren ausverkauft, als der Streifen anlief.[57] Das vom Reichspropagandaministerium produzierte Begleitprogramm formulierte deutlich die Nachricht, die der Film vermitteln sollte. Indem er des Führers »herzliche Güte« beim Begrüßen der Bäuerinnen, die in ihren traditionellen Kleidern nach Nürnberg gekommen waren, und seinen »männlichen Ernst« beim Abschreiten der Bannerträger betonte, zeige der Film, »wie sehr diese Nation dem Führer gehört, wie sehr der Führer ihr gehört! In jedem Blick, in jedem Händedruck ist das Bekenntnis und der Eid ausgedrückt: ›Wir gehören zusammen, in ewiger Treue zusammen.‹«[58] Die Kinobesucher waren weniger Zeugen eines Dokumentarfilms über den Reichsparteitag als einer Präsentation des Führerkults auf Zelluloid.

1934/35 begann der Führerkult auch das Staatsrecht des Dritten Reiches zu bestimmen. Bedeutende Staatsrechtler wie Huber, Forsthoff und Koellreutter formulierten ihre subtilen Lehren des »Führerstaats«, in denen sie die Omnipotenz des Führers mittels der mystischen Begrifflichkeit der Inkarnation des Volkswillens in der Person Hitlers legitimierten und die Regierung auf die Funktion seines Ratgebergremiums reduzierten.[59] Hans Frank, Vorsitzender der nationalsozialistischen Anwaltsvereinigung, sagte einige Jahre später, das Staatsrecht im Dritten Reich sei die rechtliche Formulierung des historischen Willens des Führers, aber der historische Wille des Führers sei nicht die Erfüllung rechtlicher Bedingungen für sein Handeln.[60] Der »Hitlermythos«, der Personenkult um den Führer, hatte zu dieser Zeit längst einen bedeutenden Teil der bürgerlichen Intellektuellen und sozialen

Eliten erfasst, deren Beitrag zu seiner Legitimation – die sich auf den sozialen Status und eine vermeintliche intellektuelle »Schwerkraft« stützte – beträchtlich war.

Der Stimmungsflaute von 1934, die zum großen Teil aus sozialen und wirtschaftlichen Problemen resultierte und zweifellos zum »dürftigen« Ergebnis der Volksabstimmung im August beitrug, wirkten Anfang 1935 zwei große »nationale« Erfolge entgegen: die Saar-Abstimmung im Januar mit ihrem für die Nationalsozialisten unerwartet guten Ergebnis – 90 Prozent der Saarländer stimmten für den Anschluss an das Reich – und die Wiedereinführung der allgemeinen Wehrpflicht im März 1935 – als Verletzung der Bestimmungen von Versailles ein klarer Affront gegen die Westmächte –, die mit einer spektakulären Parade als Schöpfung einer neuen deutschen »Wehrmacht« gefeiert wurde. Die Berichte an die Sopade betonten pessimistisch den ungünstigen Einfluss der Saar-Abstimmung auf die Stimmung in Deutschland und wie schwierig sie die Arbeit des sozialistischen Widerstands gegen Hitler mache.[61] Auch die integrative Wirkung der Wiedereinführung der Wehrpflicht, die ohne Vorwarnung als spektakulärer Coup lanciert wurde, war den Berichterstattern der Sopade mit deprimierender Klarheit bewusst:

> Begeisterung am 17. März ungeheuer. Ganz München war auf den Beinen. Man kann ein Volk zwingen zu singen, aber man kann es nicht zwingen, mit solcher Begeisterung zu singen. Ich habe die Tage von 1914 miterlebt und kann nur sagen, die Kriegserklärung hatte auf mich nicht den Eindruck gemacht wie der Empfang Hitlers am 17. März … Das Vertrauen in politisches Talent und ehrlichen Willen Hitlers wird immer größer, wie überhaupt Hitler im Volk außerordentlich an Boden gewonnen hat. Er wird von vielen geliebt.[62]

Ein Bericht aus Westfalen fügte hinzu, dass Hitlers Erfolg im Saarland und seine Durchsetzung der Wiederbewaffnung ohne jede Gefahr ihm auch in der Arbeiterklasse einen Popularitätszuwachs verschafft hätten. Selbst ehemalige Anhänger der Kommunisten, die zuvor arbeitslos gewesen waren, jetzt aber in der Rüstungsindustrie gut verdienten, verteidigten das System mit dem Argument, dass sie nun wenigstens Arbeit hätten, und »das haben die anderen nicht fertiggebracht«.[63] Der Erfolg an der Saar und die Wiedereinführung der Wehrpflicht, die ersten außenpolitischen Erfolge, schienen zu bestätigen, dass Hitler nicht nur fähig war, Deutschland im Innern wiederzubeleben, sondern es auch zu neuer Anerkennung durch das Ausland zu führen – damit den »schmachvollen Frieden« von Versailles auszuradieren und die Ehre Deutschlands wiederherzustellen.

Die Wiedergewinnung der militärischen Stärke, der Gleichberechtigung zur Aufrüstung und der Unabhängigkeit war auch das Hauptthema von Otto Dietrichs Eloge zu Hitlers Geburtstag im Jahre 1935. Erfolg im Bereich internationaler Politik bildete ein neues Element für das Hitler-Image – das »Sinnbild der Nation«. Dietrich rekapitulierte die bisherigen Elemente des »Führermythos«: 1933 sei Hitler als »Kämpfer und als Schöpfer der deutschen Einheit« hervorgetreten, 1934 als »Staatsmann und Baumeister des neuen Reiches«, und jetzt, 1935, sei er »der oberste Führer der Nation«, der mit »unvergleichlicher Entschlusskraft« Deutschlands Wehrfreiheit gesichert habe. Als »einfacher Arbeiter« habe Hitler zunächst Deutschlands »soziale Freiheit« wiederhergestellt, und nun habe der ehemalige »einfache Frontsoldat« mit einer großen »soldatischen Leistung« für Deutschland die »nationale Freiheit« wiedererlangt. Der Führerkult erreichte eine heroische und mythische Ausgestaltung in Dietrichs »Prosa«:

> Wie Adolf Hitler das deutsche Volk im heldischen Kampf zu neuem Leben emporgeführt hat, so finden wir in seinem eigenen Lebensweg die ewige Wiedergeburt der deutschen Nation verkörpert ... wir sehen ... in ihm das Sinnbild der

> unzerstörbaren Lebenskraft der deutschen Nation, das in Adolf Hitler lebendige Gestalt geworden ist...[64]

Goebbels ergänzte dieses Bild wie schon 1933 durch die freie Erfindung besonderer »menschlicher Qualitäten«. Als einer, der dem Führer nahestehe, wolle er jedem Deutschen »den Menschen Hitler mit dem ganzen Zauber seiner Persönlichkeit« nahebringen.[65] Hitler, der in Wirklichkeit ein Meister der Theatralik war, wurde als ein Mensch charakterisiert, den man sich »in Posen überhaupt nicht vorstellen« könne. Wiederholt betonte Goebbels Hitlers Schlichtheit und Bescheidenheit – seine »einfachen« Mahlzeiten und seine »schlichte« Uniform, die nur mit dem Eisernen Kreuz Erster Klasse dekoriert war, das er sich »als ein einfacher Soldat für höchste persönliche Tapferkeit« verdient habe.[66] Hitler, dessen »exzentrische« Arbeitsweise erheblich zum administrativen Chaos des Dritten Reiches beitrug, wurde als jemand gezeichnet, der sich für sein Volk abmüht, während andere schlafen, unerschöpflich in seinem Arbeitseifer und seinem Streben. Mit besonderem Pathos unterstrich Goebbels die tiefe Einsamkeit und Traurigkeit eines Menschen, der all sein persönliches Glück und sein Privatleben seinem Volk geopfert habe. Hitlers Unfähigkeit zu menschlicher Wärme, zu Freundschafts- und Liebesbeziehungen wurde von Goebbels zum persönlichen Opfer seiner erhabenen Position hochstilisiert. Er schloss seine Lobrede priestergleich:

> Dieses ganze Volk hängt ihm nicht nur mit Verehrung, sondern mit tiefer, herzlicher Liebe an, weil es das Gefühl hat, dass er zu ihm gehört, Fleisch aus seinem Fleische und Geist aus seinem Geiste ist... Aus dem Volke ist er gekommen und im Volke ist er geblieben... Die Kleinsten nahen ihm mit freundlicher Zutraulichkeit, weil sie empfinden, dass er ihr Freund und Beschützer ist. Das ganze Volk aber liebt ihn, weil es sich in seiner Hand geborgen fühlt wie ein Kind

> im Arme der Mutter ... Wie wir, die eng um ihn versammelt stehen, so sagt es zu dieser Stunde der letzte Mann im fernsten Dorf: ›Was er war, das ist er, und was er ist, das soll er bleiben: Unser Hitler!‹

Dieser bemerkenswerte Diskurs – der die Wirklichkeit weniger verzerrte, als sie vollständig auf den Kopf stellte – war nicht nur eine Übung in Schmeichelei eines Menschen, dessen Macht vollständig von Hitler abhing, sondern auch ein Ausdruck von Goebbels' eigener Verehrung für Hitler. Der Propagandaminister, der mehr als jeder andere zur Schöpfung des »Hitlermythos« beigetragen hatte, war dessen Kraft erlegen, wie seine Tagebuchnotizen deutlich zeigen. Welche persönlichen Motive Goebbels auch für die Legende von der Wärme und dem Schutz gehabt haben mochte, die Hitler angeblich jedem Mitglied der »Volksgemeinschaft« bot, sie zapfte einen Strom pseudoreligiöser Gefühle »säkularen Heils« an, die eine nicht unbedeutende Komponente der Volkspsyche bildeten. Neben der naiven Neigung, die Politik zu personalisieren und politische »Größe« zu bewundern, waren sie einer der Hauptgründe der Empfänglichkeit für den Führerkult. Tausende von Briefen, die – mit Geschenken und »poetischen« Lobeshymnen – täglich die »Adjutantur des Führers« in Berlin überschwemmten, sind ein Beleg dafür, dass Goebbels eine Saite der Volkspsyche anschlug. Ein typisches Beispiel für den Tonfall der Briefe ist der folgende Geburtstagsgruß, den eine Berlinerin 1935 an Hitler sandte: »Mein innigstverehrter Führer! *Sie* haben Geburtstag und *wir* kennen nichts als zwei heiße Wünsche: möge alles in unserem Vaterlande *so* sein und *so* werden wie *Sie* es wollen und gebe Gott dass Sie uns ewig erhalten bleiben! Ihre getreue E. E.«[67]

Das Jahr 1935 sah jedoch bei Weitem noch nicht den Höhepunkt der Hitlerverehrung in Deutschland. Wie ein besonders kühner Gestapobericht aus Stettin vom September 1935 belegt, wirkte das Bild des »menschlichen« Hitler, das Goebbels gezeichnet hatte, für viele Menschen wenig überzeugend. Viele »Volkskameraden« konnten nach dem Nürnberger Parteitag 1935 (in dessen Verlauf die berüchtigten Gesetze gegen die Juden verkündet worden waren) von »der bestimmten und kameradschaftlichen Haltung des Führers« oft nur wenig spüren. Weiter meinte der Bericht, »es herrsche hier und dort ein wenig volksnaher Befehlston, der mehr abstoße als anziehe«, und fügte mit erstaunlicher Offenheit hinzu: »Wenn gerade der einfache Volksgenosse im Lande die Wärme vermisst und stark das Herrische herausfühlt, dann regt sich in ihm eine Oppositionsstimmung, aber nicht gegen die Sache, sondern gegen die Person dessen, der es sagt.«[68]

Vor allem die wachsenden wirtschaftlichen Probleme des Jahres 1935 – gestützte Niedriglöhne, stark ansteigende Lebenshaltungskosten, Lebensmittelengpässe und weiterhin hohe Arbeitslosenzahlen – verwandelten die schwelende Unzufriedenheit in offene Unmutsäußerungen, die in den großen Industriezentren am deutlichsten sichtbar wurden. Sie waren für die nationalsozialistischen Machthaber Anlass zu einiger Sorge und drohten, sogar die Popularität Hitlers selbst zu untergraben. Reichsinnenminister Frick schickte an die Reichskanzlei Auszüge aus Berichten über den wachsenden Unmut über die Preissteigerungen, die er von allen Seiten erhielt und als Zeichen für »eine ernste Gefahr« deutete.[69] Unter den Berichten, die Frick zur Kenntnisnahme durch den Führer empfahl, waren einige aus Münster, die der Auffassung waren, die »Stimmung lässt das Schlimmste befürchten«, und auf Gerüchte hinwiesen, dass die Bergarbeiter in Gelsenkirchen einen Hungerstreik vorbereiteten. Aus Minden wurde berichtet, dass eine weitere »Steigerung der Lebensmittelpreise... politisch untragbar« sei. Einen Monat später sprach der Arbeitervertreter der Nordmark – der Gegend um Hamburg – von einem »erschütternden Bild über die Stimmung der Arbeiterschaft« und »außerordentlich großen Gefahren« für die politische Situation.[70]

Niedrige Löhne waren die Kehrseite der Medaille. Das

Lohnproblem, hieß es in einem Gestapobericht aus Erfurt vom Juni 1935, sei »einer der die politische Zuverlässigkeit bestimmenden Faktoren« und müsse innerhalb kurzer Zeit gelöst werden, denn »nur eine zufriedene Arbeiterschaft… verbürgt den Bestand und den weiteren Ausbau des nationalsozialistischen Staates«.[71] Die Sopade-Berichte hoben die Rückwirkungen auf Hitlers Popularität hervor und fassten optimistisch den Anfang vom Ende des NS-Systems ins Auge. »Der Hitler-Kult ist sichtbar im Abflauen«, stellte ein Bericht aus Schlesien fest. »Zweifel nagen am ›Hitlermythos‹«, hieß es in einem anderen Bericht aus Sachsen, und aus dem Rheinland und anderen Regionen wurde häufig übermittelt, dass Schacht oder Blomberg der »kommende Mann« sein und eine Militärdiktatur bald das NS-Regime entmachten würde.[72]

Im Winter 1935/36 verschlechterten sich die Bedingungen, anstatt besser zu werden. Symptomatisch für die Stimmung in der Arbeiterschaft war nach Auffassung des Magdeburger Büros der Gestapo das Widerstreben, bei Besuchen der mobilen Propagandaeinheiten der Arbeitsfront in die »Sieg Heil«-Rufe für den Führer einzufallen.[73] Die aufrichtigste Einschätzung der Stimmung durch das Regime fand sich in einer Reihe von erstaunlich offenen Berichten der Berliner Gestapo. Der Oktoberbericht hatte die Engpässe bei Fett und Fleisch (obwohl Berlin mit Sonderrationen beliefert wurde), die steigenden Lebensmittelpreise und die wieder wachsende Arbeitslosigkeit als Hauptursachen für die sinkende Stimmung diagnostiziert.[74] Umfassende Nachforschungen kamen im Januar 1936 zu dem Schluss, dass die Stimmung sich noch weiter verschlechtert hatte – wie zuvor verursacht vor allem durch materielle Not und einen »außerordentlich elenden« Lebensstandard, der durch die rasch steigenden Preise noch verschlimmert wurde.[75] Anfang März sei die Stimmung in der Bevölkerung noch negativer geworden und gebe zu »größeren Besorgnissen … hinsichtlich der innerpolitischen Zustände Anlass«. Bezeichnend sei die Tatsache, dass man sich tagelang in Berlin aufhalten konnte, ohne den Gruß »Heil Hitler« zu hören – außer von Beamten oder Leuten aus der Provinz. Es gebe zahlreiche Gerüchte über eine Militärdiktatur oder einen zweiten »30. Juni« (Tag des »Röhm-Putsches«), »wobei man unter dem letzteren das gründliche Aufräumen mit allen Missständen und unter der ersteren den Aufbau einer von Grund auf neuen und sauberen Staatsführung und Staatsverwaltung unter maßgebendem Einfluss der Wehrmacht versteht«. Die Gründe für die Unruhe gingen über die Lebensmittelengpässe hinaus, hieß es; diese »würden ohne Weiteres in Kauf genommen werden, wenn nur allgemein Vertrauen zur Staatsführung und zur Bewegung vorhanden wäre«. An zentraler Stelle wies der Bericht auf die antisozialen Verhaltens- und Lebensweisen sowie die offensichtliche Bestechlichkeit der Parteiführer und -funktionäre, aber auch von Staat und Industrie im Allgemeinen hin. Besonders bemerkenswert ist folgender Passus:

> Ein wahrheitsgetreuer Stimmungsbericht kann auch nicht an der Tatsache vorbeigehen, dass das Vertrauen der Bevölkerung zu der Persönlichkeit des Führers z. Zt. eine Krise durchmacht. Man sagt, dem Führer könne es doch nicht entgehen, wie sich die menschlichen Unzulänglichkeiten einer Reihe seiner Unterführer auswirkten; es könne ihm nicht entgehen, wie sich bald dieser bald jener eine große Villa baue, wie einzelne seiner Mitarbeiter einen auf die Volksmasse geradezu aufreizend wirkenden Luxus treiben. Diese Gespräche pflegen mit der Frage zu enden ›Warum duldet der Führer das‹. Es kommt hinzu, dass der Führer gerade auf dem letzten Parteitag seine Unterführer besonders gedeckt hat, was, wie nun in der Bevölkerung angenommen wird, von vielen Unterführern dazu missbraucht wird, an den bisherigen Missständen festzuhalten. In weiten Kreisen hat sich die Anschauung verbreitet, dass der Führer von einer unsichtbaren Mauer umgeben sei, durch die wahrheitsgemäße Berichte nicht mehr durchdringen könnten.[76]

Die undankbare Aufgabe, Hitler eine mündliche Zusammenfassung der kritischen Berichte zu überbringen, fiel seinem Adjutanten Fritz Wiedemann zu. Bevor er die ersten Sätze beendet hatte, unterbrach ihn Hitler wutschnaubend und knurrte: »Die Stimmung im Volk ist nicht schlecht, sondern gut. Ich weiß das besser. Sie wird durch solche Berichte schlecht gemacht. Ich verbitte mir so etwas in Zukunft.«[77] Hitlers ungehaltene und irrationale Reaktion lässt auf seine unterschwellige Erkenntnis schließen, dass die Berichte den Niedergang der Stimmung treffend wiedergaben. In jedem Fall deuten seine Handlungen zwischen dem Sommer 1935 und dem Frühjahr 1936, mit denen er Berichte über die Entwicklung der Preise anforderte und sogar einer zwischenzeitlichen Priorität der Konsumgüter vor Rohmaterialien für die Rüstungsindustrie zustimmte[78], darauf hin, dass ihm der Unmut deutlich bewusst war.

Der Zustand der öffentlichen Moral am Vorabend des Einmarschs in das Rheinland war aus Sicht des Regimes alles andere als gesund. Es wäre jedoch ein Fehler, die dramatische Rheinlandbesetzung am 7. März 1936 in erster Linie als Ablenkung von innenpolitischer Unzufriedenheit zu betrachten. Diplomatische und strategische Umstände waren ausschlaggebend. Aber es ist wahrscheinlich, dass innenpolitische Erwägungen zumindest bei der Festlegung des Zeitpunkts eine Rolle spielten. Das war jedenfalls die Ansicht von Außenminister Neurath, der in einem privaten Gespräch mit dem deutschen Botschafter in Rom, von Hassell, die Meinung äußerte, dass die Gründe für die Rheinlandoperation ausschließlich in der Innenpolitik zu suchen seien, Hitler habe das plötzliche Nachlassen der Begeisterung für das Regime gespürt und sehe sich gezwungen, einen neuen Schlachtruf zu finden, um die Massen erneut zu begeistern. Von Hassell stimmte zu, dass innenpolitische Erwägungen in Hitlers Denken vorrangig seien und die »Aktion« eine günstige Gelegenheit biete, die Versorgungsprobleme und die Auseinandersetzungen zwischen der Partei und der katholischen Kirche im Rheinland zu vergessen.[79]

Die Besetzung des Rheinlands am 7. März stellte trotz des Risikos, die Alliierten herauszufordern, alle früheren außenpolitischen Erfolge in den Schatten. Ein weiteres Stück von »Versailles«, dem nationalen Trauma, war beseitigt worden. Nur wenige kümmerte es, dass zugleich der Geist der kollektiven Friedenssicherung, der Stresemann 1925 in Locarno geleitet hatte, begraben wurde. Der spektakuläre Coup fand nahezu ungeteilten Beifall und wurde erneut als die herausragende Leistung *eines* Mannes dargestellt – und größtenteils auch so aufgefasst.

Eine neue Welle elementarer Führerverehrung überschwemmte Deutschland, angetrieben von der überraschenden Auflösung des Reichstags und der Propagandakampagne für die »Wahl« am 29. März. Obgleich die Wahl dem neuen Reichstag galt, konzentrierten die gesamte Partei und die Propagandamaschinerie ihre fieberhafte Kampagne auf den Führer und die massive Demonstration der Loyalität zu ihm, um die Sinnlosigkeit des Widerstands im Inland sowie Stärke und Einheit Deutschlands gegenüber dem Ausland zu betonen. Der lange Arm der Propaganda beschränkte sich nicht auf die Großstädte, sondern erreichte auch kleine Dörfer. In den oberbayrischen Alpendörfern waren riesige Transparente über die Straßen gespannt, auf denen Wahlslogans der folgenden Art zu lesen waren: »Nur einer schafft's: Der Führer! Haltet ihm die Treue!« Häuser wurden mit Blumengirlanden, Hitler-Bildern und anderen festlichen Dekorationen geschmückt. Am Wahltag zogen die Dorfbewohner oft gemeinsam in Begleitung von Blaskapellen zu den Wahllokalen.[80] Am 28. und 29. März veröffentlichten die Zeitungen großformatige Bilder Hitlers und seine Bitte um die Unterstützung jedes Deutschen für sein »Ringen um einen wahrhaften Frieden«. Zitate von »Führerworten« waren auf allen Seiten zu finden. »Deutschland arbeitet wieder«, tönte die Unterschrift des ganzseitigen

Bildes von einem deutschen Arbeiter auf einer Autobahn, die sich in der Ferne verlor: »Überall regen sich die Hände zum gemeinsamen Werk! Ein Volk, ein Wille, eine Tat! Das alles verdankt das deutsche Volk dem Führer!«[81]

Die »Wahl« brachte nach der offiziellen Auszählung den bis dahin größten Abstimmungserfolg, 98,9 Prozent der Wähler hatten »für die Liste und damit für den Führer« gestimmt.[82] Die Zahlen waren offenkundig absurd. Neben dem Fehlen einer Alternative zur NSDAP und der allgemeinen Furcht vor Repressalien nach geheimen Kontrollen an den Wahlkabinen gab es auch offene Manipulation und Betrügerei.[83] Dem Gauleiter von Köln war es anscheinend sogar gelungen, in seinem Bezirk ein Resultat von 103 Prozent zu erreichen, da er seinen Leuten zu viele duplizierte Stimmzettel gegeben hatte.[84] Dennoch zeigte das Wahlergebnis unzweifelhaft eine überwältigende Zustimmung für Hitler und seine Außenpolitik. Es schien einem Leitmotiv der Wahlkampagne Glaubwürdigkeit zu verleihen: dass Deutschland ein »völkischer Führerstaat« und der Führer kein Diktator, sondern ein »Vollstrecker des Volkswillens« war. »Die Zustimmung, die das Volk der vom Führer geschaffenen Ordnung gibt«, beruhte nach der Definition der Staatsrechtler nicht auf einem Vertrag zwischen Herrscher und Beherrschten oder einem Kompromiss zwischen Obrigkeit und Bevölkerung, sondern sei »Ausdruck einer vertrauensvollen Gefolgschaft«.[85] Der »Hitlermythos« war zur Grundlage des deutschen Regierungs-»Systems« geworden, mit allen Problemen, die das für Verwaltung, Regierungsmitglieder und Rechtstheoretiker mit sich brachte, die sich vergebens bemühten, Logik und System aus der Willkür des »Führerwillens« zu deduzieren und ihm eine pseudodemokratische Legitimation zu verleihen.

Die tatsächliche dialektische Beziehung zwischen Hitlers politischen Entscheidungen und der Absegnung durch das Volk wird in einem Brief Hans Dills vom 7. März 1936 angemessen formuliert; Dill war vor 1933 Reichstagsmitglied gewesen und nun »Grenzsekretär« der Sopade für Nordbayern, an der Grenze zum jetzt als »Sudetenland« bekannten Gebiet. Der Brief richtete sich an Otto Wels, den früheren Vorsitzenden der SPD: »Und Hitler kann von seiner Politik nicht mehr los, er hat sich selbst die Möglichkeit dazu genommen durch die Reichstagsauflösung und Neuwahl. Mit mehr als 90 Prozent der Stimmen wird er am 29. März eine Zustimmung zu dieser seiner Politik bekommen. Dann ist der Ring geschlossen und er kann nicht mehr aus ihm heraustreten. Der Diktator lässt sich vom Volke verpflichten zu der Politik, die er gewollt hat!«[86]

Es überrascht kaum, dass die Reden zu Hitlers Geburtstag drei Wochen nach der »Wahl« neue Tiefen des kriecherischen Pathos ausloteten. In seiner üblichen Geburtstagseloge sprach Otto Dietrich von der »politischen Leistung eines Titanen«, durch die Hitler sein Volk während der vergangenen drei Jahre »zur Würde des Lebens, zum Licht der Freiheit und zum Glück nationaler Ehre« geführt habe. Das deutsche Volk sehe sich in seinem Führer verkörpert; wohl »kein Sterblicher ist je von soviel Liebe und Vertrauen getragen worden wie Adolf Hitler, der Mann aus dem Volke«.[87] Goebbels konzentrierte sich wie im Vorjahr auf »Hitler als Mensch« und hob diesmal seine große Liebe zu Kindern hervor, die mit dem ihnen eigenen Feingefühl spürten »dass er mit dem Herzen und mit der Seele zu ihnen gehört«, und vielleicht ahnten, »dass es ihm allein zu verdanken ist, wenn für deutsche Kinder ein deutsches Leben wieder lebenswert wurde«. Das Thema der vollständigen Identität von Volk und Führer beherrschte wieder seine Rede. Goebbels behauptete, »niemals in der Geschichte hat ein Mann so wie er das Vertrauen und das Zusammengehörigkeitsgefühl eines ganzen Volkes auf seine Person vereinigt«. Nach der Massenkundgebung in Köln, die den Abschluss der »Wahl«-Kampagne bedeutete, sagte Goebbels: »Man hatte das Gefühl, als sei Deutschland in ein einziges großes, alle Stände, Berufe und Konfessionen umschließendes Gotteshaus verwandelt worden, zu dem nun sein Fürsprecher vor den hohen Stuhl des Allmächtigen trat, um Zeugnis abzulegen für Wille und Werk.« Und der Mann, der Gegenstand der gläubigen Verehrung war, sitze schweigend am Fenster seines Zugabteils auf der Reise zurück nach Berlin »und fuhr durch sein Land, fuhr durch sein Volk und hatte wohl in dieser Stunde das beglückende Gefühl, ganz tief und wohlgeborgen im Herzen seiner Nation zu ruhen«. Der erfindungsreiche Propagandaminister und Hauptschöpfer des »Führermythos« fügte dem Bild der innigen Einheit von Volk und Führer nun das Bild der königlichen Vaterfigur der Nation hinzu, die ruhig und gebieterisch über den Alltagssorgen und Problemen gewöhnlicher Sterblicher »wie ein Fels im Meer« stand. Bezeichnenderweise schloss Goebbels – der bis dahin den Namen »Hitler« in seinen Lobeshymnen häufiger als jeder andere Propagandist benutzt hatte – seine Rede mit der Huldigung nicht »unserem Hitler«, sondern »unserem Führer«.[88]

1936 war die Schwelle zur vollen Ausgestaltung des Hitler-Kults überschritten. Die abschließende Entwicklung bis zu seiner Hochphase 1938–1940 wird uns in ihrer Widerspiegelung durch die Volksmeinung weiter unten beschäftigen. Wie viele Menschen wirklich das gesamte goebbelssche Hitler-Image schluckten, kann natürlich für keinen Zeitpunkt genau festgestellt werden. Sicher scheint aber, wie die bedachten Analysen der antinationalsozialistischen Sopade-Berichte wiederholt vermuteten, dass viele, die von Grund auf skeptisch oder gar offen feindselig eingestellt waren, von der Serie scheinbarer Leistungen und sensationeller Erfolge, die sich das NS-Regime unter Hitler zuschreiben konnte, nicht unbeeindruckt blieben. Und kaum jemand konnte sich der ständigen Darstellung des »Führermythos« in den Medien ganz entziehen – für einen Deutschen, der die Zeitung las, Radio hörte oder ins Kino ging, eine Unmöglichkeit. Nur die völlig überzeugten Gegner vermochten zu leugnen, dass Hitler tatsächlich eine bemerkenswerte, gar phänomenale Veränderung in Deutschland bewerkstelligt hatte: Die Verbindung augenscheinlich eindrucksvoller Taten, die für sich selbst zu sprechen schienen, mit der allgegenwärtigen Propaganda machte es schwer, der Droge »Führermythos« zu widerstehen. Das Ausmaß und die Charakteristika des Personenkults zeigten jedoch wiederholt, dass die Propaganda nur dort wirksam war, wo eine naive Bereitschaft, ungebundenem politischem Führertum Glauben und Vertrauen zu schenken, kultiviert worden und weitverbreitet war.

Innerhalb der Partei kannte der Führerkult jetzt natürlich keine Grenzen mehr. Der folgende Passus aus einem Brief – der für viele weitere repräsentativ ist – von einem älteren »Parteigenossen« aus Oppenheim am Rhein nach Hitlers Tirade gegen die Bolschewisten auf dem Nürnberger Parteitag im September 1936 enthüllt einen naiven, pseudoreligiösen Glauben an Hitlers Heilskräfte und eine ideologische Auffassung, die völlig mit den zentralen Grundsätzen von Hitlers eigener Weltanschauung gemäß dem »Führermythos« übereinstimmt:

> Mein Führer! ... Aus unendlicher Liebe fühle ich mich gedrungen, unserem Schöpfer tagtäglich dafür zu danken, der uns durch seine Gnade und dem ganzen deutschen Volk einen solch herrlichen Führer geschenkt, und zu einer Zeit... wo unser schönes, liebes Vaterland durch den Judenbolschewismus dem gräßlichsten Untergang gefährdet war. Ja, es wäre nicht auszudenken gewesen, welch Strömen von Tränen, welches Blut nach kaum verheilten Wunden des Weltkrieges geflossen wären, wenn Sie mein geliebter Führer in all Ihrem Schmerz um ein solch großes Volk den Mut nicht gefunden hätten, sich mit einer damals kleinen Schar von 7 Mann als Retter von 66 Millionen Deutschen durchzusetzen, indem Sie durch Ihre große Liebe zu jedem Einzelnen, vom kleinsten Kind bis ins hohe Greisenalter, Alle,

> Alle, Frauen, Männer und die ganze deutsche Jugend erfasst hätten… Es ist mir eine Freude, kein Kompliment, keine Heuchelei, für Sie mein Führer zu beten, dass Gott der Herr, der Sie zum Werkzeug für das Deutschtum geschaffen, dass er Sie gesund erhalte, die Liebe des Volkes zu Ihnen wachse, körnig und hart wie die vielen Eichen, die man Ihnen mein Führer aus Liebe und Ehre auch in der kleinsten Gemeinde in Deutschland verpflanzte… ein Heil dem Führer zum Sieg mit allen ehemaligen Frontkämpfern, die auch heute noch treu zum Führer bis zum Tod ergeben sind, denn Deutschland muss leben, wenn auch wir sterben müssen. Ihr bis zum Tod treu ergebener Frontkamerad, Adolf Dörn.[89]

Wie wirkte das auf den Mann, der Gegenstand der täglichen Flut von Lobhudeleien war? Wir haben gesehen, dass Hitlers Selbstbild in den Zwanzigerjahren von den schon vorhandenen Exzessen des Führerkults noch weitgehend losgelöst war. Selbst in den ersten Jahren des Dritten Reiches ist etwas von dieser Zurückhaltung zu spüren. Trotz der ausgeprägten egozentrischen Intoleranz gegenüber jeglicher Form von Kritik oder anderer Meinung, die ein durchgängiger Charakterzug Hitlers war, scheint er zumindest in den ersten Jahren nach der »Machtergreifung« eine gewisse Distanz zum Personenkult, der um ihn aufgebaut wurde, bewahrt zu haben. Manches spricht dafür, dass Hitler in den Jahren 1933 bis 1935 den Kult um seine Person als notwendiges Mittel zur Integration nicht nur der Parteimitglieder, sondern der gesamten Bevölkerung betrachtete und ihn mit einiger Reserviertheit als Vehikel zur »Verdummung der Massen« betrachtete.[90]

Es ist jedoch kaum vorstellbar, dass Hitler unempfindlich gegen den ungeheuren Kult bleiben konnte, den man um ihn herum aufgebaut hatte und der ihn zunehmend einschloss. Wann wurde Hitler selbst zum Opfer des »Führermythos«? Viele Indizien deuten darauf hin, dass Hitler in den enthusiastischen Wochen nach dem Rheinland-Triumph ein gläubiger Anhänger seines eigenen Mythos wurde. Die Vermutung wird durch die Erinnerungen einiger Zeitgenossen gestützt, die Hitler zu dieser Zeit aus der Nähe beobachten konnten. Der Pressechef Otto Dietrich etwa bezeichnete die Jahre 1935/36 als entscheidende in Hitlers Entwicklung, in denen eine deutliche Änderung in seinem persönlichen Verhalten zu bemerken war. Die Memoiren des früheren Gestapochefs Rudolf Diels weisen in dieselbe Richtung.[91] Neben diesen Quellen deutet auch die Sprache Hitlers öffentlicher Reden auf einen Wandel der Selbstwahrnehmung hin. Vor dem März 1936 sprach er von sich selbst selten in den pseudomystischen, »messianischen«, quasireligiösen Wendungen, derer sich Goebbels und andere bedienten. Seit seiner Rede in München am 14. März 1936 jedoch, in der er behauptete, er gehe »mit traumwandlerischer Sicherheit den Weg, den mich die Vorsehung gehen heißt«, fehlte die mystische Beziehung zwischen ihm und der »Vorsehung« selten in seinen wichtigen Reden; und die pseudoreligiöse Symbolik und Stilistik sowie der Glaube an die eigene Unfehlbarkeit wurden zum festen Bestandteil seiner Rhetorik.[92] Stil und Inhalt seiner Reden – die immensen Ansprüche, die er nun regelmäßig an sich selbst und zunehmend an das deutsche Volk stellte – weisen eindeutig auf ein verändertes Selbstbild hin. Auf dem Reichsparteitag 1936 sprach er selbst von der mystischen Einheit zwischen sich und dem deutschen Volk: »Das ist das Wunder unserer Zeit, dass ihr mich gefunden habt … unter so vielen Millionen! Und dass ich euch gefunden habe, das ist Deutschlands Glück!«[93] Alles deutet darauf hin, dass das mehr als bloße Rhetorik war. Hitler selbst hatte sich zum »Führermythos« bekehrt, war ein »Opfer« der nationalsozialistischen Propaganda geworden. Will man die Bekehrung datieren, so dürfte der 7. März, Tag des erfolgreichen Einmarschs in das Rheinland, den Zeitpunkt am besten markieren. Als sicher dürfte jedoch gelten, dass der Tag, an dem Hitler an seinen eigenen »Mythos« zu glauben begann, in gewisser Weise den Anfang vom Ende des Dritten Reiches markierte.[94]

Kapitel 3

»Führer ohne Tadel«

Hitler und die »kleinen Hitler«

»Nein, meine Herren. Der Führer ist die Partei und die Partei ist der Führer.«
Hitler, 1935

»Der Hitler wa scho recht, ober seine Unterführer san lauter Schwindler.«
Parteimitglied aus der Oberpfalz, Dezember 1934

Bislang haben wir uns auf die allgemeine Entwicklung des »Führermythos« von seinen Ursprüngen bis ungefähr 1936 konzentriert, als er unleugbar Hitlers Selbstüberschätzung seiner Macht und seinen Wahn der Unfehlbarkeit beflügelte. Dieses Kapitel zielt dagegen auf einen einzigen Aspekt des »Hitlermythos«, der allerdings nach 1933 äußerst bedeutsam wurde und den Beitrag der »Hitler-Gläubigen« von der Basis zur Schaffung des »Mythos« gut illustriert. Auch die manipulativen Fähigkeiten der Propaganda und die funktionale Rolle des Personenkults als Schlüsselelement der politischen Integration innerhalb des NS-Systems treten zutage. Im Zentrum unserer Untersuchung steht dabei das bemerkenswerte Phänomen, dass Hitlers Popularitätszuwachs nicht nur nicht von einer wachsenden Popularität der NSDAP begleitet wurde, sondern zum Teil sogar auf deren Kosten ging. Um das herauszuarbeiten, müssen wir uns von der Konstruktion des »Hitlermythos« in den Hauptorganen der NS-Presse und anderen großen Zeitungen abwenden und die Meinungsäußerungen auf lokaler Ebene betrachten, die in den »Stimmungs-« und »Situationsberichten« der Partei- und Staatsinstitutionen sowie den Berichten der sozialdemokratischen Gegner aufgezeichnet wurden. Die zugänglichen Quellen aus Bayern liefern reiches Material, aber ich werde auch Quellen aus anderen Teilen des Reiches heranziehen, die belegen, dass die Reaktionen in Bayern für ganz Deutschland typisch waren.

Die Diskrepanz zwischen dem volkstümlichen Bild des NS-Regimes als Image des Führers und als Meinung von den Parteifunktionären war ein Grundzug der politischen Meinungsbildung während des gesamten Dritten Reiches. Sie entwickelte sich in den ersten Jahren der Diktatur. Ehe das Image der »kleinen Hitler« untersucht wird, soll deutlich gemacht werden, wie Hitlers Popularität auf Kosten seiner eigenen Bewegung wuchs – mit der Vermutung, dass der »Führermythos« im Dritten Reich eine wichtige kompensatorische Funktion erfüllte. Dazu sollen Reaktionen auf das dramatischste Ereignis in Deutschland während des Jahres 1934 betrachtet werden: das von Hitler angeordnete Massaker an der SA-Führung am 30. Juni 1934 nach dem sogenannten Röhm-Putsch.

»Der Führer räumt auf«: »Die Nacht der langen Messer« am 30. Juni 1934

Die »Röhm-Affäre« fiel in eine Phase, in der das NS-Regime nach anfänglicher Euphorie, die durch das leuchtende Bild früher »Leistungen« verstärkt worden war, sichtbar an Boden verlor. Außer durch die Klagen, die aus dem Andauern der Massenarbeitslosigkeit und der Wirtschaftskrise sowie der Enttäuschung über die Kluft zwischen den großartigen Versprechungen der NSDAP und der trostlosen Realität des Alltags resultierten, wurde die Desillusionierung oft durch die faktischen Erfahrungen der nationalsozialistischen »Machtergreifung« vor Ort gefördert – ihr Einfluss auf die Gemeindeverwaltung, die Kirchen, Schulen, auf die Landwirtschaft, den Handel, die Industrie und die Gemeindebeziehungen. Die nationalsozialistische »Revolution« hinterließ nun auch in sozialen Gruppen ihre Spuren, die dem Nationalsozialismus bislang eher positiv gegenübergestanden hatten – die unteren Mittelschichten und das konservative Großbürgertum. Und die relative Ruhe in den Beziehungen zwischen Kirche und Staat, die 1933 nur mit wachsender Mühe aufrechterhalten werden konnte, wurde zunehmend durch eine Welle antiklerikaler Politik und Ausschreitungen gegen die Kirche seitens lokaler Parteiaktivisten gestört. Als Oppositionspartei hatte die NSDAP das Image einer Bewegung kultiviert, die das gesamte Volk in nationaler Einheit und »Erneuerung« umfasste, in bewusstem Gegensatz zur Interessenpolitik der Weimarer Parteien. Nun, da sie an der Macht war, entpuppte sie sich an der Basis als alles andere denn eine Kraft der Einheit, Harmonie und Integration. Vielmehr schien sie sich eindeutig als eine »Partei« kaschierter Partikularinteressen zu erweisen, nicht anders, als die anderen Parteien gewesen waren: Ihre Vertreter teilten und entfremdeten die Meinungen durch ihren ungezügelten Ehrgeiz und ihre offenen, geschmacklosen Machtkämpfe. Sie waren selten ein erbauliches Schauspiel. Mit dem Übergang von einer »Kampfbewegung« zur herrschenden Partei des Dritten Reiches zeigten sich allerorts Pfründenwirtschaft und offene Korruption, die man insbesondere dort unerträglich fand, wo die neuen hohen Tiere als Parvenüs verächtlich gemacht wurden, die eindeutig ihren Vorteil suchten. Das unerfreuliche Gesicht des jungen Dritten Reiches spiegelte sich am meisten in der schikanösen Arroganz und den gewalttätigen Ausschreitungen der machttrunkenen SA wider, deren flegelhaftes Verhalten für den Sinn öffentlicher Ordnung und Moral der Durchschnittsdeutschen höchst anstößig war – nachdem die linken »Störenfriede« und andere »antisoziale Elemente« beseitigt worden waren.

Vor diesem Hintergrund sind die Reaktionen der Bevölkerung auf die »Röhm-Affäre« zu sehen. Die meisten Deutschen wussten wenig oder nichts über die Intrigen auf höchster Ebene, vor allem in der Reichswehrführung, die darauf abzielten, die Bedrohung durch die massive, pseudorevolutionäre Kraft unter Ernst Röhm aus der Welt zu schaffen. Die Öffentlichkeit ahnte auch nichts von der schwelenden Vertrauenskrise zwischen der SA-Führung und Hitler, die im Massaker vom 30. Juni 1934 zum Ausbruch kam. Kaum jemand, der außerhalb der innersten Bezirke der Macht stand, wusste etwas von der hinterlistigen Inszenierung eines Putschversuchs, durch den die Liquidierung Röhms und anderer SA-Führer (sowie die Abrechnung mit alten Feinden wie Gregor Strasser und General von Schleicher) gerechtfertigt werden sollte. Gleichwohl hätte man erwarten können, dass die Massenerschießung früherer Kameraden ohne die geringste Absicherung durch ein Gerichtsurteil oder -verfahren eine Welle der Empörung über Hitler und seine Komplizen hervorgerufen hätte. Es ist daher erstaunlich, dass die Berichte über die Reaktionen »gewöhnlicher Leute« aus ganz Deutschland eine ganz andere Sprache sprechen.

Schon unmittelbar nach den Geschehnissen war es offensichtlich, dass nahezu keine Kritik an Hitler geäußert wurde. »Die Sympathien standen wohl allgemein von Anfang an auf Seiten des Führers«, hieß es in einem Bericht aus Schwaben, als die aufregenden Nachrichten am frühen Nachmittag des 30. Juni durchzusickern begannen.[1] In Oberbayern traf man angeblich auf »rückhaltlose Anerkennung der Energie, der Klugheit und des Mutes des Führers«.[2] Der Hass auf die SA, die mithilfe von Sonderkommissaren und Hilfspolizisten in Bayern besonders offen als Speerspitze der nationalsozialistischen »Revolution von unten« operiert hatte, war so groß, dass die Erschießung Röhms und seiner Genossen als zu mild kritisiert wurde – »Volksjustiz« hielt man für angemessener.[3] »Situationsberichte« von 41 Arbeitsämtern aus ganz Bayern von Anfang Juli 1934 über die Stimmung in allen Bevölkerungskreisen, besonders natürlich in der Arbeiterschaft und unter den Arbeitslosen, kamen in ihren Wiedergaben der Meinungsäußerungen darin überein, dass Hitler und seiner Aktion fast ausnahmslos zugestimmt, Röhm aber verurteilt wurde und dass sich die Stimmung seit dem Massaker gebessert habe.[4] Nicht wenige Berichte erwähnten, dass der Führer Unterstützung und Sympathie selbst unter jenen gefunden habe, die das Regime zuvor abgelehnt oder gar bekämpft hatten.[5] Ein Bericht aus einer kleinen Industriestadt, wo die KPD vor 1933 relativ viele Anhänger gehabt hatte, enthielt sogar die Behauptung: »Der Führer hat bei der breiten Masse, insbesondere bei jenen, welche der Bewegung noch abwartend gegenüberstanden, durch sein tatkräftiges Handeln ungeheuer gewonnen; man bewundert ihn nicht nur, er wird vergöttert.«[6]

Die aus Bayern berichteten Urteile decken sich mit den

Meinungssondierungen aus allen Teilen des Reiches. Laut einem »Situationsbericht« aus Hannover sei Hitlers Ansehen und Popularität »nie größer« gewesen.[7] Ein Gestapobericht aus Köln behauptete, »das Vertrauen in den Führer und die Regierung« sei infolge der Vernichtung der »Volksfeinde« stark gewachsen.[8] Aus dem Ruhrgebiet wurde berichtet, dass das »energische, radikale und mutige Verhalten des Führers... von der Bevölkerung in ihrer überwiegenden Mehrheit vollauf gebilligt« werde.[9] Göring fasste den Eindruck der positiven Einstellung der öffentlichen Meinung, den das Regime selbst gewonnen hatte, in einem Brief zusammen, den er als Ministerpräsident Preußens an den Stellvertreter des Führers, Rudolf Heß, schrieb, der für die Parteiführung zuständig war. Darin rief er das einstimmige Urteil der »Situationsberichte« aus allen preußischen Landkreisen in Erinnerung, dass bereits die Rechenschaftspflicht, die Hitler mit einer Liste von zwölf Forderungen für die Zukunft der SA auferlegt hatte, einen »optimalen Effekt in allen Schichten der Bevölkerung« erzielt habe.[10]

Erstaunlicherweise kamen die Berichte aus dem gesamten Reichsgebiet, die in das Hauptquartier der Sopade in Prag gelangten, über die Wirkung des »Röhm-Putsches« auf Hitlers Image und Popularität zu genau denselben Ergebnissen. Die allgemeinen Schlussfolgerungen wurden von der Sopade zu »drei Punkten« zusammengefasst, die in fast allen Berichten auftauchten: »1. die breite Masse hat den politischen Sinn der Ereignisse [vom 30. Juni] nicht begriffen. 2. große, offenbar sehr große Teile des Volkes feiern sogar Hitler wegen seiner rücksichtslosen Entschlossenheit und nur ein kleinerer Teil ist nachdenklich gestimmt worden oder gar empört. 3. auch große Teile der Arbeiterschaft sind der unkritischen Verhimmelung Hitlers verfallen.« In einem Bericht aus Baden heißt es, Hitler werde wegen seines mutigen Handelns als »Held« betrachtet. Berichte aus Sachsen, Schlesien, Bayern, Pommern, Berlin, Dresden, dem Rheinland und anderen Orten stimmten in etwa den gleichen Tenor an und erlaubten der Sopade nur den Schluss, dass Hitlers Ansehen infolge des Massakers an der SA-Führung nicht gesunken, sondern gestiegen war.[11]

Die Analysen der Sopade erkannten, dass es eine beträchtliche Diskrepanz zwischen der wirklichen politischen Bedeutung der Ereignisse vom 30. Juni 1934 und der Unwissenheit der Bevölkerung gab, die zu einer vollständigen Fehlinterpretation der »Säuberung« führte. Die irreführende Propaganda des Regimes wurde weitgehend geschluckt. Wie wenig echtes Wissen über die Ereignisse in den Tagen nach der Säuberung existierte, zeigen die kursierenden, oft widersprüchlichen Gerüchte, von denen einige durch ausländische Radiosender in Umlauf gesetzt worden waren. Einige Gerüchte lauteten, es habe einen Attentatsversuch auf Hitler gegeben, bei dem der Führer am Arm verletzt worden sei, oder »der letzte Schuss [sei] noch nicht gefallen«, und es komme zu weiteren inneren Unruhen und einen Anschlag auf den Führer.[12] In anderen Versionen hieß es, von Papen sei als einer der Verschwörer erschossen worden. Auf der anderen Seite verbreitete sich in Bayern schnell die zutreffende Nachricht, dass der ehemalige Generalstaatskommissar von Kahr unter den Opfern war. Die Zahl der Erschossenen war Gegenstand wilder Mutmaßungen – sie reichte einem Bericht zufolge von 46 bis 200.[13] Die Arbeiter, von denen man sagte, sie hätten wenig Sympathien für die Idee einer »Zweiten Revolution«, die von der SA und Teilen der NSDAP gefordert wurde, spekulierten darüber, ob die NS-Bewegung jetzt radikaler werden, ihre Schärfe verlieren oder nach links tendieren würde. Es gab Gerüchte, dass frühere Anhänger der konservativen und katholischen Parteien in die »Verschwörung« verwickelt gewesen seien. Dass es tatsächlich eine Verschwörung gegeben hatte, scheint nicht bezweifelt worden zu sein. Ferner hieß es: »Dass ausgerechnet die ältesten Kämpfer der NSDAP beteiligt waren, denen der Führer das größte Vertrauen entgegenbrachte, wird scharf verurteilt.«[14]

Die Besorgnis über neue Unruhen und Wirren scheint einer der Hauptgründe dafür gewesen zu sein, dass Hitlers »Eingreifen« solch positive Resonanz fand. Allerdings legt das Ausmaß der Gerüchte auch nahe, dass Anfang Juli zunehmend der Wunsch laut wurde, der Führer möge zum Volk sprechen und berichten, was sich genau ereignet hatte.[15] Nach anfänglicher Zurückhaltung kam Hitler selbst zu dem Schluss, dass jeder Versuch, die Sache zu vertuschen (was man wohl zunächst beabsichtigt[16], dann aber rasch verworfen hatte), mehr Schaden als Nutzen bewirken würde. Schließlich, aber erst zwei Wochen nach den Ereignissen, hielt er eine mehrstündige Rede vor dem Reichstag – obgleich sie nicht zu seinen rhetorischen Meisterleistungen gehört, war sie dennoch fein auf die vorherrschende Stimmung im Volk abgestimmt.[17] Es war eine bemerkenswerte Rede, da das deutsche Regierungsoberhaupt die volle Verantwortung für eine Aktion übernahm, die einen Massenmord bedeutete. Er nannte sich »oberster Gerichtsherr« des deutschen Volkes, der angesichts der Notlage einer »Meuterei« der SA-Führer zu sofortigem Handeln gezwungen gewesen sei und daher den Befehl gegeben habe, die Hauptschuldigen zu erschießen. Die Passagen der Rede, in denen Hitler von der »inneren Brunnenvergiftung« und dem »Geschwür« der SA-Umtriebe sprach, die es galt »auszubrennen bis auf das rohe Fleisch«, entsprachen genau dem »gesunden Volksempfinden«. Besonders zwei Punkte trafen ins Schwarze: die Betonung des unsittlichen Lebensstils der SA-Führung – vor allem ihrer Homosexualität –, den Hitler zu bekämpfen vorgab, und die Rechtfertigung seines Eingreifens, das zur Aufrechterhaltung der inneren Ordnung und Sicherheit notwendig gewesen sei. Beide Punkte waren für Hitlers Verteidigung seiner Handlungsweise zentral, letzterer wurde als die entscheidende Erwägung hervorgehoben. Und als Hitler von den »destruktiven Elementen« sprach, die die Revolution als einen Dauerzustand betrachtet hätten, konnte er sich nicht nur des Beifalls der »gewöhnlichen« Deutschen gewiss sein, sondern auch der Eliten von Wirtschaft, Militär und Beamtenschaft, die das Fortschreiben der nationalsozialistischen Revolution mit zunehmender Sorge betrachtet hatten.

Anstatt das Misstrauen gegenüber einem skrupellosen Staatsoberhaupt zu verstärken, das im Interesse des Staates nicht vor Massenmord zurückschreckte, vergrößerte die Rede unzweifelhaft Hitlers Vertrauensbasis. Ein typischer Bericht aus dem ländlichen Bayern behauptete, die Rede – die viele in Kneipen oder auf öffentlichen Plätzen gehört hatten – habe »allgemein befreiend gewirkt, da sie die ganzen Zusammenhänge rücksichtslos aufdeckte«.[18] Ein anderer Bericht bestätigte, dass die anfängliche Verwirrung und das »Gefühl der Rechtsunsicherheit« nach Hitlers Rede allgemeiner »Bewunderung und Dankbarkeit« gewichen sei. Das Eingreifen des Führers habe man »als Befreiung von einem stark gefühlten Druck empfunden«. Die Mehrheit der Bevölkerung blicke zum Führer »vertrauensvoll auf; er hat an Achtung und Popularität sicher noch bedeutend gewonnen«.[19]

Zu den Vorbedingungen für die breite Unterstützung von Hitlers völliger Missachtung rechtlicher Verfahren zählte nicht nur die weitverbreitete Verurteilung des Despotismus und des unsittlichen Lebensstils der SA-Leute, sondern auch, wie die Sopade aufmerksam feststellte, die systematische Unterminierung legaler Rechtmäßigkeit, die seit Beginn des Dritten Reiches und schon zuvor betrieben worden war. Hierzu gehörte auch die Förderung bereits vorhandener starker »Sympathien für möglichst ›kurzen Prozeß‹ und harte Strafen. Durch seine Reichstagsrede hat Hitler dieser Massenstimmung sehr geschickt neue Nahrung zugeführt: ohne Zweifel haben weite Kreise des Volkes aus dieser Rede den Eindruck gewonnen, dass Hitler durch seine brutale Energie ein viel größeres Blutbad verhindert hat.«[20]

Die neue Hitlerbegeisterung übersprang die sozialen Barrieren, selbst wenn kaum anzunehmen ist, dass sie die ideologischen Gegner erfasste. Auch Arbeiter, Arbeitslose und andere soziale Gruppen waren für die allgemeine Beifallsstimmung empfänglich, insofern sie keine erklärten Anhänger der linken Parteien waren. Aus Ingolstadt berichtete man von einer »außerordentlich starken Zunahme und Befestigung des Vertrauens zum Führer« unter den Arbeitslosen und einem Ansturm der Arbeiter auf Hitler-Bilder.[21] Wie wir gesehen haben, gestand auch die Sopade zu, dass die Bewunderung Hitlers tief in die Arbeiterschaft vordrang.[22] Auf dem Land war das Maß der Zustimmung noch höher. Aus ländlichen Gebieten Bayerns, die sicher keine Hochburgen der Nationalsozialisten waren, wurde berichtet, die Säuberung habe »große Befriedigung«, »Hochachtung« und »Sympathie« für den Führer hervorgerufen.[23] Hitler erhielt in katholischen Regionen nicht weniger Lob als in protestantischen, obwohl Erich Klausener, ein prominenter Führer der »Katholischen Aktion«, der keinesfalls mit der SA in Verbindung stand, zu den Opfern der »Nacht der langen Messer« zählte.[24] Wie die Reichswehrführung nicht gegen die Ermordung der beiden Generäle von Schleicher und von Bredow protestierte, so enthielten sich die Oberhäupter beider christlicher Kirchen jeder öffentlichen Kritik an den Ereignissen vom 30. Juni 1934. Es wurde sogar berichtet, dass auf einer Missionsveranstaltung, die wenige Tage nach dem Massaker stattfand, für den Führer gebetet worden sei.[25] Selbst wo die Berichte eine gewisse Besorgnis der Bevölkerung über die willkürlichen Erschießungen (und die Wahrscheinlichkeit erneuter Säuberungen, die auch das Leben von Nichtparteimitgliedern bedrohten) vermerkten, wurden diese »Exzesse« im Allgemeinen nicht dem Führer selbst angelastet, sondern so interpretiert, dass sie »ohne Wissen und gegen den Willen des Führers und der maßgebenden Persönlichkeiten erfolgt« seien.[26]

Die »Röhm-Affäre« und die Reaktionen darauf kamen für die linken Widerstandsgruppen überraschend, sodass ihre Antwort schwach und wirkungslos blieb. Ihre illegalen Pamphlete und Flugblätter konnten wenig Kapital aus der Angelegenheit schlagen, da sie die Säuberung vereinfachend als »Kameradenschlächterei« darstellten oder der naiven Hoffnung Ausdruck verliehen, Hitler werde bald innerparteilichen Machtkämpfen zum Opfer fallen.[27] Einige Sopade-Berichte waren ebenso unrealistisch. Einer aus dem Rheinland ließ sich zur Behauptung hinreißen, ein weitverbreitetes Gefühl zu bemerken, »dass das System und die NSDAP auf tönernen Füßen stehen und dass die Unterhöhlung nicht mehr zu übersehen ist. Hitler ist bald ein erledigter Mann!«.[28] Derartige Kommentare bildeten unter den meist realistischen und ausgewogenen Sopade-Berichten die Ausnahme und wurden bei der Erstellung einer Gesamtanalyse dementsprechend übergangen. Auf einer anderen Ebene lieferten die Akten des Münchener Sondergerichts, das mit geringfügigen Vergehen politischer Nonkonformität befasst war, keinen Hinweis auf ein Ansteigen kritischer Bemerkungen über Hitler während der Zeit nach der Säuberung.[29]

Die beiden mächtigsten Komponenten von Hitlers Image nach dem »Röhm-Putsch« waren erstens, dass er der Vollstrecker des »Naturrechts« war (selbst wenn er alle rechtlichen Konventionen missachtete) und den »kleinen Mann« vor dem Machtmissbrauch der »Bonzen« beschützte; zweitens, dass er die öffentliche Moral aufrechterhielt, indem er das öffentliche Leben von der ausschweifenden Sittenlosigkeit und Korruptheit der SA-Führer bereinigt hatte.[30] Hitler, der Mann aus dem Volk, bezog entschlossen Position gegen die kleinen, verkommenen, despotischen Emporkömmlinge in der NS-Bewegung. Wunschdenken und naive Bereitschaft, auf die vermeintlich guten Absichten hinter Hitlers Autorität zu vertrauen, kommen in den übermittelten Kommentaren zum Ausdruck, »dass Herr Reichskanzler gegen die sogenannten Großen vorging« und »dass unser Führer nur Ruhe und Ordnung wünscht und gerecht vorgeht«.[31] Vor allem die ärmeren Bevölkerungsschichten waren nach den Berichten dankbar für die Befreiung vom »Alpdruck« und nahmen nun gerne an, »dass der Führer jederzeit ohne Rücksicht auf Rang und Stand der Schuldigen bereit ist, das zu tun, was zum Wohle des Volkes nötig ist«.[32] Die Verteidigung der konventionellen Moral kommt in den Berichten ebenso deutlich zum Tragen. Ein Sopade-Bericht aus Baden vermerkt, dass Hitlers Verleumdung der ermordeten SA-Führer als Homosexuelle, die monatlich 30000 Reichsmark für Ausschweifungen verschleuderten, als heroischer Akt gedeutet wurde. Er habe bewiesen, hieß es in einem Bericht aus Bayern, dass er auf einer »sauberen Umgebung« bestehe. Aus Berlin wurde übermittelt, Hitler habe »eine sittliche Erneuerung angebahnt«.[33] Auffällig ist, wie oft in den internen Berichten des Regimes die »zwölf Punkte« Hitlers zur Säuberung der SA, die sich größtenteils auf das moralische Verhalten der Führung bezogen, als Tatsache hervorgehoben wurden, die besonders großen Beifall fand.[34]

Die propagandistische Darstellung Hitlers als Bewahrer moralischer Standards entsprach ziemlich gut den gängigen sozialen Werten und Vorurteilen, die Korruption und Homosexualität verdammten. In einer völligen Verkehrung der Wirklichkeit wurde Hitler vielerseits als Streiter für die Werte der Normalität wahrgenommen, der als Repräsentant des »kleinen Mannes« die Macht der Großen und Mächtigen selbst in seiner eigenen Bewegung zum Wohl des Volkes beschnitt. Zustimmend sagten die Menschen, kein früherer Reichskanzler hätte es gewagt, so zu handeln wie er.[35] Seine »Moralität« wurde nicht als die der Gerichte aufgefasst, sondern als »gesundes Volksempfinden«, auf das sich die Nationalsozialisten immer berufen hatten. Die Analysen der Sopade erkannten mit der gewohnten Aufmerksamkeit die Wirksamkeit und die Funktion des Appells an die bürgerliche Moral zur Rechtfertigung von Hitlers »Aktion«. Auf den ersten Blick, stellten sie fest, »musste die Enthüllung der moralischen Verkommenheit der SA-Führerclique als ein Selbstmordversuch des Regimes anmuten«. In Wirklichkeit sei sie aber »ein überaus geschickter Propagandatrick« gewesen, mit dem es gelungen war, »die Aufmerksamkeit der großen Masse von den politischen Hintergründen der Aktion abzulenken und zugleich Hitlers Ansehen als Reiniger der Bewegung um so mehr zu heben, je mehr man den Schmutz ans Tageslicht zerrte«.[36]

Vor allem wurden die staatlichen, von Hitler abgesegneten Morde durch die Erfüllung der bürgerlichen Forderung nach »Ruhe und Ordnung« legitimiert, die durch die Widerspenstigkeit, die willkürliche Gewalt und die öffentlichen Ausschreitungen der SA bedroht gewesen waren. Die Sopade-Berichte wiesen resigniert darauf hin, dass die Leute die politischen Dimensionen übersahen und nur dachten, »jetzt hat Hitler Ordnung gemacht, jetzt geht es wieder aufwärts; die Saboteure, die sein Aufbauwerk gestört haben, sind vernichtet«. Ein kleiner Geschäftsmann aus Sachsen sprach sicher für viele, wenn er Hitler »für einen absolut ehrlichen Menschen [hielt], der das beste für das deutsche Volk will«, der aber bislang von seinen Untergebenen darin gehindert worden sei, es zu tun. Das Argument, Hitler habe die alleinige Verantwortung für die Morde, tat er mit der Bemerkung ab, die »Hauptsache ist doch, er hat uns von den Marxisten befreit« sowie von der »schrecklichen SA«, sodass die Löhne nun endlich gesenkt werden könnten und die Industrie wieder mit Profiten arbeiten könne. Er schwor weiterhin auf Hitler als einen Führer mit unermeßlichen Eigenschaften, »selbst wenn er ein vielfacher Mörder ist«.[37] Skrupellosigkeit im Interesse der bürgerlichen Ordnung war eindeutig ein zentraler Bestandteil von Hitlers Popularität.

Den NS-Behörden war allerdings bewusst, dass die »Röhm-Affäre« Tür und Tor für eine Welle der Kritik öffnete, die sich nicht auf die SA beschränkte, sondern auch die Partei einschloss. Die mit der Vergötterung des Führers verbundenen Illusionen traten in der nichtigen Hoffnung zutage, die Säuberungsaktion gegen die SA markiere den Beginn weiterer Säuberungen, um die Parteifunktionäre auszumerzen, »die nach ihrem Charakter und ihrem Vorleben als ungeeignet angesehen werden« und Leute eher aus der Bewegung vergraulten, als sie für den Nationalsozialismus zu gewinnen.[38] Materielle und persönliche Wünsche spielten ebenfalls eine Rolle, da enttäuschte »alte Kämpfer« der Partei eine Zeit lang von einer Beförderung träumen konnten, die sie schon nach 1933 als ihr Recht angesehen hatten und die ihnen jetzt nach einer Säuberung zuteilwerden könnte.[39] Schon vor dem »Röhm-Putsch« registrierten die Berichte einen Vertrauensverlust der Mitglieder in die Partei, deren Spitze »die Fühlung mit dem Volk verloren« habe, sodass man der Hoffnung auf ein »großes Reinemachen« Ausdruck verlieh.[40] Es wurde berichtet, die Leute wollten vom »Druck der kleinen Geister« befreit werden und äußerten »herbe Kritik an ›Aufblähung‹ des Parteiapparates, Arbeitsfront, Fachgruppen etc., die viel Geld verschlingen, das anderweitig notwendiger wäre«.[41] In der anhaltenden wirtschaftlichen Not der vielen wirkte der Luxus der wenigen, der von den nationalsozialistischen »Bonzen« offen zur Schau gestellt wurde, wie ein vollständiger Widerspruch zu den Ermahnungen des Führers zu »Einfachheit und Sparsamkeit«, als deren Inbegriff sein eigenes Leben dargestellt wurde.[42]

Ähnliche Bemerkungen hörte und notierte man im Sommer 1934 in ganz Deutschland. Görings oben bereits zitierter Brief an Heß, der sich auf Berichte aus allen Teilen Preußens unmittelbar nach dem »Röhm-Putsch« stützte, betonte die allgemeine Erwartung, dass »die Säuberungsaktion nicht nur in der SA, sondern darüber hinaus in allen Gliederungen der Partei mit Nachdruck fortgeführt wird«, wogegen die Besorgnis stehe, »dass nach Durchführung der Aktion vom 30. Juni im wesentlichen alles beim Alten bleiben werde«. Göring drängte Heß zu einer umfassenden Säuberungsaktion, die im Hinblick auf den bevorstehenden strengen und wirtschaftlich schwierigen Winter von einer »überragenden politischen Bedeutung«

sei. Sie solle »alle psychologischen Mittel zur Aufrechterhaltung und Hebung der Stimmung« ausschöpfen und so den Erfolg des Winterhilfswerks sichern. Eine Kopie von Görings Brief wurde auch an Hitler selbst geschickt.[43]

Wie wir gesehen haben, profitierte Hitlers unbeflecktes Image nur von dem Gegensatz zum Image, das die Handlanger aus seiner Partei in der Öffentlichkeit hatten. Während der zunehmenden Desillusionierung im Frühling und Sommer 1934 setzten sich die diametral entgegengesetzten Bilder von Führer und Partei im öffentlichen Bewusstsein fest. Schon die mythische Phrase »Wenn das der Führer wüsste« genügte. Viele waren tatsächlich der Meinung, dass einige, vor allem unangenehme Angelegenheiten von Hitler ferngehalten würden, andernfalls würde er sich schnell um ihre Besserung kümmern.[44] Die Säuberungsaktion vom 30. Juni schien diese Auffassung zu bestätigen. Der Führer hatte offenbar von den unerträglichen Zuständen erfahren und dementsprechend unverzüglich und rücksichtslos durchgegriffen. Ein Bericht aus Bayern verkündete die – logische, aber unrealistische – Ansicht, dass Hitlers Durchgreifen »die immer wieder auftauchende Behauptung, ›der Führer sei von einer Clique umgeben, die ihn über die Vorgänge in der Partei und der SA im unklaren lasse‹, wohl endgültig beseitigt« habe.[45] Gerade die Tatsache, dass Hitler in diesem Fall angeblich das Böse erkannt und sogleich vernichtet habe, scheint die irrationale Legende untermauert zu haben, sein Nichteingreifen beruhe stets darauf, dass die wirklichen Missstände ihm gegenüber von seinen Untergebenen verdeckt würden, die bei einer Aufdeckung der wirklichen Probleme am meisten zu verlieren hätten. »Der Hitler wa scho recht, obar seine Unterführer san lauter Schwindler« – der Ausspruch eines bayrischen Parteimitglieds im Dezember 1934 – wurde in den Monaten nach dem »Röhm-Putsch« zum geflügelten Wort.[46] Viele, die im Januar 1933 an die »Nationale Revolution« geglaubt hatten, unterschieden jetzt zwischen der äußeren Erscheinungsform, die sich im erbärmlichen Verhalten der Parteifunktionäre zeigte, und der »Idee« selbst, die im Symbol politischer Rechtschaffenheit verkörpert war, in einem Mann ohne Tadel, einem »Führer ohne Sünde«, wie es ein Bericht ausdrückte.[47]

Die Partei war zu einer wirksamen politischen Integration im Dritten Reich offensichtlich nicht in der Lage. Nach dem »Röhm-Putsch«, der während einer echten Krise des Regimes stattfand, gelang es Hitler dagegen, sein Ansehen im Volk zu vergrößern. Damit steigerte er auch das Ansehen des Regimes, indem er an das »gesunde Volksempfinden« und krude, konventionelle Vorstellungen von Recht und Ordnung appellierte, um die Bevölkerung auf Kosten von Mitgliedern seiner eigenen Bewegung in verstärkter Identifikation an den Führer zu binden. Die »Röhm-Affäre« war ein Propagandacoup par excellence.

Die »kleinen Hitler«: Das Image der lokalen Parteivertreter

Wie konnte sich das öffentliche Image der untergeordneten NSDAP-Repräsentanten in dem guten Jahr von der »Machtergreifung« bis zur Phase nach dem »Röhm-Putsch« so verschlechtern, dass selbst Göring eine umfassende Säuberung der Partei forderte? Und was waren die charakteristischen Merkmale des negativen Images der Parteifunktionäre, vor deren Hintergrund sich das Image des Führers als makellos abhob? Antworten auf diese Fragen lassen sich am besten in einigen nicht untypischen Beispielen der Relationen zwischen Partei und Bevölkerung an der Basis finden.

Natürlich muss man dabei im Auge behalten, dass die Verunglimpfung von Parteifunktionären – der »kleinen Hitler«, wie man sie oft nannte – nicht unbedingt mit einer Ablehnung der Partei selbst gleichbedeutend war oder gar mit einer Ablehnung der Ideologie und der Ziele des Nationalsozialismus.

Ferner wurden sicher viele der Angriffe von Regimegegnern initiiert (obgleich die Parteimitglieder die Kritik häufig teilten, wie wir gesehen haben). Außerdem waren die Parteimitglieder nicht überall unbeliebt. Neuere Untersuchungen über das soziale Profil der NSDAP nach 1933[48] zeigen, dass die Partei auf lokaler Ebene ein hohes Potenzial für politische Integration in Gegenden besaß, wo sie vor 1933 die Repräsentanten der sozialen und politischen Eliten für sich gewonnen hatte, die bereits sozial anerkannt waren und nach 1933 mit einer mehr oder weniger »nominellen« Gleichschaltung der örtlichen Institutionen zufrieden waren. Auch dort verlief die Entwicklung relativ reibungslos, wo angesehene und gemäßigte Bürger, die erst 1933 auf den nationalsozialistischen Zug aufgesprungen waren, die Führungspositionen in den Gemeinden und NSDAP-Ortsgruppen besetzten. Schließlich blieb es meist auch in Gemeinden ruhig, in denen es vor 1933 kaum zu ideologischen Auseinandersetzungen gekommen war. Erheblichen Streit gab es hingegen dort, wo der Bruch mit der Vergangenheit 1933 schärfer gewesen war, wo »alte Kämpfer« mit einem niedrigen sozialen Status in die Führungspositionen von Partei und Gemeinde katapultiert wurden und aufgestiegene Parteifunktionäre radikale Versuche unternahmen, die traditionellen Strukturen sozialen Einflusses umzukrempeln.

Der Typus des »kleinen Hitler« war demnach keineswegs omnipräsent, aber gleichwohl oft genug anzutreffen, um weitreichende Kritik auszulösen und das Image der Partei unwiderruflich zu schädigen. In gewisser Weise ernteten die Parteifunktionäre die Früchte des Vorurteils, das sie selbst gegen Lokalpolitiker und »Bonzen« geholfen hatten zu säen. Und sie mussten der täglichen Unzufriedenheit ins Auge sehen, eine Folge der Enttäuschung der utopischen Hoffnungen auf das Dritte Reich, die sie selbst geschürt hatten. Die »kleinen Hitler« an der lokalen Front mussten die Hauptlast der Unzufriedenheit tragen. Im Gegensatz dazu stand der »Hitlermythos« über den Zwistigkeiten in einer erhabenen und unerreichbaren Höhe – zweifellos teilweise ein unbewusster Mechanismus, die wahrgenommenen Unzulänglichkeiten des Alltags im Dritten Reich zu kompensieren.

Der Amtsbezirk Ebersberg in Oberbayern illustriert die Entwicklung eines höchst negativen Images der Partei aufgrund des geringen Ansehens der lokalen Parteifunktionäre. Wie in anderen katholischen Gegenden war es der NSDAP erst im März 1933 gelungen, einen substanziellen (wenngleich immer noch ungenügenden) Durchbruch bei den Wahlen zu erzielen, der sich – wie andernorts – als kurzlebig erwies.[49] Bald nach der Umbildung der Gemeinderäte im April 1933 entflammten die Zwistigkeiten in mehreren Gemeinden des Amtsbezirks. In der Kleinstadt Markt Grafing, wo die Konflikte recht bald zutage kamen, zeigt sich die geringe öffentliche Akzeptanz der neuen Machtelite deutlich in den örtlichen Polizeiberichten. In einem Bericht vom September 1933 war die Rede von einer massiven »Volksbewegung gegen solche Personen, die bei der nationalen Bewegung in den Gemeinden als Stützpunktleiter und dgl. an der Spitze stehen und dem Bürgermeister einzureden versuchen. Dabei handelt es sich meistens um Persönlichkeiten, die kein besonderes Ansehen genießen und zu denen die Leute kein Vertrauen haben.«[50] Sechs Monate später schrieb man auch die geringen Mitgliederzahlen der »nationalen Bewegung« der Tatsache zu, dass die örtliche Führung nie das Vertrauen der Leute genossen habe.[51] Die Stadt scheint nach 1933 wirklich von verrufenen Gestalten geleitet worden zu sein. Selbst viele Parteimitglieder lehnten den Ortsgruppenleiter ab, der anscheinend ein höchst unangenehmer, herrschsüchtiger Mensch war. Er wurde im Juni 1933 Bürgermeister, nachdem er in einem schmutzigen Wahlkampf unter anderem dafür gesorgt hatte, dass sein Hauptgegner, der örtliche Bauernführer und Direktor der Brauereikooperative, der Unterschlagung von Geldern bezichtigt wurde.[52] Der Bauernführer selbst war übrigens ebenso unbeliebt und genoss unter den Bauern wegen der schlechten Verwaltung seines Hofes kaum Respekt, während seine Geschäftspraktiken als Brauereidirektor zuvor die Gastwirte der Stadt verärgert hatten. Sodann schufen seine Pläne, am selben Ort eine Fleischerei zu eröffnen, böses Blut unter den bereits etablierten Metzgern.[53] Kurz gesagt, er fand wenig Wohlwollen unter den Hauptvertretern der städtischen Geschäftswelt.

Die Abneigung gegen den Ortsgruppenleiter und Bürgermeister kam im Herbst 1934 in ständigen Beschwerden zum Ausdruck, dass das versprochene »Reinemachen« in der Partei ausgeblieben sei. Der Novemberbericht fasste die Klagen der Bürger und Bauern von Markt Grafing zusammen: »Solange solche Leute nicht ihres Postens enthoben, die von der Kommunalpolitik nichts verstehen und durch wirklich tüchtige, nationaldenkende Leute nicht ersetzt werden, solange können sie der Regierung kein Vertrauen entgegenbringen.« Hitler wurde bezeichnenderweise von aller Kritik ausgenommen. »Mit den Anordnungen des Führers Hitler, den sie über alles lieben und der es ihrer Meinung nach mit dem Volke wirklich gut meint, sind sie vollkommen mit einverstanden, aber von den Gschaftlhubern, die früher nichts könnt und verstanden haben … und die heute noch nichts verstehen, sind sie nicht, aber auch gar nicht einverstanden.«[54]

Der Gegensatz zwischen der Hochachtung Hitlers und der Verunglimpfung der örtlichen Partei und ihrer Führer zeigte sich auch deutlich in anderen Gemeinden des Amtsbezirks. In einem recht typischen Bericht heißt es: »Große Sympathie herrscht unter der Bevölkerung für den Führer und Reichskanzler Adolf Hitler. Noch nie habe ich eine Auslassung gegen seine eigene Person gehört, wohl aber hört man ab und zu: ›Ja, wenn der Hitler alles allein machen könnte, dann wäre manches anders, aber er kann nicht alles übersehen.‹«[55] Der Gegensatz zum Image der NSDAP-Ortsgruppe hätte nicht größer sein können. In Landsham führte man das Verschwinden der Begeisterung für die NSDAP auf die Rekrutierung von

Kommunisten und Verbrechern sowie die »unglaublichen Verhältnisse« in der Ortsgruppe der Partei zurück.[56] Der Bericht aus Ebersberg selbst hielt die Stimmung wegen der Einmischung der Ortsgruppenleitung in die Angelegenheiten der Gemeinde für »sehr gespannt«.[57] In Zorneding nannte man den Vertrauensverlust der Ortsgruppenleitung als Grund für die Schwierigkeiten, Mitglieder für die SA, Hitlerjugend, NS-Frauenschaft und den Bund Deutscher Mädchen zu werben.[58] Neben wirtschaftlichen Enttäuschungen und starker Verbundenheit mit der katholischen Kirche spielten vor allem die örtlichen Auseinandersetzungen sowie der Mangel an persönlichem Respekt und sozialem Ansehen eine Rolle bei der Unterminierung der Autorität der Parteifunktionäre im Bezirk Ebersberg, in dem die Bevölkerung während der sechs Monate nach der »Röhm-Affäre« hoffnungsvoll auf eine Säuberung wartete.[59]

Ebersberg war kein Einzelfall. Ähnliche Tendenzen wurden sogar aus Gebieten berichtet, in denen die NSDAP schon vor 1933 viele Anhänger gewonnen hatte. In Wolfratshausen bei München etwa, wo die NSDAP bei den Wahlen im März 1933 die absolute Mehrheit errungen hatte und die Parteimitgliedschaft prozentual zur Bevölkerung sehr viel höher als im Reichsdurchschnitt war, befand sich die Partei im Herbst 1934 offenbar in einem schlechten Zustand. Nur vier Ortsgruppenleiter meldeten eine gute Moral. Andernorts wurde von einer »unvermindert schlechten Stimmung«, »Parteimüdigkeit«, »Stimmung im Abflauen«, Austritten aus der SA und der Nationalsozialistischen Volkswohlfahrt (NSV) berichtet. Ferner gab es Klagen über die ständigen Geldforderungen, die Jugendorganisationen, den Lebensstil und das unsittliche Verhalten der Ortsgruppenleiter.[60]

Im oberpfälzischen Amberg bildete das unsittliche Verhalten die zentrale Beschwerde, als kurz nach dem »Röhm-Putsch« sechs Ortsgruppenleitern, die bei der Bevölkerung einen besonders schlechten Ruf genossen, Trunksucht, hohe Schulden, Urkundenfälschung, Brandstiftung, sexuelle Exzesse, Roheit, Diebstähle, Betrug und Unterschlagung vorgeworfen wurden.[61] Der Bezirksamtsvorstand, dem das Verhalten dieser Parteiführer ganz offensichtlich zuwider war, hielt eine »schonungslos durchgreifende Säuberung« für essenziell und schrieb das schlechte Ergebnis bei der Volksabstimmung am 19. August 1934 im Bezirk dem anstößigen Verhalten der »Unzahl kleiner ›Führer‹« zu.[62]

Selbst im Fremdenverkehrsort Garmisch-Partenkirchen, wo die Nationalsozialisten vor 1933 recht gute Ergebnisse erzielt hatten und die wirtschaftliche Situation sich im Dritten Reich deutlich verbesserte, kam es in den ersten Jahren der NS-Herrschaft zu einem auffälligen Prestigeverlust der NSDAP, der zum Teil auf das schlechte Image der örtlichen Funktionäre zurückzuführen ist. Die Zahl der Klagen über das Verhalten einzelner Parteiführer stieg 1934 und noch einmal 1935 stark an. Im August 1934 wurde berichtet:

> Das Volk setzt seine Hoffnung auf einen starken Führer und erwartet von ihm Rettung und Schutz. Diesem Führer wird auch gerne gehorcht. Andererseits sind immer noch die politischen Unstimmigkeiten, die durch kleinliche oder verfehlte Maßnahmen von Organen der Unterführung ausgelöst werden, geeignet, in der breiten Bevölkerung die freudige Bejahung zum neuen Staat wieder zurückzudämmen.[63]

In einer Gemeinde des Amtsbezirks, in der sich die Gemüter wegen der Einmischung der Partei in die Ernennung des Bürgermeisters erhitzt hatten, geriet das »Führerprinzip« selbst unter Beschuss; es wurde nur begrüßt, wenn fähige Personen mit einem makellosen Werdegang zu Führern gemacht würden.[64] Nicht zuletzt aufgrund der Zwistigkeiten innerhalb der Partei und der vermeintlichen oder wirklichen Skandale, die man mit den führenden Persönlichkeiten des Bezirks in Verbindung brachte, verlor die Bevölkerung gegenüber der Partei ganz augenscheinlich das Interesse oder wurde gar feindselig.[65] »Der Führer will das Beste für das Volk, aber in der Partei gehört noch sehr gesäubert«, war Anfang 1935 sicher eine weitverbreitete Auffassung.[66]

In den Großstädten verhielt es sich ähnlich, wie aus den Augsburger Berichten vom Herbst 1934 deutlich wird. Die Benutzung großer Karossen für die Fahrten der wichtigtuerischen Parteibosse war für die ärmeren Bevölkerungsschichten ein besonderes Ärgernis. Vor 1933 waren die angeblich korrupten und egoistischen Vertreter der Gewerkschaften und Weimarer Parteien Gegenstand gnadenloser Verleumdung durch die Nationalsozialisten gewesen. Aber die Augsburger Arbeiter bemerkten schnell, dass die neuen »Bonzen« die alten hinsichtlich der Ausnutzung materieller Vorteile weit in den Schatten stellten. Wie andernorts schwang ein starker moralistischer Ton in den Verurteilungen der örtlichen Parteifunktionäre mit, von denen behauptet wurde, sie verbrächten ihre Zeit in Kneipen, zahlten ihre Schulden nicht und vernachlässigten ihre Familien. Auch die unflätigen Geschichten – die in vielen Fällen sicher durch ausländische Radiosender oder Flugblätter der Untergrundorganisationen in die Welt gesetzt wurden, aber wohl auf offene Ohren stießen – sind ein Hinweis auf das geringe Ansehen vieler Parteiführer. Über die Trinkgewohnheiten des Arbeitsfrontführers Robert Ley kursierten natürlich viele Geschichten, auch in Augsburg. Des Weiteren munkelte man, Baldur von Schirach, Vorsitzender der Hitlerjugend, habe sich nach Unterschlagung und Verschwendung von zwei Millionen Reichsmark erschossen. Ein Abteilungsleiter des Reichspropagandaamts in Berlin wurde beschuldigt, sich in einem der besten Augsburger Hotels vor zahlreichen Gästen schändlich benommen zu haben. Und ein anderes Gerücht, das Hitler bezeichnenderweise von jeder moralischen Schuld freisprach, behauptete, Hitler habe bei einem unerwarteten Besuch »die anderen« bei einem Saufgelage in einer Hotelbar angetroffen und aus Wut sogleich 20 Personen, darunter den Gauleiter Karl Wahl, verhaften lassen.[67]

Die angeführten Beispiele stammen allesamt aus Bayern. Sie können jedoch durch ähnliche Berichte aus vielen anderen Teilen Deutschlands ergänzt werden, wodurch sich das ganze Ausmaß der Kluft zwischen dem Image der Partei und dem des Führers schon in den Anfangsjahren des Dritten Reiches erahnen lässt. In einem Bericht aus dem Rheinland vom Februar 1935 heißt es, »der Führer und Reichskanzler findet stets… Worte, die geeignet sind, die wahre Volksgemeinschaft zu schaffen und herbeizuführen«; gleichzeitig verstießen »zahlreiche örtliche Unterführer täglich und stündlich« gegen sein klares Ziel, die früheren politischen Barrieren zu überwinden, indem sie alte Gegensätze vertieften und sie in ihre »egoistischen Kämpfe um ihre persönliche Stellung« transformierten. Wie überall dachten die Leute, Hitler werde über die Lage im Unklaren gelassen, obwohl der Bericht vage, aber ominös auf die Gefahr hinwies, die in solchen Vorstellungen lauerte. »›Väterchen Zar weiß nichts davon, er würde es nicht dulden‹, so sagte man vor dem Kriege in Russland; aber das Schicksal Russlands beweist, dass dieser Grundsatz gefährlich ist«, lautete der doppeldeutige Schluss des Berichts.[68]

Ein anonymer Brief, den ein Sympathisant der Nationalsozialisten Mitte 1935 an den Reichsinnenminister Frick schickte, lässt die materiellen Enttäuschungen erahnen, die dem Kontrast des Aufbaus eines idealistischen Hitler-Bildes und der Verleumdung der Parteibosse zugrunde lagen. Der Schreiber drängte Frick, dem öffentlichen Unmut über die massiven Auswüchse der Parteiämter und die damit einhergehende Korruption genaue Beachtung zu schenken, und erinnerte ihn darin, was vor der »Machtergreifung« über die Notwendigkeit von Schlichtheit und Verringerung der Staatsausgaben gepredigt worden war. Er betrachtete Hitler als Verkörperung dieser Schlichtheit, während seine Untergebenen die Menschen wie Sklaven behandelten, sie ausbeuteten, wo sie nur konnten, und einigen Günstlingen unter den Parteimitgliedern Arbeit verschafften. Im Falle einer Wahl würden Tausende sagen, »Adolf Hitler und etliche seiner Männer ja, ihnen gehört unser ganzes Vertrauen. Die anderen aber, die sich auf Kosten der Volksgenossen ein schönes Leben machen, während noch viele viele hungern und der Mittelstand allmählich zum Erliegen kommt, nein, ihnen keine Stimme!«[69]

Anfängliche Eindrücke sind nicht leicht zu erschüttern. In den ersten Jahren des Dritten Reiches wurden Einstellungen der Bevölkerung zur Partei geformt und Meinungen gebildet, die trotz aller Anstrengungen zeit der NS-Herrschaft erhalten blieben und eine schwelende Krise des Vertrauens in die Partei und ihre Vertreter begründeten, vor allem auf lokaler und regionaler Ebene.

Die vor der »Machtergreifung« von der NSDAP stets wiederholte Behauptung, eine nationale, sozialrevolutionäre »Bewegung«, nicht bloß eine weitere Partei zu sein und durch ihre Aufhebung des »Parteiensystems« eine neue Einheit zu stiften, war sehr attraktiv und trug stark zur Anziehungskraft des Nationalsozialismus bei. Die Wirklichkeit nach 1933 sah anders aus. Die fantastische Rhetorik der nationalen Wiedergeburt und sozialen Erneuerung widersprach deutlich dem Verhalten der Bosse und Aktivisten von Partei und SA. Was auch immer die Reichsregierung in Berlin tat, an der Basis war die Partei unfähig, ein überzeugendes Image ihrer selbst als positiver Kraft bei der Herstellung einer »Volksgemeinschaft« zu schaffen. Im Gegenteil: Der korrupte, aufdringliche Egoismus entpuppte die NSDAP als eine »Partei« wie alle anderen, die eigennützig ihre Partikularinteressen zu befriedigen suchte. Obgleich viele neue Mitglieder, die im Zuge des Massenzustroms in den ersten Monaten des Jahres 1933 der NSDAP beitraten, sozial angesehener waren als die meisten »alten Kämpfer«[70], blieben die leitenden Parteiämter auf lokaler Ebene überwiegend in den Händen der »Emporkömmlinge«, die sich jetzt den Weg in öffentliche Ämter freiboxten. So wurde die Partei auf lokaler Ebene oft als eine fremde Struktur unter der Leitung neuer und unwürdiger Eliten empfunden. Dementsprechend hob man Fehler in den Lebensgeschichten und im politischen Verhalten der Angehörigen dieser Eliten eifrig hervor und geißelte sie.

Darüber hinaus weckte der frenetische, aber meist destruktive Eifer der Parteiaktivisten neue oder alte Konflikte und Feindseligkeiten, insbesondere wenn er sich gegen bestehende Institutionen – in erster Linie die Kirchen – und Wertesysteme richtete. Auf mehreren Ebenen betrachtete man die Parteiaktivität als regelmäßigen – negativen – Eingriff in den Alltag normaler Bürger. Das äußerst positive Führerimage muss in diesem Kontext gesehen werden. Wie der sprichwörtliche mittelalterliche König, dessen bösen Ratgebern die Schuld zugeschrieben wurde, blieb Hitler vor Unpopularität geschützt eben durch die Unpopularität der »kleinen Hitler«. Sein »Charisma« blieb unangetastet von den Widrigkeiten und Problemen des Alltags im Dritten Reich.[71] Die Überzeugung, dass der Führer sofort einschreiten würde, wenn er vom täglichen Fehlverhalten seiner Untergebenen erführe, war selbst ein Produkt dieses Fehlverhaltens. Es war Ausdruck eines psychologischen Bedürfnisses nach einer unbefleckten, rechtschaffenen Instanz, die als Ventil für schwelende Unzufriedenheit und damit als Sicherheitsventil für das Regime fungierte.

Hitler selbst wurde wohl auf den Gegensatz zwischen seiner eigenen Popularität und der Unpopularität der Partei hingewiesen, obwohl er die Diskrepanz öffentlich nicht zugestehen konnte – schon gar nicht vor einer treuen Partei, von der die Existenz des »Führermythos« in letzter Instanz abhing. Daher sprach er auf dem Nürnberger Parteitag von 1935 die Unterscheidung an, die man zwischen ihm und der Partei machte, nur um sie zu verwerfen: »Ich muss hier Stellung nehmen gegen die besonders von bürgerlicher Seite so oft vorgebrachte Phrase: ›Ja, der Führer, – aber die Partei, das ist eine andere

Sache!‹ Darauf antworte ich: ›Nein, meine Herren, der Führer ist die Partei und die Partei ist der Führer!‹«[72] Trotz solcher Dementis, die Hitler selbst Kritik einbrachten[73], bestand die Dichotomie zwischen Partei und Führer fort, die wir in diesem Kapitel untersucht haben. Sie wurde sogar von Goebbels eingestanden, der 1941 erklärte, dass der »Führermythos« (dessen Schöpfung er für sich in Anspruch nahm) der Grund dafür sei, dass »sogar jetzt Millionen Deutsche zwischen dem Führer und der Partei« einen Unterschied festzustellen glaubten: »Die Leute weigern sich, die Partei zu unterstützen, aber sie glauben an Hitler.«[74]

Kapitel 4

Hitler bremst die Radikalen

Hitlers Image und der »Kirchenkampf«

»Der Reichskanzler lebt ohne Zweifel im Glauben an Gott. Er anerkennt das Christentum als den Baumeister der abendländischen Kultur …«

Kardinal Faulhaber, 1936

»Wir danken Dir, Herr, für alles, was Du in Deiner Gnade ihm bisher zum Wohle unseres Volkes hast gelingen lassen …«

Landesbischof Meiser, 1937

Wir haben bereits im vorangegangenen Kapitel angedeutet, dass die Diskrepanz zwischen dem Bild Hitlers und dem der Partei in großen Teilen der Bevölkerung gerade auch bei Auseinandersetzungen um weltanschauliche Fragen scharf hervortrat. Der »Kirchenkampf« bildet dafür ein besonders anschauliches Beispiel. Hier bietet sich uns daher die Gelegenheit, die Herausbildung des »Hitlermythos« in einer Sphäre zu untersuchen, die von ernsthaften und dauerhaften Konflikten geprägt ist, wobei die führenden Repräsentanten der Kirchen sich eines sehr erheblichen Einflusses auf die Meinungsbildung jener beträchtlichen Teile der Bevölkerung erfreuten, die an engen Bindungen zur protestantischen oder zur katholischen Kirche festhielten.

Die meisten Aussagen und Materialien, die wir hier untersuchen, stammen wiederum aus Bayern, das selbstverständlich das klassische Gelände des »Kirchenkampfes« war.[1] Der in den meisten Teilen des Landes vorherrschende Katholizismus bedeutete für radikale Nationalsozialisten eine beträchtliche Provokation, und der ungewöhnlich glaubensstarke Protestantismus in der fränkischen Diaspora förderte ebenfalls konfliktreiche Spannungen mit antiklerikalen Parteiaktivisten in einer Gegend, die als Hochburg der Nationalsozialisten galt. Es lassen sich jedoch unschwer anderswo im Reich, sowohl in protestantischen als auch in katholischen Landschaften, Parallelen zu den Haltungen finden, die während des »Kirchenkampfes« in Bayern vorherrschten. Um die generelle Schlussfolgerung vorwegzunehmen: Alles deutet darauf hin, dass der »Kirchenkampf« zwar ein hohes Maß an Animosität gegenüber der Partei und in einem breiteren Sinne gegenüber dem NS-Regime zum Vorschein brachte, doch hatte dies weit seltener, als man annehmen mag, negative Auswirkungen auf Hitlers persönliche Popularität. Da Hitler sich selber weitgehend dem bitteren Beigeschmack des Konflikts entziehen konnte, wurde er tatsächlich häufig als Verteidiger der religiösen Werte des Christentums gegen die ideologischen Fanatiker der NS-Bewegung betrachtet – und dies bemerkenswerterweise wohl auch von einigen Kirchenführern.

Wie wir bereits früher gesehen haben, umfassten die Erwartungen an eine »heroische« Führung von Anfang an einen starken Zug zum »Messianismus«. Eine Mischung von weltlicher und göttlicher Führung wurde durch nationalkonservative und völkische Autoren und Theologen bereits vor der Machtergreifung angeregt. Dies zeigt der folgende Auszug aus einem Werk des nationalistischen Theologen und Polemikers Wilhelm Stapel, das 1932 veröffentlicht wurde:

> Der wahre Staatsmann vereinigt in sich Väterlichkeit, kriegerischen Geist und Charisma. Väterlich waltet er über dem seiner Obhut anvertrauten Volke. Wenn sein Volk sich mehrt und wächst, schafft er ihm, indem er die kriegerischen Kräfte des Volkes sammelt, Raum zu leben. Gott aber segnet ihn mit Glück und Ruhm, sodass das Volk verehrungsvoll und vertrauend zu ihm aufblickt. So wägt der Staatsmann Krieg und Frieden in seiner Hand und hält Zwiesprache mit Gott. Seine menschlichen Erwägungen werden zum Gebete, werden zu Entscheidungen. Seine Entscheidung ist nicht nur der abgezogene Kalkül des Verstands, sondern die ganze Fülle der geschichtlichen Kräfte. Seine Siege und Niederlagen sind nicht menschliche Zufälle, sondern göttliche Schickungen. So ist der wahre Staatsmann Herrscher, Krieger und Priester zugleich.[2]

In den Parolen der NS-Propagandisten verbanden sich bereits lange vor 1933 Erwartungen an eine irdische Wiederauferstehung mit pseudoreligiösen Vorstellungen zum anschwellenden Führerkult um den Chef der NSDAP. Wenn es Hitler auch vor der »Machtergreifung« unter entschiedenen Katholiken niemals gelang, Vorwürfe abzuschütteln, die darauf hinausliefen, dass er ein Gegner des Christentums sei, so hatte er doch anderswo – nicht zuletzt unter wichtigen Teilen der protestantischen Geistlichkeit – zweifellos einigen Erfolg bei der Kultivierung der Vorstellung, dass er ein Mann sei, der zwar nicht fromm im Sinne eines traditionellen Kirchgängertums war, aber doch einen Glauben an Gott oder »die Vorsehung« pflege und die konfessionellen Spaltungen überwinden werde, indem er für die moralische und ethische Erneuerung Deutschlands arbeitete.[3]

Nachdem Hitler Reichskanzler geworden war, wurde seine Sprache ausgeprägt »messianisch«, und seine öffentlichen Reden waren häufig von religiöser Symbolik durchzogen. Das »Erwachen der Nation« wurde suggestiv mit religiöser Erneuerung verknüpft, und als Ursprung von beidem galt die Mission Hitlers als »Führer«. Seine allererste öffentliche Rede als Reichskanzler im Berliner Sportpalast am 10. Februar 1933 endete mit einem bemerkenswerten rhetorischen Höhepunkt, auf dem er die letzten Zeilen des protestantischen Vaterunser paraphrasierte, er rief dabei das »neue deutsche Reich der Größe und der Ehre und der Kraft und der Herrlichkeit und der Gerechtigkeit« an und schloss sogar mit dem Wort »Amen«.[4] Einige Wochen später beendete er seine Rede zum 1. Mai, dem »Tag der nationalen Arbeit«, mit einer direkten Zwiesprache mit Gott: »Herr, Du siehst, wir haben uns geändert. Das deutsche Volk ist nicht mehr das Volk der Ehrlosigkeit, der Schande, der Selbstzerfleischung, der Kleinmütigkeit und Kleingläubigkeit. Nein, Herr, das deutsche Volk ist wieder stark im seinem Willen, stark in seiner Beharrlichkeit, stark im Ertragen aller Opfer. Herr, wir lassen nicht von Dir! Nun segne unseren Kampf um unsere Freiheit und damit unser deutsches Volk und Vaterland!«[5] Ein drittes Beispiel für Hitlers messianische Rhetorik findet sich in seiner Ansprache an die politischen Leiter auf dem Nürnberger Reichsparteitag 1936, sie enthält zahlreiche Anklänge an das Johannes- und das Matthäusevangelium sowie andere Teile der Bibel:[6]

> Wie fühlen wir nicht wieder in dieser Stunde das Wunder, das uns zusammenführte! Ihr habt einst die Stimme eines

> Mannes vernommen, und sie schlug an eure Herzen, sie hat euch geweckt, und ihr seid dieser Stimme gefolgt. Ihr seid ihr jahrelang nachgegangen, ohne den Träger der Stimme auch nur gesehen zu haben; ihr habt nur eine Stimme gehört und seid ihr gefolgt. Wenn wir uns hier treffen, dann erfüllt uns all das Wundersame dieses Zusammenkommens. Nicht jeder von euch sieht mich und nicht jeden von euch sehe ich. Aber ich fühle euch, und ihr fühlt mich! ... Nun sind wir beisammen, sind bei ihm und er bei uns, und wir sind jetzt Deutschland!

Zahlreiche Zeugnisse solcher Massenkundgebungen in Gegenwart Hitlers zeigen eindringlich, dass diese für die Beteiligten häufig mehr die Atmosphäre und die Wirkung einer religiösen Erweckungsversammlung als die einer »normalen« politischen Kundgebung ausmachten.[7] Es ist kaum zu bezweifeln, dass für die Millionen, die bereits »hitlergläubig« waren oder sich im Prozess der »Bekehrung« befanden, die »religiöse« Dimension eine starke Komponente des »Führermythos« war. Zu einer Zeit, da christliche Bräuche und sogar Formen recht naiver Volksfrömmigkeit noch weitgehend lebendig waren, während die institutionalisierte Religionsausübung sich, insbesondere unter der protestantischen Mehrheit der Bevölkerung, in Bedrängnis befand, waren der diesseitige Auferstehungsglaube und der Glaube an das nationale Heil, wie Hitler sie predigte, als Ersatz attraktiv und erfolgreich. Kaum jemand scheint die darin liegende Chance besser erkannt zu haben als Propagandaminister Joseph Goebbels, der selbst von pseudoreligiösen Gefühlen motiviert und zugleich ihr bester Propagandist zu sein schien. Er war es auch immer wieder, der den pseudoreligiösen Charakter der großen Hitler-Veranstaltungen weihevoll beschrieb. Hitlers »Wahl«-Rede von 1936 in Köln, kurz nach der Wiederbesetzung des Rheinlands, bezeichnete er als »Religion im tiefsten und geheimnisvollsten Sinne. Da bekannte sich eine Nation durch ihren Sprecher zu Gott und legte ihr Schicksal und Leben vertrauensvoll in seine Hände.«[8] Goebbels hielt selbst noch gegen Kriegsende im Berliner Bunker an seinem Glauben an den Retter Hitler fest und vertraute 1945 seinem Tagebuch an: »Wenn der Führer spricht, ist es wie ein Gottesdienst.«[9]

Weit bemerkenswerter als die Tatsache, dass Goebbels den religiösen Nimbus des »Führers« akzeptierte, den zu manipulieren seine eigene Propaganda viel geleistet hatte, ist der Tatbestand, dass sogar prominente Kirchenführer – von denen einige nicht gerade für den Nationalsozialismus gewonnen wurden – persönlich davon überzeugt schienen, dass Hitler ein tiefreligiöser Mensch sei. Kein Geringerer als Kardinal Faulhaber persönlich, der Erzbischof von München und Freising und eine der wichtigsten und einflussreichsten Persönlichkeiten der katholischen Kirche wie auch gleichzeitig bei zahlreichen Gelegenheiten ein deutlicher Kritiker der antikirchlichen Politik des NS-Regimes, vermeldete nach einer dreistündigen Privatunterredung mit Hitler am 4. November 1936 in einem vertraulichen Bericht, er sei beeindruckt von Hitler und überzeugt, dass er ein tiefreligiöser Mensch sei: »Der Reichskanzler lebt ohne Zweifel im Glauben an Gott, er anerkennt das Christentum als den Baumeister der abendländischen Kultur.«[10]

Hitlers offensichtliche Fähigkeit, selbst gegenüber eher kritischen Kirchenführern das Bild eines politischen Führers vorzutäuschen, der bereit ist, am Christentum festzuhalten und dieses zu schützen, war entscheidend für die Vermittlung solch einer Vorstellung an die kirchentreuen Teile der Öffentlichkeit durch einflussreiche Führungspersönlichkeiten der beiden großen christlichen Konfessionen. Dies war der Grund, warum Kirchgänger so häufig, ermutigt durch ihre Meinungsführer in den kirchlichen Hierarchien, Hitler von ihrer Verdammung der atheistischen NS-Ideologie und der antichristlichen Parteiradikalen ausschlossen. Sie sahen in ihm weiterhin die letzte Hoffnung auf Rettung des Christentums vor dem gottlosen Bolschewismus.[11]

Bevor wir näher auf das Echo weitverbreiteter Haltungen gegenüber Hitler unter Kirchenbesuchern eingehen, müssen wir uns daher zunächst die öffentlichen Erklärungen der Geistlichkeit selbst anschauen, die im Dritten Reich zweifellos weiterhin die Meinungsbildung beeinflusste.

Die Zweideutigkeit der Haltung der Kirchen im Dritten Reich zum Nationalsozialismus ist unumstriten. Dort, wo kirchliche Institutionen, Traditionen, Gebräuche und Glaubensüberzeugungen von den Nationalsozialisten direkt angegriffen wurden, war der Widerstand stark, anhaltend und zeitweise erfolgreich. Anderwärts strebte man nach einem gewissen Maß an Anpassung und einer erträglichen Form des Miteinander.

Ganz zu Beginn des Dritten Reiches trugen die Hierarchien beider Kirchen – selbst die katholischen Bischöfe, die vor 1933 in ihrer Haltung gegenüber der NS-Bewegung so reserviert gewesen waren – dazu bei, Befürchtungen und Unsicherheit unter den Kirchgängern einzudämmen und Respekt für Hitlers Autorität als Reichskanzler zu schaffen. Selbst wenn man einmal vom nazifizierten Flügel der Kirche absieht, gab es in der protestantischen Kirche weit mehr Begeisterung für den Nationalsozialismus als in der katholischen. Auf der anderen Seite existierte in der stärker zentralisierten katholischen Kirche keine organisierte Bewegung, in der sich eine von Überzeugung getragene Opposition in der Art und Weise zu einem politischen Zerwürfnis hätte entwickeln können, wie es bei jener Minorität im Protestantismus geschah, die sich der »Bekennenden Kirche« anschloss. Wo der Nationalsozialismus keine direkte Bedrohung verkörperte, konnte er von beiden Hauptkonfessionen zumindest toleriert werden. Angriffe auf rassische, soziale oder politische Minderheiten ließen sich ohne Zimperlichkeit hinnehmen. Der expansionistischen Außenpolitik wurde allgemein Beifall gezollt.[12]

Auch erste Erfahrungen mit radikalen antikirchlichen Maßnahmen vermochten dieses positive Hitler-Bild prominenter

Kirchenführer kaum zu beeinträchtigen. Ein typisches Beispiel hierfür bot der bayerische evangelische Landesbischof Meiser, der, im Herbst 1934 von den aus Berlin nach Bayern entsandten Kommissaren des Reichskirchenministers abgesetzt, vorübergehend verhaftet und erst nach einer breiten, sechs Wochen dauernden Welle des Protests der kirchenfrommen evangelischen Bevölkerung in Franken wieder in sein Amt eingesetzt wurde.[13] All dies veranlasste Meiser aber keineswegs dazu, sich von Hitler zu distanzieren. Kurz nach seiner Wiedereinsetzung erklärte er vielmehr bei einem Vortrag in München: »Die Evangelischen würden sich schämen, wenn sie durch den Dienst am Evangelium unfähig für den Dienst am Volk und unfähig für treueste Gefolgschaft für den Führer unseres Volkes in allen Schwierigkeiten würden.«[14] Einige Zeit später machte Meiser das Dilemma solch hitlerfreundlicher Äußerungen selbst deutlich. In einem Rundschreiben an Geistliche und Religionslehrer anlässlich der Reichstagswahl vom 29. März 1936 wies er darauf hin, dass ein »Ja zum Führer« als Zustimmung zu antichristlichen Bestrebungen der Partei gewertet werden könne. Dennoch äußerte er »die Erwartung…, dass sich Pfarrer und Gemeinden mit klarem Entschluss zu dem Befreiungs- und Friedenswillen des Mannes stellen, dem die Führung des Volkes anvertraut sei«. Meiser erklärte sich bereit, Hitler die Befürchtungen im Zusammenhang mit dem »Kirchenkampf« nahezubringen, um »damit allen die Bahn freizumachen, damit sie im Vertrauen darauf, dass der Führer ihre Nöte kenne, sich am 29. März so entscheiden können, wie es ihnen die Liebe zu ihrem Volk und die gehorsame und treue Verbundenheit mit dem Führer gebiete«.[15] Nach vier Jahren beispielloser Auseinandersetzungen zwischen der protestantischen Kirche und dem Staat konnte Meiser anlässlich des vierten Jahrestags der Machtübernahme der Nationalsozialisten am 27. Januar 1937 immer noch öffentlich zu einem »Fürbittegebet für den Führer« aufrufen, in dem es hieß: »Am heutigen Tage empfehlen wir Dir besonders den Führer und Kanzler unseres Reiches. Wir danken Dir, Herr, für alles, was Du in Deiner Gnade ihm bisher zum Wohle unseres Volkes hast gelingen lassen.«[16]

Die Treue zum »Führer« wurde von den Kirchen angesichts der »bolschewistischen Gefahr« *besonders* stark hervorgehoben, und sie wurde schließlich durch die NS-Propaganda nach Ausbruch des Spanischen Bürgerkrieges 1936 in umfangreichen Kampagnen aufgeblasen. Selbst jene, die die antikirchliche Politik des Regimes höchst kritisch sahen, waren bereit, den Kampf Hitlers gegen den Bolschewismus öffentlich zu unterstützen. Dies zeigt sich sehr deutlich an den Worten eines bayrischen Pfarrers bei einer Versammlung der Bekenntnisfront am 4. Juni 1937 – dies war jener Flügel der Kirche, der offen gegen Versuche, die traditionelle Basis des Protestantismus anzugreifen, Widerstand leistete. Dieser Pfarrer sagte: »Wir alle stehen geschlossen hinter unserem Führer, wir wissen alle, wenn heute das Dritte Reich zusammenbrechen würde, träte der Bolschewismus an seine Stelle. Darum treu zu unserem Führer, der uns vor dem Bolschewismus gerettet und eine bessere Zukunft gegeben hat.«[17]

Während des Dritten Reiches war fast jede evangelische Stellungnahme gegenüber dem NS-Regime von der irrigen Vorstellung geleitet, man könne die nationalsozialistischen Angriffe auf die Kirche von der übrigen, positiv bewerteten nationalsozialistischen Politik trennen. Dies gilt im Großen und Ganzen auch für die katholische Kirche, obwohl hier die ideologische Auseinandersetzung sehr viel hartnäckiger war. Und es trifft ebenso auf den protestantischen »Kirchenkampf«, einen rücksichtslosen Zermürbungskrieg, zu. Dabei verbanden sich Anerkennung der nationalen Errungenschaften des Regimes und insbesondere der Person des »Führers« mit gleichzeitiger vehementer Verdammung aller Eingriffe in die Sphäre der Kirche. All dies führte in der Summe zu einem unausgewogenen Dualismus. Das zeigte sich ganz offen im »Hirtenwort der deutschen Bischöfe über die Abwehr des Bolschewismus« vom Dezember 1936, das wie frühere Hirtenbriefe aus dem gleichen Jahr sich zur uneingeschränkten Zusammenarbeit der Bischöfe bei der »religiösen Aufgabe« der Abwehr der Bedrohung durch den Bolschewismus und der Unterstützung des Führers bekannte, dessen »Gedanken und Hoffnungen darauf abzielen, die schreckliche Gefahr abzuwehren«.[18]

Ebenfalls charakteristisch für diese Ambivalenz war es, dass das Passauer Bistumsblatt zur Zeit des schlimmsten »Kirchenkampfes« Gebete »für Führer und Vaterland« befürwortete. So hieß es dort zum vierten Jahrestag der Ernennung Hitlers zum Reichskanzler: »Mit aufrichtigem Dank gegen den Allmächtigen schauen wir an diesem Tage zurück auf all das Große, das in diesen vier Jahren durch die Tatkraft des Führers zum Aufbau und zur Festigung des Reiches und der Volksgemeinschaft geschaffen worden ist.«[19] Eine ähnliche Zwiespältigkeit offenbarte Kardinal Faulhaber – in einer Predigt vom 7. Juni 1936 –, er brachte dabei »starke Kritik an der heutigen Zeit« zum Ausdruck. Dies bezog sich insbesondere auf das nationalsozialistische Vorgehen gegen Bekenntnisschulen und auf Sittlichkeitsprozesse gegen katholische Geistliche. Gleichwohl forderte er am Ende die Zuhörer zu einem gemeinsamen Vaterunser für »den Führer« auf.[20] Auch der wegen seiner mutigen Kritik am Nationalsozialismus in ganz Bayern bekannte Pater Rupert Mayer schränkte einen Anfang 1937 gegen den Nationalsozialismus gerichteten Frontalangriff erheblich ein mit der Bemerkung, dass Hitler »eine gottbegnadete Person sei und das ganze Ausland uns darum beneide«.[21]

Eine kleine Minderheit unter den katholischen Geistlichen ging in ihren Stellungnahmen zu Hitler über die bislang zitierten Aussagen hinaus. Ein äußerst positives Hitler-Bild kam etwa bei der Bamberger Diözesankonferenz der katholischen Arbeiter- und Arbeiterinnenvereine im November 1936 zum Ausdruck. Der Redner, Verbandspräses Schwarz aus München, führte aus: »Wir Katholiken sind alle Deutsche … und stehen daher auch geschlossen hinter unserem Führer, mag kommen, was auch kommen mag. Unser Führer ist vom Hl. Vater anerkannt. Auch hat unser Führer das Konkordat anerkannt und deshalb hat sich jeder Katholik hinter den Führer zu stellen. Auch hat der Führer den beiden großen Konfessionen ihre Glaubenserhaltung zugesichert und dieses Führerwort ist uns heilig.«[22]

Es ist natürlich unmöglich, die Atmosphäre zu rekonstruieren, in der es zu solchen Predigten kommen konnte. Polizeibeobachter waren durchaus imstande, Bemerkungen, die auf der Kanzel fielen, misszuverstehen oder zu verzerren oder ironische Nuancen bei allem Anschein nach regierungstreuen Ansichten zu übersehen. Selbstverständlich entsprachen die öffentlichen Stellungnahmen von Kirchenführern auch nicht immer ihren wirklichen Überzeugungen. Die Loyalitätsbekenntnisse für Hitler waren zum Teil eine List zum Ausgleich für Kritik an der Partei, der SS oder der in kirchlichen Kreisen am meisten verhassten Gestalt unter den NS-Führern: Alfred Rosenberg. Es ginge allerdings viel zu weit, jede lobende Bezugnahme auf Hitler für nicht ernst gemeint zu halten. Und was auch immer die Motive sein mochten, tatsächlich führte all dies zur Verstärkung des Mythos vom »guten Führer«, der von der Partei gesondert und dem Übel der Parteiradikalen entgegengesetzt gesehen wurde. Es bedeutete auch, dass kirchlicher Widerstand gegen den Nationalsozialismus einfach als Kritik an unglücklichen Auswüchsen des Systems oder bestenfalls als Widerspiegelung eines Konflikts zwischen zwei unvereinbaren Weltanschauungen eingeschätzt werden konnte, wobei dann eher Rosenbergs Neuheidentum als Hitlers rassischer Imperialismus als der wirkliche Feind angesehen wurde. Ungeduld in Anbetracht der ambivalenten Haltung der Kirche kennzeichnete die Sopade-Berichterstattung über den »Kirchenkampf«. Dort kam Verachtung angesichts der Bereitschaft der Hierarchie zum Ausdruck, trotz der Hammerschläge des »Kirchenkampfes« Gebete für den »Führer«

zu sprechen und eine Annäherung an das Regime anzustreben. In einem Sopade-Bericht hieß es abschätzig: »Kein Wunder, wenn viele Sozialisten dem ganzen Getue der Geistlichen keine Bedeutung mehr beilegen.«[23]

Von den Kirchenführern unterschied sich der niedere Klerus oftmals durch eine weniger diplomatische und versöhnlerische Sprache. Manchmal wurde Hitler auch unmissverständlich – wenn auch oftmals indirekt – in vernichtende Kritik am Nationalsozialismus eingeschlossen, und gelegentlich wurde er sogar offen mit Worten angegriffen – doch musste in solchen Fällen der Priester normalerweise den Preis der Vergeltung durch die Behörden zahlen. Ein Beispiel ist ein Bericht über einen protestantischen Pfarrer, der auf die Tatsache hinwies, dass 1933 »sogar der Führer für die Deutschen Christen Propaganda gemacht habe. ›Solange wir sehen, dass es nicht gegen die Kirche geht, folgen wir unserer Obrigkeit in jeder Richtung. Wenn dies aber nicht mehr der Fall sein sollte, sind wir entschlossen, uns ganz entschieden zur Wehr zu setzen.‹ Es dürfte nicht ein zweites Mal vorkommen, dass die Deutschen Christen vom Staat unterstützt werden. Es werde gefordert, dass die Freiheit, die der Führer zugesichert habe, auch gewährt werde.«[24] Andere Pastoren kritisierten sogar in ihrer Predigt, wie es in einem Bericht hieß, »kaum mehr versteckt Worte des Führers«. Auch wurde beobachtet, dass ein Pfarrer bei seinem Gebet für verhaftete Geistliche an den Altar trat, dort das allgemeine Gebet sprach, in dieses das deutsche Volk mit einbezog, »aber nicht den Führer«.[25]

Dies waren in ihrer offenen Kritik ganz klar Ausnahmefälle innerhalb der evangelischen Geistlichkeit. Meistens betonten auch regimekritische Pfarrer aus taktischen Gründen die angebliche Aufrichtigkeit Hitlers im Gegensatz zu den lokalen Repräsentanten der Partei. Charakteristisch für diese Taktik war Pfarrer Helmut Kern, ein führendes Mitglied der Bekennenden Kirche und gewiss kein Sympathisant der Nationalsozialisten: »Wehe dem, der den Führer zum Lügner macht vor

Deutschland und der Welt! Man danke es dem Führer, dass er alle Möglichkeiten politischer Wahlbeeinflussung [bei innerkirchlichen Wahlen] ausgeschaltet hat.«[26] Ein anderer Pastor, von dessen regimefeindlicher Einstellung die Behörden sehr wohl wussten, verkündete in einer Predigt, »dass wir ja den Bolschewismus im eigenen Lande hätten«, und fügte dann anspielungsreich hinzu, es sei Hitler zu danken, »dass er auf politischem Gebiet den Bolschewismus als den größten Feind erkannt und überwunden habe«.[27] Solch sorgsam verschleierte Kritik konnte jedoch kaum negative Auswirkungen auf Hitlers Popularität haben. Sie trug wahrscheinlich eher dazu bei, den »Hitlermythos« zu fördern, wie es sich etwa an der illusorischen Behauptung eines nicht nationalsozialistischen Pfarrers zeigt, »dass die Gegner der Gemeinschaftsschule hinter Hitler stünden, die anderen gegen ihn«.[28]

Manche freimütigeren Äußerungen des niederen katholischen Klerus brachten dessen Antipathie deutlich zum Ausdruck. So erklärte beispielsweise ein katholischer Priester rundheraus: »Wir brauchen Führer und das ist der Papst und die Bischöfe.«[29] Ein anderer Priester kritisierte während einer Religionsstunde das Vorgehen der Partei. Er zeigte dabei auf das an der Wand hängende Hitler-Bild und soll dazu unmissverständlich erklärt haben: »Der da ist mitschuld daran.«[30] In einem anderen Fall wurde ein Priester denunziert, weil er im Privatgespräch gesagt haben soll, »der Führer sei zu feige, um selbst gegen die Kirche vorzugehen, darum brauche er Rosenberg und derartige Leute«.[31] Der Versuch der Nationalsozialisten, den Unterschied zwischen Rosenbergs Ansichten und der offiziellen Parteilinie hervorzuheben, war offensichtlich erfolglos. Ein Bericht aus Aachen deutet darauf hin, dass die Ausklammerung Hitlers bei den Angriffen auf Rosenberg nicht umfassend war, ja hier wurden sogar Zweifel an der Behauptung »des Führers« angedeutet, dass der *Mythus des 20. Jahrhunderts* nicht der Parteilinie entspreche.[32]

Nach einer umfassenden Untersuchung erlitt während des

Dritten Reichs immerhin etwa ein Drittel der unteren katholischen Pfarrgeistlichkeit oder sogar ein etwas größerer Anteil irgendeine Form von politischer Bestrafung. Die meisten »Vergehen« dieser Priester hingen naturgemäß mit Glaubensfragen zusammen. Etwa ein Drittel der Vorwürfe betraf »Regimekritik (12,7 Prozent), politische Unzuverlässigkeit (16 Prozent) und staatsfeindliches Verhalten (5,8 Prozent)«.[33] Doch nur in wenigen dieser Fälle ging es um offene oder auch nur verdeckte Kritik an Hitler, und was auch immer ihre wirklichen Gedanken sein mochten, so waren die meisten Priester doch bereit, sich in der Öffentlichkeit politisch angepasst zu verhalten, auch wenn sie sich weigerten, den Hitlergruß zu verwenden, was ein häufiger geringfügiger, aber symbolischer Ausdruck politischer Nichtübereinstimmung war.[34] In der Öffentlichkeit allerdings unternahm auch der niedere Klerus wenig, um den Mythos zu untergraben, dass Hitler wenig von den Exzessen der NS-Kirchenpolitik wisse und dass »die Unterführer den Willen des Führers nicht respektieren«.[35]

Die anhaltende Diskrepanz zwischen höchst unverblümter Kritik an Parteifanatikern, die versuchten, die NS-Ideologie (für die Hitler in Wirklichkeit die zentrale Triebkraft war) in die Praxis umzusetzen, und Respektbekundungen für den »Führer« durch leitende Kirchenmänner und in geringerem Ausmaß auch durch den niederen Klerus fand symbolischen Ausdruck in einer von staatlicher Seite nicht verlangten Anordnung in einigen katholischen Diözesen: Nach sechs Jahren unaufhörlichen »Kirchenkampfes« sollten aus Freude über Hitlers Geburtstag am 20. April 1939 die Glocken geläutet und während des Gottesdienstes am darauffolgenden Sonntag Gebete für den Führer gesprochen werden.[36]

Welche Anzeichen gibt es für die Auswirkungen des »Kirchenkampfes« auf die Vorstellungen über Hitler unter gewöhnlichen Kirchgängern? Und inwieweit beruhten solche Auffassungen auf der Fiktion von einem »Führer«, der mit der

Schmach und Schande nichts zu tun habe, die auf seine eigene Partei fielen, der als gemäßigt galt und dem die Bereitschaft unterstellt wurde, die Kirchen gegen die Radikalen in seinen eigenen Reihen zu verteidigen? Einige Hinweise ergeben sich aus Reaktionen auf die »Affäre Meiser«, auf die wir kurz zurückkommen.

Viele Menschen gaben die Schuld an der fristlosen Entlassung von Bischof Meiser und an den Angriffen auf die lutherische Kirche in Bayern im Herbst 1934, die einen bemerkenswerten, wenn auch kurzfristigen Proteststurm freisetzten, direkt der Partei.[37] Die traditionell kirchentreue protestantische Bevölkerung in ländlichen Gebieten Frankens, die 1932 und 1933 in überwältigender Mehrheit für die NSDAP gestimmt hatte, brachte ihren Zorn gegenüber der Partei unmissverständlich zum Ausdruck. Die Gefahr für das Ansehen der Partei und ihre weitere Durchschlagskraft in der Region wurde durch einen Schriftwechsel zwischen dem bayerischen Ministerpräsidenten und dem Reichsminister des Inneren unterstrichen, der einen Eindruck aus erster Hand über die explosive Stimmung bietet, die von verschiedenen Delegationen verbitterter fränkischer Bauern artikuliert wurde.[38] Doch zeigte sich dabei auch drastisch, dass Hitlers persönliches Image nichts mit dem negativen Bild der Partei zu tun hatte. »Der Führer« war tatsächlich kaum überhaupt jemals Gegenstand von Kritik, er galt vielmehr als Schutzherr der überlieferten Religion gegen die Angriffe der Parteiradikalen. Man forderte, Hitler solle über den wirklichen Stand der Dinge informiert werden, und man sah in ihm die Verkörperung der echten Symbiose zwischen Christentum und Nationalsozialismus, die zu zerstören die Radikalen sich bemühten. Die einzige Andeutung von Kritik am »Führer« lief darauf hinaus, dass er solchen Dingen freien Lauf ließ. Aber die vermeintliche Zurückhaltung Hitlers in dieser Affäre, auf die dann sein entscheidendes Eingreifen folgte, um den Disput zu beenden und Meiser wieder ins Amt zu setzen, schien einmal mehr die

Ansicht zu bestätigen, dass die Parteiradikalen erneut hinter Hitlers Rücken gehandelt hätten. Sobald er aber von ihrem Treiben erfahren habe, sei Hitler, so meinte man, sofort eingeschritten, um dem Chaos Einhalt zu gebieten. Hitlers positive Einstellung gegenüber der Kirche, seine religiöse Haltung und sein Engagement aufseiten der »Mäßigung» hatten sich allem Anschein nach bewahrheitet. Seine Volkstümlichkeit wurde so durch eine Affäre, die beinahe das Vertrauen in die Partei zerstört hätte, eher gestärkt als geschwächt.

Die Auswirkungen des spannungsreichen und sich lange hinziehenden katholischen »Kirchenkampfes« – dessen Höhepunkt in der Vorkriegszeit 1936/37 erreicht wurde – auf die Einstellung gegenüber Partei und »Führer« lassen sich am besten an einem konkreten örtlichen Beispiel zeigen:

Der Kreis Amberg war recht typisch für die ländliche Oberpfalz. Die überwältigende Mehrheit der Bevölkerung bestand aus Katholiken, und die Menschen verdienten ihren Lebensunterhalt in der Landwirtschaft oder der Kleinindustrie, dem Handwerk und dem Handel. Die Nationalsozialisten hatten in dieser Region bereits vor 1933 beträchtliche Erfolge erzielt, allerdings in Amberg etwas geringere als in den meisten anderen Orten. Trotz des besseren Abschneidens bei den Wahlen im März 1933, das sich hier wie anderswo ergab, hatte die NSDAP in diesem Kreis zur Zeit der »Machtergreifung« offensichtlich noch keine breite und stabile Unterstützung gewonnen.[39] In den nächsten Jahren sollte es zu einer beträchtlichen Schwächung der Stellung der Partei am Ort kommen, und was die Partei möglicherweise an Vertrauen besaß, wurde im Zusammenhang mit dem »Kirchenkampf« unzweifelhaft erheblich geschwächt.

Bereits im Sommer 1934 war deutlich, dass eine Kampagne gegen »Nörgler« und »Miesmacher« – ein wenig erfolgreicher Versuch, die ansteigende Welle der Enttäuschung zu bekämpfen, die früher im Jahr eingesetzt hatte – vieles an gutem Willen verschüttete, was es hier unter der katholischen Bevölkerung gegeben hatte. Deren Geduld war am Ende, da sie immer wieder wegen ihrer früheren Anhängerschaft an die katholische Bayerische Volkspartei als »Schwarze«, »schwarze Brut«, »schwarze Verräter« und dergleichen geschmäht wurde. Da es so gut wie keine Möglichkeiten der Selbstverteidigung in der Presse oder in öffentlichen Versammlungen gab, konnten die Menschen nicht viel mehr tun, als den Beleidigungen den Rücken zu kehren und sich ins Private zurückzuziehen. Daraus ergab sich jedoch eine Verbitterung, die die örtliche Verwaltung beunruhigte. Sie machte sich die Ansicht zu eigen, falls die angewandten Propagandamethoden keine bedeutsame Veränderung gegenüber der früheren parteipolitischen Zerrissenheit brächten, dann trete an deren Stelle eine »Spaltung der Nation in Spartiaten und Heloten«.[40] Berichte aus den kleineren Ortschaften des Kreises hoben hervor, direkt nach der »Machtergreifung« seien die Menschen sehr viel begeisterter über das Regime gewesen als nun nach zwei Jahren NS-Herrschaft, und sie äußerten die klare Überzeugung, dass die Haltung des Klerus, dessen Einfluss stark war, der entscheidende Faktor sei.[41]

Als sich der »Kirchenkampf« verschärfte, sah sich die örtliche Bevölkerung in wachsendem Maße zu einer Verteidigung ihrer religiösen Gebräuche und daher zur Konfrontation mit Parteiradikalen veranlasst. Selbst körperliche Gewaltanwendung gegen lokale Parteifunktionäre kam vor. Bei einem Vorfall wurde ein Ortsgruppenleiter, der die Bevölkerung von zwei Dörfern durch taktlose Bemerkungen über den Klerus scharf herausgefordert hatte, bei einer Wirtshausprügelei zusammengeschlagen. Im Bericht über den Vorfall wurde ausdrücklich erwähnt, dass er dabei seine Parteiuniform trug. Hinzugefügt wurde, dass er in benachbarten Dörfern dieselbe Behandlung zu erwarten habe, falls dort bekannt würde, was geschehen sei, und dass dieser Mann daher wahrscheinlich als Parteiführer erledigt sei.[42] Zwei andere Parteifunktionäre entgingen nur durch rechtzeitige Flucht aus dem Wirtshaus, in dem sie bei einer Veranstaltung gesprochen hatten, knapp einer Tracht Prügel, nachdem sie herabsetzende Bemerkungen über die katholische Bevölkerung der Gegend gemacht hatten.[43] Der Leiter der Kreisverwaltung legte im bayerischen Innenministerium, als er dort mündlich Bericht erstattete, dar: »Derartige Vorfälle reißen in Tagen mehr an gutem Willen und Vertrauen nieder, als Jahre aufbauen können.« Und er fügte hinzu: »Die immer wieder zu hörende Andeutung, der Führer wolle das Beste, aber seine Unterführer täten, was ihnen gut dünke, gewinnt durch dergleichen Vorfälle – die nicht stets so kraß zu sein brauchen – einen verhängnisvollen Schein der Wahrheit.«[44] Dieselbe Ausklammerung des »Führers« von Kritik und die Unterstellung seines Nichtwissens über die Ereignisse fanden sich in bitteren Beschwerden über das Eingreifen der Partei bei der traditionellen Fronleichnamsprozession.[45] Und als es zu Austritten aus der NS-Volkswohlfahrt und -Frauenschaft kam und eine neue Werbewelle um Parteimitglieder zu Weigerungen führte, einer Partei beizutreten, die die Religion abschaffen wolle, kam es, wie berichtet wurde, wiederholt zu Äußerungen »für den Führer, aber in der Regel gegen seine Unterführer«.[46] Aus Kreisen regelmäßiger Kirchgänger war zu hören: »Der Führer und die Einrichtungen des Dritten Reichs werden dankbar anerkannt und die Anordnungen freudig befolgt; nur die Kirche soll nicht in den Streit hineingezogen werden.«[47]

Wie das Beispiel Amberg zeigt – und man könnte durchaus ähnliche Fälle aus anderen katholischen Landstrichen heranziehen –, war die Abscheu gegenüber den antiklerikalen und antichristlichen Radikalen in der Partei mit einer im Wesentlichen positiven Einstellung zu Hitler, der Staatsautorität und allen wichtigen innen- und außenpolitischen Vorgehensweisen vereinbar, die keine direkten Eingriffe in die kirchliche Sphäre bedeuteten. Es ginge allerdings zu weit, sich vorzustellen, dass Hitler völlig unberührt aus den Feindseligkeiten hervorging, die der »Kirchenkampf« aufwirbelte. So steckte beispielsweise eine gewisse Kritik in einem Bericht von 1937, der einen recht ungeschminkten Vergleich zwischen Hitler und Mussolini enthielt: »In katholischen Kreisen wurden Stimmen laut, dass die Politik Mussolinis sehr klug sei, weil er gegenüber der kath. Kirche das Richtige getroffen habe, während in Deutschland dieser Punkt noch nicht gelöst sei.«[48] Die Entfernung einer Muttergottesstatue, einer Christusfigur und zweier weiterer Heiligenfiguren aus einem Leichenhaus in der gleichen Gegend reichte aus, um die folgende Bemerkung in der frommen Bevölkerung auszulösen: »Bisher haben wir dem Hitler geglaubt, wenn er aber dies duldet, dann glauben wir ihm nichts mehr.«[49] Ein Priester aus Niederbayern schätzte sogar – wenn auch anderes Beweismaterial dies recht übertrieben erscheinen lässt –, dass es 1935 in seiner Pfarrgemeinde zu einem Abnehmen des Vertrauens in Hitler um 60 Prozent kam, weil die Versprechungen des Konkordats nicht gehalten worden seien.[50] Und einem Sopade-Bericht aus dem Rheinland zufolge kritisierten Katholiken Hitlers »Doppelzüngigkeit«, da er einerseits so tue, als schütze er die Kirchen, und andererseits danach strebe, »mit dem ›Erbe der letzten zweitausend‹ Jahre aufzuräumen«. Viele fragten, wie man es denn erklären könne, dass er sich einerseits »zum positiven Christentum bekennen und gleichzeitig einen Neuheiden wie Rosenberg zum Kulturwart des ganzen deutschen Volkes machen kann«.[51]

Gewiss wurde das Ausmaß von Hitlers Popularität, insbesondere in stark katholisch geprägten Gebieten, durch den »Kirchenkampf« beeinflusst, dennoch bestand immer noch eine große Diskrepanz zwischen der weiterhin geltenden Hochschätzung für den »Führer« und der Verachtung und der Abscheu, die man allgemein für seine Partei empfand. Angesichts des Auftretens ihrer Kirchenführungen in der Öffentlichkeit bleibt die widersprüchliche Haltung gewöhnlicher Gemeindemitglieder verständlich. Doch überrascht die Naivität der kirchlich gebundenen Teile der Bevölkerung immer wieder; so heißt es etwa in einem amtlichen Bericht aus Oberbayern von 1937: »Die Kirchenpolitik verstimmt vor allem die Landbevölkerung immer mehr und mehr. Auch über die Entfernung der klösterlichen Lehrkräfte empört sie sich. Das Vertrauen zum Führer wird dagegen dadurch nicht erschüttert. Man hört vielmehr überall, dass der Führer von vielem nicht unterrichtet sei und dass insbesondere die Kirchenpolitik hinter seinem Rücken und gegen seinen Willen betrieben wird.«[52] Dies scheint nur angesichts der weiter bestehenden psychologischen Notwendigkeit erklärlich, einen charismatischen nationalen Führer in einer herausgehobenen Sphäre außerhalb und oberhalb des »Konfliktbereichs« der politischen Alltagsbühne zu haben. Die geläufige Realität bestand für die Kirchgänger in Erfahrungen mit örtlichen Parteiradikalen, die versuchten, in das Gefüge des christlichen Lebens einzugreifen und es zu zerstören; und hinter diesen Kirchenfeinden stand das Schreckgespenst Rosenberg – den Kirchenführer selbst auf diese Rolle festgelegt hatten. Hitlers Anteil an allen Angriffen auf die Kirchen und seine letztendliche Verantwortlichkeit ließen sich andererseits nur teilweise und unklar durch den verwirrenden Schleier der Führerbewunderung hindurch erkennen, den die NS-Propagandamaschine schuf. Die fehlende Bereitschaft, zu glauben, dass »der Führer« selbst lügen könnte, wenn er seinen Beistand für die Kirche erklärte, ja, dass er in Wirklichkeit antichristliche Kräfte in der Partei unterstütze, wurde durch diejenigen seiner Eingriffe bekräftigt, die – wie in der Meiser-Affäre – der Wiederherstellung der Ordnung und dem Bremsen der Parteiradikalen dienten. Dies bedeutet, dass Hitler persönlich relativ gut gegen jeglichen Verlust an Popularität infolge des »Kirchenkampfes« geschützt war. Man wollte den charismatischen Führer vom politischen Alltag losgelöst sehen. Charisma ist schließlich, und darauf hat schon Max Weber aufmerksam gemacht, »eine prinzipiell außeralltägliche … Macht«.[53]

Kapitel 5

Der Staatsmann Hitler

Die Phase der nationalen Hitler-Euphorie

»Was könnte ich anders wünschen als Ruhe und Frieden?«
Hitler, 1935

»Die Beantwortung der Frage, wie das Problem ›Danzig und der Korridor‹ zu lösen ist, ist in der Öffentlichkeit immer noch die gleiche: Angliederung an das Reich? Ja. Durch Krieg? Nein.«
Der Landrat von Ebermannstadt (Oberfranken), Juli 1939

Der scharfe Gegensatz zwischen dem Partei- und dem Führerimage, den wir im Rahmen der innenpolitischen Entwicklungen des Dritten Reiches bis in die Mitte der Dreißigerjahre festgestellt haben, war, wie wir sahen, in hohem Maße darauf zurückzuführen, dass die Partei im Vordergrund der Alltagspolitik stand, für zum Teil recht unpopuläre Maßnahmen des Regimes die Verantwortung trug oder als verantwortlich galt. Demgegenüber hatte »der Führer«, von diesen Alltagsproblemen weit entfernt, wirklich oder vermeintlich vor allem mit den »großen« Fragen der nationalen Politik zu tun, der Außen- und Militärpolitik, der Frage von Frieden oder Krieg. Dies war ein Bereich, der in Friedenszeiten so gut wie keine materiellen Interessen direkt oder offensichtlich berührte, den man aber mobilisieren konnte, um – wenn auch nur zeitweise – ein starkes emotionales Engagement und maximale nationale Einheit zu erzeugen.

Die in der Bevölkerung verbreitete Auffassung von einem »Führer«, der über und oberhalb der Alltagspolitik stand, war nicht ganz und gar ein Trugbild. Ab 1935/36 zog sich Hitler tatsächlich in wachsendem Maße von den innenpolitischen Regierungsaktivitäten zurück, überließ die regelmäßige Führung der politischen Geschäfte mehr und mehr den einander überlappenden und miteinander konkurrierenden Kanzleien, Ministerien und neuen Superbehörden, wie der Organisation des »Vierjahresplans«, und wandte sich persönlich zunehmend der Diplomatie und der Außenpolitik zu.

Doch auch in der Sphäre der Außenpolitik wird erneut die kompensatorische Funktion des Hitler-Kults deutlich. Der »Führer« wurde im Gegensatz zur Partei zunehmend mit den spektakulären außenpolitischen Erfolgen und der Feier dieser Triumphe in Zusammenhang gebracht. Er repräsentierte sozusagen die Sonnenseite des Regimes. Und es war für die Bewahrung des »Führermythos« außerordentlich wichtig, dass die nationale Politik »sonnig« blieb, wie seit den ersten Triumphen 1935/36, und dass sie nicht durch gefährliche Entwicklungen, durch Rückwirkungen auch auf das Alltagsleben, auf die Schattenseite geriet.

Hitler hatte es von jeher in genialer Weise verstanden, die nationalen Emotionen, Hoffnungen und Aggressionen des deutschen Durchschnittsbürgers anzusprechen – vor allem die tief sitzenden Ressentiments, die mit dem Begriff »Versailles« verbunden waren. Er unterließ es aber wohlweislich, in der deutschen Öffentlichkeit von den weit über die Revision von Versailles hinausreichenden großräumig-imperialen Lebensraum-Zielsetzungen zu sprechen.[1] Das wäre außen- wie innenpolitisch höchst bedenklich gewesen und hätte die emotionale Sehnsucht nach Wiederherstellung der nationalen Ehre und Größe von vornherein mit der Furcht vor kriegerischen Verwicklungen und ihren Auswirkungen auf das deutsche Volk belastet. Die Bevölkerung wollte in ihrer Mehrheit den »nationalen Erfolg« – die Wiederherstellung von Deutschlands Macht und Ehre in Europa –, sie wollte aber keine bedeutenden Opfer dafür bringen, schon gar keinen Krieg, was ganz gewiss für die ältere Generation galt, die sich an das Leid der Jahre 1914 bis 1918 erinnerte. Dies bildete eine Art »Geschäftsgrundlage« des »Führermythos«, der Hitler so lange Rechnung trug, wie er mit schnellen außenpolitischen Überraschungserfolgen und schließlich, bis 1940, mit siegreichen Blitzkriegen aufwarten konnte.

Die vertraulichen Berichte über die Volksmeinung zu Hitlers Außenpolitik – und auch die Wiedergabe der »öffentlichen Meinung« in den Sopade-Berichten – machen diesen Sachverhalt sehr deutlich. Die NS-Propaganda schaffte es zwar, einen – oft extrem besinnungslosen – Zustand nationaler Aufwallung im Zusammenhang mit den außenpolitischen Erfolgen des Regimes hervorzurufen, keineswegs brachte sie aber eine Bereitschaft der Mehrheit der Deutschen hervor, es auch auf das Äußerste, einen Krieg, ankommen zu lassen. Die Furcht vor einem neuen Krieg begleitete unterschwellig stets die euphorische Begeisterung über Hitlers Erfolge und setzte ihr bestimmte Grenzen. Sie war bei allem kriegerischen Chauvinismus, den das Dritte Reich vor allem unter jungen Deutschen zu erzeugen vermochte, ein Element der Volksstimmung, das während der Dreißigerjahre sogar bestimmender blieb als alle revisionistischen und expansionistischen Sehnsüchte. Die Furcht vor einem Krieg bildete auch das Zünglein an der Waage bei der Meinungsbildung über Hitlers Außenpolitik.

Das positive Bild von Hitler als Staatsmann, nationaler Politiker und Führer Deutschlands zeigte ihn zwar einerseits als fanatischen Nationalisten und Patrioten, der beharrlich und kühn die Beseitigung der den Deutschen nach dem Ersten Weltkrieg angeblich angetanen Benachteiligungen und Ungerechtigkeiten betrieb. Aber zugleich porträtierte es ihn doch auch als einen Mann des Friedens, der seine Ziele mit politischen, nicht mit militärischen Mitteln zu erreichen suchte. Die starke Wehrmacht, so schien es, war gerechtfertigt und notwendig, um Deutschland wieder auf gleichen Fuß mit den früheren Kriegsgegnern, den westlichen Demokratien, zu stellen, um ihnen, die angeblich weiterhin eine Bedrohung der nationalen Sicherheit verkörperten, selbstbewusst gegenübertreten zu können. Das massenwirksame Propagandaimage Hitlers war, so unwahrscheinlich dies klingt und sosehr es seiner wirklichen Gesinnung widersprach, nicht nur das eines um die Wiederherstellung der deutschen Größe, sondern auch um die Erhaltung des Friedens besorgten Führers.

Bei einer vertraulichen Rede vor deutschen »Schriftleitern« im November 1938 hat Hitler persönlich dieses propagandistisch jahrelang bewusst aufgebaute Friedensimage und seine Konsequenzen, die den Propagandaapparat bei der Vorbereitung des Volkes auf den Krieg vor einige Probleme stellten, angesprochen.

> Die Umstände haben mich gezwungen, jahrzehntelang fast nur vom Frieden zu reden. Nur unter der fortgesetzten Betonung des deutschen Friedenswillens und der Friedensabsich-

> ten war es mir möglich, dem deutschen Volk ... die Rüstung zu geben, die immer wieder für den nächsten Schritt als Voraussetzung notwendig war. Es ist selbstverständlich, dass eine solche jahrelang betriebene Friedenspropaganda auch ihre bedenklichen Seiten hat; denn sie kann nur zu leicht dahin führen, dass sich in den Gehirnen vieler Menschen die Auffassung festsetzt, dass das heutige Regime an sich identisch sei mit dem Entschluss und dem Willen, einen Frieden unter allen Umständen zu bewahren.[2]

Mit dieser letzten Bemerkung markierte Hitler selbst einen wunden Punkt an der Basis seiner Massenpopularität. Die Mehrheit des deutschen Volkes nicht nur zu nationaler Begeisterung, sondern auch zu Kriegsbereitschaft zu erziehen, hätte bedeutet, die psychologische Grundlage des nur bei nationaler Schönwetterlage erprobten und bisher wirksamen Hitler-Kultes gänzlich zu verändern in eine fanatische Ideologiebesessenheit, die bis dato nur innerhalb einer relativ kleinen Minderheit der Bevölkerung, und nicht einmal bei allen Parteigenossen, herangezüchtet worden war. Eine solche das ganze Volk ergreifende Fanatisierung hätte aber auch eine andere Partei mit einem anderen Integrationsvermögen vorausgesetzt; sie hätte schließlich das bisherige Kompensationsverhältnis von Partei- und Führerimage grundsätzlich ändern müssen und wäre selbst dann aus all den genannten Gründen nicht zu erreichen gewesen, wenn dazu mehr Zeit zur Verfügung gestanden hätte.

Mit diesen Überlegungen berühren wir bereits Bedingungen und Grenzen des »Führermythos«, die in späteren Kapiteln konkretisiert werden. Sie waren für den weiteren Aufstieg wie auch für den späteren Niedergang des »Hitlermythos« entscheidend.

»Triumph ohne Blutvergießen«

Schon die Reihe der ersten außenpolitischen Erfolge Hitlers – vom Austritt aus dem Völkerbund im Jahre 1933 bis zum Flottenabkommen mit Großbritannien und der Wiedereinführung der allgemeinen Wehrpflicht im Jahre 1935 – stand im Zeichen gleichzeitiger, diese überraschenden Schachzüge begleitender oder ihnen sofort folgender wortreicher Friedensbeteuerungen Hitlers. Die Tonlage dieser für das Ausland und für das Inland zugleich bestimmten Friedenspropaganda hatte Hitler bereits mit seiner großen Rede vom 17. Mai 1933 festgelegt, als er überschwänglich erklärte, es könne für ihn und die deutsche Führung »nur eine große Aufgabe« geben, nämlich »den Frieden der Welt zu sichern«. Wie später so oft hatte Hitler vertrauenerweckend beteuert, das Ziel der Wiederherstellung der deutschen Ehre basiere auf dem tiefen Respekt vor den nationalen Rechten anderer Völker, mit denen das nationalsozialistische Deutschland »aus tiefinnerstem Herzen in Frieden und Freundschaft leben« möchte.[3] Fast wörtlich wiederholte Hitler zwei Jahre später: »Das nationalsozialistische Deutschland will den Frieden aus tiefinnersten weltanschaulichen Überzeugungen ... Deutschland braucht den Frieden, und es will den Frieden.«[4] Diese wichtige außenpolitische Rede, die dicht auf Meldungen über eine angeblich drohende erneute Einkreisung Deutschlands aufgrund französisch-sowjetischer und tschechisch-sowjetischer Übereinkünfte folgte, machte, so heißt es, einen tiefen Eindruck auf Millionen Deutsche, die sich um Radioapparate und Lautsprecher versammelten, um sie anzuhören. Nach einem Bericht des Regierungspräsidenten von Niederbayern und der Oberpfalz sah die Reaktion so aus:

> Der Führer und Reichskanzler hat mit seiner Rede vor dem Reichstag bei der Bevölkerung, die in Stadt und Land um

> die Lautsprecher geschart war, tiefen Eindruck erweckt und allgemeine Zustimmung gefunden. Die Hoffnung auf Zerreißung des französischen Vertragsnetzes wurde neu belebt und der Glaube an die Berufung des Führers neu gestärkt. Die Befürchtung kriegerischer Verwicklungen, die mancherorts namentlich in Grenzgemeinden herrschte, ist zerstreut.[5]

Aus dem Ruhrgebiet wurde berichtet: »In der Beurteilung der außenpolitischen Lage ist ein völliger Stimmungswechsel eingetreten.« Von der Rede hieß es, sie habe dem Gefühl, die nationalsozialistische Regierung werde sich auf außenpolitischem Gebiet als unfähig erweisen, sowie Sorgen wegen der Gefahr einer französisch-sowjetischen Allianz ein Ende bereitet.[6] Hitlers

> große außenpolitische Rede … fand überall im Volk begeisterten Widerhall. Die Ausführungen des Führers wurden in der Öffentlichkeit lebhaft erörtert und fanden die einmütige Zustimmung und den ungeteilten Beifall aller Volksgenossen … Die restlose Zustimmung, die die außenpolitischen Ziele der Reichsregierung im Volke gefunden haben, war ein weiterer Beweis dafür, dass das deutsche Volk über alle kleinlichen Tagesfragen hinweg eine festgeschlossene Einheit bildet, wenn Lebensfragen der Nation auf dem Spiel stehen.[7]

Bei der Bevölkerung des Gebiets um Aachen, in der immer noch entmilitarisierten Zone, war Hitlers »Friedensmanifest« mit »fieberhafter Spannung« erwartet worden. Durch das unerwartet günstige Echo, das es im Ausland gefunden habe, sei, so hieß es, den Menschen »ein großer Alpdruck vom Herzen« genommen worden, nun hoffe man, dass dem »unerträglichen Zustand der dauernden Bedrohung Deutschlands und umgekehrt auch dem dauernden Gerede der übrigen Staaten durch Deutschland ein Ende gesetzt werde«. Hitlers Rede habe deutlich gemacht, »dass für Zweifel an dem Friedenswillen Deutschlands kein Platz mehr ist«. Schließlich, so wurde hinzugefügt, habe man in einer Gegend, wo Auseinandersetzungen über die Kirchenpolitik zu einer beträchtlichen Entfremdung zwischen Partei und Staat geführt hatten, wieder einmal erleben können, dass die auf Distanz gegangenen Teile der Bevölkerung »in Fragen der Außenpolitik fast ausnahmslos dem Führer zustimmen«.[8]

Bereits in einem früheren Kapitel haben wir gesehen, welch positive Auswirkungen die ersten großen außenpolitischen Triumphe – das Ergebnis des Saarplebiszits und die Wiedereinführung der Wehrpflicht 1935 – für Hitlers Popularität und für die politische Integration hatten. Ein Jahr darauf war der nächste große Streich, die militärische Wiederbesetzung des Rheinlandes im März 1936, von der NS-Propaganda ausgenutzt worden, um die Bewunderung für den »Staatsmann Hitler« auf neue Gipfel zu treiben.[9] Wie bei früheren außenpolitischen Erfolgen führte der Einmarsch ins Rheinland zunächst zu ängstlichen und besorgten Reaktionen wegen der Gefahr des Ausbruchs eines neuen Krieges. Die Furcht dauerte etwa eine Woche: »Es brauchte einige Tage, bis … sich die Leute beruhigt hatten.«[10] Die Erleichterung, als deutlich wurde, dass die Westmächte über verbale Proteste nicht hinausgehen würden, trug zweifellos zu dem darauffolgenden unbegrenzten Jubel über die »befreiende Tat«[11] bei. Der »ungeheure Strom der Begeisterung« darüber, »dass die letzte Fessel des Versailler Diktats gefallen sei«, erinnerte in den Augen mancher Beobachter an den August 1914.[12]

Die innenpolitischen Auswirkungen dieses Erfolges wurden Beobachtern sofort klar. Aus der Grenzregion um Aachen, wo die streng katholische Bevölkerung und die Arbeiterschaft sich bisher als weniger anfällig für den Nationalsozialismus erwiesen hatten, als dies in irgendeinem anderen Teil des Landes der Fall war, berichtete die Gestapo von außergewöhnlichen Anzeichen der Begeisterung, darunter dem spontanen

Hissen der Hakenkreuzfahne an sämtlichen Häusern, ohne dass man einen Befehl der Partei oder der Behörden abgewartet hätte, sowie von weit höheren Teilnehmerzahlen als je zuvor bei zahlreichen Märschen und Fackelzügen. Die Ereignisse hätten den Ruhm des »Führers« noch weiter gesteigert, wurde hinzugefügt, »und diejenigen, die bisher noch Einwendungen gegen die Person des Führers oder seine Außenpolitik machen, sind an Zahl zu einer bedeutungslosen Gruppe zusammengeschrumpft«.[13] Die Sopade berichtete im gleichen Sinne. Das Fehlen jeglicher Gegenmaßnahme der Westmächte habe in den Reihen der Opposition tiefe Niedergeschlagenheit hervorgerufen: »Hitler gelingt einfach alles, sagt man, und manche noch nicht ganz begrabene Hoffnung auf den Sturz des Regimes von außen her ist tief erschüttert worden.«[14]

In der begeisterten Zustimmung, auf die Hitler traf, wo immer er in Deutschland während der »Wahl«-Kampagne im März 1936 auch auftrat, mischte sich Jubel über den nationalen Erfolg mit Erleichterung, dass all dies ohne Blutvergießen erreicht worden war. Hunderttausende von Deutschen schwärmten in die Straßen der großen Städte. Sie jubelten und sangen, während sie Hitler-Reden im Radio hörten, und nahmen an »Wahlkampf«-Veranstaltungen mit Fackelzügen und Feuerwerk teil.[15] Es wurden gewaltige Kundgebungen abgehalten, etwa in München, wo Hitler vor 300000 Menschen auf der Theresienwiese sprach. All dies war begleitet von Feuerwerk und einem »Flammenmeer«, das aus Hunderttausenden von Fackeln emporstieg – wenn auch Sopade-Beobachter festhielten, dass die Menge der Ansicht war, das Spektakel sei fehlgeschlagen, da die ungeduldigen und stark frierenden Menschenmengen ihre Fackeln zu früh entzündet hätten, um sich warm zu halten.[16] Ein deprimierter Beobachter der Sopade im Ruhrgebiet berichtete: Es »finden sich ... einfache Bürger und hysterische Arbeiterfrauen ein, Leute mit engem Denkvermögen, für die es keine Problematik des Dritten Reiches gibt. Ihre Zahl ist groß genug. Der ›Führer‹

kommt zu ihnen!«[17] Vertrauliche Berichte sprachen von einem Umschlag der gedrückten Stimmung – dem Resultat niedriger Löhne und Nahrungsmittelknappheit – bei Arbeitern und Verbrauchern aus den unteren Schichten der Gesellschaft.[18] Es gab nun optimistische Erwartungen auf einen langfristigen Wandel. Nach einer kurzen Welle nationaler Begeisterung begannen die Sorgen und Nöte des Alltagslebens sehr schnell wieder die Einstellung der Bevölkerung zu beherrschen, und schon bald hörte man wieder Forderungen nach verbesserten Sozialleistungen.[19] Dennoch wurde wieder einmal deutlich, dass Hitlers außenpolitische Erfolge ein außerordentlich effektives Instrument der politischen Integration waren. Dies galt zumindest zeitweilig und war Ergebnis des künstlichen Aufpeitschens einer Atmosphäre der nationalen Begeisterung, der Überwindung sozialer Spaltungen und Interessengegensätze sowie anderer Spannungsfelder in der deutschen Gesellschaft. Und welch negative Gefühle auch angesichts zahlreicher unerträglicher Seiten der NS-Herrschaft weiter bestanden haben mögen, so galt doch: »Die Außenpolitik des Führers und seine letzten Reden haben erneute Begeisterung für ihn bei der Bevölkerung wachgerufen. Die Zuversicht des Volkes, dass es ihm gelingen wird, alles zu einem guten Ende für Deutschland zu führen, ist geradezu wunderbar.«[20]

Sopade-Beobachter akzeptierten resigniert die Konsequenzen des großen Überraschungserfolgs. Die »Stimmen der Zweifler« waren weitgehend verstummt; Hitler hatte wieder einmal gezeigt, dass er »die Politik des *fait accompli* souverän beherrscht«.[21] Ein nachdenklicher Überblick aus München schilderte das Meinungsklima, in dem der Triumph der Wiederbesetzung des Rheinlandes stattgefunden hatte. Viele »begeisterte Hitler-Anbeter« waren vollkommen überzeugt, dass Hitler Frieden wolle, und sahen keine Alternative zu seiner unbeugsamen Politik, Deutschlands Rechte gegen einen Kreis von feindlichen Nationen durchzusetzen, die diese Ansprüche bestreiten wollten. Die »gleichgültige Masse« – die Mehrheit der Bevölkerung – war entsetzt bei dem Gedanken an einen weiteren Krieg, fühlte sich jedoch ohnmächtig, und es gab keine Verurteilung Hitlers. Dass er Deutschland »in eine verhängnisvolle Isolierung« geführt hatte, wurde der Masse der Bevölkerung kaum klar: »Fast alle, die sonst recht munter kritisieren, geben der Regierung in ihren außenpolitischen Maßnahmen recht.« Auch die meisten Arbeiter, so wurde behauptet, teilten solche Einstellungen, und wenn sie überhaupt wirtschaftliche und andere Beschwerden hatten, so akzeptierten sie jedenfalls, dass Hitler viel Richtiges getan habe. Katholiken betrachteten Hitler im Vergleich zum Bolschewismus als das geringere Übel. »Die Verneiner des Regimes – Opposition wäre zu viel gesagt« – vertraten unklare Ideen, abgesehen davon, dass sie in wachsendem Maße damit rechneten, ein Krieg sei nicht zu vermeiden. Auch die Jugend hatte in diesem Szenario ihren Platz. Sie wurde vermeintlich immer unkritischer, sah die Welt nur durch die Brille des Nationalsozialismus und gelangte in wachsendem Maße dahin, die »Großmachtideologie« zu akzeptieren, die Tag für Tag in sie hineingepumpt wurde. In diesem Meinungsklima »imponierte« Hitlers Überraschungserfolg im Rheinland und seine nachdrückliche Verteidigung seines Tuns, »allen, die sonst weniger von ihm begeistert sind... Jeder empfand, dass in Hitlers Forderungen doch auch ein Stück Berechtigung steckt. Der Geist von Versailles ist allen Deutschen verhasst; Hitler hat nun diesen fluchwürdigen Vertrag doch zerrissen und den Franzosen vor die Füße geworfen.« »Aber ein Kerl ist er doch, der Hitler, er hat den Mut, etwas zu wagen«, war immer wieder zu hören, aber »dass diese neue Tat Hitlers wieder ein Meilenstein auf dem Wege zum Höllenrachen der Vernichtung ist, das schien kaum einem zum Bewusstsein zu kommen«.[22]

Während der beiden folgenden Jahre trat die Außenpolitik als Bestimmungsfaktor der öffentlichen Meinung etwas zurück. In dieser Phase gab es keine weiteren atemberaubenden nationalen Triumphe, obwohl der Beginn des Spanischen Bürgerkriegs, die Aufstellung der Legion Condor, die verstärkte antibolschewistische Kampagne und der Staatsbesuch Mussolinis im September 1937 zur feierlichen Bekräftigung der deutsch-italienischen Achse neue Motive zur Stärkung national-chauvinistischer Identitätsgefühle und eines eng damit verbundenen Hitler-Kults lieferten. Unter der antinationalsozialistisch gestimmten Minderheit lösten die gleichen Ereignisse gewiss unheilschwangere Vorahnungen der wachsenden Gewissheit eines neuen massiven Zusammenstoßes aus. Dennoch wusste die Bevölkerung im Allgemeinen nichts über die tatsächlichen Überlegungen Hitlers und der deutschen Führung zu zukünftigen deutschen Aktionen und kannte die imperialistischen Absichten nicht, wie sie sich in der Hoßbach-Denkschrift von November 1937 und in den Goebbels-Tagebüchern aus dieser Zeit offenbaren.[23] Doch verbreiteten sich nach der Blomberg-Fritsch-Krise und der Reorganisation der Wehrmachtsspitze im Februar 1938 Gerüchte über Auseinandersetzungen zwischen Hitler und der Wehrmachtsführung zum Thema Kriegsziele. Es hieß beispielsweise, Hitler habe 20000 Soldaten nach Spanien oder nach Österreich senden wollen oder dass ein Krieg geplant gewesen sei, gegen den die entlassenen Generäle scharf Stellung genommen hätten.[24] Mit seiner wirkungsvollen Rede vom 20. Februar 1938 war Hitler jedoch schnell in der Lage, die Unruhe zu beschwichtigen.[25] Der Einmarsch nach Österreich und der »Anschluss« der »Ostmark«, die drei Wochen später stattfanden, steigerten die Bewunderung für den »Führer« auf ein neues Niveau. Möglicherweise bedeutete dieser neue Triumph den absoluten Höhepunkt von Hitlers Prestige und Popularität sowie des gewaltigen Maßes an Konsens und Zustimmung für seine Taten, das er in den vorangegangenen Jahren hatte aufbauen können.

Wie bei der Wiederbesetzung des Rheinlands manifestierte sich die erste, tonangebende Welle von Gefühlen jedoch in starker Angst vor dem Ausbruch eines neuen Krieges. Inlandsberichte und Sopade-Beobachtungen aus allen Teilen

Deutschlands heben die weitverbreiteten Befürchtungen, insbesondere in den Grenzregionen, hervor, die auf die Teilmobilmachung der Wehrmacht am 10./11. März 1938 folgten. Die Presse erhielt die Anweisung: »Es darf auf keinen Fall irgendwie Panikstimmung berichtet werden, das Wort Krieg darf weder positiv noch negativ erwähnt werden.« Auch sollten die Journalisten keine Spekulationen darüber anstellen, ob die deutsch-britischen Beziehungen durch diese Aktionen gefährdet sein könnten.[26] Erst als deutlich wurde, dass die Westmächte erneut bereit waren, tatenlos zuzusehen, und dass Hitler wieder einmal ohne Blutvergießen einen größeren Coup gelandet hatte – nämlich die Vereinigung Deutschlands und Österreichs und damit die Verwirklichung eines Traums von »Großdeutschland«, der sich seit dem 19. Jahrhundert, insbesondere im katholischen Süddeutschland, einiger Beliebtheit erfreut hatte –, trat die ursprüngliche Kriegspsychose zurück und machte einem gewaltigen Siegestaumel Platz. Die Erleichterung wird deutlich in der Einschätzung von Meinungen in Berichten aus bayerischen Ortschaften an der Grenze zu Österreich, wo die Kriegsgefahr besonders akut gewesen war. So hieß es aus der Umgebung von Berchtesgaden: »Überall herzliche Begeisterung, vor allem, dass es unser Führer ohne Blutvergießen zu Wege gebracht hat.«[27] Ähnlich wurde im Kreis Garmisch-Partenkirchen festgestellt, dass viele, die sich zuvor noch nicht zum Nationalsozialismus bekannt hatten, nun uneingeschränkt für den NS-Staat seien, »weil es dem Führer gelungen ist, ohne Blutvergießen Österreich mit Deutschland zu vereinigen«. Das Volk habe nun »ein unbegrenztes Vertrauen zu unserem Führer«. Und schließlich hieß es, »weil die Sache sich so reibungslos und ohne jedes Blutvergießen abgespielt hat, wird die Sache nicht so tragisch genommen«.[28]

Nachdem die Gefahr vorbei war und Hitler »das deutsche Wunder« vollbracht hatte, setzte nicht zuletzt in den Grenzgebieten das ein, was eine amtliche Stelle auf der Suche nach neuen Superlativen »einen elementaren Lenzsturm der Begeisterung« nannte.[29] Im Kreis Berchtesgaden, direkt an der österreichischen Grenze, standen die Massen stundenlang jubelnd an den Straßen und winkten den vorbeiziehenden Truppen zu.[30] Anderswo, beispielsweise in protestantischen Gebieten Nordbayerns, wo es keine engen historischen oder religiösen Beziehungen zu Österreich gab, scheinen die Gefühle über den »Anschluss« gedämpfter gewesen zu sein. Ein Bericht aus dieser Gegend stellt lakonisch fest, »eine besondere Begeisterung« über den »Anschluss« sei »nicht festzustellen. Hie und da hört man dumme Äußerungen, dass Österreich ein armes Land und das Volk auch nicht zuverlässig sei«.[31]

Von wenig Interesse und Begeisterung war ebenfalls in regionalen Berichten der Sopade die Rede, obwohl einige von ihnen wohl eher Wunschdenken zum Ausdruck bringen als die Realität erfassen. In vielen Fällen repräsentieren sie in verzerrender Weise die Empfindungen der Gegner des Regimes.[32] Bei aller tiefen Niedergeschlagenheit in diesen Kreisen über die Schwäche und Inaktivität der westlichen Demokratien erkannten die Sopade-Berichte dennoch, dass Hitlers Beliebtheit – und damit das zentrale politische Fundament des NS-Regimes – weiter gestärkt worden war. NS-Anhänger in Bayern behaupteten, Hitler sei größer als Napoleon: Im Gegensatz zu dem französischen Kaiser erobere er nämlich die Welt ohne Krieg. Selbst unter den nicht gerade Frohlockenden gab es große Bewunderung für Hitler: »Er ist halt doch ein Kerl«, lautete eine immer wieder zu hörende Meinung.[33] In Westfalen, wo der Triumph in Österreich eher als eine notwendige Ablenkung von inneren Spannungen interpretiert wurde und als »der bisher größte Erfolg Hitlers« galt, vertrat man die Ansicht, nun gebe es »keine irgendwie geartete Opposition mehr gegen neue Abenteuer. Das Land ist jetzt völlig darauf vorbereitet, dass der ›Führer‹ alles kann, was er will.«[34] Im Ruhrgebiet, aus dem der Bericht unter Klassenaspekten ein stark vereinfachtes Bild von Reaktionen auf den »Anschluss« zeichnete, waren die Arbeiter, so hieß es, empört über das ausbleibende Eingreifen der westlichen Demokratien. Im Bürgertum dagegen herrschte angeblich folgende Haltung vor: »Man war auf seine Armee kindlich stolz, fand Hitler einen Teufelskerl, der geradezu Europa kommandiere und nun auch vor der Tschechoslowakei nicht haltmachen werde.«[35]

Ein nachdenklicher Bericht aus Sachsen sprach von einer ersten Phase der Kriegspsychose, auf die dann grenzenloser Jubel folgte, als deutlich wurde, dass es keinen neuen Krieg geben würde. Die Freude in der zweiten Phase, so hieß es, ergab sich teilweise aus der Erleichterung über das friedliche Ende der Affäre, vermischte sich aber zweifellos mit »sehr viel Bewunderung und Anerkennung für Hitlers Erfolg«. Selbst Teile der Bevölkerung, die zuvor Hitler gegenüber kühl geblieben waren oder ihn ganz abgelehnt hatten, wurden nun so weit mitgerissen, um zuzugeben, »dass Hitler doch ein großer und kluger Staatsmann sei, der Deutschland aus der Niederlage von 1918 wieder zu Größe und Ansehen emporführen werde«. Dann wies der Bericht aus Sachsen auf eine dritte Phase der Meinungsbildung hin, die einsetzte, als trotz der bevorstehenden Volksabstimmung etwa nach weiteren zwei Wochen das Interesse an Österreich nachließ.[36] Obwohl zu Recht unterstellt wurde, dass das Ergebnis von vornherein feststand, so repräsentierte diese Volksabstimmung doch unbezweifelbar trotz der Fragwürdigkeit des offiziellen Ergebnisses von über 99 Prozent Ja-Stimmen, das alle vorangegangenen Rekorde brach, einen massiven Konsens über Hitlers »Errungenschaften« auf dem Feld der Außenpolitik.[37]

Spannung

Der »Anschluss« war der letzte große außenpolitische Erfolg, den Hitler fast mühelos und ohne jegliches Eingreifen der Westmächte einheimsen konnte. Die blitzschnelle Politik der vollendeten Tatsachen, mit der Hitler im Falle des Rheinlands und Österreichs so erfolgreich gewesen war, ließ kaum Zeit für die Entwicklung einer wirklichen Kriegspsychose. Wenn auch, wie wir bereits gesehen haben, Furcht vor einem neuen Krieg die vorherrschende Stimmung war, als die Nachrichten von diesen Ereignissen in Deutschland bekannt wurden, ging die Krise in jedem Fall schnell vorbei und machte grenzenlosem Jubel Platz, nicht nur wegen des grandiosen Erfolgs selbst, sondern auch wegen der Tatsache, dass all dies friedlich erreicht worden war. Bei der Sudetenkrise von 1938 dagegen war erstmals ein Unterschied festzustellen. Die Bevölkerung war während des Sommers 1938 einem Nervenkrieg ausgesetzt, der wochenlang dauerte und von einer immer schriller werdenden Pressekampagne wegen angeblicher tschechischer Grausamkeiten gegen die Sudentendeutschen begleitet wurde. Viele Anzeichen deuten darauf hin, dass die antitschechische Propaganda nicht ohne Wirkung blieb und dass in Deutschland das Gefühl weitverbreitet war, es sei gerechtfertigt, wenn das Reich den »unterdrückten« Sudetendeutschen helfe. Ursprünglich zumindest scheint es einigen Optimismus gegeben zu haben, der darauf hinauslief, dass das Sudetenland »heim ins Reich« kommen würde, ohne dass ein Waffengang notwendig sei. Je länger die Krise dauerte, desto vorherrschender wurde die Furcht, dass sie zum Krieg führen würde. Fraglos war der Abscheu vor dem Kriege, der manchmal schon an Panik grenzte, das zentrale Merkmal der Meinungsbildung bei der Mehrheit der Bevölkerung. Er war von weit größerer Bedeutung als annexionistische Bestrebungen und drohte zum ersten Mal auf Hitlers persönliche Popularität einen langen Schatten zu werfen.

Im Jahresbericht des SD für 1938 war die Rede von einer Kriegs-»Psychose«, die mit der tschechischen Mobilisierung im Mai begann und bis zum Münchener Abkommen Ende September dauerte. Die Stimmung in der Bevölkerung wurde als »allgemeine Depression« und stark pessimistisch geprägt bezeichnet.[38] Sopade-Berichte für ganz Deutschland und Inlandsberichte der NS-Behörden (die für diese Zeit für Bayern in größerer Zahl zugänglich sind als für jeden anderen Teil des Reiches) liefern eine mehr als ausreichende Bestätigung für die Verallgemeinerungen des SD.

In Berichten bayerischer Behörden war die Rede von »einer wahren Kriegspsychose«, insbesondere in den Städten im Grenzgebiet zur Tschechoslowakei in Niederbayern, der Oberpfalz und Ostbayern.[39] Ein Landrat berichtete sogar von »Panik« unter der Bevölkerung seines Kreises.[40] Vor allem bei der älteren Generation, in der die Erinnerung an den Ersten Weltkrieg immer noch lebendig war, überwog die Furcht vor einem neuen Konflikt deutlich jeden nationalistischen Eifer und die Bereitschaft, dem »Führer« blind zu folgen. Zahllose Berichte aus dem Sommer 1938 und insbesondere solche aus den Tagen der akuten Zuspitzung der Krise im September deuten auf signifikante Haltungsunterschiede, hauptsächlich im Hinblick auf Alter und Parteibindung, hin. Ein Beobachter etwa wollte drei verschiedene Haupttendenzen in der Volksmeinung beobachtet haben:

> a) Die Draufgänger meinten: Warum hilft man den Sudetendeutschen nicht gleich? Warum lässt man sie erst Not und Knechtung leiden? Warum versprach man Hilfe und leistet keine? Warum hat man die starke Armee, wenn man sie anzuwenden scheut? … b) Die Ängstlichen hingegen stöhnten: Um Gottes willen, es gibt wieder Krieg. Diesen Krieg können wir nie gewinnen, weil die ganze Welt gegen uns ist! Wir haben auch kein Geld zum Kriegführen, sonst hätte man nicht noch das letzte Goldstück abliefern müssen! Die Russen werden ganz Europa wie Spanien in Schutt und Asche legen! Die Sudetendeutschen hätten nachgeben sollen! Wie kann uns nur der Führer in einen Krieg stürzen. c) Die Parteigenossen und Angehörigen der Gliederungen aber hielten den Draufgängern und Ängstlichen entgegen: Der Führer hat immer recht. Er hat noch jedesmal das Richtige getrof-

> fen. Er weiß auch dieses Mal den richtigen Weg. Auf ihn bauen wir blind. Er geht seinen Weg in Ruhe und Sicherheit. Er lenkt die Geschicke Deutschlands auch in diesem Fall wieder zum Guten. Unser Glaube an des Führers Sendung für Deutschland bleibt immer der Gleiche.[41]

Wenn es sich hier und in ähnlichen Berichten auch nur um unverarbeitetes Material handelt, deutet doch alles darauf hin, dass das Vertrauen in Hitler bei beträchtlichen Teilen der Gesellschaft vor allem auf der Hoffnung beruhte, er werde nun imstande sein, das Sudetenproblem ohne Krieg zu lösen. Selbstverständlich wird an solchen Berichten deutlich, dass die chauvinistische Angriffslust, die von der NS-Propaganda hochgepeitscht worden war, auch ihre Spuren in der öffentlichen Meinung hinterlassen und gespannte Erwartungen auf einen frühen Schlag gegen die Tschechen hervorgerufen hatte, wie sich in Aussagen von Teilen der Bevölkerung über die Bewunderung »für des Führers Geduld« zeigte.[42] Solche Gefühle waren besonders stark unter jüngeren Deutschen, die den Krieg nicht kennengelernt und die entscheidenden Jahre ihrer Sozialisation während des Dritten Reiches erlebt hatten. In einem »Bericht über die Stimmung der Jugend in den kritischen Tagen«, zusammengestellt von einem örtlichen HJ-Führer in Oberbayern, heißt es:

> Um es vorauszunehmen: Die ganze Jugend stand, wie nicht anders erwartet war, hundertprozentig auf Seiten des Führers, und war bereit, allen seinen Befehlen sofort Folge zu leisten… Es wurden nicht, wie bei älteren Leuten – die Jugend hat zwar noch keinen furchtbaren Weltkrieg erlebt – etwaige Zweifel laut über den Ausgang eines Krieges, alle glaubten unerschütterlich an unseren Sieg. Sie bedauern es nur, dass sie nicht dabei sein könnten, hoffen aber, sich sonst irgendwo im Lande unserem Führer zur Verfügung stellen zu können. Auch über die Meinung meiner gleichaltrigen Kameraden, der Jugend

> von 16–20 Jahren, kann ich nur bestes berichten. Wenn sie auch schon die schrecklichen Folgen eines Krieges für Besiegte, aber auch für die Sieger, und unsere gefährliche eingeschlossene Lage erkannten, so standen doch alle geschlossen hinter dem Führer – auch wenn sonst einige nicht so begeistert sind – und waren bereit, alle Kräfte für den Führer einzusetzen ... Eines steht fest: Wenn der Führer sich auf alle Volksgenossen so verlassen hätte können wie auf seine Jugend, so wäre schon gleich zu Beginn eines Krieges der Sieg auf unserer Seite gewesen. Der Führer kann auf seine Jugend vertrauen.[43]

Selbst diese Meinungsäußerungen eines fanatisierten Jungvolkführers zeigen, dass die Mehrheit der Bevölkerung anders dachte. Erstmals während des Dritten Reiches traten ernsthafte Zweifel an Hitlers Politik zutage. Zeichen einer möglichen Vertrauenskrise gegenüber Hitler wurden erkennbar, selbst wenn man sie zwischen den Zeilen eines offiziellen Berichts herauslesen muss. Die furchtsamen Reaktionen auf die Sudetenkrise demonstrieren die Oberflächlichkeit des Glaubens an Hitler in weiten Teilen der Bevölkerung, sie machen deutlich, wie sehr die Popularität des »Führers« von ständigen Erfolgen abhing. Immerhin waren selbst Parteifunktionäre bereit, dies zuzugeben. So bekannte ein Kreisleiter der NSDAP: »Als in den kritischen Tagen im September die Gefahr eines Krieges heranrückte, da zeigte es sich, dass noch vielen Parteigenossen das nötige rückhaltlose Vertrauen zum Führer fehlte und dass im Ernstfalle mit diesen nicht zu rechnen wäre.«[44] Ähnliches bringt der Bericht der Ortsleiterin der NS-Frauenschaft eines bayerischen Ortes vor:

> Es waren nur einige Frauen, die mich fragten, wie ich die Lage anschaue, ob es wohl wirklich zu einem Krieg kommt. Ich tröstete sie und sagte, sie sollen unbesorgt sein, unser Führer wird es schon schaffen, dass es zu keinem Krieg kommt, sie sollen nur auf den Führer vertrauen ... Von

> einigen Frauen, die weder in [der] NSF noch im DFW sind, konnte man herausfinden, dass sie, wenn es auf das Ganze geht, kein Zutrauen zu unserem Führer haben und nur auf ihr eigenes *ich* bedacht sind. Sie wurden aber von uns ganz energisch zurechtgewiesen.

Ein Blockwart aus der gleichen Gegend wusste von noch kritischeren Einstellungen zu berichten: »Manche Volksgenossen setzten die Hoffnung auf Vermeidung eines Krieges auf Mussolini und die beiden Staatsmänner Frankreichs und Englands; andere wieder setzten das Vertrauen auf den Führer. Gelegentlich eines Gesprächs mit zwei heimkehrenden Reservisten (vermutlich Bauern, Namen unbekannt) erklärten diese unter anderem, dass wir den Frieden England und Frankreich zu verdanken haben.«[45] Von brüchigem Vertrauen zum »Führer« im Hinblick auf einen Krieg um das Sudetenland wurde auch aus einer Reihe weiterer bayerischer Kreise berichtet.[46] Andere Darstellungen deuteten an, dass in der Bevölkerung und insbesondere unter ehemaligen Weltkriegsteilnehmern die »›seelische Bereitschaft‹ zu einem Krieg derzeit recht gering« sei. Es wurde die Meinung vertreten, »dass man wegen der Sudetendeutschen keinen Mann opfern soll«, und während die Menschen entschieden hinter dem »Führer« stünden, sei es ihnen lieber, dass »der Frieden erhalten geblieben ist«.[47]

Die Berichterstatter der Sopade schilderten im Sommer 1938 eine ähnliche Stimmung der Bevölkerung. In einem Report aus Nordwestdeutschland wurde behauptet, selbst die fanatischsten Hitler-Anhänger seien gegen einen Krieg, glaubten Hitlers Friedensbeteuerungen und seien überzeugt, dass er in der Sudetenfrage bluffe. Ein Bericht aus Sachsen unterschied zwischen der Siegesstimmung unter den nationalsozialistischen Teilen der Bevölkerung, den Kriegsängsten, insbesondere unter den Kriegsteilnehmern von 1914–1918, und dem Eindruck von Regimegegnern, dass nur ein Krieg Deutschland vom Faschismus befreien könne. Es existiere, so hieß es, außerdem in Deutschland die allgemeine Überzeugung, das Reich könne einen lange dauernden Krieg nicht gewinnen. Der bayerische Berichterstatter spekulierte – ganz unzutreffend, wie sich herausstellen sollte – darüber, welch einen Prestigeverlust das Regime erleiden würde, wenn sichtbar würde, dass Hitler gezwungen worden sei, sich vom Rande eines Konflikts zurückzuziehen, der zum Ausbruch eines Weltkriegs führen würde.[48] Bei der Zusammenfassung der wichtigsten Punkte der Berichte aus allen Teilen des Reiches gelangte die Sopade-Zentrale in Prag zu der Einschätzung, was die Stimmung anbelange, so sei das »Kriegspotenzial« des deutschen Volkes weit geringer als 1914. Zur allgemeinen Haltung der Bevölkerung zum Kriege hieß es, die große Mehrheit fürchte den Krieg und niemand sei der Ansicht, dass Deutschland gewinnen könne; aber der größte Teil der Jugend sei durch die Propaganda für den Gedanken an einen Krieg gewonnen worden; und viele Opponenten des Regimes hießen einen Krieg als Mittel zur Beendigung der Diktatur willkommen.[49]

Berichte von Behörden des Regimes sowie die Akten der politischen »Sondergerichte« zeigen, dass es in diesen kritischen Wochen auch einen starken Anstieg der Fälle von offener Kritik an Hitler gab. Einzig ihm persönlich wurde mitunter die Schuld an jedem erdenklichen Krieg wegen der Sudetenfrage zugeschrieben. Einige negative Stellungnahmen kamen von früheren Sympathisanten der KPD oder der SPD, aber die Berichte des Münchener Sondergerichts deuten keineswegs darauf hin, dass die meisten jener, die vor Gericht gestellt wurden, aus solch einem Milieu kamen.[50]

Wie weitverbreitet das Unbehagen über Hitlers Politik unter jenen, die dennoch den Mund hielten, war, offenbarte sich am begeisterten Empfang für den britischen Premierminister Neville Chamberlain bei seinen Besuchen in Bad Godesberg und München auf dem Höhepunkt der Krise im September 1938.[51] Es wurde ebenfalls deutlich durch die düstere Reaktion der Berliner Bevölkerung auf eine Militärparade in Berlin am 27. September. Nach Augenzeugenberichten gab es keineswegs begeisterten Beifall für die gewaltige motorisierte Parade, die die Wilhelmstraße herabrollte und bewusst zeitlich so gelegt worden war, dass sie Tausenden von Berlinern ins Auge sprang, die gerade ihr Büro verließen. Die meisten »eilten schnurstracks zur U-Bahn und weigerten sich, dem Spektakel zuzuschauen. Und jene Handvoll, die am Straßenrand stand, verharrte in völligem Schweigen, unfähig zu einer Freudenreaktion angesichts der Blüte der Jugend, die da in den Krieg zog.«[52]

Ganz gewiss würde es zu weit gehen, hier von einem dramatischen Zusammenbruch des »Führermythos« zu sprechen, der durch die NS-Propaganda über die Jahre hinweg aufgebaut worden war und offensichtlich inzwischen in breiten Teilen der Bevölkerung starke psychologische Grundlagen besaß. Selbst wenn man annimmt, dass die meisten Deutschen bereit gewesen wären, Ansprüche auf das Sudetenland fallen zu lassen, um den Frieden zu erhalten, hätte das für sich genommen noch keinen Meinungsumschwung gegen Hitler bedeutet, da er selbst von vielen so eingeschätzt wurde, als lasse er sich auf Bluff und Risikospiel ein, sei aber nicht bereit, Deutschland wegen dieses Konflikts in einen Krieg zu führen. Und es scheint so, dass die meisten Deutschen unter dem Einfluss der Propagandakampagne überzeugt waren, ihr Land habe bei seinem Eintreten für die Interessen der Sudetendeutschen das Recht auf seiner Seite.

Jedenfalls war Hitlers Popularität nach der Sudetenkrise zum ersten Mal gefährdet. Im Falle eines Krieges hätte ein Militärputsch, wie er im Sommer 1938 erwogen wurde, eine wirkliche Chance auf Unterstützung im Volk besessen. Auch in dieser Hinsicht sollte sich das Münchener Abkommen, durch das die Westmächte das Sudetenland Deutschland überließen, als schicksalsschwerer Schritt erweisen. Hier wurde nicht nur ein möglicher Putsch gegen Hitler jeglicher Hoffnung auf Erfolg beraubt, das Prestige des »Führers« wurde auch mehr als wiederhergestellt: Das Abkommen »verschaffte ihm … im deutschen Volk ein fast legendäres Ansehen, das jeder – selbst der sachlichsten – Kritik an seinen Maßnahmen den Boden entzog«.[53] Alle Berichte aus den Tagen nach dem Münchener Abkommen spiegeln die neue Welle von Erleichterung, Bewunderung und Dankbarkeit, die jetzt über Hitler hinwegströmte. Mit einem einzigen Hieb hatte der »Führer« alle Zweifel beseitigt und eine neue Grundlage für das Vertrauen in seine Genialität als Staatsmann geschaffen, der wieder einmal triumphiert hatte, indem er die Nerven behielt, während alle um ihn herum wankten.

Der Jubel erhob sich in erster Linie aus Erleichterung nach Wochen großer Anspannung. Die Freude über die Erhaltung des Friedens war so groß, dass die »Heimkehr« der Sudetendeutschen manchmal geradezu vergessen wurde und »die weltgeschichtliche Bedeutung des deutschen Erfolges noch nicht voll zum Bewusstsein« kam.[54] Die deutsche Presse erhielt ausdrücklich die Anweisung, nicht nur die Solidarität des deutschen Volkes mit dem »Führer« besonders zu betonen, sondern auch bei Ausdrucksformen von Dankbarkeit, Lob und blindem Gehorsam gegenüber dem Führer den Eindruck zu vermeiden, diese Regungen seien purer Erleichterung entsprungen.[55]

Kaum jemand konnte sich damals vorstellen, dass Hitler im Augenblick des Triumphes in der Sudetenkrise tatsächlich aufgebracht darüber war, dass der Lauf der Dinge ihn gezwungen hatte, sich auf eine diplomatische Regelung einzulassen.[56] Wiederum war das Image Hitlers unter den Deutschen weit von der Realität entfernt. Während er das Friedensverlangen in der Bevölkerung höchst negativ sah, erreichte sein Prestige neue Höhepunkte, weil er wieder einmal ohne Blutvergießen einen Sieg erzielt hatte. So hieß es in einem Bericht: »Die Volksgenossen, welche bis jetzt noch nicht völlig vom Nationalsozialismus überzeugt waren, begreifen nun, dass eine andere Staatsführung diesen Erfolg hätte unmöglich erreichen können. So herrscht allgemeine politische Hochstimmung und ist die Bevölkerung von der Staatskunst unseres Führers begeistert.«[57] Hitlers glänzender diplomatischer Erfolg in München hatte die Nebenwirkung, seinen Gegnern im Inneren allen Wind aus den Segeln zu nehmen. Tiefe Enttäuschung, Zorn und Niedergeschlagenheit über das Verhalten der westlichen Demokratien bilden einen wichtigen Grundzug aller Sopade-Berichte aus der Zeit nach dem Münchener Abkommen.[58] Selbst unter den kritischsten Bedingungen – so schien es vielen – konnte man sich auf das überwältigende Genie des »Führers« verlassen, der das Beste für Deutschland erreichen würde. Dies steigerte den Glauben an Hitlers staatsmännische Fähigkeiten und war gewiss ein Hauptfaktor für die relative Gelassenheit der Volksstimmung während der Polenkrise im folgenden Jahr, als die Kriegsängste nirgends so stark waren wie im Jahre 1938. Das Führerimage hatte offensichtlich durch die vorangegangenen Erfolge und insbesondere durch den Triumph nach der Sudetenkrise eine neue Dimension von legendenumwobener Unfehlbarkeit in der Sphäre der Diplomatie gewonnen. Die Sopade kommentierte dies Anfang Oktober 1938 scharfsichtig:

> Hitler hat wieder einmal sein Ziel ohne Krieg erreicht. Auch das wird nicht ohne Wirkung auf die Geistesverfassung des deutschen Volkes bleiben. Bis in die letzte Minute hinein war die Angst vor dem Kriege in den breitesten Schichten im Wachsen. Muss nach dem neuen unblutigen Siege Hitlers nicht diese Angst schließlich weichen und an ihre Stelle die Überzeugung treten, Hitler kann verlangen, was er will? Muss nicht der Größenwahn des Führers auf immer weitere Kreise des Volkes übergehen?[59]

Krieg

Die letzten außenpolitischen Erfolge Hitlers vor dem Krieg, der Einmarsch in Prag am 15. März 1939 und eine Woche später die Angliederung des Memelgebiets an das Reich, spielten sich in einem derartigen Tempo ab, dass wenig Zeit blieb für die Entwicklung irgendwelcher Befürchtungen in der deutschen Bevölkerung wegen eines möglichen Ausbruchs von Feindseligkeiten. Die erste Reaktion war Überraschung[60], darauf folgte erneut Bewunderung für die staatsmännische Genialität des »Führers«, nicht zuletzt, weil er wieder einmal einen Triumph ohne Blutvergießen erreicht habe.[61] Jedoch lösten diese neuen deutschen Erfolge nicht gerade eine Welle der Begeisterung aus, wie es sie nach dem »Anschluss« und dem Münchener Abkommen im vorangegangenen Jahr gegeben hatte. So berichtete ein bayerischer Kreisleiter aus Aichach: »Die Menschen freuten sich über die großen Taten des Führers und blicken vertrauensvoll zu ihm auf. Die Nöte und Sorgen des Alltags sind aber so groß, dass bald wieder die Stimmung getrübt wird.«[62] Während angeblich sogar frühere SPD-Anhänger die Rechtfertigung für die Eingliederung des weitgehend deutschsprachigen Memelgebiets ins Reich akzeptierten, führte die Besetzung der Tschechoslowakei, bei der es zum ersten Mal nicht um die »Heimholung« deutscher Gebiete ging, zu einiger Kritik, Verwunderung und Skepsis, und natürlicherweise spielte hier kaum das Identitätsgefühl eine Rolle, das früher Ausdehnungen des Reiches in Gebiete hinein begleitet hatte, die die deutsche Sprache und Kultur teilten.[63] Wie dem auch sei, in einem Sopade-Bericht aus Rheinland-Westfalen heißt es, der Einmarsch der Deutschen in Prag sei vor allem ein Prestigeerfolg für Hitler gewesen, und angesichts all der Durchbrüche, die er erzielen konnte, sei das Argument, es habe keine moralische Rechtfertigung für die Besetzung der Tschechoslowakei gegeben, nur von geringem Gewicht gewesen.[64] Die Zusammenfassung der Sopade-Analytiker, die in aller Schnelle ihr Hauptquartier von Prag nach Paris hatten verlegen müssen, räumte ein, dass die Zerschlagung der Tschechoslowakei vor allem ein weiterer Prestigegewinn für Hitler gewesen sei, das Geschehen habe den Eindruck bestätigt, dass Hitler in allem, worauf er sich einlasse,

Erfolg habe, während die »anderen« angesichts der Stärke Deutschlands bereit seien, jeder Forderung ohne Kampf nachzugeben.[65]

Als wenige Wochen später, am 20. April 1939, Hitlers 50. Geburtstag mit einer stolzen Machtkundgebung der Wehrmacht bei einer spektakulären Militärparade in Berlin gefeiert wurde, erwies sich dies als besondere Gelegenheit für Gesten grenzenloser Unterwerfung unter den Führer. Abgesehen von jenen Gruppen der Bevölkerung, die immer noch entschieden an ihren früheren sozialistischen und kommunistischen Überzeugungen festhielten, und jenen, die vom NS-Regime durch den »Kirchenkampf« fundamental entfremdet waren, geht es wohl nicht zu weit, die Vermutung zu äußern, dass zu diesem Zeitpunkt die große Mehrheit der Deutschen sich bis zu einem gewissen Punkt mit Hitler und seinen Errungenschaften identifizieren konnte. In einer Sopade-Einschätzung des Führerkults nach den Geburtstagsfeiern heißt es, obwohl der Führerkult in Deutschland eine lange Vorgeschichte habe, sei Hitler einzigartig, nicht nur, weil er aus den unteren Schichten der Gesellschaft komme und wegen seiner populistischen demagogischen Talente, sondern auch wegen der Stärke des Glaubens an seine Person, den er habe wecken können. Und obwohl jeder in Deutschland sich dessen bewusst war, dass ein großer Teil der Bevölkerung während »des Aufstiegs Hitlers zu einer mythischen Gestalt« kühl und skeptisch geblieben war, hatten der Terror im Lande, der jedes kritische Handeln unterdrückte, und die Außenpolitik der westlichen Demokratien, »die dem Führer einen Erfolg nach dem anderen zuspielten«, diese Reserviertheit untergraben. Trotz der alles durchdringenden Kriegsfurcht war der Glaube an den »Führer« in großen Teilen der Bevölkerung immer noch höchst präsent. Um dies zu illustrieren, enthielt der Bericht eine beträchtliche Auswahl von Briefen, Gedichten und Lobhudeleien von »gewöhnlichen« Bürgern, die in deutschen Zeitungen zu Hitlers Geburtstag veröffentlicht worden waren und – oft in den ungewöhnlichsten Formulierungen – Hingabe für den »Führer« zum Ausdruck brachten. Die Sopade-Analytiker fügten hinzu, dass solche Bekundungen von Liebe und Zuneigung nicht einfach als Propaganda abgetan werden könnten, denn »sie sind zum Teil gewiss auch einer naiven Gläubigkeit entsprungen, die sich nicht so leicht geschlagen gibt«.[66]

Trotz der wachsenden Spannung um Danzig im Sommer 1939 war die Grundstimmung der deutschen Bevölkerung weit weniger von Nervosität und Ängstlichkeit im Hinblick auf einen Krieg geprägt, als es während der Sudetenkrise im vorangegangenen Sommer der Fall gewesen war. Seit dem Münchener Abkommen schien es wenig Raum für Zweifel an Hitlers Außenpolitik zu geben, und seine Reden im Frühjahr und Sommer 1939 – insbesondere seine höchst eindrucksvolle Zurückweisung von Präsident Roosevelt am 28. April[67] – übten eine beträchtliche Wirkung aus. Sie schienen für viele Deutsche zu bestätigen, dass seine zugrunde liegenden Ziele darin bestanden, den Frieden zu bewahren, und nicht, einen Krieg zu riskieren. Darüber hinaus meinten viele, nachdem der Westen das Sudetenland und den Rest der Tschechoslowakei ohne Kampf hingegeben habe, werde er auch nicht bereit sein, wegen Danzig einen Krieg zu riskieren. Die Stimmung war daher, anders als im Vorjahr, im Großen und Ganzen von Zuversicht geprägt. Viele dachten, auch diesmal werde Hitler das, was er bekommen wollte, ohne Blutvergießen erhalten.[68] Ein 17-jähriges Mädchen glaubte, »Hitler sei ein großer Mann, ein Genie, eine Person, die uns vom Himmel geschickt sei«, und dies spiegelte in jenem Sommer zweifellos die Ansicht vieler wider: »Gerüchte über einen unmittelbar bevorstehenden Krieg verbreiteten sich laufend, aber wir machten uns keine unangebrachten Sorgen. Wir waren überzeugt, dass Hitler ein Mann des Friedens sei und dass er alles tun würde, um die Dinge friedlich zu regeln.«[69]

Dennoch war es keineswegs so, dass es keine Befürchtungen wegen eines bevorstehenden neuen Konflikts gab, diese bildeten vielmehr einen zentralen Bestandteil der Volksmeinung, wie praktisch alle Berichte – die Inlandsberichte wie auch jene der Sopade – im Sommer 1939 ausdrücklich betonten. Die Mitteilungen des sich besonders freimütig artikulierenden Landrats von Ebermannstadt in Oberfranken veranschaulichen sehr gut die vorherrschende Stimmung. Ende Juni 1939 schrieb er: »Der Wille zum Frieden ist stärker als der zum Krieg. Bei dem weitaus überwiegenden Teil der Bevölkerung besteht deshalb mit einer Lösung der Danziger Frage nur dann Einverständnis, wenn dies in der gleichen Weise schlagartig und unblutig vor sich geht, wie die bisherigen Eingliederungen im Osten ... Mit einer Begeisterung wie sie 1914 war, könnte heute nicht gerechnet werden.«[70] Einige Monate später fasste dieser Landrat in wenigen Worten die Gefühle von Millionen Deutschen angesichts der kritischen Entwicklung der deutsch-polnischen Beziehungen zusammen: »Die Beantwortung der Frage, wie das Problem ›Danzig und der Korridor‹ zu lösen ist, ist in der Öffentlichkeit immer noch die gleiche: Angliederung an das Reich? Ja. Durch Krieg? Nein.«[71] Als der Krieg dann unmittelbar bevorstand und schließlich am 1. September mit dem Angriff auf Polen begann, wurden diese Ansichten in allen zeitgenössischen Einschätzungen von Meinungen und Stimmungen bestätigt. Im Vergleich zu den berauschenden Tagen von August 1914 stimmten alle Beobachter dahin gehend überein, nur Furcht und Mangel an Begeisterung feststellen zu können.[72] Trotz wochenlanger, unaufhörlicher Propaganda waren sich viele Deutsche einigen Berichten zufolge immer noch nicht sicher, um was es in diesem Krieg gehe; ein »tieferes Verständnis für die Notwendigkeit des Krieges« sei nicht vorhanden, und »die volle Bedeutung der Aktion gegen Polen« sei vielen nicht klar.[73] In einem weiteren Bericht aus Ebermannstadt vom letzten Tage des Friedens wurde wieder einmal hervorgehoben, dass das Zutrauen in Hitler nicht zuletzt davon abhinge, ob er einen

Krieg verhindern könne oder nicht: »Das Vertrauen zum Führer wird jetzt wohl der härtesten Feuerprobe seit je unterstellt. Der überwiegende Teil der Volksgenossen erwartet von ihm die Verhinderung des Krieges, und zwar wenn es nicht anders möglich ist, selbst unter Verzicht auf Danzig und den Korridor.«[74]

Demnach beruhte Hitlers Popularität immer noch darauf, dass er den Frieden bewahrte. Doch was die Deutschen im Herbst 1939 bekamen, war der Krieg. Trotz ihrer unzweifelhaften Aversion gegen eine weitere kriegerische Auseinandersetzung, die sich während der vorangegangenen Jahre und vor allem 1938 und 1939 so eindeutig gezeigt hatte, folgten sie ihrem »Führer« in einen neuen Krieg – ohne Begeisterung, aber auch ohne Protest oder Opposition. Und Hitlers Popularität war am Ende jenes Jahres, als der Krieg nun schon vier Monate dauerte, keineswegs gesunken. Sie ruhte vielmehr auf genauso soliden Grundlagen wie je. Sie hatte unversehrt sowohl die erschütternde Kehrtwende des Bündnisses mit dem ideologischen Feind, dem Sowjetbolschewismus, als auch den Beginn der Feindseligkeiten im Westen überlebt.[75] Gewiss haben Terror und Unterdrückung im Laufe der Jahre in großem Maße zum Mangel an offenem Widerstand gegen Hitlers Krieg beigetragen. Sie können jedoch nur in geringem Maße erklären, warum der »Führermythos« intakt blieb. Die wichtigsten Faktoren müssen anderswo gesucht werden. Zunächst scheint eines klar: Auch wenn die NS-Propaganda sich – abgesehen von fanatisierten Jugendlichen und manchen Gläubigen in der Partei und ihren Nebenorganisationen – nicht bei der Schaffung von offener, uneingeschränkter Begeisterung für einen Krieg durchgesetzt hatte, so erwies sie sich doch als durchaus erfolgreich, wenn es darum ging, alle kriegsgegnerischen Meinungen als unpatriotisch und defätistisch herabzusetzen und sie effektiv aus dem öffentlichen Diskurs zu verbannen. Obwohl Kriegsfurcht existierte, gab es doch, wie bereits 1938, eine allgemeine Bereitschaft zu kämpfen, wenn es zum Schlimmsten kommen sollte. Diese Bereitwilligkeit wurde durch den Erfolg der Propaganda bei der Verbreitung der Ansicht bestärkt, dass der Krieg gegen Polen gerecht und notwendig sei, da er aus einem Konflikt hervorgehe, der Deutschland aufgezwungen worden sei. Nicht nur in Parteikreisen wurde den Propagandaberichten über die Verfolgung der deutschen Minderheit in Polen durchgehend Glauben geschenkt.[76] Es war für die deutsche Propaganda ein leichtes, sich tief sitzende antipolnische Vorurteile zunutze zu machen und die Menschen zu überzeugen, dass ein bewaffnetes Eingreifen Deutschlands die einzige verbleibende Option gewesen sei, um den Provokationen der Polen ein Ende zu bereiten.[77] Darüber hinaus hatte die NS-Propaganda wiederholt an seit Langem existierende Befürchtungen vor der Gefahr einer Einkreisung appelliert und die Unumgänglichkeit angesprochen, solch eine Bedrohung zu durchbrechen – hier bestand grundlegender Konsens zwischen Volk und Regime, und zwar breiterer Konsens, als sich aus den spezifischen ideologischen Dogmen des Nationalsozialismus ergab. Nachdem der Krieg einmal ausgebrochen war, schlossen sich, wie in allen Ländern, die Reihen zusammen, und man sammelte sich um die Regierung. Es herrschte ein Grundgefühl der Loyalität, das durch die Bindungen an den »Führer« verstärkt wurde. Widerstand wurde nun – während des Krieges – mit Verrat gleichgesetzt. Hitlers Krieg war Deutschlands Krieg, und sogar ideologische Gegner des Nationalsozialismus waren aus patriotischen Gründen und aus Pflichtgefühl gegenüber dem Vaterland – was heute schwer von Gehorsam gegenüber dem »Führer« zu unterscheiden ist – bereit, Hitler in den Krieg zu folgen, wie unerwünscht dieser Krieg auch immer gewesen sein mochte.[78]

Auch sollte die weiterhin bestehende Überzeugung, dass Hitler einen schnellen Frieden anstrebe, nicht unterschätzt werden. Offensichtlich glaubten viele immer noch, dass Hitler alles in seiner Macht Stehende getan habe, um den Krieg zu vermeiden.[79] Die Propagandafiktion von Hitlers Wunsch nach Frieden, die während der vorausgegangenen Jahre aufgebaut worden war, wirkte sich immer noch ganz klar auf eine Bevölkerung aus, die keine gegenteiligen Ansichten kannte, da sie keinen Zugang zur ausländischen Presse hatte.[80] Hitler äußerte sich im privaten Kreis ganz offen über die Tatsache, dass er sein »Friedensimage« als Alibi benutzt hatte, um dem deutschen Volke »zu zeigen, dass ich alles getan hatte, den Frieden zu erhalten«.[81] Nachdem die Feindseligkeiten einmal begonnen hatten, versuchte Hitler sein Image als Staatsmann des Friedens noch weiter zu pflegen, indem er seinen angeblich aus tiefstem Herzen kommenden Wunsch nach einem schnellen Ende des Konflikts betonte, und all dies gipfelte nach dem siegreichen Ende des Polenfeldzugs in seinem Friedensangebot an die Westmächte in der Reichstagsrede vom 6. Oktober 1939.[82] Zwar hegten gewiss viele Deutsche Zweifel an der Ernsthaftigkeit dieses Friedensappells, der effektiv forderte, dass die Westmächte ein weiteres Mal vollendete Tatsachen zu deutschen Bedingungen akzeptierten. Die prompte Zurückweisung des Angebots durch Chamberlain und Daladier konnte jedoch durch Propaganda ausgebeutet werden, um dem Anschein nach zu bestätigen, was viele Deutsche zu glauben bereit waren: dass nämlich die Westmächte an jedweder Verlängerung des Krieges schuld seien. Ein Bericht unter vielen, der diese Stimmung hervorhob, stellte fest, nachdem Deutschlands Feinde »die dargereichte Hand« des Friedens zurückgewiesen hätten, habe das Volk erkannt, »dass England nur die Vernichtung Deutschlands will, und [das Volk] ist daher in seinem unbegrenzten Vertrauen zu seinem Führer mehr denn je entschlossen, den aufgezwungenen Kampf bis zum siegreichen Ende durchzuhalten«.[83]

Schließlich wurde der weiter bestehende naive Glaube, Hitler wolle nur das Beste für sein Volk, durch die Ereignisse des Krieges in seiner Frühphase nicht zerstört. Die Wochenschauberichte über die hochmoderne deutsche Wehrmacht in Aktion und die brillante Blitzkriegsstrategie, die der »Führer« persönlich überwachte, stärkten Deutschlands Prestige noch weiter, und angesichts der minimalen Verluste und der schnellen Siege in Polen verflog bald die weitverbreitete Niedergeschlagenheit, die Anfang September spürbar gewesen war.[84] Es herrschte weiterhin das Gefühl, die Westmächte würden bald gezwungen sein, in Friedensverhandlungen einzutreten, und der Krieg werde bald vorbei sein.[85] Im Hinblick auf die brutale Zerstörung Polens gab es nur wenige moralische Skrupel. Dazu notierte der US-Korrespondent William Shirer in seinem *Berliner Tagebuch*: »Ich muss den Deutschen erst noch finden – selbst unter denen, die das Regime nicht mögen –, der irgendetwas schlecht findet an der Zerstörung Polens durch Deutschland… Solange die Deutschen erfolgreich bleiben und nicht zuviel Verluste erleiden, wird dies kein unpopulärer Krieg sein.«[86]

Insgesamt gab es im Herbst 1939, trotz der Tatsache, dass Deutschland nun in einen neuen Krieg eingetreten war, wenig, was das Vertrauen in Hitlers Führung erschüttert hätte. Ein junger Soldat, der gerade aus Polen heimgekehrt war, formulierte ohne Zweifel die Ansichten vieler Deutscher seiner Zeit: Über ein Gespräch mit ihm berichtet ein Sympathisant der sozialistischen Gruppe *Neu Beginnen*, der Deutschland zu jener Zeit bereiste, der junge Soldat habe unbegrenztes Vertrauen in die militärische Führung, unkritische Bewunderung für Hitlers Kühnheit und die starke Hoffnung zum Ausdruck gebracht, dass England und Frankreich den Krieg – angesichts der deutschen militärischen Überlegenheit und der Überzeugung, dass Hitler sich durchsetzen werde – nicht weiterführen würden.[87]

Ein Hinweis darauf, dass Hitlers Popularität in den ersten Monaten des Krieges einige Rückschläge erlitten hatte, ergibt sich aus Reaktionen auf den Attentatsversuch im Münchener Bürgerbräukeller am 8. November 1939. Erschütterung,

Zorn und Erleichterung über das Ergebnis wurden in den Inlandsberichten aus allen Lagern selbst in jenen Gegenden festgehalten, wo es früher zwischen der Partei und der örtlichen Bevölkerung aufgrund des »Kirchenkampfes« Konflikte gegeben hatte. [88] Der SD behauptete: »Das Attentat von München hat im deutschen Volk das Gefühl der Zusammengehörigkeit stark gefestigt.« Starker Hass gegen Großbritannien, das NS-Propagandaberichten zufolge den Attentatsversuch ausgelöst hatte, herrschte angeblich vor.[89] Und einem Sopade-Bericht aus Berlin zufolge war nach dem Attentatsversuch der Gedanke verbreitet, ein Erfolg hätte in Deutschland nur zu Chaos geführt und den Feinden der Nation genutzt. Er hätte den Verlust des Krieges, ein Elend, das größer war als jenes nach »Versailles«, und die Liquidierung aller seit 1933 gemachten Bemühungen bedeutet. Der Vorfall wurde daher von den Nationalsozialisten zu einem Propagandaerfolg gemacht: »Die politische Konsequenz des Bombenwurfes ist nach unseren allgemeinen Beobachtungen eine Stärkung der Entschlossenheit.«[90]

Ende 1939 erlebte das deutsche Volk seinen ersten Kriegswinter und damit die ersten Härten und Entbehrungen. Die Begeisterung über den Sieg gegen Polen war schon seit Langem dahingestorben. Unzufriedenheit, verursacht durch Knappheit an einigen Gütern, insbesondere Mängel der Kohlenversorgung während des härtesten Winters seit Jahren, war eindeutig in ärmeren Teilen der Bevölkerung zu registrieren, insbesondere unter Arbeitern, deren Haltung gegenüber dem Krieg als pessimistisch bezeichnet wurde.[91] Dennoch scheint Hitlers Einschätzung, die er in einer Rede vor der Wehrmachtsführung kurz vor Beginn des Krieges gegeben hatte und in der er seine Entschlossenheit zum Handeln rechtfertigte, vier Monate später gleichermaßen wohlbegründet zu sein: Er habe das Volk zusammengeführt und besitze sein Vertrauen in einem Maße, wie es kein Nachfolger je erreichen würde. Neben anderen Gründen nannte Hitler dies als einen wichtigen

Faktor, nicht länger mehr auf den Kriegsbeginn zu warten.[92] Nur kurze Zeit später wiederholte er in einer Rede vor seinen Generälen, dass eine Revolution im Inneren unmöglich sei und das deutsche Volk hinter ihm stehe. Er argumentierte, die Zeit sei reif für einen Krieg, da die Stimmung der Bevölkerung »nur schlechter werden kann«.[93] Mehr als irgendein anderer Propagandist verfügte Hitler über ein extrem sensibles Gespür für das Toleranzniveau der Masse der Bevölkerung – der gegenüber er sich *verachtungsvoll* und misstrauisch zugleich verhielt.[94] Im Herbst 1939 erkannte er, wie seine Bemerkungen zeigen, dass trotz des neuen Potenzials an patriotischer Loyalität, das der Krieg geschaffen hatte, und trotz des erweiterten Apparats zur Unterdrückung nonkonformistischer Haltungen die Zeit leichter Popularitätsgewinne vorbei war. Doch für den Augenblick zumindest formten Hitlers eigene Autorität und seine ungeheure Popularität – die Kehrseite des Apparats von Repression und Terror – das zentrale Mittel zur Konsolidierung und Integrierung der Gesellschaft durch einen massiven Konsens für das Regime, wenn es sich dabei auch um einen Konsens handelte, der sich wenigstens teilweise auf falsche Auffassungen über Hitlers Kriegsziele stützte. Zusätzliche Elemente des Führerkults – insbesondere das Image eines Kriegsstrategen von einzigartiger Genialität – ergaben sich nach dem triumphalen Westfeldzug 1940. Doch je länger der Krieg dauerte und je größer die Opfer der Deutschen wurden, desto unerbittlicher war der unvermeidliche, wenn auch zuerst überraschend langsame Abstieg und schließliche Niedergang des »Führermythos«.

TEIL 2

DER VERFALL DES »HITLERMYTHOS« 1940–1945

Kapitel 6

Die Zeit der Blitzkriegsiege

Höhepunkt der Popularität 1940–1941

»Deutschland ist Hitler, und Hitler ist Deutschland.«
NS-Propagandaparole, 1939

»Man kann ruhig sagen, die ganze Nation ist nun von einem so gläubigen Vertrauen zum Führer erfüllt, wie dies vielleicht in diesem Ausmaße nie der Fall war.«
Der Kreisleiter von Augsburg-Stadt, 1940

Zur Zeit von Hitlers letzten nationalen Triumphen vor Ausbruch des Krieges war die Schaffung des »Führermythos« beinahe abgeschlossen. Nur ein wichtiges Attribut fehlte noch: das des militärischen Genies. Doch bereits vor Kriegsausbruch waren die Propagandaexperten damit beschäftigt, diesen Aspekt von Hitlers Image herauszuarbeiten. Die 10000 Meter Filmberichte über Hitler bei der großartigen Militärparade und den Feiern zu seinem 50. Geburtstag im April 1939 strebten bewusst danach, ihn nicht nur als Staatsmann zu präsentieren, sondern sie zeigten ihn auch bereits »als de[n] künftige[n] Feldherr[n], der hier Musterung zu halten gedenkt über seine Streitkräfte«.[1] Sobald der Krieg einmal begonnen hatte, sollte das Bild Hitlers als militärischer Führer und Stratege alle anderen Bestandteile des »Führermythos« überragen. Und obwohl, wie wir gesehen haben, die ursprünglichen Ängste vor einem weiteren Krieg weitgehend durch leichte, schmerzlose Siege überwunden wurden, kann der Kriegsbeginn dennoch als Zäsur in der Entwicklung des »Hitlermythos« angesehen werden.

Von den ersten Kriegswochen an wurde die Begeisterung über militärische Erfolge sehr schnell durch die ökonomischen Einschränkungen und die materiellen Auswirkungen auf das Alltagsleben gemindert, wenn diese auch, verglichen mit den späteren Kriegsjahren, im Rückblick nur als unbedeutende Formen von Beeinträchtigungen erscheinen.[2] Die psychologische Grundlage für Hitlers Popularität als nationaler Führer, der oberhalb und außerhalb der Sorgen des Alltagslebens steht, wurde jedoch durch diese materiellen Probleme nicht wesentlich beeinträchtigt. Im Gegenteil: Die emotionale Zuneigung zu Hitler wurzelte in der Auffassung, er repräsentiere das Ideal der nationalen Gemeinschaft und der nationalen Größe, er führe Deutschland zu größerem Wohlstand, und was auch immer unmittelbar an Opfern verlangt werden mochte, so sei doch knapp jenseits des Horizonts für alle eine Glückssträhne zu erwarten. Wie allerdings der Weg in dieses

Wunderland genau aussehen sollte, wurde selbstverständlich selten systematisch durchdacht.

Doch der Nimbus des militärischen Genies, das schließlich durch einen Endsieg den Weg für einen dauerhaften Wohlstand frei machen würde, konnte geradezu *per definitionem* nur so lange anhalten, wie ein glanzvoller Sieg auf den anderen folgte – und all dies ohne größere materielle Opfer oder Verluste. Als Niederlagen an die Stelle von Siegen traten, als sich die Lebensumstände in der Heimat verschlechterten, als die Gürtel enger geschnallt werden mussten und die Entbehrungen wuchsen, als sich überdies die visionäre Utopie in die Realität des totalen Krieges und der heraufziehenden Katastrophe verwandelte, verlor das Hitler-Image als Kompensation für wachsende Beschränkungen und Opfer im Alltag schrittweise seine Wirksamkeit und brach schließlich fast vollständig zusammen. Der zweite Teil dieses Buches handelt hauptsächlich von den voranschreitenden Phasen dieses Abstiegs und Falls, die an den verbleibenden Spuren der sich wandelnden Empfänglichkeit der Bevölkerung für das Propagandabild von Hitler während des Krieges illustriert werden. Bevor wir uns jedoch dem Niedergang des »Hitlermythos« zuwenden, müssen wir noch seinen absoluten Höhepunkt in den Jahren skizzieren, da die Blitzkriegserfolge fast ganz Europa unter Hitlers Kontrolle brachten.

Die meisten Deutschen befanden sich während der ersten Monate des Jahres 1940 in einer von großen Erwartungen, aber auch von Sorgen geprägten Stimmung. Trotz der überraschenden Mühelosigkeit des Sieges über Polen stand, so schien es klar, die wirkliche Belastungsprobe noch bevor. Das Alltagsleben verlief weiterhin vorwiegend in seinen gewohnten Bahnen. Es hatten sich zwar einige neue Maßnahmen als notwendig erwiesen, aber insgesamt reichten die Veränderungen, die der Krieg mit sich brachte, weniger weit, als es im Jahre 1914 der Fall gewesen war. Nicht zuletzt das Fehlen jeder ernsthaften Rationierung von Verbrauchsgütern und die große Zahl von Freistellungen vom Militärdienst für qualifizierte Arbeiter und Bauern ließen den Anschein aufkommen, dass das Regime die Entwicklungen sehr wohl unter Kontrolle habe und keinen Krieg von den Dimensionen der Jahre 1914 bis 1918 befürchtete. Es war sogar recht großzügig in seinen Beschaffungsmaßnahmen. Dennoch konnte all dies die Spannung nicht völlig verdecken. Es gab ein Gefühl, dass irgendetwas in der Luft liege, dass Ruhe vor dem Sturm herrsche.[3] Nur wenige konnten sich damals das Ausmaß und das Tempo der deutschen Siege vorstellen, die Westeuropa im Frühjahr und Frühsommer überwältigten und im Juni in einer umfassenden Niederlage des alten Erzfeinds, der Franzosen, gipfelten. Dies veranlasste den speichelleckerischen Feldmarschall Keitel zu erklären, Hitlers strategische Brillanz bei der Vorbereitung dieser Kampagne habe ihn zum »größten Feldherrn aller Zeiten« gemacht.[4]

Hitler persönlich trug während dieser Monate des Triumphs viel zur weiteren Überhöhung seines Images bei. Zwischen Januar 1940 und Juni 1941 hielt er im Rundfunk nicht weniger als neun große Reden, in denen er seine unerschütterliche Zuversicht demonstrierte, die Moral stärkte und zusätzliche Hoffnungen auf ein frühes Ende des Krieges verbreitete. In späteren Jahren sollte er dagegen immer seltener öffentlich sprechen, obwohl er von Goebbels und anderen wiederholt gedrängt wurde, dies häufiger zu tun. Er spürte offensichtlich nur zu gut, wie stark die Wirksamkeit seiner Rhetorik davon abhängig war, über Erfolge zu berichten und die Hoffnung auf ein Ende des Krieges hinhalten zu können.

Bereits während der unheimlichen Ruhe des »Sitzkrieg[s]« im Winter 1939/40 hatte Hitler einen erfolgreichen Ausgang des Konflikts für das Jahr 1940 angekündigt und gleichzeitig England und Frankreich die Schuld für eine bewusste Verlängerung des Krieges durch Einflussnahme auf zuvor neutrale Länder zugeschrieben.[5] Solche Vorwürfe bereiteten den Weg zur Rechtfertigung der Besetzung Dänemarks und Norwegens durch Deutschland im April 1940 – eine Rechtfertigung, die umso glaubwürdiger wirkte, als fast zum gleichen Zeitpunkt wie die deutsche Marine britische Kriegsschiffe in norwegischen Gewässern auftauchten und britische Truppen in Narvik und Trondheim landeten. Die Erklärung der deutschen Führung, die riskante Operation in Skandinavien sei wegen der beabsichtigten britischen Landung und dem damit verbundenen Bruch der Neutralität notwendig geworden, hatte daher einen gewissen Anschein von Plausibilität und wurde wohl von der deutschen Bevölkerung weitgehend akzeptiert.[6] Die Besetzung Dänemarks und Norwegens unter unerwartet geringen Verlusten galt als schwerer Schlag gegen Großbritannien und wurde als ein »großer Erfolg der kühnen, entschlossenen Politik des Führers« gefeiert.[7] Hitlers Geburtstag im April 1940 führte dazu, dass die Propagandisten sich um neue Superlative bemühten, um die »unerschütterliche Gefolgschaftstreue« seiner Anhänger zum Ausdruck zu bringen.[8] In den letzten Berichten, die die Sopade-Beobachter im April 1940 zusammenstellen konnten, hieß es: »Lieber wollen viele Hitler behalten, als dem ins Auge sehen, was nach einer Niederlage kommen könnte.«[9] Ein Bericht, der etwa aus der gleichen Zeit stammt und das Londoner Büro der Gruppe *Neu Beginnen* erreichte, gründete sich auf Gespräche mit einem älteren, früher aktiven Mitglied der SPD in einer mitteldeutschen Stadt und gab ein ähnliches Meinungsbild wieder. Die meisten Arbeiter, so hieß es, seien überzeugt, es wäre sehr viel schlimmer für Deutschland, wenn es den Krieg verlöre, dann wären ein noch drakonischeres »Versailles«, die Spaltung Deutschlands und gewaltige Arbeitslosigkeit die Konsequenz. Die deutsche Jugend stehe geschlossen hinter den Nationalsozialisten und »glaube bedingungslos an Hitler«. Sie halte ihn für einen wahren Sozialisten, der mit den Kapitalisten fertiggeworden sei – etwas, was der SPD nicht gelungen sei, und sie hoffe auf eine hellere Zukunft, wenn der Krieg einmal gewonnen sei.[10] Und gewöhnliche Soldaten, die im April 1940 von der Front an Angehörige schrieben, brachten ganz naiv ihre Überzeugung zum Ausdruck: »Solange wir den Frontsoldaten Adolf Hitler haben, gibt es nur Treue, Tapferkeit und Gerechtigkeit für sein Volk«; sie nahmen an, »dass der schönste Tag im Leben unseres Führers erst kommt, an dem die Völker alle ihre Freiheit, Frieden und Gleichberechtigung zurückerhalten haben werden«.[11]

Die Rechtfertigung Deutschlands für den Angriff auf Belgien und Holland am 10. Mai 1940 – dieser Schritt sei eben notwendig gewesen, um einem Bruch der Neutralität durch den Feind zuvorzukommen – wirkte weniger überzeugend als im Fall Skandinaviens.[12] Dies war jedoch von wenig Bedeutung in einer Atmosphäre, die von Spannung und Furcht geprägt war, weil eine Offensive im Westen möglicherweise nicht so sanft verlaufen würde wie die Feldzüge in Polen und Skandinavien.[13] Die Sondermeldungen des deutschen Rundfunks über den schnellen, fast unbehinderten Vorstoß der Wehrmacht im Westen klangen daher fast unglaublich. Einen Monat nach Beginn der Offensive hieß es in einem recht typischen Lagebericht des Regierungspräsidenten von Schwaben:

> Das Heranreifen des weltgeschichtlichen Erfolges verfolgten alle in atemloser Spannung, mit stolzer Bewunderung und freudigem Dank gegenüber dem genialen Führer und seinen tapferen Truppen. Dies um so mehr, als unsere Verluste wieder verhältnismäßig gering waren. Der Aufruf des Führers zur Beflaggung vom 5.6.1940 fand allenthalben jubelnden Widerhall. In dem Geläute der Glocken schwingen die Gebete für Führer und Heer und für einen glücklichen Ausgang des Ringens um die deutsche Freiheit und Zukunft mit.[14]

In einem weiteren Bericht einen Monat darauf, als der Einmarsch deutscher Truppen in Paris am 14. Juni und die offizielle französische Kapitulation in Compiègne am 22. Juni –

die symbolisch die Erniedrigung der deutschen Kapitulation am gleichen Ort 1918 aufhob – Hitlers Ansehen auf den äußersten Höhepunkt gehoben hatte, lieferte derselbe Regierungspräsident von Schwaben eine überschwängliche Beschreibung der Stimmung: »Begeisterung, Bewunderung, Ehrfurcht, Stolz, Wetteifer in Leistung und Hingabe, Siegesgewissheit und Friedenshoffnung« habe die Bevölkerung bewegt, als sie die Nachricht über den »glorreichsten, gewaltigsten Sieg aller Zeiten« erfuhr. Weiter hieß es dann:

> Das Glockengeläute und die Beflaggung aus Anlass des Falles von Paris und des Waffenstillstandes sprachen jedem zu Herzen. In Demut dankte mit dem Führer das ganze Volk dem Herrgott für seinen Segen. Darüber hinaus aber sprach der Stellvertreter des Führers, Reichsminister Rudolf Heß, mit seinem Dank an den Führer allen aus der Seele. Die übermenschliche Größe des Führers und seines Werkes erkennen heute alle gutgesinnten Volksgenossen restlos, freudig und dankbar an; auf ihn und den baldigen Endsieg der deutschen Waffen gegen den letzten Feind, England, bauen sie in felsenfester Zuversicht. Heimat und Front sind hierin einig, vor dieser Größe verstummt aller Kleinmut und alle Nörgelei.[15]

In den im Gegensatz dazu normalerweise nüchternen Berichten des Kreisleiters von Augsburg-Stadt hieß es, Glaube und Vertrauen in den »Führer« hätten ein beispielloses Niveau erreicht: »Man kann ruhig sagen, die ganze Nation ist nun von einem so gläubigen Vertrauen zum Führer erfüllt, wie dies vielleicht in diesem Ausmaße noch nie der Fall war ... Wenn überhaupt eine Steigerung der Gefühle für Adolf Hitler noch möglich war, so ist dies mit dem Tage der Rückkehr nach Berlin Tatsache geworden.«[16]

Die Aufgabe derartiger Siege, dem Regime einen noch umfassenderen Rückhalt in der Bevölkerung zu sichern, scheint unleugbar. Der SD erwähnte »eine bisher noch nicht erreichte innere Geschlossenheit und enge Verbundenheit von Front und Heimat«. Eine Folge davon sei: »Der Tätigkeit der Gegnergruppen ist überall der aufnahmefähige Boden entzogen.« Es herrsche nun ein feindseliges Klima gegenüber jedweder Kritik.[17] Opponenten des Regimes berichteten später schriftlich von den Schwierigkeiten, denen sie in diesem Meinungsklima gegenüberstanden, und gaben sogar zu, dass es schwerfiel, sich von dieser jubelnden Siegesstimmung fernzuhalten.[18] Berichte der »Rüstungsinspektion« der Wehrmacht behaupteten, die Arbeiter für kriegswichtige Tätigkeiten in den Waffenfabriken hätten nicht länger mehr außerhalb der Wehrmacht bleiben wollen und auf Eintritt in die Streitkräfte gedrängt.[19] Die Abnahme der Zahl der Fälle, die vor den politischen Sondergerichten zur Verhandlung kamen, bedeutet möglicherweise ebenfalls einen Reflex der Tatsache, dass im Sommer 1940 immer seltener kritische Meinungen geäußert wurden.[20]

Viele schienen zu erwarten, dass mit der Niederlage Frankreichs ein Siegfriede bevorstehe. Ein Brief eines Bürgers der Stadt Görlitz an einen Frontsoldaten von Ende Juni oder Anfang Juli 1940 sprach zweifellos für viele von den »unfassbar groß[en]« Ereignissen, die in den letzten Wochen in den Wochenschauen zu sehen gewesen waren: »Wir werden es dem Führer und dem tapferen Heer nie genug danken können, dass sie uns in der Heimat die Schrecken des Krieges erspart haben.« Im Übrigen erwarte Deutschland »eine große Zukunft… nach dem endgültigen Siege im Aufbau von Europa«.[21] Nur die Niederlage Großbritanniens – die nun weitgehend als selbstverständlich betrachtet wurde – stand, so schien es, dem Endsieg noch im Wege, und der Rausch des Triumphs über Frankreich vermischte sich, aufgepeitscht von einer fast hysterischen antibritischen Propaganda, mit einem weitverbreiteten Wunsch nach einer totalen Vernichtung Großbritanniens. Zum ersten und fast einzigen Male während des Zweiten Weltkriegs gab es etwas, was man bis zu einem gewissen Grade als eine allgemein verbreitete »Kriegsstimmung« bezeichnen kann. Dies bedeutete allgemeine Ablehnung jedes vorzeitigen und höchstwahrscheinlich allzu großzügigen Friedens mit Großbritannien, ja sogar ein gewisses Maß an Enttäuschung über Hitlers neues und »allerletztes« Friedensangebot vom 19. Juli, das die Weltöffentlichkeit besänftigen sollte. Einem amtlichen Bericht zufolge konnten es die Menschen kaum erwarten, dass der Angriff beginne, und jeder wünschte, Großbritanniens bevorstehende Niederlage persönlich mitzuerleben. Und falls es einen gewissen Grad an Sympathie mit anderen besiegten Völkern gegeben haben sollte – was, besonders in Hinblick auf die Polen, durchaus zu bezweifeln war –, »so steht die ganze Bevölkerung auf dem Standpunkt, dass England unbedingt vernichtet werden muss«.[22]

Freilich sollte es zu dieser großen Invasion gegen das Inselreich nie kommen, und als der zweite Kriegswinter nahte, begann im Herbst 1940 die Stimmung zu kippen. In manchen Berichten wurde immer noch die Ungeduld erwähnt, mit der die Menschen den letzten, den endgültigen Angriff auf Großbritannien erwarteten. Aber wie groß auch immer die Intensität der antibritischen Gefühle gewesen sein mag, die Ungeduld war zuerst und vor allem ein Zeichen dafür, dass der endgültige Friedensschluss allem Anschein nach nicht unmittelbar bevorstand. Die Begeisterung des Sommers ging schrittweise in pessimistischere Gefühlslagen über, man fürchtete nun, dass es sich auch diesmal im Endergebnis doch um einen lang dauernden Krieg handeln könne. Doch bislang war Hitlers Stellung von diesen Zweifeln nicht betroffen. Die meisten Deutschen vertrauten darauf, dass seine militärische und politische Genialität wieder einmal genau den richtigen Moment für den entscheidenden Schlag gegen England herausfinden würde. Diese Leute hatten im Herbst 1940 keine Ahnung davon, dass die »Operation Seelöwe« auf unbestimmte Zeit verschoben worden war.

Das bis in das Frühjahr 1941 hinein bestehende uneingeschränkte Vertrauen in den »Führer« beruhte in nicht geringem Maße auf der Tatsache, dass das Kriegsgeschehen nicht ernsthaft in das Alltagsleben eingriff. Und es fand neue Nahrung durch eine Serie von Hitler-Reden Ende 1940 und Anfang 1941, die darauf abzielten, den Glauben an den Endsieg zu stärken und den Eindruck zu verbreiten, dass ein entscheidender Schlag, der den Krieg beenden würde – und die Menschen dachten immer noch, dieser würde sich gegen Großbritannien richten –, im Laufe der nächsten zwölf Monate erfolgen würde.[23]

Die Aufgabe des »Führermythos«, von Alltagssorgen abzulenken und die Basis der Unterstützung für das Regime zu stärken, wird in Berichten über die Auswirkungen von Hitler-Reden anschaulich, die der SD eifrig sammelte. Im November 1940 hieß es beispielsweise, »persönliche, wirtschaftliche Sorgen« seien angesichts des bevorstehenden zweiten Kriegswinters weitverbreitet und hätten zu »missmutigen und skeptischen Gedanken« geführt. Berichte aus allen Teilen Deutschlands deuteten jedoch an, dass Hitlers Rede vor den »alten Kämpfern« der Bewegung am 8. November solche Gefühle aufgelöst und »weite Bevölkerungskreise … wiederaufgerichtet« habe. In einem Kommentar aus Schwerin, der als typisch bezeichnet wurde, heißt es: »Wenn der Führer spricht, dann fallen alle Bedenken weg und man schämt sich, dass man überhaupt jemals daran zweifeln konnte, ob auch wohl immer der richtige Augenblick für unsere Aktionen ausgenutzt werde.«[24] Ähnliche Reaktionen wurden Anfang 1941 von SD-Stellen in Unterfranken festgehalten. Pessimisten, so hieß es, hätten gesagt, der Krieg könne zwischen vier und sieben Jahren dauern, und Großbritannien, das noch nie einen Krieg verloren habe, werde auch diesen nicht verlieren. Nach der Hitler-Rede vom 24. Februar 1941 sollen derlei Ansichten verschwunden sein, und die vorherrschende Meinung lautete nun, dass »der Krieg im Laufe des Sommers 1941 siegreich beendet wird«. Hitlers Vertrauen in einen baldigen Sieg machte tiefen Eindruck, und es wurde weithin geglaubt, dass der letzte Schlag im März oder April einsetzen werde.[25] Aus Schweinfurt gab der SD die Äußerung einer einfachen Frau zu derselben Führerrede wieder: »Es war doch wunderbar, mit welchem Glauben der Führer gesprochen hat. Trotzdem mein Mann im Felde steht und ich mit meinen kleinen Kindern allein daheim zurecht kommen muss, habe ich mich an der Rede des Führers wieder ordentlich aufgerichtet. Man sieht nach solch einer Rede erst, wie kleingläubig man doch durch den Alltag geworden ist. Jetzt blicke ich wieder zuversichtlich in die Zukunft.«[26] Nachdem Hitler Mitte März 1941 erneut angedeutet hatte, dass Großbritannien bezwungen und der Krieg innerhalb des nächsten Jahres endgültig zu Deutschlands Gunsten beendet werde, gab es Leute, die Bemerkungen wie die folgende machten: »Der Führer habe noch nie etwas in Aussicht gestellt, das nicht eingetroffen sei.« Und daher könne man sich gewiss darauf verlassen, dass England sehr schnell besiegt werde und der Krieg zu Ende gehe.[27] Die naive, fast religiöse Grundlage des Hitler-Glaubens wird an solchen Berichten ganz deutlich, doch zeigen sie auch, dass die Menschen vor allem deswegen die Hitler-Reden aufmerksam anhörten, um Hinweise auf ein frühes Ende des Krieges zu entdecken, und dass die Bewertung seiner Person im Volke sehr stark von der Erfüllung derartiger Hoffnungen abhing. Das Kriegsfieber des Sommers 1940 sollte schnell vorbeigehen, und an seine Stelle war Ende des Jahres wiederum ein ungeduldiges Verlangen nach einem Ende des Krieges getreten. Als der Staatsstreich in Jugoslawien im Frühjahr 1941 Hitlers Pläne für einen Angriff auf die Sowjetunion (den letzten möglichen Bundesgenossen Großbritanniens auf dem Kontinent) störte und es wegen der drohenden Ausdehnung des Krieges auf den Balkan zu einer Verschlechterung der Stimmung kam, registrierte der SD abermals, »mit welchem kindlichen Vertrauen gerade Leute aus den einfachsten Schichten heute zum

Führer und unserer Staatsführung aufblicken«. Sie seien überzeugt: »Der Führer hat das einkalkuliert, wird das schon richtig erledigen.«[28] Der »Führer« war somit zu einer Art von Droge für die Menschen geworden, von der sie abhängig waren, um auftauchende Zweifel, Sorgen und Ungewissheiten zu unterdrücken. Der SD in der Industriestadt Schweinfurt in Unterfranken berichtete im März 1941 von Beschwerden aus den ärmeren Teilen der Bevölkerung, dass Anstecknadeln mit dem Führerbild nur durch einen beträchtlichen Spendenbeitrag bei der Winterhilfe erworben werden konnten und dass es zu wenige davon gebe, um die Nachfrage zu befriedigen.[29] Es gab Berichte aus vielen Teilen des Reiches, »dass eine Wochenschau ohne Bilder des Führers nicht für vollwertig gehalten werde. Man wolle immer sehen, wie der Führer aussehe, ob er ernst sei oder lache. Dagegen äußere man sich allgemein sehr enttäuscht, dass man seit langer Zeit im Rahmen der Wochenschau nicht auch die Stimme des Führers habe hören können.« Und in einem Bericht hieß es sogar: »Die Worte des Führers sind beim Volk Evangelium.«[30]

Wegen des Krieges wurde angeordnet, am 20. April 1941 nur schlichte Geburtstagsfeiern für Hitler zu veranstalten. Dennoch sammelten sich die Massen in Teilen von Niederbayern und der Oberpfalz, sodass für die Feiern reservierte Säle übervoll waren und die Polizei einschreiten musste.[31] Der Ton der Festlichkeiten wurde von Görings öffentlicher Lobrede auf den »Führer« bestimmt.[32] Zehnjährige, die an diesem Tag für die Mitgliedschaft im deutschen Jungvolk und der deutschen Jungmädelschaft vereidigt wurden, mussten eine beinahe religiöse Verpflichtung eingehen: »Du, Führer, bist uns Befehl! Wir stehen in deinem Namen. Das Reich ist unseres Kampfes Ziel, ist Anbeginn und Amen.«[33]

Das Vertrauen in Hitler war grenzenlos. In der zentralen Zusammenfassung der SD-Berichte ist kurz nach Beginn des Balkanfeldzuges am 6. April 1941 von »unbedingte[r] Zuversicht« die Rede, dass der Feldzug in Jugoslawien und Griechenland sehr schnell mit einem Sieg enden werde. Einige meinten, er würde allerdings mindestens drei Wochen dauern wie im Falle Norwegens; kaum jemand erwartete eine längere Dauer der Kämpfe als sechs bis acht Wochen.[34] Tatsächlich wurde nach weniger als drei Wochen der erfolgreiche Abschluss des Balkanfeldzugs gemeldet. Obwohl die Kampagne kaum derart stark die Vorstellungskraft ergriff, wie die Siege im Westen es getan hatten – einige Berichte deuten an, dass die Bedeutung des Vorstoßes nicht angemessen begriffen wurde und dass die Siege die Stimmung des Volkes nicht länger als für sehr kurze Zeit hatten beeindrucken können –, schien dieses Geschehen doch ein weiteres Beispiel für Hitlers strategische Genialität zu sein. Aber, wie sich herausstellen sollte, handelte es sich hier um das letzte Beispiel eines umfassenden Blitzkriegsieges bei geringen Verlusten, was bei der öffentlichen Reaktion auf den Balkankrieg wieder einmal ein entscheidender Umstand war.[35] Bedeutsamer als der etwas gedämpfte Jubel wegen dieser Siege waren »die Hoffnung und der dringende Wunsch, dass der Krieg noch in diesem Jahr beendet werden kann«.[36] Die Ausdehnung des Kriegsgeschehens auf Südosteuropa hatte trotz des deutschen Triumphs zu wachsender Sorge geführt, dass der Krieg sich nun lange hinziehen könne.[37] Die Schatten wurden dunkler aufgrund von Gerüchten über sich verschlechternde Beziehungen zur Sowjetunion und Nachrichten über Truppenbewegungen an den Ostgrenzen des Reiches. Die sich daraus ergebenden Befürchtungen wurden durch Bemerkungen in den allerletzten Hitler-Reden nicht verringert, die Hinweise darauf brachten, dass »ein schweres Kampfjahr« bevorstehe, und die zudem das Versprechen besserer Waffen für die Wehrmacht »im nächsten Jahr« enthielten.[38] Am Vorabend des Angriffs auf die Sowjetunion war Hitlers Ansehen im Volk jedoch ungeschwächt und das Vertrauen in seine Führung bei der großen Mehrheit der Bevölkerung ungebrochen.

Die Kluft zwischen Hitlers ungeheurer Popularität und dem durchgängig geringen Ansehen der Partei hatte sich dennoch, wenn sie sich überhaupt veränderte, in den ersten Kriegsjahren noch erweitert. Während der Krieg gewiss Gefühle der nationalen Zusammengehörigkeit verstärkte, so entsprachen diese jedoch nie auch nur annähernd dem Ideal der Volksgemeinschaft, wie die Partei es proklamierte und predigte. Die Feldgrauen der Wehrmacht und eine neue Generation von Kriegshelden ließen die Braunhemden tragenden Parteifunktionäre noch weniger attraktiv als vor dem Krieg erscheinen. Der Gegensatz zwischen Begeisterung für die Wehrmacht und Verachtung für die Partei war augenfällig. Auch der »Führer« hatte demonstrativ zu Kriegsbeginn feldgrau angelegt, um seine Zusammengehörigkeit mit seinen Truppen hervorzuheben und sein Image als erster Soldat des Reiches herauszuarbeiten, während unpopuläre Parteibonzen oftmals als Drückeberger betrachtet wurden, die ihren Pflichten an der Front aus dem Wege gingen. Wenn sich Bauern in einem Bezirk Oberfrankens bereits im September 1939 über »alte Kämpfer« der Partei beklagten, die daheim in Parteiuniform »herumliefen« und »unwichtige Parteiämter« ausübten, während sie doch jetzt eine gute »Gelegenheit zum Kämpfen« hätten, so war dies kein Einzelfall.[39] Trotz häufiger Hinweise in der Presse auf die Zahl der Parteifunktionäre in führenden Stellungen an der Front hielt diese Art von Kritik an.

Obwohl unermüdliche Propagandisten des »Führermythos«, waren die Parteifunktionäre nicht imstande, aus dem Abglanz von Hitlers persönlicher Popularität Vorteile zu ziehen. Während man sich allgemein vorstellte, dass Hitler sich mit den großen strategischen Fragen der Kriegführung befasse, hatten die Vertreter der Partei die langweiligen und oftmals unpopulären Alltagsgeschäfte in Angriff zu nehmen, die das Leben in der Heimat beeinflussten. Derweil der »Führer« und sein Heer Ruhm für militärische Erfolge in Anspruch nehmen konnten, brachten die wachsenden – und oftmals vorsätzlichen – Bemühungen von Mitgliedern der parteinahen Verbände, sich mit den sozialen Problemen von Einzelnen oder Gruppen auseinanderzusetzen, die besonders vom Krieg betroffen waren, sie mit unzufriedenen »Volksgenossen« in Kontakt – und dabei war wenig Applaus und Prestige zu ernten.[40]

Das Unvermögen der Partei, ihr Image trotz persönlicher Opfer, wie sie häufig von Einzelpersonen beispielsweise im NSV (der Wohlfahrtsorganisation der Partei) gebracht wurden, in erheblichem Maße zu verbessern, hatte seine Wurzeln in der Unpopularität vieler Manifestationen der sozialen und politischen Rolle der Partei in den Dreißigerjahren: etwa der Entfremdung, die durch Angriffe auf christliche Kirchen hervorgerufen worden war, der unerträglichen Arroganz vieler »kleiner Hitler«, dem Rabaukentum und der Vulgarität des organisierten Mobs und dem nicht zu beseitigenden Geruch von Korruption und Bestechlichkeit. All dies stand in bemerkenswertem Missverhältnis zu den in vielfacher Hinsicht im Grunde konservativen und pseudoreligiösen Gefühlen, die dem Hitler-Glauben zugrunde lagen und ihn prägten. So seltsam dies klingt: Die große Beliebtheit Hitlers hatte bereits vor dem Krieg wenig mit fanatischem Glauben an die zentralen Ziele der hitlerschen rassistisch-imperialistischen Weltanschauung und noch weniger mit dem Glauben an die Partei zu tun, deren Führer er war. Und während des Krieges, als es der Partei überhaupt nicht mehr gelang, ihre Popularität auszubauen, konnte Hitler zwischen 1939 und 1941 als Brennpunkt eines weitverbreiteten Konsens unter der großen Mehrheit der Bevölkerung hinsichtlich eines erfolgreichen Kriegsverlaufs und günstiger Aussichten auf einen frühen und ruhmreichen Frieden Nutzen ziehen.

Obwohl die Partei im Laufe der ersten Kriegsjahre die Zahl der Zusammenkünfte, die der ideologischen Schulung dienten – und die nie sehr beliebt gewesen waren –, beträchtlich verringert hatte und sich bei ihrer normalen Arbeit vor Ort auf den Versuch konzentrierte, »dem Verlangen der Bevölkerung nach einer lebendigeren Teilnahme am Zeitgeschehen« nachzukommen, wie es ein Bericht formulierte, war sie nicht imstande, ein größeres Interesse an der Parteiarbeit zu wecken oder die Popularität der örtlichen Parteiorganisationen zu mehren. Parteigenossen und SA-Leute, die sich 1933 selbst als eine radikale populistische Alternative zur konservativen Reichswehr gesehen hatten, spielten nun eine Nebenrolle und sorgten bloß noch für das Umfeld des triumphalen Empfangs junger Offiziere der Wehrmacht, Helden, die auf Urlaub von der Front heimkamen und von atemberaubenden Taten berichteten, durch die sie sich das Ritterkreuz verdient hatten.[41] Auf einem »Kreistag der NSDAP« in Schweinfurt im Oktober 1940 kam beispielsweise die örtliche Bevölkerung scharenweise, um bei einem Werbeabend für die Marine U-Boot-Veteranen willkommen zu heißen, aber die gleichen Leute fehlten fast völlig »bei den übrigen Kundgebungen der NSDAP«.[42] SD-Berichterstatter aus Unterfranken sprachen wenige Monate später von einer »Schulungsmüdigkeit« unter Parteimitgliedern wie auch in der allgemeinen Öffentlichkeit und bemerkten, dass die Gewinnung solcher Leute, die der Partei immer noch fernstehen, »nach wie vor ein ungelöstes Problem« sei.[43] Die Menschen interessierten sich weitgehend nur für die Wehrmacht und dafür, »wie es draußen aussieht«.[44]

Im Laufe des Krieges musste die Partei tatsächlich eine Reihe von neuen Aufgaben übernehmen, die zum Teil im Zusammenhang mit Sozialpolitik und gesellschaftlicher Organisation wichtig waren. Sie garantierten jedoch nicht notwendigerweise einen Anstieg der Beliebtheit von örtlichen Funktionären. So hatten beispielsweise regionale Bauernführer oder Bürgermeister (die oftmals auch Parteifunktionäre waren) über Freistellungsanträge von Bauern aus der Umgebung zu entscheiden. Dies bedeutete geradezu eine Einladung zu banalen Formen der Korruption und Bestechung, und die betreffenden Entscheidungen, wie auch immer sie zustande gekommen sein mochten, verursachten in jedem Fall böses Blut bei den Angehörigen jener, deren Anträge abgelehnt worden waren. Die polizeiliche Überwachung von Verdunkelungsvorschriften war ebenfalls eine Aufgabe örtlicher Parteivertreter, und in den ersten Kriegsjahren, als Luftangriffe kaum eine ernsthafte Bedrohung zu sein schienen, bildeten sie häufig eine weitere Quelle des Ärgers. Fürsorge für uneheliche Kinder gefallener Soldaten, die Organisation von Unterkunft und Hilfe für Menschen, die im Herbst 1939 von den Westgrenzen des Reiches evakuiert wurden, und die Verschickung der Päckchen von Angehörigen an die Front, all dies waren Aufgaben der Nationalsozialistischen Volkswohlfahrt (NSV). Jedoch konnten derlei Aktivitäten bestenfalls den Ruf der NSV selbst etwas verbessern, sie wirkten sich jedoch so gut wie gar nicht auf die Hauptorganisationen der NSDAP aus.[45]

Einige Parteiberichte interpretierten die wachsenden Forderungen, die an die Partei gestellt wurden, als Zeichen steigenden Vertrauens in ihre Taten.[46] Dies scheint allzu optimistisch angesichts der zahllosen Berichte, insbesondere aus ländlichen Gebieten, in denen das umfassende Eingreifen der Partei bei Alltagsangelegenheiten, insbesondere in sozialpolitischen und wirtschaftlichen Dingen, heftig kritisiert wurde.[47] Und in den großen Städten gewannen unter Kriegsbedingungen – so bezeugen etwa die sensiblen und »sozial bewussten« Berichte des Kreisleiters von Augsburg-Stadt – die alten Angriffe auf das parasitäre Dasein von Parteifunktionären neue Intensität. Der Kreisleiter erwähnte die Auffassung, »dass Partei und Staat für sich Prachtbauten schaffen, während man die große Masse des Volkes in Elendsquartieren verkommen lasse«. Die gleiche Bevölkerung, die Hitler wie einen Gott verehrte, war nicht bereit, »kleine Nebengötter« neben dem »Führer« zu dulden und wünschte ein Ende der »Lobhudelei« gegenüber Menschen, »die aus eigener Kraft bestimmt nichts geworden wären«, sowie des »übertriebenen Luxus« in einer Partei, die mit dem Anspruch an die Macht gekommen war, die Korruption zu beseitigen.[48] Solch heftige Gefühle gegenüber »Parteibonzen«, deren Lebensstil als Widerspruch zu den bescheidenen Lebensbedingungen der Bevölkerung betrachtet wurde, waren Anfang 1941 in Deutschland Gemeingut.[49]

Einen Indikator für weitverbreitete Auffassungen über Parteiführer bilden wilde Gerüchte, die von Zeit zu Zeit über einige prominente Gestalten der NSDAP im Umlauf waren. Diese »Latrinenparolen« wurden zweifellos häufig durch ausländische Rundfunkanstalten oder Gegner des Regimes in Deutschland in die Welt gesetzt. Aber sie wurden offensichtlich von vielen Menschen geglaubt. 1940 gab es beispielsweise weitverbreitete Gerüchte, Julius Streicher, der widerwärtige Judenhasser aus Nürnberg, der sich vor einer – ausgerechnet von Göring geleiteten – Kommission Vorwürfen wegen Korruption stellen musste, sei mit 30 Millionen Reichsmark über die Grenze geflohen.[50] Vor allem der Flug von Rudolf Heß nach Schottland gab Anstoß zu jeder vorstellbaren Art von Spekulation – so sehr, dass ein Bericht aus Bayern den Mai 1941 »geradezu als de[n] Monat der Gerüchte« bezeichnete.[51] Damals kam überall Klatsch über Untreue, Korruption, Diebstahl großen Ausmaßes und Flucht von Würdenträgern wie Himmler und Ley und verschiedener bayerischer »Parteibonzen« ins Ausland an die Oberfläche, darunter Gauleiter Adolf Wagner, von dem es hieß, er sei festgenommen worden, als er versuchte, die Schweizer Grenze mit 22 Millionen Reichsmark zu überschreiten, die er aus dem beschlagnahmten Eigentum aufgelöster Klöster gestohlen habe.[52] Eine ähnliche »Flut von Gerüchten und Vermutungen ..., wie es bisher kaum bei einem anderen Ereignis der Fall gewesen ist«[53], verbreitete sich auch in anderen Teilen Deutschlands wie ein Lauffeuer. Nach unterschiedlichen Darstellungen sollten auch Graf Helldorf, Polizeipräsident von Berlin und später an der Verschwörung des 20. Juli 1944 gegen Hitler beteiligt, Julius Streicher, Alfred Rosenberg, Adolf Wagner und der Ideologe der nationalsozialistischen Blut- und Bodenpolitik, Walther Darré, wegen Mitschuld am »Verrat« von Heß verhaftet und zum Teil bereits erschossen worden sein. Es hieß auch, man habe eine Liste von »nicht länger mehr tolerablen« örtlichen Führern der Partei, der Arbeitsfront und der NSV aufgestellt.[54] Ganz eindeutig war das Ansehen der Partei selbst in dieser Erfolgsphase des Krieges außerordentlich niedrig. In weiten Kreisen war offenbar das Gefühl verbreitet, dass die Vertreter der Partei mehr oder weniger zu jeder Art von größeren Fehltritten imstande seien.

Im Gegensatz dazu war Hitlers vermeintliche Unberührtheit von allen Formen der Korruption und des Eigeninteresses, mit denen seine Untergebenen belastet waren, ein Grundbestandteil des Führerbilds. Es ist bemerkenswert, wie selten Anschuldigungen wegen materieller Korruptheit Hitlers in den etwa 1400 Fällen vor dem Münchener Sondergericht auftauchen. In diesen Akten geht es um Menschen, die insbesondere wegen einer großen Palette von beleidigenden Bemerkungen über den »Führer« vor Gericht standen.[55] Der weiter bestehende Glaube an den »sauberen Führer«, der neben den Korruptionsvorwürfen gegen die Partei fortlebte, machte die Menschen wie schon zuvor blind gegenüber dem verhängnisvollen Weg der Zerstörung, auf den die institutionalisierte Untergrabung der konstitutionellen und rechtlichen Normen im »Hitler-Staat« und die fanatische Verfolgung von Hitlers »selbstlosen Zielen« Deutschland führten. Verglichen mit solch einem erbarmungslosen Marsch in die Katastrophe, der noch immer durch den »Hitlermythos« verschleiert wurde, war die Selbstbereicherung der »Parteibonzen«, sosehr sie auch soziales und politisches Feingefühl verletzte, nur von ganz nebensächlicher Bedeutung.

In der Hochstimmung nach dem Sieg über Frankreich brachten manche Leute sogar die Meinung zum Ausdruck, wenn der Krieg vorüber sei, werde die Partei von der Wehrmacht aufgelöst und Deutschland ein »reiner Militärstaat« werden.[56] Einige Monate später, im November 1940, hieß es in einem Bericht des SD-Abschnittes Würzburg über den Einfluss des Krieges auf die Stellung der Partei:

> Gegenüber den großen Ereignissen des Krieges ist das Geschehen der Partei zwangsläufig in den Hintergrund getreten. Dies wirkt sich wie folgt aus:
> a) Der Soldat hat im Felde eine neue Kameradschaft gefunden. Dies führte zur Lockerung einer Bindung an die Partei und ihre Gliederungen in der Heimat. Manche Soldaten äußern sich, dass sie, wenn der Krieg aus ist, in der Partei keine ehrenamtliche Arbeit mehr leisten mögen. Sie glauben vielfach durch ihre Dienstleistung an der Front oder auch hinter der Front genug getan zu haben und weisen dabei auf gleichaltrige oder jüngere hin, die nicht Soldat waren ...
> b) Die Partei- und Volksgenossen, die schon vorher der Partei gleichgültig oder ablehnend gegenüberstanden, halten vielfach jetzt die Zeit für gekommen, ihrem Herzen Luft zu machen. Dabei wird in erster Linie folgendes bemängelt: Viele Parteiführer seien gegenüber Parteigenossen und Volksgenossen zu selbstherrlich. Das Einschreiten gegenüber Parteiführern, bei denen Mängel hervorgetreten seien, geschehe nicht energisch genug. Der erwartete Reinigungsprozeß in der Partei sei ausgeblieben. Auch die Klagen über die Sammlungen nehmen zu ... Wenn immer noch Amtsträger der Partei in großen eleganten Kraftwagen von der Wohnung zur Dienststelle und zurück fahren, so findet dies nicht nur bei den nörgelnden Pg. und Vg. entschiedene Ablehnung ...
> c) Die Kehrseite macht sich bei den politischen Leitern und den sonst aktiv tätigen Pg. bemerkbar. Es wird immer schwerer, willige Mitarbeiter zu finden. Dies trägt zum Anwachsen der Arbeit bei den jetzt im Amt befindlichen Leitern bei. Die politischen Leiter (besonders Block- und Zellenleiter) leiden teilweise darunter, dass ihre Arbeit weder bei Volksgenossen noch insbesondere bei übergeordneten Parteistellen entsprechend gewürdigt und anerkannt wird.[57]

Noch vernichtender ist die Schilderung der Unbeliebtheit der Partei und vieler Aspekte des NS-Regimes durch den Würzburger SD drei Monate später. Unter der recht bildhaften Überschrift »Eine neue illegale Partei« heißt es, diese sei im Entstehungsprozess und stützte sich auf all jene – offensichtlich verzweifelten Einzelnen und Gruppen –, die sich in ihrer Opposition gegen den Nationalsozialismus einig seien und auf dieser Basis die Innenpolitik und die Kriegslage einschätzten. Selbst einige Parteigenossen und Mitglieder von Nebenorganisationen gehörten dazu. Kritiker des Regimes, so hieß es, würden offen ihr Unbehagen zum Ausdruck bringen:

> Eine ›neue illegale Partei‹ scheint im Entstehen begriffen zu sein, deren Gesinnungsangehörige in der Gegnerschaft zum Nationalsozialismus sich einig sind und von diesem Standpunkt aus auch die Kriegslage wie die innere Lage beurteilen. Auch Angehörige der NSDAP und ihrer Gliederungen stehen in ihren Reihen. Sie geben ihrem Unwillen über neue Gesetze, über Ankündigungen der Regierung betreffs künftiger Parteibauten, über die geplante Sozialgesetzgebung, über die Schulreform usf. offen Ausdruck. Sie weisen hin auf die hohen Steuern, die Einschränkung der persönlichen Freiheit, die ›Bedrohung der christlichen Weltanschauung‹, die Beförderungen in der Beamtenschaft fast einzig aufgrund der Gesinnung und der Zugehörigkeit zur Partei ohne Rücksicht auf die Fähigkeit, auf die Tätigkeit der Gestapo, das ›Schreckensregiment‹, die ›Korruption‹, die ›Partei- und Bonzenwirtschaft‹, und tragen damit die Unzufriedenheit und den Zweifel in immer weitere Reihen.[58]

Ein Stimmungstief und bodenlose Missachtung gegenüber der Partei und ihren Vertretern wurden also bereits vor der Affäre Heß im Mai 1941 und ihren dramatischen Auswirkungen deutlich. Als die überraschende Nachricht von Heß' Flug nach Schottland bekannt wurde, entsprach die volkstümliche

Reaktion dem üblichen Muster: Der Fall Heß war katastrophal für das Image der Partei, aber es gab kaum irgendwelche negativen Rückwirkungen auf Hitlers persönliches Prestige. Tatsächlich äußerte sich viel Sympathie für den »Führer«, der über all die anderen Anfechtungen hinaus auch dies noch durchmachen müsse.[59]

Die Aussage des SD in der Zusammenfassung aller regionalen Berichte, die in der Zentrale eingingen, deutete »große Bestürzung« und insbesondere unter Parteimitgliedern »tiefe Niedergeschlagenheit« an.[60] In bayerischen Berichten war die Rede von »tiefster Bestürzung« angesichts der Nachricht[61] und – mit typischer Übertreibung – von einer Stimmung vergleichbar mit jener des Jahres 1917,[62] anderswo hieß es, Arbeiter meinten, dies sei der Anfang vom Ende der Partei und des Dritten Reiches und es seien immer noch Gerüchte über Unruhen in München im Umlauf.[63] In einem längeren, differenzierten Bericht des SD aus Leipzig hieß es: »In Parteikreisen ist man über das Vorkommnis Heß vollkommen erschüttert und bezeichnet dies als eine verlorene Schlacht.« Viele seien der Ansicht, der Schlag gegen die Partei sei mindestens doppelt so schlimm wie jener der SA-Krise von 1934. Unter Geschäftsleuten wurde Heß' Tun als Verrat am »Führer« und am Volk verurteilt, und man hielt Presse- und Radioberichte – die im Allgemeinen geringgeschätzt wurden – für einen »Parteischwindel«. Es gab Sympathie für Hitler persönlich, der ständig von seinen alten Kampfgenossen verraten werde. Einige betrachteten all dies als Anfang vom Ende des Nationalsozialismus, sie sahen »in dem Verschwinden des PG. Heß ein Zeichen dafür, dass sich Deutschland bereits wieder fast totgesiegt hat, und dass vermutlich der Nat.Soz. am Ende seiner Kraft stünde«. »Die völlige Vernichtung der Insel«, also Großbritanniens, galt nun als unumgänglich. Deutschland, so meinte man, könne zwar einen dritten Kriegswinter überstehen, aber das Ausmaß an Sabotage würde wachsen, und es wäre keine Überraschung, sollte das Ergebnis ein neuer

»November 1918« sein. Die Bemerkungen, die von Leipziger Arbeitern berichtet wurden, deuteten zudem auf eine mögliche Verlängerung des Krieges durch den Eintritt Amerikas in den Konflikt hin, und es wurde mit Nachdruck verlangt: »Der Führer müsse eine blitzschnelle Vernichtung Englands – und sei es mit Gas – herbeiführen.« Schließlich hieß es, dass man im Milieu der Intelligenz und der Gelehrten – vermutlich an der Universität Leipzig – die Verdammung von Heß mit einer gewissen Kritik an Hitler verbände: »Vereinzelt wurden Vorwürfe gegen den Führer selbst vorgebracht, dass er überhaupt einen derartig geistig verwirrten Menschen als seinen evtl. Nachfolger ausersehen hatte. Der Großteil dieser Kreise ist jedoch davon überzeugt, dass der Führer die tatsächliche Stimmung und Lage im Reichsgebiet absolut nicht mehr erfährt, und dass ihm das meiste vorenthalten wird.«[64]

Die wesentliche Grundlage des »Führermythos« – Hitlers angebliches Nichtwissen um die »dunklen Seiten« des Nationalsozialismus – funktionierte allem Anschein nach noch immer. »Der Führer, ja! Die Partei, nein!«[65], lautete am Vorabend des Angriffs auf die Sowjetunion eine weitverbreitete Ansicht. Das Vertrauen in Hitler wurde kaum durch die Einbrüche der Moral, die schlechte Stimmung, die alltäglichen Probleme beeinflusst, die im Allgemeinen bei der Ausformung der öffentlichen Meinung im Frühjahr und Sommer 1941 vorherrschten. Hitlers außerordentliches Ansehen im Volke, das in den Friedensjahren auf der Grundlage seiner mutmaßlichen persönlichen Leistungen bei der Überwindung der wirtschaftlichen und politischen Krise, der Beseitigung der Arbeitslosigkeit in Deutschland und der Schaffung einer großen Nation durch erstaunliche Serien von diplomatischen Überraschungserfolgen begründet worden war, blieb in der ersten Phase des Krieges erhalten. Es wurde dann noch weiter verstärkt durch die kaum vorstellbare Reihe der Siege, die unter sehr geringen Verlusten und Opfern erzielt wurden, und nicht zuletzt durch die Aussicht auf ein bald bevorstehendes glorreiches Ende des Krieges, die er zu verkörpern schien. Aber trotz anfänglicher Erfolge im Russlandfeldzug bedeuteten die militärischen Rückschläge des ersten Winters in Russland für Hitler das Ende der Schönwetterperiode – die Zeit der leichten Triumphe, die die Basis des »Führermythos« gebildet hatten, war vorbei. Dies war für Hitlers Popularität der Anfang vom Ende.

Kapitel 7

Kriegswende

Die Auflösung des »Hitlermythos« setzt ein

»Jetzt ist es insbesondere die Inbesitznahme von Stalingrad selbst, die abgeschlossen werden wird … Und Sie können der Überzeugung sein, dass uns kein Mensch von dieser Stelle mehr wegbringen wird!«
Hitler, 30. September 1942

»Der Führer hat doch immer selbst davon gesprochen, wie wichtig Stalingrad ist, und nun hat er es doch verloren.«
Ein Augsburger Kaufmann, 3. Februar 1943

Nach den langen Monaten triumphaler deutscher Siege in Polen, in Skandinavien, in West- und Südosteuropa zwischen September 1939 und April 1941 brachten die nächsten 18 Monate vom Beginn des Russlandfeldzuges am 22. Juni 1941 bis zur deutschen Niederlage bei Stalingrad Ende Januar 1943 die entscheidende Wende gegen Deutschland im Kriegsverlauf. Im Herbst 1941 blieb der deutsche Vorstoß nach Russland, der so spektakulär begonnen hatte, vor Moskau stecken, ein katastrophaler Rückzug in den eisigen Wüsten des russischen Winters konnte nur mit Schwierigkeiten und unter hohen Verlusten an Leib und Leben verhindert werden. Eine schlecht ausgerüstete Armee blieb zurück und harrte unter arktischen Verhältnissen aus. Am 11. Dezember 1941 erklärte Deutschland den Vereinigten Staaten von Amerika den Krieg. Ein schnelles Kriegsende war nun kaum mehr vorstellbar. Im Jahre 1942 kam es zu den ersten großen Bombardierungen deutscher Städte durch alliierte Luftflotten. Gleichzeitig verlor die deutsche Luftwaffe die Kontrolle über den Luftraum. Viele Deutsche begannen mit Entsetzen jenen Bombenterror kennenzulernen, den ihre eigene Luftwaffe seit 1939 gegen zahllose europäische Städte gerichtet hatte. Die Alliierten erwiderten ihn nun mit unermesslich größerer Kraft und Konzentration.

In dieser Phase wurden auch die ideologische Besessenheit, die Immoralität und das Verbrecherische des Regimes und – während Deutschland zum ersten Male unter Druck geriet – die drakonische Repression durch den Polizeistaat immer offensichtlicher. Sie konnten jetzt in wachsendem Maße von der gewöhnlichen Zivilbevölkerung erkannt werden. Informationen von der Front gelangten durch Soldaten in die Heimat. Die Beurlaubten berichteten von der beispiellos barbarischen ideologischen Kriegführung an der Ostfront, wo »Sowjetkommissare« bei der Gefangennahme erschossen und Juden zu Tausenden niedergemetzelt wurden. Innerhalb des Reiches sickerten besorgniserregende Geschichten über die Geisteskranken und die unheilbar Kranken durch, die in den Anstalten vergast wurden. Insbesondere im neu eröffneten Kampf gegen die katholische Kirche wurde die antichristliche Schubkraft des Regimes wieder einmal unmissverständlich deutlich. Angriffe gegen konservative Kräfte in Wehrmacht und Staat sowie die Herabwürdigung von Beamten und Richtern spiegelten die Stärkung der Kräfte der nackten Gewalt und der Unterdrückung wider, während eine geordnete Verwaltung und die Reste des Verfassungsstaates durch das sich ausdehnende Netzwerk der Sicherheitspolizei untergraben wurden.

Nur besonders scharfsichtige Zeitzeugen und jene, die über klare Informationen über die Ereignisse und über eine weite Perspektive verfügten, konnten die Wechselbeziehungen zwischen all diesen Entwicklungen voll begreifen. Allerdings war angesichts der brutalisierenden Auswirkungen des Krieges und der zumindest teilweise nicht zu leugnenden Wirkung der ideologischen Botschaft, die den Deutschen über die Jahre hinweg eingehämmert worden war, keineswegs all das, was geschah und Deutschland in den Abgrund führen sollte, unwillkommen oder unpopulär. Angesichts der verstärkten Verfolgung von relativ trivialer Kritik am Regime oder von Verstößen gegen Kriegsbefehle von 1942 an sind zwar die Entwicklungstendenzen der unverfälschten »öffentlichen Meinung« zu jener Zeit noch schwieriger zu bewerten als zuvor, doch deutet alles darauf hin, dass damals eine »schweigende Mehrheit« im Anwachsen war. Diese dachte immer kritischer über das NS-Regime – selbst wenn diese Kritik oftmals nur versteckt zum Ausdruck kam –, und sie war bereit, dem Regime die Schuld für das zunehmende Elend des Krieges zuzuschreiben.

Das dichter werdende Netz der Repression und die wachsende Vorsicht, die man walten ließ, um riskante Bemerkungen zu vermeiden, wirkten sich naturgemäß direkt aus, wenn es darum ging, Meinungen über Hitler persönlich zum Ausdruck zu bringen. Negative Bemerkungen über den »Führer«

waren natürlich immer schon gefährlich gewesen, aber nun galten sie als Hochverrat und wurden entsprechend bestraft. Dies ist zu berücksichtigen, wenn man die Bedeutung der referierten Einstellungen zu Hitler in den »Meinungsberichten« der Lauscher des Regimes einschätzen will. Die gewöhnlich verborgene Kritik im Berichtsmaterial und die offenen Kommentare, die bei Denunziationen und Strafverfolgungen ans Licht gelangen, können nur als Spitze eines Eisbergs angesehen werden. Dennoch lautet der bestimmende Eindruck, der dem vorliegenden Material aus dieser Phase zu entnehmen ist: Trotz entscheidender Veränderungen im militärischen Kräfteverhältnis und trotz erheblicher Verschlechterung der Stimmung der Massen in Deutschland behielt der »Hitlermythos« – obwohl er fraglos zu zerfallen und die Aura der Unberührbarkeit zu verlieren begann – immer noch viel von seiner Stärke und Wirksamkeit. Da das Vertrauen in Hitler sehr stark auf dem Glauben beruht hatte, er werde Deutschland zu einem schnellen und ruhmreichen Frieden hinführen, bildete nun Hoffnungslosigkeit beim Gedanken an ein frühes Ende des Krieges den wichtigsten Grund für die Verschlechterung der Stimmung. Seit dem Scheitern des Versuchs eines *Blitzkrieges* gegen die Sowjetunion und nach der Kriegserklärung der USA war es logischerweise sehr schwierig, irgendjemand außer Hitler für die Verlängerung des Krieges verantwortlich zu machen. Es ist daher sinnvoll zu untersuchen, warum der »Hitlermythos« angesichts dieser Sachlage nicht schneller zusammenbrach, als es offensichtlich der Fall war.

Der erste Teil einer möglichen Erklärung muss sich auf das Ausmaß des Glaubens an Hitler beziehen, der in den Jahren vor 1940 aufgebaut worden war. Obwohl die Übersteigerungen des Personenkults möglicherweise nur eine Minderheit der Bevölkerung in den Bann gezogen hatten, handelte es sich dabei doch um eine Minderheit, die über Macht und Einfluss verfügte. Darüber hinaus hatten *Elemente* des Personenkults einen breiteren Widerhall gefunden, und wie wir in früheren

Kapiteln gezeigt haben, kann man sagen, dass sie sich auf die große Mehrheit der Bevölkerung ausgewirkt haben. Vollständig unberührt ließen sie nur jene Kreise, die immer noch restlos in linken Weltanschauungen ideologisch verankert waren, weiterhin jene, die wegen der Angriffe auf die Kirche auf Distanz gegangen waren, und schließlich einige wenige Ausnahmegestalten unter Intellektuellen und Angehörigen der Großbourgeoisie, die die Irrationalität des Führerkults verachteten. Diese Leute waren von der populistischen Vulgarität des Nationalsozialismus geradezu angeekelt und sahen die nationale Katastrophe heraufziehen. Für den größten Teil der übrigen Deutschen jedoch stand Hitler zumindest für *einige* Dinge, die sie bewunderten; und für viele war er Symbol und Verkörperung des nationalen Wiederaufstiegs geworden, der dem »Dritten Reich« in mannigfacher Hinsicht zugeschrieben wurde. Hitler hatte in extremem Maße zahlreiche irrationale, aber trotzdem starke reale Gefühle der selbstlosen Hingabe, der Opferbereitschaft und der leidenschaftlichen Bindung an ein nationales Ideal wachgerufen und auf sich persönlich konzentriert – Gefühle, die während und nach dem Ersten Weltkrieg eine außerordentliche, elementare Kraft entwickelt hatten. Auf diese Weise war der »Führer« in einer bestimmten Weise zur Projektion eines politisch-nationalen Traumes geworden, der zu den imperialen Bestrebungen der wilhelminischen Zeit zurückreichte und unter dem NS-Regime zusätzlich an Stärke gewonnen und ein Echo unter einem Großteil der deutschen Bevölkerung gefunden hatte, und dies diente nicht zuletzt als Kompensation für eine weit grauere Realität. Angesichts des Umfangs der Gefolgschaft Hitlers und des Niveaus an Vertrauen in seine Führung, welches seine »Leistungen« und die Ergüsse der Propaganda aufgebaut hatten, wäre es bemerkenswert gewesen, wenn der »Hitlermythos« über Nacht vollständig zusammengebrochen wäre.

Während es darüber hinaus »logisch« zumindest seit Sommer 1941 so scheinen mochte, als sei nur Hitler ein Vorwurf für die Ausdehnung und Verlängerung des Krieges zu machen, war durch jahrelange Propaganda und ideologische Indoktrination eine ausreichende Grundlage geschaffen worden, um die Schuld auf Deutschlands äußere Feinde umzulenken – die Bolschewisten, die Juden, die Briten, die Amerikaner – oder auf Inkompetenz im Inneren, die allerdings den »Führer« ausnahm, so etwa, wenn Feldmarschall von Brauchitsch zum Sündenbock für Mängel der Strategie und der Versorgung an der Ostfront im Winter 1941/42 gemacht wurde.

Ferner gründete sich das Vertrauen in Hitler nicht einfach auf die Erwartung eines frühen Endes des Krieges, sondern auf einen frühen und *siegreichen* Abschluss. Und alle Zeichen deuten darauf hin, dass vor Ende 1942/Anfang 1943 – also bis zum Zeitpunkt des Kampfes um Stalingrad, den Rückzügen in Nordafrika und der sich verstärkenden alliierten Luftherrschaft – nur eine Minderheit der Deutschen (nach amerikanischen Umfragen aus dem Jahre 1945 ungefähr ein Drittel der Bevölkerung) anzuerkennen bereit war, dass der Krieg verloren sei.[1] Etwa der gleiche Prozentsatz der Bevölkerung hat nach ebendiesen Erhebungen bis zum bitteren Ende niemals daran gedacht, den Kampf aufzugeben – oder solch zeitweilige defätistische Auffassungen überwunden –, und es ist zu vermuten, dass Hitler für diese Deutschen das Symbol der fortgesetzten Hoffnung und Entschiedenheit blieb.[2] Auch hier war es der NS-Propaganda weitgehend gelungen, großen Teilen der Bevölkerung Furcht vor dem einzuimpfen, was eine neue Niederlage mit sich bringen würde. Gewiss stellten sich viele vor, das Leben würde nach einer Niederlage weit schlimmer als unter dem NS-Regime sein, und diese Auffassung bildete weiterhin eine »negative« Grundlage für die Unterstützung Hitlers.

Schließlich muss die materielle ebenso wie die affektive Seite des »Hitlermythos« in Betracht gezogen werden. Hitlers Herrschaft hatte für Heere von Opportunisten großartige Chancen geschaffen, für ihre Besserstellung zu sorgen, indem sie die Parteiuniform anzogen und sich die Vorteile und die Staffage kleiner Ämter zunutze machten. Solche kleinen Bürokraten hatten ihre Boote gleichsam gemeinsam mit Hitler hinter sich verbrannt und waren vom Fortbestand seiner Popularität – von der Fortwirkung des »Hitlermythos« – ebenso abhängig, wie es die führenden Gestalten der Partei waren. Und für die kleinbürgerlichen Massen, die von Anfang an das Rückgrat des »Hitlermythos« gebildet hatten, scheint die Phase, in der sich das Dritte Reich hundertprozentig in eine Katastrophe verwandelte, erst von 1942 an eingesetzt zu haben.[3]

Aus all diesen Gründen konnte der »Führermythos« nicht schnell demontiert werden, sondern er durchlief einen länger währenden Prozess des Niedergangs, der die schrittweise, aber ungleichmäßig verlaufende Desillusionierung und Entfremdung der Masse der Bevölkerung begleitete. Im Zusammenhang mit der sich sehr schnell verschlechternden Stimmung in der Bevölkerung, wie sie bereits im Winter 1941/42 sichtbar wurde, wird der langsame Verfall des »Hitlermythos« besonders deutlich, bei dem es sich eben nicht um ein plötzliches Zerplatzen handelte.

Anders als in früheren Phasen des Krieges wurde das deutsche Volk nicht systematisch durch Propaganda auf den Beginn des Krieges gegen die Sowjetunion vorbereitet. Der Russlandfeldzug begann tatsächlich, während die meisten Menschen immer noch für die nächste Zukunft einen letzten Endkampf mit Großbritannien erwarteten. Die Rüstungsinspektion in Nürnberg kommentierte die erfolgreiche Geheimhaltung der Vorbereitung für den Angriff so: »Die Konzentration zahlreicher Truppen in den Ostgebieten hatte zwar die Vermutung aufkommen lassen, als bereiten sich dort bedeutungsvolle Ereignisse vor, jedoch glaubte wohl der überwiegende Teil des deutschen Volkes an keine kriegerische Auseinandersetzung mit der Sowjet-Union.«[4] Eine Frau, die genau am Tage des Angriffs an einen Verwandten an der Front schrieb, meinte, sie sei »ganz sprachlos« gewesen, als sie nichts ahnend das Radio eingeschaltet und zufällig Hitlers Erklärung über den Beginn des Ostfeldzugs gehört habe. Aber nach einigem Nachdenken habe sie erkannt, dass niemand die Freundschaft zur UdSSR ganz ernst genommen habe, und nun verstehe sie, wie viel Sorge dem »Führer« die diplomatische Annäherung an Stalin bereitet haben muss, sie sehe nun »die Größe seiner Diplomatie«, und dies vermittle ihr das Gefühl, »ganz klein« zu sein.[5] Gleich nach Beginn des Angriffs und auf der Grundlage von Berichten aus dem ganzen Reich stellte der SD angesichts dieser Nachricht »größte Überraschung« fest, verbunden »mit einer gewissen Bestürzung« (wenn auch keine tiefe Erschütterung). Die Menschen seien sich bewusst, dass ein harter Kampf von höchster Bedeutung bevorstehe, aber sie seien im Allgemeinen ruhig und vertrauensvoll, abgesehen von einigen nervösen Äußerungen über die Schwierigkeiten, die damit zusammenhingen, »diese riesigen Räume zu erobern«.[6]

Wie wenig die Eröffnung einer neuen Front im Osten dem weitverbreiteten Wunsch nach einem schnellen Kriegsende entsprach und als wie riskant die Ausdehnung des Konflikts empfunden wurde, lässt sich an einem Eingeständnis erkennen, das wenige Monate später Adolf Wagner, Gauleiter von München und Oberbayern, bei einer Konferenz von Parteifunktionären machte. Er sagte damals: »Wenn der Führer vor Beginn des Russenkrieges das Volk gefragt hätte, ob es einverstanden ist oder ob es stimmungsmäßig bereit ist, den Feldzug mitzumachen, dann bin ich überzeugt, dass der überwiegende Teil des Volkes gesagt hätte: Mein Gott, lass die Hand weg, mein lieber Adolf Hitler, Du bist unser lieber Führer, aber um Gottes Willen, lass die Hand weg, mach den Feldzug nicht.«[7]

An die Stelle ursprünglicher Befürchtungen in Hinblick auf den Russlandfeldzug trat sehr bald ein wachsendes Vertrauen, das sich aus den schnellen und beeindruckenden Erfolgen der Wehrmacht bei den anfänglichen Vorstößen ergab. Die ersten Sondermeldungen über die Einkreisung und Gefangennahme großer Massen sowjetischer Soldaten und die Eroberung russischen Kriegsmaterials schienen die Propagandalinie zu unterstützen, derzufolge weit überlegene deutsche Truppen die Rote Armee schnell vernichten würden. Ein neuer Blitzkriegsieg schien bereits in Sicht. Es entstand der Eindruck, als habe der »Führer« wieder einmal recht behalten und als würden bis zum Abschluss der russischen Kampagne nur noch wenige Wochen vergehen. Hitler bestärkte solche Ansichten in seiner großen Rede im Berliner Sportpalast vom 3. Oktober 1941.[8] Dabei verteidigte er nicht nur den Angriff auf die Sowjetunion als Präventivschlag, der in letzter Minute einem geplanten bolschewistischen Angriff auf das Reich zuvorgekommen sei[9], sondern er vermittelte auch den Eindruck, dass das Rückgrat der sowjetischen Kampfkraft bereits gebrochen sei. Wer Ohren hatte zu hören, muss Hitlers Worte bemerkt haben: »Wir hatten keine Ahnung davon, wie gigantisch die Vorbereitungen dieses Gegners gegen Deutschland und Europa waren und wie ungeheuer groß die Gefahr war, wie haarscharf wir diesmal vorbeigekommen sind an der Vernichtung nicht nur Deutschlands, sondern ganz Europas.« Die meisten hörten nur, dass Hitler gleichzeitig erklärte, Russland sei »bereits gebrochen« und werde »sich nie mehr erheben«.[10] Man schloss daraus, dass der »Krieg in Russland schon als abgeschlossen betrachtet werden könne« und die von Hitler angekündigte Offensive »in gigantischem Ausmaß« als entscheidender »Schlag der deutschen Wehrmacht gegen die letzten, noch voll kampffähigen bolschewistischen Armeen« angesehen werden könne.[11]

Auch Äußerungen des Reichspressechefs Otto Dietrich vom 9. Oktober erweckten den Eindruck, dass das siegreiche Ende des Russlandfeldzuges unmittelbar bevorstehe. In den Zeitungen gab es Schlagzeilen wie: »Ostfeldzug entschieden – Der Bolschewismus militärisch erledigt.«[12] Viele waren überrascht, dass der Krieg gegen den Bolschewismus mehr oder weniger vorbei zu sein schien[13], aber kein Geringerer als Hitler selbst unterstützte solche Auffassungen durch seine Proklamation an die Soldaten der Ostfront vom 2. Oktober, in der er von »dem letzten gewaltigen Hieb« sprach, »der noch vor dem Einbruch des Winters diesen Gegner zerschmettern soll«.[14] Ein Unteroffizier, der nach Hause schrieb, nahm an, dass zu dem Zeitpunkt, da der Brief ankomme, »die Glocken im ganzen deutschen Lande den Sieg über den mächtigsten Feind der Zivilisation verkündet haben. Denn lange kann es nicht mehr dauern, und für uns sind die Führerworte ein Evangelium.«[15]

Die voreiligen Erklärungen über den unmittelbar bevorstehenden Sieg und die Entfachung unberechtigter Hoffnungen säten den Keim für den unvermeidlichen Niedergang an Vertrauen, der während der folgenden Wochen einsetzte, als die Nachrichten von der Ostfront eine ganz andere Geschichte erzählten. Bereits im November 1941 berichtete der SD von »Enttäuschung, dass sich die endgültige Zerschlagung des Bolschewismus nicht mit der erhofften Schnelligkeit vollzieht und sich ein Ende des Ostfeldzuges noch nicht absehen lasse«. Er vermeldete ferner eine Dämpfung des Optimismus bei der Nachricht von den ersten Schneefällen und angesichts des Eindrucks, dass jedes weitere Vordringen extrem schwierig sein dürfte, sowie schließlich die Überraschung angesichts des Unvermögens, weiter vorzustoßen, obwohl die russischen Truppen doch angeblich so unzureichend und schlecht ausgerüstet waren. Hinzu kamen Sorgen wegen Berichten über fortgesetzten Widerstand der Sowjetarmee und Bedenken, weil der Weg zum Ural immer noch weit sei und der Partisanenkrieg noch eine gute Weile andauern könne. Bei Diskussionen über die militärische Lage im Osten sei, so der SD, immer wieder die Frage aufgeworfen worden, wie ein Ende des Krieges gegen Russland überhaupt zu erreichen sein könne.[16] Es gab Beschwerden, als Hitlers Rede vor den »alten Kämpfern« der Partei in München am 8. November nicht im Rundfunk übertragen wurde, denn es hieß, die Enttäuschung über unerfüllte

Erwartungen im Russlandfeldzug habe dazu geführt, dass viele Leute »das Bedürfnis empfunden hatten, wieder einmal die Stimme des Führers zu hören und aus seinen Worten neue Kraft zu schöpfen«.[17]

Die Reaktion auf den kurz vor Weihnachten 1941 erfolgten plötzlichen Aufruf zu einer Sammlung von Winterbekleidung für die deutschen Truppen im Osten bestand in tiefer Erschütterung und Verbitterung. Es schien kaum vorstellbar, dass die Führung nicht genügend Vorsorge für die Versorgung der Truppen im russischen Winter getroffen hatte.[18] Die gleichzeitige Nachricht, der Oberbefehlshaber des Heeres von Brauchitsch sei seiner Pflichten entbunden worden und Hitler persönlich habe die direkte militärische Führung des Heeres übernommen, gemeinsam mit der unleugbaren Tatsache, dass das deutsche Vordringen zum Stillstand gekommen war und einem sowjetischen Gegenangriff nahe Moskau nur mit Teilrückzügen begegnet werden konnte, sowie nicht zuletzt der Eintritt der Vereinigten Staaten in den Krieg – all dies löste die erste große Erschütterung in der deutschen Bevölkerung während des Zweiten Weltkriegs aus.[19] Ein Bericht sprach in diesem Zusammenhang von »einem Tiefstand der öffentlichen Meinung«.[20] Ein anderer verkündete bereits im November 1941 das Abflauen der Stimmung und bemerkte dazu: »Die Hoffnung auf baldigen Frieden war zu allgemein gewesen.« Und wenige Wochen später hieß es: »Die Hoffnung auf ein baldiges Kriegsende ist aufgegeben.«[21]

Gewiss lancierte die Partei die Version, »der Führer sei von seinen Generalen im Osten falsch unterrichtet worden«.[22] Aber selbst wenn direkte Kritik an Hitler selten an die Oberfläche kam, muss diese Ausrede doch etwas hohl geklungen haben. Es ließ sich kaum die Schlussfolgerung vermeiden, dass der »Führer«, der noch vor kurzer Zeit zuversichtlich von einem unmittelbar bevorstehenden Sieg gesprochen hatte, damit falschlag. Die außerordentliche Reihe seiner Erfolge war damit vorbei, und die Kette der Beweise für seine mutmaßliche Unfehlbarkeit schien zum ersten Mal beschädigt. Aber dies dämmerte der immer noch ungeheuer großen Zahl der »Hitler-Gläubigen« nur langsam. Der Rückschlag reichte kaum aus, um ihre Überzeugung zu erschüttern, wenn auch die Zahl der Zweifler nun zuzunehmen begann.

Die sinkende Moral und die Verschlechterung der Stimmung in der zweiten Hälfte des Jahres 1941 waren nicht ausschließlich auf den Wandel des Kriegsglücks an der Ostfront zurückzuführen. Auch Ereignisse in der Heimat hatten daran ihren Anteil. Die Zunahme beunruhigender Gerüchte über Tötungen von Geisteskranken und unheilbar kranken Patienten in Heil- und Pflegeanstalten gab besonders, aber nicht nur unter praktizierenden Christen Anstoß für heftige Unruhe und drohte den Rückhalt für das Regime zu schwächen.[23] Im August 1941 verbreitete sich schnell die Nachricht von der mutigen öffentlichen Stellungnahme gegen die Euthanasieaktion durch Bischof Galen von Münster, und dies scheint Hitler dazu veranlasst zu haben, die Tötungen zumindest innerhalb des Reiches einzustellen.[24] In einigen Berichten der NS-Behörden über die Unruhe, die sich erhoben hatte, hieß es, dies habe Auswirkungen auf das Vertrauen in Hitler persönlich gehabt.[25] Es kann sogar sein – allerdings ist dies eine Auffassung, die sich augenscheinlich aus Nachkriegsaussagen ergibt –, dass das Reichspropagandaministerium bewusst das Gerücht in die Welt setzte, Hitler habe, als er entdeckte, was vorging, den Befehl erteilt, die »Aktion« sofort einzustellen – die er allerdings in Wirklichkeit selbst schriftlich genehmigt hatte.[26] Dieser Interpretation nach war die Bewahrung des »Führermythos« – der Legende, dass Hitler über die Missetaten des Regimes im Dunklen gelassen wurde und sofort handelte, wenn er davon erfuhr – eine entscheidende Komponente, die zur Beendigung der »Euthanasieaktion« führte.

Insbesondere in katholischen Teilen des Reiches wurde die Meinungsbildung sehr stark durch eine neue Welle von Angriffen gegen die Stellung der Kirche beeinflusst, die im Frühjahr 1941 begonnen hatte und im Sommer und Herbst an Elan zunahm. Sie scheint vom Leiter der Parteikanzlei, Martin Bormann, ausgegangen zu sein, der möglicherweise unter dem Druck antichristlicher Fanatiker auf Gau-Ebene stand, für die die angebliche Zunahme des Einflusses der Kirche auf die Bevölkerung während des Krieges eine beträchtliche Provokation darstellte. Neue Maßnahmen gegen die Kirche – darunter die Beschlagnahme des Eigentums von Klöstern, weitere Einschränkungen des Religionsunterrichts und von Publikationen, Entfernung der letzten Nonnen aus jeder Art von Sozial- oder Erziehungsarbeit sowie die Störung von christlichen Festen und Eingriffe in die Form der Schulgebete – all dies musste in katholischen Gebieten Widerspruch und Unruhe auslösen.[27]

In Bayern, das größtenteils katholisch war, wurde durch den groben Versuch, die Kruzifixe aus den Klassenräumen der Schulen zu entfernen, bei Weitem die größte Unruhe ausgelöst. In dieser emotional höchst erregenden Angelegenheit zwang eine ungewöhnliche Protestwelle die NS-Behörden zum Rückzug.[28] Dieses Ereignis wirft ein interessantes Licht auf den »Hitlermythos« zu diesem Zeitpunkt, da die Partei sich mehr als je zuvor unbeliebt machte.

Hitler war persönlich keineswegs vom Sturm des Zorns und der Kritik vollkommen ausgeschlossen, die sich aus der Kruzifix-Aktion ergaben. In einem anonymen Brief an einen Ortsgruppenleiter der NSDAP wurden er und der Kreisleiter zugleich gegeißelt, und es wurde die Drohung ausgesprochen: »Wenn unser Führer solche Lumpen herrschen lässt, dann wird es bald aus sein mit Heil Hitler.«[29] Von Bauern in Oberbayern und der Oberpfalz hieß es, sie hätten als Antwort auf die Kruzifix-Aktion Hitler-Bilder aus ihren Häusern entfernt.[30] Aus einer oberbayerischen Stadt wurde berichtet, die kirchenfeindlichen Maßnahmen hätten den »Wunsch nach Wiederaufrichtung der Monarchie und der Bildung eines Bayern und Österreich umfassenden Staates« ausgelöst.[31] Ähnliche Stimmungen gelangten auch in München an die Oberfläche; dort wurden Leute verhaftet, weil sie den folgenden hochverräterischen Vers ausgesprochen haben sollten: »Lieber Wilhelm von Gottes Gnaden, als den Depp von Berchtesgaden.«[32]

Die Kruzifix-Aktion bildete eines der ersten Anzeichen dafür, dass massive Kritik an der Partei Hitler nicht länger ausklammern musste. Dennoch gibt es klare Anzeichen dafür, dass Hitler von Vorwürfen ausgenommen wurde und dass weiterhin die – in diesem Fall nicht einmal völlig deplatzierte[33] – Auffassung verbreitet war, er habe mit dieser »Aktion« nichts zu tun und würde sie missbilligen. So wurde beispielsweise berichtet, dass eine Frau, die bei einer Demonstration gegen die Entfernung der Kruzifixe eine prominente Rolle spielte, ausgerufen haben soll: »Ich bin 100%ige Hitlerin, bin seit 1923 Nationalsozialistin, so etwas geht zu weit, das will der Führer nicht und er weiß bestimmt nichts von dieser Kreuzentfernung.«[34] Wie so viele andere handelte auch diese Frau auf der Grundlage ihrer naiven Überzeugung von Hitlers guten Absichten und seiner Unkenntnis dessen, was geschah. Andere vertraten sogar die Ansicht, die Partei nutze die Lage bewusst aus. Während sich der »Führer« an der Front befinde und den Kampf gegen die Bolschewisten leite, gehe es ihr darum, »hinter seinem Rücken« in der Heimat die Grundlagen des Christentums zu zerstören. Eine katholische Frau – und offensichtlich zugleich eine fanatische Hitleranhängerin – aus der Umgebung von Berchtesgaden schrieb in einem orthografisch höchst unzulänglichen anonymen Brief an den Ortsbürgermeister und Parteileiter:

> Habt Ihr sonst keine Vergnügungs Arbeiten, nur immer den Glauben anzugreifen? Ihr Juden, und möcht Deutsche Männer sein? pfui, pfui, pfui, pfui. Nach allem Anschein habt Ihr nie das Buch von unserem Führer gelesen, mein Kampf, das wird nicht der Fall gewesen sein, Braune Hemden trägt Ihr von Oben, Innen raus seid Bolschewisten u. Juden sonst

> könnt Ihr nicht handeln des Führers Rücken … Den solche Sachen was Ihr feigen Helden macht, ist den Adolf Hitler nicht geholfen unser Führer befiehl solche Sachen nicht. Er kümmert sich täglich um seine Soldaten im Felde und nicht um die Kreuzer in der Schule das raus müssen wird keine Rede sein … Heil Hitler. Ramsau.[35]

Eine weitere Frau erregte sich, dass solche Dinge geschehen, während der »Führer« sich bei seinen Soldaten an der Front aufhalte und gegen den Bolschewismus kämpfe, »wie eine solche Maßnahme überhaupt möglich ist, nachdem unser Führer bei seinen Soldaten im Osten steht und gegen den Bolschewismus kämpft. Die Kinder werden nicht nur keinen Schaden haben, sondern es wird ein Segen vom Kreuz ausgehen, sowohl für die Kinder selbst, als auch für unseren Führer und seine Soldaten, welche unsere Söhne, Väter und Brüder sind.«[36] In einem Dorf kam es zu einer Protestdemonstration von 30 bis 40 Einwohnern, die in der örtlichen Schule endete, wo sie alle vor dem Kreuz und einem Hitler-Bild beteten »für die Krieger, für die gefallenen Krieger, und für Führer, Volk und Vaterland«.[37] Die Tatsache, dass Hitler sich außerhalb Deutschlands befand, nämlich im Führerhauptquartier im Osten, und sich in die Kriegführung gegen den bolschewistischen Erzfeind – in einen Krieg, den er so lange als unvermeidlich zur Verteidigung des christlichen Europas vorhergesagt hatte – einschaltete, ließ es offensichtlich für viele undenkbar erscheinen, dass er irgendetwas mit dem »gottlosen Bolschewismus« der Braunhemden daheim zu tun haben könne. Der Regierungspräsident von Schwaben formulierte ein zweifellos weitverbreitetes Gefühl, als er im September 1941 schrieb: »Von hier aus gesehen, müsse das Vorgehen der Heimat ›bolschewistisch‹ erscheinen, der sich auftuende Widerspruch sei nicht zu verstehen; man könne es nicht glauben, dass der Führer dies billige.«[38] Die Kruzifix-Affäre zeigt, wie stark der »Führermythos« immer noch war. Dies erwies sich erneut im Jahre 1942, als sich die Kriegslage für Deutschland noch ungünstiger gestaltete und sich trotz einiger Erfolge bei bestimmten Militäroperationen die Aussichten auf ein frühes – und siegreiches – Ende des Krieges eher verschlechterten als verbesserten.

Nach dem ersten Kriegswinter im Osten war Hitlers Popularität ungebrochen, wenn auch nicht völlig unbeschädigt. Die »Bolschewisten« hatten sich als ein weit zäherer Gegner erwiesen, als die deutsche Propaganda den Menschen suggeriert hatte; die deutschen Verluste hatten sich in beunruhigender Weise gesteigert; materielle Einschränkungen an der »Heimatfront« begannen wehzutun; und das Ende des Krieges war nirgends in Sicht. Die Grundlage für die leichten Triumphe, die dem »Hitlermythos« immer wieder neue Nahrung gegeben hatten, war verschwunden, selbst wenn das Vertrauen in den »Führer« im Allgemeinen noch stark war. Die direkten Erfahrungen des »Kontakts« mit dem »Führer« durch seine großen Reden hatten jahrelang als ritualisierte Formen plebiszitärer »Begegnung« zwischen Hitler und dem Volk gedient und sich in regelmäßigen Abständen wiederholt. Nach 1942 fanden sie nur noch unregelmäßig statt. Nachdem er sich in die Isolation seines Hauptquartiers im Osten zurückgezogen hatte, wurde Hitler zu einer immer ferneren Gestalt. Da es keine neuen Triumphe mehr zu verkünden gab, tauchte er immer seltener in der Öffentlichkeit auf und hielt immer weniger Reden. Der »Führer« war nicht länger mehr unter seinem Volk gegenwärtig. Er spielte in wachsendem Maße die Rolle eines *Deus ex Machina,* tauchte dann und wann in Berlin oder München auf, aber meist wirkte er als ein Kriegsherr, der Feldzüge in der Ferne führte. Doch er hatte kaum mehr wirklichen Kontakt mit dem deutschen Volk. Solche Tuchfühlung wurde aber immer noch gewünscht. In einem SD-Bericht von Ende Januar 1942 hieß es: »Als Höhepunkt der Wochenschau werden Bilder aus dem Führerhauptquartier empfunden.« Und es wurde hinzugefügt, es könnten »überhaupt nicht genug Führerbilder gezeigt werden«. Bemerkungen wie: »Ein Lächeln des Führers, ja nur sein Anblick gibt uns wieder Kraft und Mut«, soll es in fast allen eingegangenen Berichten gegeben haben.[39] Doch das ältere Propagandabild eines »menschlichen« und sogar »familiären« Hitler, der aus dem Volk kommt, seine Sorgen und Nöte teilt und den kleinen Mann versteht, schien immer weniger mit der Realität zu tun zu haben. Die Propaganda musste dementsprechend der neuen und stärker distanzierten Beziehung zum »Führer« angepasst werden, die der Russlandfeldzug mit sich gebracht hatte. Anfang 1942 zeichnete Goebbels Hitler aus Anlass der Premiere des Films *Der große König* als einen modernen Friedrich den Großen: In distanzierter Erhabenheit isoliert, führte er fern der Heimat einen heroischen – und gegen alle Widrigkeiten letztendlich siegreichen – Kampf im Interesse der Nation und des Volkes.[40] Dieses monumentale Bild wurde entworfen, um Gefühle der Achtung und des Respekts anzuregen, aber es konnte kaum Gefühle der Wärme und der Zuneigung hervorrufen. Hitler wurde in wachsendem Maße als Kriegsherr angesehen, zunächst in einem positiven und heroischen Sinn, dann aber später mehr und mehr als Gestalt von unbeugsamer und kaum menschlicher Härte, die ohne jede Berührung mit den Interessen und Problemen gewöhnlicher Menschen war.

Obwohl berichtet wurde, es bestehe »geradezu das Bedürfnis, wieder die Stimme des Führers zu hören«, enttäuschte doch Hitlers Rede vom 30. Januar 1942 zum Jahrestag der »Machtergreifung«. Die Menschen hatten beruhigende oder ermutigende Worte über die Kriegslage im Osten erwartet und waren nicht an einer weiteren stereotypen Wiederholung der »ruhmreichen« Parteigeschichte der NSDAP interessiert.[41] Aus einem katholischen Ort in Nordbayern berichtete der SD: »Die Bevölkerung hörte nicht den Führer, sondern ging in die Kirche«, dort habe man den Rosenkranz gebetet.[42] Auch konnte Hitlers Rede zum Heldengedenktag am 15. März – dem nationalsozialistisch umgestalteten Erinnerungstag an die Toten des Ersten Weltkriegs – nicht viel dazu beitragen, die Stimmung zu heben. Die Menschen waren, so bemerkte der SD, stärker mit Gerüchten über eine bevorstehende starke Reduzierung der Nahrungsmittelzuteilung als mit der Rede des »Führers« beschäftigt.[43] Und angesichts vorangegangener Erfahrungen war es für manche nicht länger mehr ohne Weiteres glaubhaft, als Hitler erklärte: »Die bolschewistischen Horden... werden von uns in dem kommenden Sommer bis zur Vernichtung geschlagen sein.«[44] Optimistischere und weniger kritische Kommentare, dass der »Führer« nichts sagen würde, dessen er sich nicht sicher sei, waren ebenfalls zu hören.[45] Aber solche Äußerungen klangen weniger überzeugend als ein Jahr zuvor, und sie waren gewiss weniger weitverbreitet. Witze, die in Bayern in Umlauf waren, berichteten eine ganz andere Geschichte. Einer lautete: »Bei der Musterung für die Waffen-SS wird ein Bewerber gefragt, ob er sich auf Kriegsdauer verpflichten lassen will; er antwortet: ›Nein, vorläufig nur auf zwölf Jahre.‹« In einem anderen Witz hieß es: »Wie lange dauert der Krieg? Antwort: Bis Göring die Hose von Goebbels passt.«[46]

Hitlers dramatischste Rede im Jahre 1942 fand nach der überraschenden Einberufung des Reichstags am 26. April statt.[47] Nach einer weitschweifigen Darstellung der historischen Hintergründe des Krieges und einem Überblick über die Lage im Osten – verbunden mit dem Hinweis, der Krieg werde sich auch den kommenden Winter über hinziehen – forderte Hitler in dem Teil der Rede, der die meiste Aufmerksamkeit auf sich zog, uneingeschränkte Vollmachten, um sogleich und ohne Einschränkung jemanden aus Amt und Stellung zu entfernen, »ohne Rücksicht, wer er auch sei oder welche erworbenen Rechte er besitzt«; wo immer jemand seine Pflichten gegenüber der »Volksgemeinschaft« nicht erfüllte und den Anforderungen der Kriegszeit nicht genügte, versprach er eine unermüdliche Auseinandersetzung mit jeder Form der Korruption und der Pflichtvergessenheit; und in einem erstaunlichen verbalen Angriff auf die Justiz und die Beamtenschaft machte Hitler – allem Anschein nach die Gefühle eines großen Teils der Bevölkerung aufgreifend – deutlich, wen er für die Hauptschuldigen hielt, und drohte damit, diese Leute aus ihren privilegierten Stellungen zu entfernen, ihnen ihre »wohlerworbenen Rechte« zu nehmen und Übeltäter sofort zu entlassen. Die Rede rief unterschiedliche und teilweise widersprüchliche Reaktionen hervor, die auf Hitlers Ansehen und Image in der Bevölkerung Anfang 1942 ein Licht werfen.

Die ersten Reaktionen, so musste der SD zugeben, artikulierten Enttäuschung über das, was Hitler zu sagen hatte.[48] Es hatte viele Gerüchte im Zusammenhang mit der Einberufung des Reichstags und denkbaren dramatischen Ereignissen, die dort offenbart werden würden, gegeben. Wie die Dinge standen, hatten die Menschen den Eindruck, man habe sie in Hinblick auf die schwerwiegenden Gründe für solch einen ungewöhnlichen Schritt im Dunkeln gelassen, und sie machten sich weiterhin Sorgen wegen der ernsten Lage im Osten und »dass im Inneren des Reiches ›etwas nicht in Ordnung sei‹«. Dies legte einen Konflikt unter führenden Persönlichkeiten der Wehrmacht nahe sowie Unzufriedenheit des »Führers« mit prominenten Persönlichkeiten in der Heimat, deren Lebensstil nicht dem Ernst der Lage entsprach. Es gab außerdem Enttäuschung, dass so starken Worten kein sofortiges Handeln gefolgt war, und Mangel an Verständnis dafür, dass Hitler weitere Vollmachten benötigte. Darüber hinaus führte Hitlers Versprechen einer Vergeltung für die Bombardierung deutscher Städte zu Ernüchterung, als in den folgenden Tagen nur von Luftangriffen auf solche englischen Städte wie Bath, Norwich und York berichtet wurde. »Von der Bombardierung dieser britischen Bäder und Provinzorte« wurde wenig erwartet. Sie galt nicht als angemessene Vergeltung für die Zerstörungen in Deutschland.[49] Vor allem aber deprimierte Hitlers Bemerkung, er habe umfassende Vorsorge für den kommenden Winter getroffen: Die logische Schlussfolgerung lautete, »dass der Kampf im Osten – entgegen der bisher von dem allergrößten Teil der Bevölkerung vertretenen Hoffnung – nicht vor dem nächsten Winter beendet werden könne«.[50] Selbst Parteiberichterstatter mussten akzeptieren, dass die Rede zumindest in diesem Punkt »nicht überall das verdiente Echo gefunden« hatte:

> Verzagte Gemüter, und deren gibt es nicht wenige, scheinen nur von einer Stelle der Rede des Führers beeindruckt worden zu sein: als der Führer von den Vorbereitungen zum Winterfeldzug 42/43 sprach. Je mehr die Grausamkeit und Härte des Winterkampfes im Osten der Heimat voll bewusst geworden ist, umso mehr ist die Sehnsucht nach einem Ende gestiegen. Nun aber ist das Ende noch nicht absehbar – darunter leiden viele Frauen und Mütter.[51]

Bei Weitem die ansprechendsten Teile der Rede waren, wenn man nach den Reaktionen urteilt, von denen der SD berichtet, jene, in denen Hitler neue, umfassende Vollmachten forderte, Richter und Beamte angriff, ihnen bei der Ausrottung von Korruption und parasitären Privilegien mit drakonischen Maßnahmen drohte, ganz unabhängig von Rang und Status der Betroffenen. Die begeisterte Reaktion der »einfacheren Kreise der Bevölkerung« auf derlei populistische Rhetorik erinnert an die volkstümlichen Reaktionen auf die »Röhm-Affäre« von 1934. Diesmal jedoch, so hieß es, brachten konservative, bürgerliche und intellektuelle Kreise »Befürchtungen einer gewissen Rechtsunsicherheit für die Zukunft« zum Ausdruck.[52] Und unter denen, die in erster Linie angegriffen wurden – Beamte, Anwälte und Richter –, gab es tiefe Bestürzung. Während die Scham wegen der öffentlichen Beschimpfungen, die ein typischer NS-Anwalt verspürte, angeblich ausreichte, um ihn in den Selbstmord zu treiben, waren zwischen den Zeilen der Reaktionen von Richtern und Angehörigen der Justizverwaltung Erstaunen, Unglaube, Furcht und Kritik zu lesen. Die am meisten ausgesprochene Reaktion hieß, der

»Führer« sei in übler Weise fehlinformiert und »seine ganz unerwarteten Angriffe auf die Justiz« würden sehr stark »diskutiert und kritisiert«.[53]

Hier passierte es zum ersten Mal während des Dritten Reiches, dass eine Hitler-Rede eine derart direkte Kritik vonseiten höherer Beamter provozierte. Bei dem Versuch, von Enttäuschungen über den vergangenen Winter und den Mangel an Aussichten auf ein frühes Ende des Krieges abzulenken und zur erneuten Stärkung der Moral beizutragen, indem er anderen die Schuld an Deutschlands Missgeschick zuschrieb – so wie es weitgehend auch in den Jahren vor 1933 geschehen war –, hatte Hitler teilweise den Schleier gelüftet, der den »Führermythos« verdeckte, und ermöglichte damit einen flüchtigen Blick auf die willkürliche, diktatorische und irrationale Art und Weise, in der er auf die ersten Rückschläge reagiert hatte, die er und die Nation hatten einstecken müssen. Die Rede vom 26. April 1942, die vor der theatralischen Kulisse des eigens einberufenen Reichstags gehalten wurde, hatte einfach den in sie gesetzten Erwartungen nicht entsprochen. Sie verdeutlichte, dass »Führer«-Reden, falls keine Erfolge gemeldet werden konnten, an Wirksamkeit eingebüßt hatten. Und sie demonstrierte, dass Hitlers instinktives Gespür für die Gefühle der Bevölkerung, die »aus dem Bauch heraus kamen«, sein sechster Sinn, von dem seine Erfolge als Redner weitgehend abhingen, ihn aufgrund seiner Isolierung in seinem fern gelegenen Wehrmachtshauptquartier ebenfalls zu verlassen begann.

Dennoch war das Fundament der Unterstützung für Hitler im Volke immer noch sehr stark. Ein anonymer Brief eines Regimegegners aus Franken, der das »Puppentheater« im Reichstag verabscheute und die Behauptung aufstellte, 90 Prozent der Deutschen teilten mit ihm den Wunsch an Hitler: »Verschwinden Sie von der Bildfläche so schnell wie möglich«, stellte eine absurde Übertreibung dar.[54] Die Offensive, die im Sommer 1942 an der Südflanke der Ostfront begann und deutsche Truppen über die Krim hinweg und in den Kaukasus hineinführte, sowie die Erfolge Rommels in Nordafrika und der U-Boote im Atlantik boten neue Gelegenheiten, die Heldentaten der Wehrmacht zu bewundern. Viele hofften und glaubten, Hitlers Prophezeiungen würden sich als richtig erweisen, und der entscheidende Schlag gegen den russischen Koloss stehe nun unmittelbar bevor. Außerdem nährten die japanischen Vorstöße in Ostasien die Hoffnung, dass die Vereinigten Staaten vollständig an diesen Kriegsschauplatz gefesselt würden.

Die »leichten« Zeiten waren gleichwohl nun vorbei, und selbst die immer noch bemerkenswerten militärischen Erfolge konnten nicht länger unbegrenzte Begeisterung hervorrufen. Die Verluste an Menschenleben nahmen sehr schnell zu, und die Ausdehnung der Wehrpflicht auf die gerade einmal 18-Jährigen und jene, die bereits 45 waren, vergrößerte die Sorgen um Verwandte an der Front in fast jeder Familie daheim. Personalverluste in Landwirtschaft und Industrie mussten so weit wie möglich mit noch mehr Kriegsgefangenen und »Fremdarbeitern« ausgeglichen werden. Nahrungsmittel- und Konsumgüterknappheit machte sich ebenfalls bemerkbar, und die Bombardements – die nun auch süddeutsche Städte trafen – lösten weitverbreitete und ständige Angst aus. In dieser Anfangsphase des alliierten Bombenkriegs war es weniger die materielle Zerstörung als die psychische Erschütterung, die – angesichts der Machtlosigkeit der Luftwaffe, diese Angriffe entweder zu verhindern oder doch in angemessener Weise Vergeltung zu üben – die Moral schwächte. Dies traf, was das Vertrauen in die Führung anging, einen empfindlichen Nerv. Insbesondere Görings Popularität litt, als deutlich wurde: Welche Erfolge die deutschen Truppen in der Ferne auch immer haben mochten, so war er als Chef der Luftwaffe doch unfähig, den Schutz der Heimat zu garantieren. Schrittweise begann auch Hitlers gewaltiges persönliches Prestige unter den unaufhörlichen Bombenangriffen zu leiden.

Zunächst jedoch war Hitler noch in der Lage, die Erfolge der Sommeroffensive auszunutzen, um die Stimmung in der

Heimat mithilfe seiner großen Rede im Berliner Sportpalast am 30. September 1942 wieder zu heben. Diese Rede wirkte im Allgemeinen überraschend, und viele nahmen, als angekündigt wurde, dass Hitler sprechen würde, zunächst an, er werde die Eroberung Stalingrads verkünden. Da jedoch derart Spektakuläres nicht zu berichten war, bildeten die beeindruckendsten Teile der Rede jene, in denen dargelegt wurde, wie Deutschland erfolgreich die höchst schwierige Herausforderung des vorangegangenen Winters bewältigt habe. Hinzu kamen jene Passagen, die schilderten, wie die Ausbeutung der materiellen Ressourcen der eroberten Gebiete zu Hoffnungen auf die Verbesserung der Nahrungsmittelversorgung in der Heimat Anlass gäbe.[55] Weiteren Auftrieb für diese Hoffnungen verschaffte vier Tage später Görings Rede beim Erntedankfest, in der er die Verbesserung der Nahrungsmittelbeschaffung versprach.[56] Da für einen Großteil der Zivilbevölkerung im Reich die materiellen Lebensbedingungen von unmittelbarerer Wichtigkeit waren als sich in der Ferne abspielende militärische Ereignisse, wurden Görings Bemerkungen, einigen Berichten zufolge, als noch wichtiger angesehen als jene des »Führers« selbst.[57] Tatsächlich hieß es von Hitlers Rede, obwohl sie nach einem Bericht aus Bayern »direkt Wunder gewirkt« haben sollte, vonseiten des SD auch, sie habe wie immer den Wunsch ausgelöst, der »Führer« solle öfter zum Volk reden, da seine Worte eine größere Ermunterung darstellten als alles andere. Doch hieß es auch, dass die Rede diesmal weniger Diskussionen als gewöhnlich hervorgerufen hätte.[58] Auch hatte diese Rede keinerlei langfristige Auswirkung auf die Volksstimmung. Einen Monat später war die Wirkung verflogen: »Die Kriegsmüdigkeit ist eben schon zu stark.«[59] Die SD-Außenstelle Würzburg berichtete sogar von offener Kritik am Fanatismus der Reden Hitlers und Görings, weil dadurch »jede Möglichkeit einer Verständigung mit den Gegnern dahingeschwunden sei und der Vernichtungskrieg auf allen Seiten weitergeführt werde«.[60]

In fast allen Berichten des Jahres 1942 dominieren diese »Kriegsmüdigkeit« und dieses Friedensverlangen; sie sind nun keineswegs mehr mit Erwartungen auf einen ruhmreichen Sieg verbunden, sondern weit stärker von Pessimismus bestimmt als im Jahre zuvor. Unverfälschte Meldungen aus bayerischen Orten, wo die Regierungs- und Polizeibehörden in engerer Berührung mit der Realität waren als viele ihrer vorgesetzten Stellen, liefern einen klaren Einblick in die Stimmung. Die Menschen seien »besonders verzagt«, hieß es Anfang 1942 in einem Bericht. In einem anderen vom Juni desselben Jahres wurde festgehalten, niemand glaube mehr an ein frühes Ende des Russlandkrieges, und Soldaten auf Urlaub hatten geäußert, sie würden einen zweiten Winter dort nicht durchhalten. Die Bevölkerung, so wurde hinzugefügt, interessiere sich mehrheitlich nur für ihre Alltagsprobleme am Arbeitsplatz und die Beschaffung notwendiger Versorgungsgüter, es gebe kaum Gespräche über militärische Ereignisse.[61] Aus derselben Gegend – um Garmisch-Partenkirchen – wurde berichtet, die Stimmung der Bevölkerung werde aufgrund der Versorgungslage »täglich merklich schlechter«.[62] In zwei Berichten aus Oberammergau wurde die deutsche Führung stark kritisiert und damit indirekt auch Hitler, obwohl sein Name nicht eigens erwähnt wurde. Die Menschen, so hieß es, erklärten,

> dass wir den Krieg wirtschaftlich nicht gewinnen können, weil bis jetzt so viele Fehler gemacht worden sind, die jetzt in Erscheinung treten und die nicht mehr gut gemacht werden können. Grundverkehrt sei, dass auch von fachkundiger Seite keinerlei Einwendungen mehr geduldet werden können. Durch die Zusammenarbeit von welterfahrenen und fachkundigen Personen hätte viel Unglück vermieden werden können. Ein großer Teil der erlassenen Maßnahmen und viele Reden, die in letzter Zeit gehalten worden sind, widersprechen dem wahren Volkswillen und verletzen die Volksehre, wodurch immer wieder unnötige Empörungen

> ausgelöst werden. Die maßgebenden Männer haben Russland unterschätzt und sie unterschätzen auch die übrigen Völker der Erde.[63]

Der Krieg, so meinte man, sei überhaupt nicht unabwendbar gewesen:

> Vielfach heißt es, dass der Schwindel in diesem Krieg viel größer ist, als während des Weltkrieges. Der jetzige Krieg wäre überhaupt nicht notwendig gewesen und er hätte recht wohl verhindert werden können. Es sei der größte Unsinn, dass sich die Völker gegenseitig vernichten müssen, wegen einiger Verantwortlicher, die ihn heraufbeschworen haben. Man habe immer von einem langen Frieden gesprochen und in Wirklichkeit sei nur auf diesen Krieg hingearbeitet worden. Einen Krieg zu führen habe aber nur dann einen Wert, wenn der Feind auf den ersten Schlag vernichtet werden kann, was uns aber nicht gelungen ist. Bis wir nun dieses Ziel erreichen, werden auch wir soweit erledigt sein, dass für uns wenig oder gar keine Vorteile mehr herauskommen.[64]

Dieser und ähnliche Berichte deuten an: Vor allem in jenen katholischen Gegenden, in denen die Übereinstimmung mit dem Nationalsozialismus stets nur partiell und gebrochen und die Zustimmung zu Hitler nur etwa zwischen 1938 und 1940 vorbehaltlos gewesen waren, wurde jetzt der Abgrund zwischen Propagandaimage und Wirklichkeit schnell deutlich.

Im Frühjahr und Sommer 1942 häufte sich die Zahl der Fälle von vorgeblich kritischen Bemerkungen über das Regime, die vor das Münchener Sondergericht kamen. Es wurden Menschen angeklagt, weil sie das Gerücht verbreitet hätten, »in München und anderen Großstädten stehe auf den Bahnhöfen Militär mit aufgepflanztem Gewehr, weil es herinnen gäre«. Andere hatten gesagt, in München trage niemand mehr das Parteiabzeichen und »dem Führer glaubt schon lange kein Mensch etwas«. Hier wie anderswo wurde Hitler aufgrund von Gerüchten über seine maßlosen Wutanfälle der »Teppichbeißer« genannt.[65] Die Fama, dass er körperlich oder geistig krank sei, verbreitete sich im Sommer 1942 sehr schnell. Selbst im vorangegangenen November hatte es Gerüchte gegeben, dass er einen Nervenzusammenbruch erlitten habe.[66] Nun waren Latrinenparolen über Hitlers Wutanfälle und Ausbrüche weitverbreitet: Angeblich müsse er stets von einem Irrenarzt begleitet werden. Himmler habe den Befehl erteilt, niemand dürfe ihn sehen. Schließlich hieß es, er sei verwundet und liege im Krankenhaus.[67] Um solche Gerüchte zum Verschwinden zu bringen, bedurfte es Hitlers öffentlichen Auftretens und seiner Rede vom 30. September 1942[68]; sie kehrten allerdings im Winter 1942/43 und insbesondere nach der Katastrophe von Stalingrad wieder. Diese Gerüchte deuten zumindest eine Bereitschaft an, zu glauben, dass die höchste Führung von Staat und Militär – um es milde zu formulieren – nicht länger mehr die Lage unter Kontrolle habe. Der »Führermythos« befand sich nun ganz offensichtlich auf dem Rückzug.

Einen weiteren Indikator bildet – und zwar schon lange vor Stalingrad – eine interessante historische Quelle: Todesanzeigen für »gefallene Helden«, die seit Herbst 1941 die Spalten der deutschen Zeitungen immer mehr füllten. Innerhalb gewisser Grenzen konnten die Familien der toten Soldaten die Anzeigen ohne Zensur selbst formulieren, und dies macht die Todesanzeigen (neben den Werbeannoncen) zu den einzigen nicht gleichgeschalteten Komponenten der deutschen Presse (obwohl der SD auch auf sie ein Auge warf; allem Anschein nach war er sich bewusst, dass sie einen Gradmesser der Entwicklung der öffentlichen Meinung bildeten).[69] In der Praxis wurde regelmäßig eine Reihe von üblichen Formulierungen benutzt. Die Menschen wählten normalerweise zwischen den beiden am häufigsten benutzten Begriffen – »für Volk und Vaterland« und »für Führer, Volk und Vaterland« –, um den

Opfertod ihrer nächsten Angehörigen zu würdigen und zu rechtfertigen.

Stichproben aus drei großen bayerischen Zeitungen zeigen, wie stark die Erwähnung des »Führers« bei privaten Gefallenenanzeigen zwischen 1940 und Ende 1942 zurückging. Im *Fränkischen Kurier*, einer Zeitung mit großer Auflage in und um Nürnberg/Fürth, wurde zwischen Mai und August 1940 der »Führer« in 41 Prozent der Todesanzeigen von Gefallenen erwähnt, zwischen Juli und Dezember 1941 noch bei 25 Prozent und zwischen Juli und Dezember 1942 lediglich bei 12 Prozent der Anzeigen. In der *Augsburger Nationalzeitung*, dem Hauptorgan der NSDAP für den Gau Schwaben, erwähnten im Juni 1940 noch 62 Prozent der Gefallenenanzeigen den »Führer«, im November und Dezember 1941 nur 29 Prozent und in den letzten zwei Monaten des Jahres 1942 nur noch 11,5 Prozent. In den *Münchener Neuesten Nachrichten*, der bei Weitem größten »bürgerlichen« Tageszeitung im Raum München, kam es bereits 1941 zu einem starken Abfall der Kurve. Mai und Juni 1940: 44 Prozent, Juni und Juli 1941: 29 Prozent, Oktober bis Dezember 1941: 15 Prozent, Oktober und November 1942: 7 Prozent. Die Hingabebereitschaft für den »Führer« oder jedenfalls der Eifer, sie öffentlich kundzutun, war rapide gesunken. Um diese indirekten Meinungskundgebungen zu unterbinden, wurde die freie Wortwahl bei Todesanzeigen für Gefallene im September 1944 urplötzlich beendet und stattdessen in den Zeitungen für alle Fälle von »Heldentod« ein einheitlicher Obertitel eingeführt mit dem Wortlaut: »Für Führer, Volk und Reich gaben ihr Leben …« In den Wochen zuvor war der »Führer« in den *Münchener Neuesten Nachrichten* nur noch in 4 Prozent der Gefallenenanzeigen erwähnt worden.

Obwohl sich Hitler immer noch eindeutig auf die uneingeschränkte Treue seiner loyalsten Anhänger verlassen konnte, insbesondere natürlich jener, die seit Jahren dem vollen Druck der Indoktrination und Organisierung durch die Partei ausgesetzt waren, welche Logik auch immer die Lage bestimmen mochte, so scheint es kaum zu bezweifeln, dass die Massenbasis des uneingeschränkten Vertrauens in Hitler bereits 1942 dahinzuschwinden begann. Der fundamentalste Grund dafür lag offensichtlich darin, dass Hitler sich als unfähig erwiesen hatte, das so sehnlich erwartete Ende des Krieges entweder durch einen Sieg oder durch einen tragbaren Kompromissfrieden herbeizuführen.[70] Es war nicht, wie oftmals behauptet, die katastrophale Niederlage von Stalingrad, die zum Wendepunkt von Hitlers Popularität führte. Eher war es seine Unfähigkeit, den Krieg zu beenden, die bereits in den ersten Monaten des Russlandfeldzuges und stärker noch im Jahre 1942 begonnen hatte, das Image eines weitblickenden, unfehlbaren und von guten Absichten geleiteten Führers unausweichlich ins Wanken zu bringen. Die massive Erschütterung durch »Stalingrad« und der sich daraus für Hitler ergebende enorme Prestigeverlust öffneten die Schleusentore der Kritik, die bereits knapp unterhalb der Oberfläche vorhanden war und die – trotz der offensichtlich damit verbundenen Risiken – nun ganz offen die Schuld dem »Führer« persönlich zuschrieb.

Der Vertrauensverlust, der nach Stalingrad einsetzte, war nicht zuletzt Resultat einer total irreführenden und ganz und gar verlogenen deutschen Propaganda, die der Katastrophe vorangegangen war. Stalingrad bedeutete nicht nur militärisch, sondern auch propagandistisch eine Katastrophe.

Die Fakten des dramatischen Geschehens um Stalingrad sind wohlbekannt.[71] Anfang September 1942 hatte die deutsche 6. Armee unter General Paulus Stalingrad erreicht – eine Stadt, deren Eroberung von symbolischer Bedeutung gewesen wäre; am 19. November hatte eine große sowjetische Gegenoffensive begonnen, die innerhalb von wenigen Wochen zur Einkreisung der 250 000 Mann der 6. Armee führte; Weihnachten 1942 war die Lage für die Deutschen bereits so gut wie hoffnungslos; am 10. Januar erfolgte der letzte russische Angriff; am 31. Januar ergab sich Paulus – unter Missachtung eines »Führerbefehls«, dass die Truppen bis zum letzten Mann kämpfen sollten. Etwa 90000 deutsche Soldaten gingen in russische Gefangenschaft, nur eine kleine Minderheit von ihnen sollte jemals zurückkehren.

Die Darstellung des Geschehens durch die deutsche Propaganda verschwieg die wachsende Ausweglosigkeit der Lage der 6. Armee völlig.[72] Frühe Presseberichte ließen tatsächlich Hoffnungen auf einen unmittelbar bevorstehenden deutschen Sieg aufkommen. Die Bürger von Augsburg zum Beispiel konnten am 18. September 1942 in ihrer heimatlichen Zeitung lesen: Das Schicksal der Russen in und um Stalingrad sei besiegelt, die Stunde sei nahe, »in der die Stadt Stalins mit ihren eingeschlossenen großen Sowjetarmeen und mit der Unmenge von Kriegsmaterial dem Untergang geweiht sein wird … Das Finale eines der größten Heldenlieder der deutschen Kriegsgeschichte hat begonnen.«[73] Verständlicherweise war damals die Stimmung – hier wie anderswo – von großem Optimismus geprägt. Die SD-Außenstelle im nahe gelegenen Friedberg berichtete: »Man ist wohl davon überzeugt, dass der Fall Stalingrads jeden Tag erfolgen kann.« Allerdings werde mit großen deutschen Verlusten gerechnet.[74] Hitler hatte, wie wir bereits erfahren haben, diesen Optimismus zuvor bereits in seiner Rede vom 30. September 1942 gefördert, indem er mit vollem Nachdruck behauptete, deutsche Truppen würden »Stalingrad berennen und es nehmen … worauf sie sich verlassen können!«. Weiter verkündete er: »Kein Mensch« wird uns »von dieser Stelle mehr wegbringen.«[75]

Goebbels instruierte Vertreter der deutschen Presse am 19. Oktober, »dass der Fall von Stalingrad noch einige Tage dauern kann«. Er empfahl Zurückhaltung bei der Berichterstattung, äußerte sich kritisch über Illusionen und ungerechtfertigten Optimismus, die die Wehrmachtsberichte auslösten. Nur zwei Tage zuvor hatte das Oberkommando der Wehrmacht eine bestimmte Propagandalinie im Hinblick auf die »in den nächsten Tagen« zu erwartende Siegesmeldung aus Stalingrad ausgegeben und sich voller Stolz über die exzellente Planung der militärischen Führung – nach den Fehlern des vorangegangenen Winters – geäußert.[76] Als in den folgenden Wochen keine Nachrichten über einen abschließenden Sieg kamen, begannen die Menschen – wie Ende Oktober berichtet wurde – ihrer Ungeduld Ausdruck zu geben: Viele sagten, der Kampf um Stalingrad ziehe sich zu lange hin und koste zu viele Menschenleben.[77]

Das Thema Stalingrad führte die Propagandisten schnell in beträchtliche Verlegenheit, insbesondere jene in den Stäben der Wehrmacht, die im September vorzeitig eine Siegesatmosphäre hochgepeitscht hatten. Seit der russischen Gegenoffensive von Mitte November 1942 schwiegen die Wehrmachtsberichte – die Hitler selbst las und redigierte – generell über Stalingrad; und Goebbels, der möglicherweise nicht vollständig über die wirkliche Lage informiert war, beschränkte sich generell auf warnende Hinweise auf die Schwere des Kampfes und die Notwendigkeit, den Eindruck zu vermeiden, ein entscheidender Schlag stehe unmittelbar bevor.[78] Die russische Gegenoffensive wurde nicht erwähnt. Doch die »realistischere« Erwähnung von gerade stattfindenden harten Kämpfen löste im November und Dezember ein sorgenschweres Stimmungstief aus, und trotz des Schweigens der offiziellen Medien waren Ende des Jahres Gerüchte über die Einkreisung der 6. Armee zu hören.[79] Nach längerem Schweigen sprach der Bericht des Oberkommandos der Wehrmacht vom 16. Januar 1943 nebulös vom »heldenmütigen Abwehrkampf« deutscher Truppen gegen »den von allen Seiten angreifenden Feind«.[80] Goebbels lernte die wahre Lage bei einem Besuch im Führerhauptquartier am 22. und 23. Januar kennen. Am 23. Januar gab Reichspressechef Dietrich eine Anweisung an die Presse, die nun plötzlich ohne Vorwarnung ans Publikum »das große und ergreifende Heldenopfer, das die bei Stalingrad eingeschlossenen deutschen Truppen der deutschen Nation darbringen«, feierte.[81] Einen Tag später sprach er vom bevorstehenden »Heldenepos« von Stalingrad.[82] Schließlich kam, begleitet von dem Einführungsthema aus Beethovens 5. Symphonie, die gefürchtete Sondermeldung heraus: »Der Kampf in Stalingrad ist zu Ende. Ihrem Fahneneide bis zum letzten Atemzug getreu ist die 6. Armee unter der vorbildlichen Führung des Generalfeldmarschalls Paulus der Übermacht des Feindes und der Ungunst der Verhältnisse erlegen... Generale, Offiziere, Unteroffiziere und Mannschaften fochten Schulter an Schulter bis zur letzten Patrone. Sie starben, damit Deutschland lebe.«[83] Selbst hier noch musste die Propaganda lügen. Die Nachricht über die Kapitulation von Paulus und 90000 Männern der 6. Armee – die möglicherweise für die betroffenen Angehörigen ein gewisses Maß an Erleichterung bedeutet hätte – musste verschwiegen werden, um die Legende vom totalen und selbstlosen Opfer für die Nation in diesem »größten Heldenlied der deutschen Geschichte« aufrechtzuerhalten. Auch dies sollte sich als ein Fehler erweisen. Sehr bald waren schon Gerüchte über die Kapitulation in Umlauf, und einige Tage später wurde bekannt gegeben, dass 47000 Verwundete gerettet worden seien.[84]

Stalingrad war der größte einzelne Rückschlag des Krieges. Über tiefe Erschütterung, Enttäuschung und Niedergeschlagenheit wurde von überallher berichtet. Zu Recht wurde dieses Ereignis als Talsohle der Stimmungslage an der Heimatfront während des Krieges betrachtet. Es gab kaum Verständnis dafür, wie es dazu kommen und warum die 6. Armee nicht gerettet werden konnte, und die offizielle »Sinngebung des Opfers« bot wenig Trost für Verwandte, die einen Angehörigen verloren hatten.[85] Psychologisch wie auch militärisch war Stalingrad ein Wendepunkt des Krieges. Es bedeutete auch einen entscheidenden Anstoß für die Beschleunigung des Niedergangs des »Führermythos«. Wenn auch die noch zum Jahreswechsel 1942/43 anzutreffenden Beteuerungen vom vollen Vertrauen des Volkes »zu seinem geliebten Führer und seiner unvergleichlichen Wehrmacht«, vom unverminderten »Vertrauen in Wehrmacht und Führung« oder die Behauptung, »dass die Person des Führers nach wie vor über jede Kritik gestellt wird«, wohl als Übertreibungen der Bürokraten des Regimes angesehen werden müssen[86], so war doch vor Stalingrad direkte Kritik an der Person des »Führers« und an seiner Führungsweise selten. Nach der Niederlage von Stalingrad änderte sich dies schlagartig.

Bereits gegen Ende Januar, als bekannt wurde, dass deutsche Truppen in Stalingrad eingekreist waren, verdichtete sich die Missstimmung, die in vielen Berichten registriert wurde, zu Meinungsäußerungen, die fundamentale Zweifel an der Notwendigkeit des Krieges mit Russland und an der Wahrheit von Hitlers Erklärungen über diesen Krieg formulierten.[87] Viele sprachen mit Respekt und Bewunderung von den Soldaten der 6. Armee, vertraten aber die Ansicht, dass die erlittenen Verluste umsonst gewesen seien. Während bei früheren Gelegenheiten, wenn schlechte Nachrichten oder ungünstige Entwicklungen auftauchten – zumindest bei öffentlichen Äußerungen –, die Ansicht vorgeherrscht hatte, dass der »Führer« schlecht beraten worden sei oder nichts gewusst habe, wurde Hitler diesmal mit der Katastrophe von Stalingrad direkt in Verbindung gebracht. Der frühere Botschafter in Rom, Ulrich von Hassell, der im Juli 1944 wegen seiner Beteiligung an der Verschwörung zur Ermordung Hitlers hingerichtet werden sollte, schrieb am 14. Februar 1943 in seinem Tagebuch von der Krise, die »durch den Namen Stalingrad symbolisiert« werde:

> Zum ersten Male gelingt es Hitler nicht, die Verantwortung abzuwälzen, zum ersten Male bezieht sich das kritische Raunen unmittelbar auf ihn. Insofern liegt eine echte Führungskrise vor: Die *militärische,* bisher durch einige intuitive Licht-

> blicke, durch geglücktes Hazardieren, gegnerische Unfähigkeit und Zufälle verdeckte Unfähigkeit des ›genialsten Feldherrn aller Zeiten‹, das heißt des größenwahnsinnigen Gefreiten, steht im Vordergrund. Das Opfern kostbarsten Blutes für unsinnige oder verbrecherische Prestigegesichtspunkte ist weithin klar. Da es sich diesmal um militärische Dinge handelt, gehen nun endlich auch den Generälen die Augen auf… Bezeichnend, dass Hitler am 30. [Januar] nicht zu sprechen wagte! Wer hätte das noch vor Kurzem gedacht![88]

Nach Albert Speer sprach Goebbels zu diesem Zeitpunkt nicht bloß von einer »Führungskrise«, sondern auch von einer »Führerkrise«.[89] Parteiberichte aus allen Teilen Deutschlands – die gewöhnlich »gefärbter« und »loyaler« als alle anderen Arten von Berichten sind und Kritik an der Führung vermeiden – sprachen von »ganz besonders gefährlich[en]« Zeichen und davon, »dass man es nunmehr auch wagt, offen an der Person des Führers Kritik zu üben und ihn in gehässiger und gemeiner Weise anzugreifen«.[90] Der Oberlandesgerichtspräsident von Bamberg hat ebenfalls »eine starke Zunahme und Verschärfung der Kritik an der politischen und militärischen Führung« beobachtet und führt dazu aus: »Diese Kritik richtet sich, was früher nie der Fall war, in steigendem Maße gegen die Person des Führers, der besonders für die Ereignisse um Stalingrad und im Kaukasus verantwortlich gemacht wird. Man erzählt sich von erheblichen Meinungsverschiedenheiten zwischen dem Führer und seinen militärischen Ratgebern, deren Warnungen der Führer in den Wind geschlagen habe.«[91] Ein Augsburger Kaufmann kam vor das Sondergericht, weil er gesagt hatte: »Die Armee hat dem Führer den Vorschlag gemacht, die Eingeschlossenen auf dem Luftweg herauszuholen. Dieser Vorschlag wurde vom Führer abgelehnt… Der Führer hat doch immer selbst davon gesprochen, wie wichtig Stalingrad ist und nun hat er es doch verloren.«[92] Berichte von örtlichen Beamten aus vielen Gegenden lassen keinen Zweifel, dass die Schuld daran, die 6. Armee zunächst aufs Spiel gesetzt und sie dann verloren zu haben, Hitler zugeschrieben wurde. Seine zuvor so berühmte »unbarmherzige Entschlossenheit« und sein Fanatismus galten nun als erhebliche Belastung, und der Befehl an die 6. Armee, bis zum letzten Mann zu kämpfen, wurde jetzt als verhängnisvolle Veranschaulichung dieser Tatsache betrachtet.[93] Stalingrad wurde weithin als Konsequenz von Hitlers katastrophaler Politik und Führung interpretiert. Der Landrat von Ebermannstadt in Oberfranken, der wie üblich sehr offene Bemerkungen zu Papier brachte, berichtete, die Leute in seiner Gegend seien sehr vorsichtig, sie sagen »nicht etwa ›Hitler gibt keine Ruhe, bis nicht alles hin ist‹, sondern sie gebrauchen das Neutrum und sagen ›es ist nicht früher eine Ruhe bis‹ usw., meinen damit aber das gleiche«. Hitler werde vorgeworfen, »dass er in Überschätzung der eigenen Kräfte alle Friedensvermittlungen neutraler Staaten abgelehnt habe und damit letzten Endes die Schuld an der nun eingetretenen rückläufigen Entwicklung selbst trage«.[94]

Gegner des Regimes schöpften aus der Katastrophe von Stalingrad neue Hoffnung, und dies führte zur Verbreitung von illegalen Flugblättern und zum Auftauchen von Wandparolen, in denen Hitler als »Stalingrad-Mörder« angegriffen wurde.[95] In München veranlasste die Katastrophe von Stalingrad jene Gruppe von Studenten zum Handeln, die, vor allem durch moralischen und religiösen Idealismus inspiriert, im Jahr zuvor die Bewegung der »Weißen Rose« gebildet hatte. Sie verbreitete an der Münchener Universität Flugblätter gegen den Nationalsozialismus, und sie veranstaltete eine selbstmörderisch tapfere offene Demonstration ihres Abscheus vor Hitler und seiner Ideologie in einem herausfordernden Manifest, das in der Universität allenthalben verteilt wurde:

> Kommilitonen! Kommilitoninnen!
> Erschüttert steht unser Volk vor dem Untergang der Männer von Stalingrad. Dreihundertdreißigtausend deutsche Män-

> ner hat die geniale Strategie des Weltkriegsgefreiten sinn- und verantwortungslos in Tod und Verderben gehetzt. Führer, wir danken dir! …
> Studentinnen! Studenten! Auf uns sieht das deutsche Volk! Von uns erwartet es, wie 1813 die Brechung des Napoleonischen, so 1943 die Brechung des nationalsozialistischen Terrors aus der Macht des Geistes. Beresina und Stalingrad flammen im Osten auf, die Toten von Stalingrad beschwören uns.[96]

Wenn auch offener Widerstand gegen die Macht der Gestapo, wie der Fall der »Weißen Rose« zeigte, vergeblich war und Widerstandsgruppen unabdingbar gezwungen waren, ihre Arbeit geheim und isoliert fortzusetzen, so berührte sich doch ihre Feindseligkeit gegenüber dem NS-Regime nun weit eher mit dem allgemeinen Meinungsklima, als es ein paar Monate zuvor, vor Stalingrad, der Fall gewesen war. Nun gingen beim SD Berichte ein, dass Menschen – insbesondere solche mit kirchlichen Bindungen – die Hoffnung zum Ausdruck brächten, die Wehrmacht werde die Staatsführung übernehmen und es werde einen Endsieg für Deutschland, nicht aber für den Nationalsozialismus geben.[97] Die »Weiße Rose« löste offensichtlich Gerüchte »von größeren Demonstrationen Münchner Studenten« aus, die in Bayern und vielen anderen Teilen Deutschlands weite Verbreitung fanden, »ferner erzählte man von Schmier- und Flugzettelpropaganda marxistischen Inhalts an öffentlichen Gebäuden in Berlin und anderen Städten«.[98] In einem Wortspiel mit der offiziellen Bezeichnung der Stadt München als »Hauptstadt der Bewegung« wurde sie nun inoffiziell zur »Hauptstadt der Gegenbewegung«, und es hieß, die Propaganda für die Rückkehr zur Monarchie wachse, auch sei es nicht länger ratsam, den Hitlergruß zu benutzen oder das Parteiabzeichen am Arm zu tragen. »Über kurz oder lang« könne in München die Revolution ausbrechen.[99] Verschiedene Berichte bestätigen, dass »der Deutsche Gruß« nun in Südbayern tatsächlich selten geworden war und manchmal von Verwandten gefallener Soldaten demonstrativ verweigert wurde.[100] Witze und Kalauer über den »Führer« breiteten sich aus. Ein Mann gelangte vor ein Sondergericht wegen der Bemerkung, die Deutschen bräuchten in diesem Krieg keine Angst zu haben: »Wir müssen nicht verhungern, da Hitler der größte Erbhofbauer ist. Er besitzt 90 Millionen Rindviecher und den größten Saustall.«[101] Zur Melodie eines populären Schlagers, dessen erste Zeile lautet: »Es geht alles vorüber, es geht alles vorbei«, fügten die Menschen eine zweite Zeile hinzu: »Im April fällt der Hitler und im Mai die Partei.«[102] Und es gab eine neue Welle von Gerüchten über Hitlers Gesundheit. Es hieß unter anderem: Er sei krank, verrückt, blind, habe einen Nervenzusammenbruch erlitten, habe aufgrund seiner Geisteskrankheit die Staatsführung an das Militär übergeben müssen – und schließlich: Er sei erschossen worden.[103]

Gerüchte über Hitlers Gesundheit und geistige Verfassung wurden durch die Verlegung seiner Rede zum Heldengedenktag vom 14. März auf den 21. März weiter gefördert. Nach der zentralen Zusammenfassung des SD zerstreute diese Rede alle Gerüchte über seine Gesundheit.[104] Dies war eine Übertreibung. Der SD in Kitzingen, Unterfranken, beispielsweise erklärte in seinem Sonderbericht über diese Rede: »Die Gerüchte um den Führer dürften wohl beseitigt sein.« Dieselbe SD-Dienststelle teilte aber in ihrer regulären Meldung ein paar Tage später mit, einige Arbeiter hätten gesagt, nach dem Tempo der Rede und dem Klang der Stimme habe es sich hier gar nicht um den »Führer« gehandelt, vielmehr habe ein Ersatzmann gesprochen, denn Hitler selbst hätte durch die Ereignisse von Stalingrad solch einen Schock erlitten, dass er auf dem Obersalzberg unter Hausarrest festgehalten werden müsse.[105] Die Rede, die unzweifelhaft Enttäuschung auslöste, war tatsächlich in ungewöhnlich dumpfer Monotonie und mit großer Geschwindigkeit gehalten worden. Sie wurde als rhetorisch erbärmlich, deprimierend im Ton und dem Anlass nicht angemessen kritisiert – insbesondere angesichts des Fehlens jeder besonderen Bezugnahme auf die Toten von Stalingrad.[106] Auf krassen Zweifel stieß vor allem die Zahl von 542 000 Toten, die Hitler als Gesamtzahl der deutschen Verluste während des ganzen Krieges nannte. Einige dachten, der »Führer« meine damit wohl nur die Verluste an der Ostfront, ohne Stalingrad und ohne die Vermissten, und sie schätzten die wirkliche Zahl auf etwa 1,5 Millionen.[107] In einem Brief an das Reichspropagandaministerium von einem früheren Mitarbeiter dieser Behörde, der sich gerade in einem Militärlazarett befand und in dem es um die Stimmung unter den Soldaten ging, hieß es, der Schreiber habe bislang noch niemanden getroffen, der die Zahlenangaben des »Führers« akzeptiere. Die eigenen Erfahrungen an der Front und die Tatsache, dass in vielen Dörfern und Städten bereits höhere Verluste als während des Ersten Weltkriegs gemeldet waren, widersprächen dem, was Hitler gesagt hatte. Ein Brief schloss mit der Bemerkung: »Überzeugte Nazis, die von unserem Endsieg wirklich im Innersten überzeugt sind, scheint es auch bei Leuten, die sich im Übrigen an der Front tapfer geschlagen haben, nicht allzu viele zu geben. Man spürt immer wieder aus ihren Worten ihre Zweifel heraus.«[108]

Dass kaum jemand bereit war, das »Führerwort« über die Verluste Deutschlands zu akzeptieren, ist ein klares Anzeichen dafür, wie weit der Niedergang des Vertrauens bereits fortgeschritten war. Die Stimmung grenzte an Verzweiflung, Mutlosigkeit und Kriegsmüdigkeit – sie war eher apathisch als rebellisch.[109] Aber die großen Hoffnungen der Nation, die um die Gestalt Hitlers herum aufgebaut worden waren, fielen nun in Trümmer; immer weniger Menschen zählten auf eine Zukunft unter seiner Führung.

Äußerlich schien vieles unverändert. Hitlers Geburtstag wurde weitgehend in der üblichen Weise gefeiert: nämlich »würdig und ernst«, wie es zur Kriegslage passte. Und dabei soll es zu neuen Ausdrucksformen von Vertrauen und Dankbarkeit für den »Führer«, »das größte Geschenk für das deutsche Volk«, gekommen sein. Aber der SD fügte hinzu, dass in den Gegenden, die stark von alliierten Bombardements betroffen waren, das Vertrauen des Volkes »zurückhaltender« zum Ausdruck gebracht werde. Das Fernbleiben von den Feierlichkeiten sei oft vorsichtig mit der Aussage entschuldigt worden, »dass man uns nicht böse sein darf, wenn wir trotz aller Liebe zum Führer seinen diesjährigen Geburtstag nicht mit der Freude wie sonst begehen können«.[110]

Da es immer noch höchst riskant war, negativ über den »Führer« zu sprechen, richteten die Menschen immer wieder ihren Zorn gegen die Partei und deren Vertreter. Auch hier konnte natürlich ein falsches Wort zu einer Denunziation und zu drakonischer Bestrafung führen, doch allein schon die riesige und wachsende Zahl der Kritiker der Partei gewährleistete einen weiten Spielraum für abfällige Bemerkungen. Sozial relativ geschlossene Gruppen wie Bauern und katholische Kirchgänger wussten im Allgemeinen, wem man trauen konnte, unter ihren Angehörigen gab es nur relativ wenige NSDAP-Mitglieder, infolgedessen konnten sie sich bei ihrer Kritik recht offen äußern. Und so hieß es in einem Bericht: »Die Hoffnung, dass ein verlorener Krieg wenigstens das Parteiregiment wieder beseitigen werde, ist auf dem Lande stärker verbreitet, als äußerlich angenommen wird.«[111] Im Bewusstsein ihrer sich verschlechternden Lage fühlten sich viele örtliche Funktionäre nicht mehr so selbstsicher und waren weniger eifrig bemüht, ihre Treue zur Partei hervorzuheben.[112] Goebbels' mitreißende Rede über den »totalen Krieg« vom 18. Februar 1943 konnte die Parteigläubigen nochmals für kurze Zeit aufwühlen.[113] Aber außerhalb der Reihen der Nationalsozialisten war die Aufnahme dieser Rede gemischt – einige, insbesondere in den Kreisen der Intelligenz, so wurde berichtet, bezeichneten die Rede als »Theater« oder »Komödie«, die sich an jene richte, die stets zu allem »Ja« geschrien hatten.[114] Und welchen Eindruck diese Goebbels-Rede auch immer gemacht haben mochte, so sollte er sich sehr bald verflüchtigen, als deutlich wurde, dass der »totale« Krieg doch nicht gleichermaßen von allen zu tragen war und die Wohlhabenden und Mächtigen immer noch imstande waren, den Belastungen, die gewöhnliche Leute drückten, aus dem Wege zu gehen.[115] Einige, die sich für besonders gescheit hielten, äußerten sogar, die Antwort auf das Problem der Knappheit an Arbeitskräften, das die Maßnahmen des »totalen Krieges« zu bekämpfen suchten, sei in der Schließung des Propagandaministeriums und in der Durchkämmung von Parteidienststellen zu finden.[116] Im März und April war die Stimmung in der Partei erneut gesunken, und eine Welle von Propagandaversammlungen fand statt, die darauf abzielten, die nach Stalingrad herrschende Düsternis wieder aufzuhellen. Diese Veranstaltungen erwiesen sich praktisch als totaler Fehlschlag. Die Propaganda wurde als »lächerlich« bezeichnet, und der Besuch war vielfach »katastrophal«.[117]

Ein SD-Bericht aus Kitzingen vom Mai 1943 zeichnet ein geradezu verheerendes Bild der Haltung der Bevölkerung zur Partei:

> In Gesellschaft von Akademikern, Kaufleuten und Bürgern beschäftigt man sich u.a. mit der Verantwortungslosigkeit und ›Korruption‹, die sich in beängstigender Weise in der politischen Führerschaft breit mache. Es werde gesagt, man brauche kein Pessimist zu sein, auch große Optimisten müssten heute einsehen, dass das autoritäre System einem furchtbaren Schiffbruch entgegengehe. Mit tönenden Phrasen könne das Volk nicht bei der Stange gehalten werden. Sogar der Führer habe im Volk schon viel Sympathien verloren, weil er sich anscheinend von seinen Parteileuten einwickeln lasse und nicht zu bemerken scheine, wie es heute im Staate sei… Im Volk sammle sich allmählich ein Ekel vor der Partei und eine Wut an, die eines Tages sich entladen müsse. Wer früher beispielsweise über die harmlosen

> Dummheiten und Eitelkeiten des Gauleiters gelächelt habe, der beginne ihn zu verachten und sei vermutlich in absehbarer Zeit bereit, ihm den Schädel einzuschlagen ... Das Volk würde dauernd und mit allen Mitteln bearbeitet, dass es durchhalte und wisse auch, was ihm blühe, wenn es nicht durchhalte, aber die schlechte Moral seiner politischen Führer könne nicht wirkungslos bleiben.[118]

Die Images von Führer und Partei, die fast ein Jahrzehnt lang nach der Machtergreifung weitgehend getrennte Angelegenheiten und einander oftmals diametral entgegengesetzt gewesen waren, begannen nun im öffentlichen Bewusstsein miteinander zu verschwimmen. Doch eine kleiner werdende, aber immer noch machtvolle Minderheit sorgte dafür, dass der »Hitlermythos« weiterlebte und sogar zeitweise neu belebt werden konnte, wenn es einen vorübergehenden Aufschwung der Lage des Reiches oder Aussicht auf eine angemessene Vergeltung für das Elend der Bevölkerung gab. Zum totalen Zusammenbruch des »Hitlermythos« sollte es erst in der allerletzten Phase des Krieges kommen.

Kapitel 8

Niederlage und Zusammenbruch

Der »Hitlermythos« zerfällt

»Der Führer hats halt leicht, der hat für keine Familie zu sorgen. Wenn alles mit dem Krieg schief geht, lässt er uns im Dreck sitzen und schießt sich eine Kugel durch den Kopf!«

Frau in einem Schweinfurter Luftschutzkeller, April 1944

»Hätte man 1933 geahnt, dass sich die Ereignisse so zuspitzen würden, wäre Hitler nie gewählt worden.«

Ein Deutscher im März 1945

Nach Max Weber ist »charismatische Führung« mit Mangel an Erfolg nicht zu vereinbaren.[1] Und tatsächlich: Als Hitlers erstaunliche Abfolge von Siegen allmählich, jedoch unerbittlich in eine katastrophale Niederlage umschlug, begann die Hochflut von Hitlers Popularität zunächst langsam zurückzugehen und schließlich stark zu verebben – dieser Niedergang beschleunigte sich entscheidend nach Stalingrad, als Hitlers persönliche Verantwortung für die Katastrophe weithin erkannt wurde. Die deutsche Propagandamaschine – und in seinen Reden Hitler persönlich – fuhr selbstverständlich fort, immer wieder ein einziges Thema mit Emphase in den Vordergrund zu stellen: dass im Gegensatz zum Ersten Weltkrieg Front und Heimat diesmal unerschütterlich zusammenstünden und die Bande zwischen Führung und Volk unzerstörbar seien. Doch die Berichte über die Stimmungen und Meinungen der Bevölkerung, die die Machthaber erreichten, malten ein anderes Bild. Nur eine Minderheit in der Bevölkerung, so scheint es, konnte sich bereits eine Kapitulation vorstellen.[2] Die Furcht vor den Konsequenzen der Niederlage und das Fehlen jeder klaren Alternative zum Weiterkämpfen sorgten dafür – insbesondere nachdem die Alliierten die Forderung nach »bedingungsloser Kapitulation« aufgestellt hatten.[3] Aber wie Stalingrad zeigte, ließen sich nur wenige Deutsche von Vorstellungen über eine heroische Selbstaufopferung in einer ruhmreichen »Götterdämmerung« rühren, als die Hitler und Goebbels das Schicksal der 6. Armee gerühmt hatten. Der Wunsch nach Frieden entwickelte sich zum vorherrschenden und ständigen Thema der Volksmeinung. Angesichts häufiger werdender Niederlagen und persönlicher Verluste, angesichts von Elend und Opfer sah man Hitlers frühere Erfolge allmählich in anderem Licht. Ihm wurde nun in wachsendem Maße eine Politik zum Vorwurf gemacht, die zum Krieg geführt hatte. Anschließend sei er dabei gescheitert, den Krieg zu beenden und den erwünschten Frieden herbeizuführen. In einem gewissen Ausmaß hatte bereits von Anfang an im öffentlichen Bewusstsein eine Kluft existiert zwischen »Hitlers Krieg« für ein rassistisch definiertes Imperium und die Erweiterung des »Lebensraums« einerseits und der patriotischen Verteidigung des »Vaterlandes« andererseits; diese Kluft wurde nun breiter.[4]

Wie auch immer die katastrophalen Nachrichten aussehen mochten, die aus der Ferne – von den Schlachtfeldern in Russland, Nordafrika und anderswo – kamen, für immer mehr Menschen in kleinen und großen Städten an der »Heimatfront« war die zweite Hälfte des Krieges in zunehmendem Maße durch die Bedrohung aus der Luft beherrscht. Während die deutsche Luftverteidigung allmählich zerfiel, wurde die alliierte Luftherrschaft so gut wie lückenlos. Eine entscheidende Komponente des Images Hitlers hatte zuvor darin bestanden, dass die Schaffung einer deutschen militärischen Machtstellung zur Stärkung der Verteidigung gegen Bedrohungen von außen führen würde: eine Politik des »Friedens durch Stärke«. Nun durchdrangen die Feinde die nicht mehr existierende Luftverteidigung und legten die Städte des Reiches in Schutt und Asche.

Die Luftherrschaft über große Teile Deutschlands war bereits 1942 an die Alliierten übergegangen, und es waren schwere Angriffe, insbesondere der Royal Air Force, hauptsächlich gegen Städte im nördlichen und nordwestlichen Deutschland (Hamburg, Lübeck, Rostock, Köln, Essen, Bremen und andere) durchgeführt worden. Kleinere Angriffe auf die süddeutschen Städte München, Augsburg und Nürnberg folgten, und diese hatten eine überproportionale psychologische Auswirkung, indem sie durch ein weites Vordringen nach Süden das Ausmaß der alliierten Luftüberlegenheit zeigten und so deutlich machten, dass sich nun kaum jemand noch als sicher vor den Gefahren des Bombenkrieges betrachten konnte.[5] Nach der Casablanca-Konferenz vom Januar 1943 war es zu Beschlüssen gekommen, die die Verbindung zwischen britischen Flächenbombardements in der Nacht und amerikanischen Präzisionsangriffen bei Tage zu einer Bomberstrategie »rund um die Uhr« herstellten. Diese »kombinierten Bomben-Operationen« der Alliierten – die in diesem Fall zu Recht von der deutschen Propaganda als »Bombenterror« bezeichnet wurden – eskalierten in ihren Ausmaßen und Auswirkungen sehr schnell. 1942 wurden insgesamt 41 440 Tonnen Bomben auf Deutschland abgeworfen, dies wuchs 1943 auf 206 000 Tonnen an und steigerte sich schließlich 1944 auf 1 202 000 Tonnen. In den ersten vier Monaten des Jahres 1945, die die totale Zerstörung der Stadtzentren von Nürnberg, Würzburg und Dresden mit sich brachten, erfolgte der Abwurf von weiteren 471 000 Tonnen.[6] Schätzungsweise ein Drittel der Bevölkerung soll unter dem Bombenkrieg direkt gelitten haben: Mehr als ein Viertel aller Wohnungen in Deutschland wurde in irgendeiner Weise beschädigt; 14 Millionen Menschen verloren einen Teil ihres Besitzes durch Bomben; zwischen 17 und 20 Millionen waren zu irgendeinem Zeitpunkt ohne Elektrizität, Gas oder Wasser; nahezu fünf Millionen waren wegen des »Luftterrors« zur Evakuierung gezwungen; 305 000 Menschen wurden durch Bombeneinwirkung getötet.[7]

Wie diese Zahlen zeigen, brachte das Jahr 1943 eine bedeutende Verschärfung des Bombenkrieges. Wie schon zuvor trug das industrielle Kernland an Rhein und Ruhr sowie seine Umgebung die schwerste Belastung der Angriffe, da das britische Bomberkommando in der »Schlacht über der Ruhr« zwischen März und Juli 1943 eine Reihe von 43 Großangriffen durchführte. Eine SD-Zusammenfassung der Berichte über die Auswirkungen der Luftangriffe von Ende Mai und Anfang Juni 1943 auf Großstädte und Städte im Westen Deutschlands, die in dem katastrophalen Brandbombenangriff auf Wuppertal-Barmen am 30. Mai gipfelten, liefert einen Hinweis zu den Auswirkungen dieser Ereignisse auf die politischen Einstellungen.

Viele, so hieß es, hätten »angesichts der Katastrophe die

Nerven verloren« und sich in der Erregung »zu staatsfeindlichen Äußerungen hinreißen lassen«. In Düsseldorf habe ein Mann angeblich sogar in Anwesenheit eines SS-Manns gesagt: »Das verdanken wir dem Führer.« Hier legten die Menschen, wie es auch aus vielen anderen bombardierten Gegenden berichtet wurde, nun plötzlich darauf Wert, den Hitlergruß abzulehnen oder zu vermeiden, der nun fast verschwunden war.[8] Noch niederschmetternder waren die vielen Berichte über die schlechte Stimmung und die »gegnerische Einstellung« der Ausgebombten. Unter anderem gab es Gerüchte, in Düsseldorf sei ein Galgen errichtet worden, an dem ein Bild Hitlers hänge. Und ein Witz, der in verschiedenen Teilen des Reichs die Runde machte, berichtete von einem Berliner, der sich über die Heftigkeit eines Angriffs beklagte, der dazu geführt habe, dass noch fünf Stunden später alle Scheiben aus den Fensterrahmen fielen. Sein Gesprächspartner aus Essen habe darauf erwidert, das sei überhaupt nichts, vierzehn Tage nach dem letzten Luftangriff auf Essen flögen immer noch Führer-Bilder aus den Fenstern.[9]

Als Ende Juli und Anfang August 1943 vier RAF-Angriffe das Zentrum von Hamburg – der zweitgrößten Stadt Deutschlands – praktisch vollkommen durch Feuerstürme vernichteten, die etwa 40000 Menschen töteten,[10] verbreiteten sich Gerüchte, dass durch Polizei, SA oder Wehrmacht Unruhen niedergehalten werden mussten. Es herrsche, so hieß es jetzt, im Reich eine »Novemberstimmung« – eine Anspielung auf die revolutionäre Gemütslage von November 1918 –, sie richte sich gegen die unerträglichen Luftangriffe. Im Lichte dieser Berichte klingen stereotype Behauptungen recht phrasenhaft, wonach »einsichtige Volksgenossen« behaupteten, der »Führer« könne das Ausmaß der Zerstörung nicht kennen, sonst hätte es umfangreichere Hilfsaktionen gegeben, doch »blicken sie vertrauensvoll auf den Führer«, auch brächten sie den Wunsch zum Ausdruck, dass er sie aufrüttele und ihr Vertrauen stärke.[11]

Obwohl ihr »defätistischer« Ton der politischen Führung höchst unwillkommen war, waren die zentralen Meldungen des SD gewöhnlich milder in ihren Aussagen als viele der Berichte, die von SD-Stellen im Lande in der Zentrale eingingen. Die Berichte des Würzburger SD und seiner Außenstellen in der Umgebung bieten die Möglichkeit, den Stimmungswandel der Bevölkerung Unterfrankens im Licht von fünf Luftangriffen auf Schweinfurt zu untersuchen. Die Stadt war ein wichtiges Zentrum der Kugellagerproduktion und damit zwischen August 1943 und April 1944 von entscheidender Bedeutung für die Rüstungsindustrie.

Bereits der erste Luftangriff im August 1943, so berichteten SD-Stellen in Unterfranken, löste unter der Bevölkerung, selbst in zuvor »zuverlässigen« Kreisen, die von einem siegreichen Ende des Krieges für Deutschland überzeugt gewesen waren, weitverbreitetes Entsetzen und Niedergeschlagenheit aus. Sogar Parteigenossen vermieden nun den Hitlergruß, und die Parteiabzeichen waren immer seltener zu sehen.[12]

In Schweinfurt waren die materiellen Schäden der ersten Angriffe nicht so schwerwiegend wie die psychologischen Folgen. Sie wurden durch Nachrichten und Gerüchte verschärft, die in Bayern, insbesondere nach der Zerstörung Hamburgs, über die Verwüstung nord- und westdeutscher Städte kolportiert wurden.[13] Das »Furchtbarste und zugleich Beschämendste« dabei sei, dass die Bevölkerung gegen die Angriffe völlig machtlos dastehe und sich kein Gegenschlag, »geschweige denn eine Vergeltung« abzeichne.[14]

Der zweite Angriff auf Schweinfurt im Oktober 1943 führte dazu, dass viele Bewohner die Stadt fluchtartig verließen und in benachbarten Dörfern Schutz suchten. Er beeinflusste auch die Stimmung in Würzburg, wo von einigen die Meinung geäußert wurde, dies sei die Vergeltung für das Vorgehen gegen die Juden im November 1938. »Intellektuelle« Kreise erklärten, man solle »den Krieg einstellen, wenn man nicht in der Lage sei, Angriffe auf die Städte und Industriezentren wirklich zu verhindern«. Der SD berichtete, dass vor allem die Bombengeschädigten Schweinfurts psychisch total heruntergekommen seien und nur noch ein »langsames Dahinsiechen« vor sich sähen. Viele hätten erklärt, sie könnten »derartige nervenaufreibende Tage nicht mehr länger durchhalten«.[15]

Von Frauen aus den »unteren Schichten« sei gefordert worden, man solle mit alldem Schluss machen: »1918 sei es auch nicht so schlimm geworden, und das wird jetzt sicher auch nicht so schlimm sein.« Der SD schätzte die Lage so ein: »Die Terrorangriffe und die darüber laufenden Legenden aller Art haben sich im Berichtsbereich zu einem negativen Stimmungsfaktor erster Ordnung entwickelt, sodass zweifellos, insbesondere bei Frauen, von einer Gefahr für den Widerstandswillen gesprochen werden kann.«[16] Furcht und Panik griffen auch auf die Landbevölkerung über. Als vor feindlichen Flugzeugen gewarnt wurde, flohen viele auf die Felder und in die Wälder.[17] Aus einem Dorf wurde berichtet: »Man habe den Eindruck, es werden jetzt überall ausländische Sender gehört, auch der Wortlaut der Flugblätter, Hitler habe den Krieg mit jedem Lande begonnen, werde bejaht und der Führer verwünscht und verflucht. Seitdem feindliche Flieger das Dorf überflogen, haben alle den Kopf verloren.«[18]

Nach Gerüchten, die in Würzburg in Umlauf waren, hatten »Politische Leiter« in Nürnberg es schwer, weiterhin ihre Aufgabe zu erfüllen: »Die Uniform der Politischen Leiter soll wie ein rotes Tuch auf den Stier wirken. Man sieht gewissermaßen diese als die Schuldigen und glaubt, den ganzen Unmut an ihnen auszulassen. Während Wehrmacht und Polizei von den Leuten respektiert werden, wird dem Politischen Leiter kaum eine Beachtung geschenkt.«[19] Anfang September 1943 kam die Außenstelle Kitzingen des SD zu dem Ergebnis, »dass der Vertrauensschwund zur Partei und zu führenden Männern rapid einem gefährlichen Tiefstand zueilt. Auch vor der Person des Führers macht diese Tendenz nicht halt.«[20] Der

Großangriff auf Frankfurt am Main im Oktober 1943 löste vor allem in angrenzenden Teilen Unterfrankens schwere Beunruhigung aus. Viele Einwohner hatten Verwandte und Bekannte in Frankfurt und hörten mit Entsetzen die Erzählungen aus Frankfurt kommender Flüchtlinge. Wiederum, so registrierte der SD, wirkte sich dies auch auf das Ansehen des »Führers« aus:

> In allen Bevölkerungskreisen – besonders unter den Frankfurter Volksgenossen – fragt heute einer den andern, wie es nur möglich sei, dass der Führer eine systematische Zerstörung unseres deutschen Vaterlandes zulassen könne. Er müsse doch wissen, dass, wenn die Terrorangriffe so ungehindert wie bisher weiterlaufen, eines Tages die deutsche Industrie ganz in Trümmern gelegt sei. Dann habe das Kriegführen so oder so ein für allemal aufgehört. Wenn die für einen Vergeltungsangriff nötigen Waffen wirklich vorhanden seien, dann wäre es verdammt an der Zeit zuzuschlagen. Wenn aber – und das wird in weiten Kreisen allgemein befürchtet – dies nicht der Fall sei, dann solle man gefälligst den Mund halten und nicht immer von kommender Vergeltung reden, sondern sobald als möglich Schluss machen.[21]

Nach dem vierten und fünften Luftangriff auf Schweinfurt am 24. und 25. Februar 1944 kam eine neue Welle der Kritik an den Funktionären der NSDAP auf, die »an den Schadenstellen ... bisher noch nicht gesehen worden« seien und deren Verhalten nur dazu geeignet sei, »das Ansehen der Partei zu untergraben«.[22] Mitte April 1944 berichtete der SD aus Schweinfurt:

> Die Leute schimpfen ganz unverblümt; ist über Kreisleiter und Landrat oder Bürgermeister nichts mehr durchzuhecheln, dann geht es über die Staatsführung und den Führer selbst her. So soll sich eine Frau mit zwei kleinen Kin-

> dern im Luftschutzkeller geäußert haben: ›Der Führer hats halt leicht, der hat für keine Familie zu sorgen. Wenn alles mit dem Krieg schief geht, lässt er uns im Dreck sitzen und schießt sich eine Kugel durch den Kopf! Er hats ja selbst gesagt, dass er eine Niederlage nicht erlebt!‹ Diese Auslegung der Führerworte wurde schon öfters laut.[23]

Einer der letzten erhalten gebliebenen Berichte der SD-Außenstelle Schweinfurt von Mai 1944 führt die defätistische Haltung der Bevölkerung, insbesondere der Arbeiterschaft, direkt auf die Wirkungen des Bombenkrieges zurück. Die Arbeiter sagten, so heißt es dort, »dass unsere Regierung lieber Frieden schließen soll, bevor unsere gesamten Dörfer und Städte vernichtet werden, da wir dagegen ja doch nichts machen könnten«.[24] Zu diesem Zeitpunkt sahen nach Feststellungen des »United States Strategic Bombing Survey« mehr als drei Viertel des deutschen Volkes den Krieg als verloren an, und für einen großen Teil dieser Menschen hatten die Luftangriffe einen wichtigen Anteil bei ihrem Sturz in die Hoffnungslosigkeit.[25]

Es wird meist angenommen, dass die Strategie der »Flächenbombardements« – unterscheidungsloser Angriffe auf weitgehend zivile Zielgebiete, gewöhnlich Stadtzentren – scheiterte, was ihr ausdrückliches Ziel anging, die Moral und den Widerstandswillen des deutschen Volkes zu untergraben und zu zerstören. Stattdessen habe sie bloß einen so tiefen Hass gegen den Feind ausgelöst, dass die Bindungen zwischen Regime und Volk gestärkt und nicht geschwächt wurden.[26] Freilich bemühte sich die deutsche Propaganda hervorzuheben, dass die »Gangster der Lüfte« die Entschlossenheit und Einheit des deutschen Volkes stärker denn je gemacht hätten – eine Aussage, die von einigen SD-Berichten unterstrichen wird.[27] Und zweifellos wurde ein gewisses Maß an »innerem Zusammenhalt« der »Schicksalsgemeinschaft« durch die Intensivierung der Hassgefühle gegenüber den alliierten Bombern und insbesondere des Vergeltungsdrangs gegen Großbritannien stimuliert.[28] Die meisten Meinungsberichte des SD und anderer Stellen des Regimes, die die NS-Führung erreichten, legen dennoch Auswirkungen auf die Stimmung nahe, die jenen ähnlich sind, die wir aus der Schweinfurter Gegend kennengelernt haben.[29] Auch Goebbels' eigene Tagebuchnotizen lassen wenig Zweifel daran, dass er der Ansicht war, die Moral sei durch die Bombardements schwer erschüttert und der Widerstandswille möglicherweise geschwächt worden.[30]

Interviews, die nach dem Kriege durch den »United States Strategic Bombing Survey« durchgeführt wurden, bestätigen solche Eindrücke: Einer von drei Deutschen deutete an, seine Stimmung sei durch die Bombardements stärker beeinflusst worden als durch irgendeinen anderen Einzelfaktor; neun von zehn Interviewten erwähnten die Bomben als größte Belastung, unter der sie im Krieg zu leiden hatten; drei von fünf gaben zu, Kriegsmüdigkeit aufgrund der Bombenangriffe verspürt zu haben; und der Prozentsatz jener, die ein Ende des Krieges wünschten, war in stark bombardierten Städten bedeutend höher als in nicht bombardierten; mehr als zwei Fünftel berichteten, sie hätten die Hoffnung auf einen deutschen Sieg verloren, als die Luftangriffe nicht aufhörten; und der Prozentsatz jener, die der Führung noch vertrauten, war in stark mit Bomben belegten Städten um 14 Prozent niedriger als in nicht bombardierten. In 12 Prozent der Fälle stimmten Leute Bemerkungen zu wie: »Im Bunker haben die Menschen den Führer verflucht.« Die Schlussfolgerung aus alldem lautet, dass die Bombardements die Moral nicht stärkten, sondern ernsthaft zu ihrem Niedergang beitrugen: Fatalismus, Apathie, Defätismus und andere psychologische Auswirkungen waren allesamt stärker unter bombardierten als unter nicht vom Bombenkrieg betroffenen Teilen der Bevölkerung anzutreffen. Und vieles an Hass und Zorn, das durch die Luftangriffe aufgerührt wurde, kehrte sich gegen das NS-Regime, dem sein Versagen bei der Abwehr dieser Angriffe zum Vorwurf gemacht wurde.[31]

Es scheint daher klar, dass die Demoralisierung durch die Bombenangriffe beträchtlich war, der Schaden für das Ansehen der deutschen Führung erheblich. Der Fehler der alliierten Strategen bestand in der Vorstellung, ein Regime wie das nationalsozialistische könne möglicherweise durch einen Niedergang der Kampfmoral zum Zusammenbruch gebracht werden. Apathie und »Rückzug ins Private« charakterisierten eher als wachsender Widerstand die Stimmung der großen Mehrheit. Und eine zunehmende Repression durch den NS-Staat – nach einer Berechnung wurde im Jahre 1944 etwa einer von jeweils 1200 Deutschen durch die Gestapo wegen eines politischen oder religiösen »Vergehens« verhaftet[32] – bedeutete eine starke Abschreckung gegen jedes »abweichende« Handeln. Was an politischer Integration noch übrig war, hatte jetzt meist wenig mit NS-Begeisterung oder Glauben an das Genie des »Führers« zu tun, jedoch viel mit allgemeiner Furcht vor den Konsequenzen von Niederlagen und mit Hass auf den Feind, und dies war verbunden mit Restbeständen an patriotisch motivierter Renitenz.

In drei wichtigen – und sich teilweise überlappenden – Gruppen jedoch war der »Führermythos« immer noch überdurchschnittlich stark, wenn es auch selbst hier deutliche Anzeichen des Niedergangs gab.

Ein großer Teil der während der NS-Ära aufgewachsenen und stark zu beeindruckenden jüngeren Generation war umfassend der suggestiven Kraft der Propaganda ausgesetzt und hatte sich unkritischer als jeder andere Teil der Bevölkerung der emotionalen Anziehungskraft des »Führermythos« unterworfen. Die Sozialisation in der Schule und in der Hitlerjugend hielt das heroische Image des »Führers« im Kopf vieler junger Deutscher selbst dann am Leben, als ihre Eltern Hitler immer kritischer sahen. – Elfjährige bekamen beim Eintritt ins Jungvolk den Satz zu hören: »Von heute ab gehört euer Leben dem Führer!«[33] – Ein SD-Bericht über die Jugend vom August 1943 legt die Weiterexistenz der alten Unterscheidung zwischen Hitler und der Partei nahe. Der Bericht malte ein dunkles Bild der Einstellung gegenüber der NSDAP. Mitglieder der Hitlerjugend sahen die Partei angeblich als ein Stück Geschichte, demgegenüber sie keinerlei Loyalitätsgefühle verspürten, und hatten keine Bedenken, sie zu kritisieren. Hitlers Image jedoch war eine vollkommen andere Angelegenheit: »Für viele dieser Jugendlichen sei der Führer nicht Repräsentant der Partei, sondern in erster Linie Führer des Staates und vor allem Oberster Befehlshaber der Wehrmacht.«[34]

Dennoch kann es kaum Zweifel daran geben, dass sich der »Hitlermythos« um die Mitte des Krieges unter der deutschen Jugend im Auflösungsprozess befand. Obwohl sich die Mehrheit der Jugend weiterhin nach außen konformistisch verhielt, kam es in vielen großen Städten zum Anwachsen von bewusst nonkonformistischen und manchmal aktiv oppositionellen Jugendgruppen. Diese Jugendlichen hatten Freude an physischen wie auch an verbalen Angriffen auf Gruppen der Hitlerjugend, sie trugen »westliche« Kleidung, ahmten englische Manieriertheiten nach und hörten Jazzmusik. Daran zeigte sich, dass der Nationalsozialismus genau dort an Boden verlor, wo er zuvor die stärkste Unterstützung empfangen hatte. Jugendcliquen, die klangvolle Namen wie »Edelweißpiraten« oder – aufgrund ihres musikalischen Geschmacks – »Swing« führten, wurden vom Regime als politische Bedrohung angesehen. Und ihr Verhalten umfasste meist eine entschieden politische Dimension – nämlich die Ablehnung der Partei, der Hitlerjugend, des Regimes und des »Führers« persönlich sowie des Mangels an Freiheit und der langweiligen Einförmigkeit, zu der seine Herrschaft geführt hatte.[35]

Selbst unter der großen Mehrheit der Jugendlichen, die sich mit mehr Bereitwilligkeit (oder unter dem Zwang zum Konformismus) den Forderungen beugten, die an sie gestellt wurden, verlor der »Führermythos« unter den Bedingungen der Kriegszeit an Wirksamkeit. Ergebnisse einer soziologischen Studie, die sich auf nachträgliche Überlegungen früherer Flakhelfer gründet, die damals 15 oder 16 Jahre alt waren und seit Anfang 1943 von der Schule weg einberufen wurden, um bei der Bedienung von Flugabwehrbatterien zu helfen, legen nahe, dass der »Hitlermythos« sich ab 1942/43 in schnellem Verfall befand. Die Flakhelfer waren zur Zeit von Hitlers großen Triumphen noch Kinder gewesen, und nun – im Bombenhagel, bei all der Zerstörung und angesichts der sich zurückziehenden Armeen – hatte der Restbestand des Images des »Führers« als militärisches Genie wenig Beziehung zu ihrer alltäglichen Erfahrung von Realität.[36]

Der »Führermythos« blieb bei einer zweiten wichtigen Gruppe relativ stark – nämlich unter den gewöhnlichen Frontsoldaten. Auf der Grundlage von Briefen von der Front berichtete der SD in Halle im Juni 1943 von einer starken Kampfmoral unter Soldaten im Vergleich zur Stimmung in der Heimat, die viele Soldaten sehr kritisch sahen.[37] Solche Behauptungen verdienen jedoch eine höchst kritische Auseinandersetzung. Wegen der Postzensur und der offensichtlichen Notwendigkeit, gefährlich kritische Äußerungen über das Regime und den Krieg zu vermeiden, bietet der Briefwechsel zwischen Front und Heimat nicht so ohne Weiteres deutliche Hinweise auf politische Einstellungen. Dennoch war es nicht vonnöten, sich übertrieben positiv über Hitler oder das Regime zu äußern, um dem Zorn des Zensors zu entgehen. Daher ist es von Belang, dass viele Briefe in die Heimat weiterhin das Vertrauen in den »Führer« hervorheben, und dies oftmals begleitet von unverkennbar nationalsozialistischen Ansichten.[38] Befragungen von deutschen Kriegsgefangenen, die 1944 und 1945 an der Westfront in Gefangenschaft gerieten, offenbarten ebenfalls überraschend hohe Anteile von weiter bestehendem Vertrauen in den »Führer« – und dies fast bis zum Kriegsende.[39] Auf der anderen Seite finden sich in Soldatenbriefen, trotz des Wissens um die Zensur, einige höchst kritische Bemerkungen über Hitler. Ein Soldat sprach im Juni 1943 von wachsender Gleichgültigkeit unter seinen Kameraden. Mehr als die

Hälfte der Männer wussten bei einer gerade erst durchgeführten Befragung nicht, wann Hitler an die Macht gelangt war. »Es kümmert sich eben keiner mehr drum.« Unter den einfachen Landsern, so der Briefschreiber, konnte über alles gesprochen werden: »Die Zeit des Fanatismus und der Nichtduldung anderer Ansichten ist vorbei, und allmählich beginnt man klarer und nüchterner zu denken.«[40] In einem anderen Soldatenbrief von Februar 1944 wurde gefragt, wie viele Kameraden den Freudentag noch erleben würden, den der »Führer« ihnen immer versprochen hatte, und an dem »die Sonne wieder scheinen wird«.[41] Mitte 1944 schließlich war ein Fünftel bis ein Viertel der Briefe von der Front negativ gestimmt.[42]

Die dritte Gruppe und gleichzeitig diejenige, in der der »Führermythos« immer noch am weitesten verbreitet war, bildete jene der Parteiaktivisten. Für jene »alten Kämpfer«, die schon vor dem Untergang der Weimarer Republik begeisterte Hitler-Anhänger gewesen waren, für die unmittelbaren Nutznießer des Nationalsozialismus – die Karrieremacher, die Machtgeilen und die äußerst strebsamen Bürokraten, die dem Dritten Reich ihre Posten und Karrieren in Partei und Staat verdankten, sowie für die weltanschaulich Überzeugten, die alles auf das NS-Regime gesetzt hatten – beruhte die Gewissheit vom Vermögen des »Führers«, ein Wunder zustande zu bringen und trotz aller Widrigkeiten einen totalen Endsieg zu erzielen, auf einem blindwütigen Fanatismus, der sich auf Eigeninteresse und Furcht vor der Zukunft zugleich gründete. Die Moral sank unter den Getreuen der Partei langsamer als unter dem Rest der Bevölkerung.[43] Der Prozess der Ernüchterung über den »Führer« lief nur allmählich ab und war zeitweiligen Rückschlägen unterworfen, wenn die Kriegslage einmal kurzzeitig wieder rosiger erschien. Hinzu kam ein stures Festhalten an einem ganz irrationalen, aber unerschütterlichen Glauben, selbst wenn die realen Aussichten keinen Grund zur Hoffnung boten.

In den sechs Monaten nach der Niederlage von Stalingrad verschlechterte sich die Lage Deutschlands als Ergebnis von Rückschlägen im Osten, der alliierten Landung in Sizilien und Kalabrien und des Sturzes des Mussolini-Regimes in Italien weiter. Insbesondere das letzte dieser Ereignisse schickte Wellen der Erschütterung bis zu jenen aus, die immer noch dem Nationalsozialismus treu ergeben waren; es weckte neue Hoffnungen unter illegalen Widerstandsgruppen in Deutschland und verstärkte das Gefühl, dass das anscheinend unverletzliche NS-Regime schließlich doch plötzlich gestürzt werden könne. »Das Argument, dass es in Deutschland unter Umständen eine ähnliche Entwicklung geben könne, ist ständig zu hören«, berichtete der SD im August 1943, und dann hieß es: »Der Gedanke, dass die im Reich für unerschütterlich gehaltene Regierungsform sich auch in Deutschland plötzlich ändern könnte, ist sehr weit verbreitet.« Wie üblich wurde dann auf Einzelfälle von Korruption unter führenden Persönlichkeiten aus Partei, Staat und Wirtschaft verwiesen. Und neue Witze über Hitler tauchten auf. In einem hatte der »Führer« sich zurückgezogen, um ein neues Buch unter dem Titel »Mein Irrtum« zu schreiben. In einem anderen führt das Kentern eines U-Boots, in dem sich der »Führer« und Dr. Goebbels befinden, nicht zu deren Rettung, aber stattdessen zur Rettung des ganzen deutschen Volkes.[44]

Dennoch war nach den SD-Berichten die Aufnahme von Hitlers Reden vom 10. September und 8. November 1943 weit positiver als jene seiner Rede im vorangegangenen März. Wie üblich enthielt die zentrale SD-Zusammenfassung nach der Septemberrede Äußerungen, die andeuten, dass Hitler die Kampfmoral und das Vertrauen in den Sieg gestärkt habe. Am verblüffendsten war die Ankündigung von unmittelbar bevorstehenden Vergeltungsangriffen gegen Großbritannien. »Man könne nun sicher sein, dass die Vergeltung auch wirklich komme, nachdem es der Führer selbst gesagt habe«, meinten viele nach der Rede. Seine Bemerkung, die Partei müsse in jeder Hinsicht ein Vorbild sein, führte zu den üblichen naiven Bemerkungen, dass die Lage besser aussehen würde, wenn alle so wären wie der »Führer«, und dass vieles erreicht werden könnte, wenn die Parteiführer sich Hitlers Worte zu Herzen nähmen.[45]

Noch positiver wirkte sogar allem Anschein nach Hitlers Rede vom 8. November 1943 in München vor den »alten Kämpfern« der Partei zum Jahrestag des Putschversuches von 1923. Hier sprach wieder »der alte Führer«. Im Gegensatz zu den Gerüchten, die über seinen Gesundheitszustand umliefen, habe man »mit Genugtuung festgestellt, dass der Führer wieder zu seiner rhetorischen Hochform zurückgekehrt ist, wie er sie in der Kampfzeit hatte«.[46] Die Wiederbelebung des Widerstandswillens und die Stärkung der allgemeinen Kampfmoral sollen die Hauptfolgen der Rede gewesen sein.[47] Wieder war der Teil der Ausführungen Hitlers, der wirklich einschlug, die unmissverständliche Ankündigung von unmittelbar bevorstehenden Vergeltungsschlägen. Ein Versprechen des »Führers«, so hieß es, sei mehr wert als alle Erklärungen in Presse, Radio und Parteiversammlungen. Seine Beteuerung, dass zerstörte Städte innerhalb von drei Jahren wieder aufgebaut würden, traf angeblich in von Bomben schwer geschädigten Gebieten ebenfalls auf positive Aufnahme. Aber es gab eine gewisse Zweideutigkeit bei der Auslegung: Derlei Versicherungen würden nicht geglaubt werden, kämen sie nicht vom »Führer« persönlich.[48]

Die Reaktionen auf die Rede waren ein Hinweis auf den Fundus an »Charisma«, das Hitler immer noch besaß. Ein Kitzinger Handwerker äußerte nach der Rede: »Es ist eigenartig, was für eine Macht der Führer hat. Die gleichen Leute, die am Dienstag früh noch sagten, dass Deutschland verloren sei, wollten am Dienstagabend nichts mehr davon wissen.«[49] Doch scheint die Vermutung in höchstem Maße gerechtfertigt, dass die Rede, wie auch die vorangegangene Rede vom September, hauptsächlich die Herzen der deprimierten Parteigläubigen aufwärmte und dass die zentralen SD-Berichte hier nur Reaktionen aus dem dahinschwindenden harten Kern der unentwegten Nationalsozialisten festhielten. Die methodische Grobkörnigkeit der »Meinungsforschung« mancher SD-Leute war nicht dazu geeignet, kritische Kommentare hervorzulocken. In einem Berichtsfall stellt ein Vertrauensmann des SD einem Bauern (und Parteimitglied) die folgende Frage: »Na, der Führer hat doch prima gesprochen, was meinst Du?« Darauf lautet die Antwort nur: »Im Osten muss es hart her gehen!«[50] Angesichts der weitverbreiteten Furcht vor Denunziation bei kritischen oder defätistischen Bemerkungen kann es kaum überraschen, dass negative Bemerkungen über die Reden Hitlers kaum zum Vorschein kamen. In einem lokalen SD-Bericht heißt es ganz offen, nach der Novemberrede seien feindselige Bemerkungen kaum zu hören gewesen, denn »gegnerische« Kreise hätten gefürchtet, »zur Rechenschaft gezogen zu werden«.[51] Die Schlussfolgerung, dass diese Reden vor allem die dem »Führermythos« gegenüber immer schon »positiv eingestellten Kreise« ansprachen, scheint auf der Grundlage einer Untersuchung der nuancierten Berichte von örtlichen SD-Stellen gerechtfertigt, die, wenn sie sich auch generell positiv äußern, ein etwas variantenreicheres Bild der Reaktionen zeichnen.

Die Septemberrede, so hieß es, habe in der Gegend um Würzburg viele enttäuscht, weil sie keine beruhigenden Worte über die Lage an der Ostfront enthielt.[52] Ein beträchtlicher Teil der Bevölkerung habe die Rede nicht einmal gehört. Bürger von Schweinfurt, die unter den Bombenangriffen zu leiden hatten, vermieden es, die Rede anzuhören, und sagten, sie wollten »nichts mehr vom Krieg wissen«, und sie fügten hinzu, »der Führer sei geistesgestört und größenwahnsinnig«.[53] Auch Menschen mit kirchlichen Bindungen – für den SD: »konfessionelle Verhetzer« – boykottierten die Rede.[54] Aus diesen Bevölkerungskreisen hieß es im November, »dass der Führer mehr denn je von Gott gesprochen habe« und dass es »anscheinend auch bei den alten Nazis nicht mehr ohne Gott gehe. Das reime sich schlecht zusammen mit dem sonstigen Verhalten der Partei gegen die Kirche.«[55] Hitlers »längere Ausführungen…, die das Walten und Mitwirken der Vorsehung hervorhoben«, seien von »Akademikern und höher gestellten Kreisen… teilweise kopfschüttelnd aufgenommen worden«.[56] Andere interpretierten die Truppenrückzüge im Osten nicht als taktische Manöver, wie Hitler sie darstellte, sondern als Schritte, die von den Russen »diktiert« worden seien, und viele waren enttäuscht, dass zum Thema Vergeltung keine genauen Einzelheiten genannt wurden.[57] Einschränkend wurde auch vermerkt: »An den sogenannten Vergeltungsschlag gegen England glauben die wenigsten ländlichen Volksgenossen.«[58]

Wenn auch die Moral der Parteigläubigen durch Hitlers Reden zeitweise wieder aufgerichtet worden war, konnte doch Rhetorik allein nicht länger genügen, um das Vertrauen beträchtlicher Teile der Bevölkerung zu erneuern, die in früheren Jahren äußerlich durch Hitlers bedeutende und allem Anschein nach unleugbare »Errungenschaften« gewonnen worden waren und seit 1941/42 eine nicht mehr wiedergutzumachende Desillusionierung erlitten hatten. Für diese Menschen bedeuteten Hitlers Worte angesichts der immer deprimierenderen Aussichten Deutschlands in diesem Kriege kaum einen Trost. Nur eine fundamentale Verbesserung der militärischen Lage, drastische Vergeltungsschläge gegen Großbritannien und die Schaffung einer effektiven Verteidigung gegen alliierte Bombenangriffe – mit anderen Worten: eine entscheidende Kriegswende – hätte Hitlers angekratzte Popularität wieder aufpolieren können.

Doch in Wirklichkeit folgten auf Hitlers Versprechungen, die Vertrauen hätten wecken sollen, neue Enttäuschungen: Die Luftangriffe, durch deutsche Abwehrmaßnahmen kaum eingeschränkt, verstärkten sich. Die Lage an der Ostfront verschlechterte sich fast täglich. Und im Westen wurde jeden Moment eine Invasion erwartet. Dementsprechend litt Hitlers Glaubwürdigkeit noch weiter. Über Hitlers Geburtstag am 20. April 1944 wurde kein zentraler SD-Bericht zusammengestellt. Örtliche Berichte aus Bayern jedoch, insbesondere aus ländlichen Gebieten, wiesen darauf hin, dass nur sehr sparsam geflaggt worden sei. Es fiel besonders auf, dass keine Hakenkreuzfahnen an Häusern zu sehen waren, in denen die Nachricht eingegangen war, dass Angehörige der Bewohner gefallen seien.[59] Goebbels Rhetorik klang noch hohler als sonst: »Niemals hat das deutsche Volk so gläubig zu seinem Führer aufgeschaut wie in den Tagen und Stunden, da ihm die ganze Schwere dieses Kampfes um unser Leben bewusst wurde, es sich dadurch aber nicht entmutigen ließ, sondern sich nur um so fester und unbeirrbarer zu seinen Zielen bekannte.«[60]

Goebbels' Propaganda hatte zu diesem Zeitpunkt praktisch jede Glaubwürdigkeit verloren. Selbst einige Parteifunktionäre, so war zu hören, äußerten, es sei wohl besser, wenn Goebbels überhaupt nicht mehr schreiben und reden würde.[61] Die überwältigende Mehrheit der Bevölkerung akzeptierte jetzt, dass der Krieg unwiderruflich verloren war, und einige meinten, dass die verlustreiche Fortsetzung des Krieges nur noch im Interesse der Führung liege, es gehe um »hinhaltenden Widerstand bis zur Katastrophe…, die unsere Führung aus naheliegenden Gründen möglichst weit hinausschieben möchte, da sie selbst dabei zu Grunde gehe«.[62]

Im Mai 1944 stand die Atmosphäre ganz im Zeichen der unaufhörlich erwarteten Invasion im Westen. Alle waren sich bewusst, dass der Krieg nun in die Entscheidungsphase eintreten würde. Als dann am 6. Juni das alliierte Unternehmen »Overlord« in der Normandie endlich begann, löste sich die Spannung in einer fast euphorischen Stimmung.[63] Als am 16. Juni bekannt wurde, dass die lang ersehnte »Vergeltung« mit dem Abschuss der als Vergeltungswaffen (V-Waffen) bezeichneten neuen Raketen auf London und Südengland eingesetzt hatte[64], kamen noch einmal Hoffnungen auf, die selbst der Regierungspräsident von Unterfranken als »utopische Erwartungen« bezeichnete.[65]

Dies war das letzte Zwischenhoch der Moral in der Endphase des Krieges. Bereits einige Tage später wurde deutlich, dass es den deutschen Truppen nicht gelungen war, die Landung in der Normandie zurückzuschlagen, und dass der Einsatz der V1 – im Volksmund sehr schnell »Versager 1« genannt[66] – nicht den gewaltigen Erwartungen entsprach, die die deutsche Propaganda geweckt hatte.[67]

Sofort schlug die Stimmung wieder in tiefe Niedergeschlagenheit um, insbesondere angesichts der sowjetischen Sommeroffensive, die bis zur Weichsel vorgedrungen war. Im August folgte dann der forcierte Vorstoß der Westalliierten durch Frankreich hindurch. Der alliierte Ansturm in Italien sowie eine neue Welle massiver Luftangriffe auf deutsche Städte im Juni und Juli vergrößerten die Entmutigung noch.

In dieser Situation explodierte am 20. Juli 1944 um 12.45 Uhr im Führerhauptquartier bei Rastenburg in Ostpreußen die von Oberst Claus Schenk Graf von Stauffenberg gelegte Bombe. Die Reaktionen auf diesen Anschlag gegen Hitlers Leben liefern indirekte Hinweise auf das Ansehen des »Führers« im Volke an diesem Tiefpunkt des deutschen Geschicks.

Angesichts des schnellen Abflauens der Moral in der ersten Jahreshälfte 1944 – mit einer kurzen Unterbrechung in der ersten Junihälfte – und der offensichtlich wachsenden Unpopularität des Regimes erscheint die registrierte Reaktion in der Bevölkerung auf die Nachricht von der Verschwörung gegen Hitler überraschend. Die beiden zentralen zusammenfassenden Berichte des SD, die sich auf Beobachtungen von Reaktionen in allen Teilen des Reiches gründen, entstanden unmittelbar nach dem Anschlag. Sie liefern ein mehr oder weniger einheitliches Bild von tiefer Erschütterung, Entsetzen, Zorn und Wut angesichts des Anschlags gegen das Leben des »Führers« sowie tief gehende Erleichterung über das Ergebnis. »Mit einem Aufatmen wurde überall festgestellt: ›Gott sei Dank, der Führer lebt‹ … Mit der Person des Führers verbinden sehr zahlreiche Volksgenossen geradezu mythische, religiöse Vorstellungen.« In den ersten Erhebungen stieß der SD auf keine Äußerung, »die auch nur andeutungsweise erkennen lassen würde, dass irgendein Volksgenosse mit dem Anschlag einverstanden wäre«. Drei Tage später hieß es etwas zurückhaltender, »nur in ausgesprochenen Einzelfällen« sei der Anschlag nicht scharf verurteilt worden. Selbst von Teilen der Bevölkerung, über die man wusste, dass sie dem Regime nicht allzu freundlich gegenüberstanden, wie den Arbeitern in den nördlichen Bezirken Berlins, hieß es, sie seien entsetzt über den Anschlag. Der Hass gegen die »Offiziersclique«, die verantwortlich gemacht wurde, und das Entsetzen darüber, dass ein derartiger Verrat überhaupt stattfinden konnte, waren gleichermaßen verbreitete Reaktionen. Drei Tage später hieß es in gedämpfterem Ton, »nur in ausgesprochenen Einzelfällen« sei der Anschlag nicht nachdrücklich verdammt worden. In einigen Städten – Berlin und Königsberg wurden in diesem Zusammenhang erwähnt – wurde beobachtet, dass Frauen angesichts ihrer Freude über die Tatsache, dass der »Führer« gerettet war, auf der Straße in Tränen ausbrachen. »Gott sei Dank, der Führer lebt«, lautete ein Seufzer der Erleichterung, der überall zu hören war.[68] Dieses Bild wird durch zahlreiche Berichte aus unterschiedlichen Orten bestätigt, wo das Propagandaministerium innerhalb von Tagen gut besuchte »Treuekundgebungen« als »spontane Willensäußerungen unseres Volkes auf das ruchlose Attentat gegen den Führer« organisiert hatte.[69] Die Bande zwischen Führer und Volk, so hieß es, hätten sich vertieft, das Vertrauen in die Führung sei gestärkt worden.[70]

Angesichts der Kriegslage, des unleugbaren Anstiegs der gegen den Nationalsozialismus gerichteten Stimmungen und der wachsenden Kritik an Hitler persönlich, die wir für die Jahre 1942 bis 1945 haben aufzeigen können, dürften solche Berichte die vorhandenen Einstellungen kaum angemessen wiedergeben. Äußerungen zum Anschlag gegen Hitlers Leben, einen Akt des Hochverrats, für den die Beteiligten und ihre Familien unter den drakonischsten Vergeltungsmaßnahmen zu leiden hatten, waren natürlich in höchstem Maße von Einschüchterung geprägt. Bemerkungen, die den SD-Mitarbeitern zu Ohren kamen, waren daher weitgehend bewusst regimekonform. Lange vor dem Attentatsversuch hatten Berichte des SD und anderer Dienste bereits darauf hingewiesen, dass die Menschen immer weniger bereit seien, ihre Meinungen in der Öffentlichkeit zu artikulieren.[71] Mit Blick auf die Ereignisse vom 20. Juli 1944 war das Schweigen meist vielsagender als die Bemerkungen, die die Berichterstatter festhalten konnten. Schließlich fügten natürlich die Lauscher des Regimes ihren Berichten oftmals salbungsvolle Beschönigungen hinzu, wenn sie über die Stimmung in der Bevölkerung Aussagen machten, fürchteten sie doch, angesichts der Verschwörung gegen den »Führer« könne ihre eigene unerschütterliche Loyalität in Zweifel gezogen werden. Unter diesen Einschränkungen im Hinblick auf Natur und Wesen dieser Berichterstattung ist es nicht überraschend, dass irgendwelche abweichenden Ansichten nur zwischen den Zeilen zu finden sind. In örtlichen Berichten aus Bayern weisen jedoch neben den Loyalitätsbekundungen einige Andeutungen darauf hin, dass die Reaktionen, die in den zentralen SD-Berichten wiedergegeben wurden, nicht die einzigen waren, die man bemerken konnte.

Sogar der Regierungspräsident von Oberbayern räumte ein, dass die Erleichterung über die Rettung des »Führers« nicht hundertprozentig war, sondern vielmehr »ein Teil der Bevölkerung das Gelingen des Attentats in erster Linie deshalb begrüßt hätte, weil er sich davon eine frühere Beendigung des Krieges erhoffte. Diese Volksgenossen sind nur von dem Gedanken beherrscht: Lieber ein Ende mit Schrecken, als ein Schrecken ohne Ende.«[72] Der Chef der Schutzpolizei in der Kreisstadt Bad Aibling in Oberbayern ging weiter und schrieb ungeschminkt: »Viele sind der Meinung, dass mit dem Gelingen des Anschlags der Krieg beendet worden wäre.«[73] In anderen Berichten aus diesem Kreis war die Rede vom Zögern der Bevölkerung, irgendeine Meinung zum Ausdruck zu bringen; an einem Ort, so hieß es, hätten die Bauern, als sie im Wirtshaus die Nachricht von dem Anschlag hörten, »stumm an den Tischen gesessen« und »niemand getraute sich, irgendetwas zu sagen«.[74] In einem Polizeibericht aus einem Dorf in der Gegend um Garmisch-Partenkirchen heißt es: »Während das Misslingen des Attentats bei den Parteigenossen und denjenigen Volksschichten, die der Partei und dem nat.soz. Staate nahestehen, Begeisterung ausgelöst hat, enthält sich der übrige Volksteil jeder Äußerung oder Stellungnahme. Allgemein wird der Wunsch nach baldiger Beendigung des Krieges zum Ausdruck gebracht.«[75] In Berchtesgaden waren die meisten erfassten Äußerungen – wie anderswo auch – loyal gehalten, aber es war schwierig, aus der ländlichen Bevölkerung überhaupt irgendetwas herauszuholen. »Recht viel mehr als schade wär es schon, wenns ihn erwischt hätte, kann man nicht herausbekommen«, heißt es in einem Bericht aus der ländlichen Umgebung Berchtesgadens. Landfrauen sollen geäußert haben: »Wer weiß, für was es gut gewesen wäre, wäre vielleicht schon heute der Krieg aus.« Diese Ansicht, so fährt der Berichterstatter fort, »scheint besonders unter der weiblichen Landbevölkerung stark verbreitet zu sein«. In der Dunkelheit eines Luftschutzbunkers habe man plötzlich eine Stimme sagen hören: »Ja, wenn's ihn nur erwischt hätte.«[76]

Die Schwierigkeiten, zu einer übereinstimmenden Einschätzung der Auswirkungen des Bombenanschlags gegen Hitler zu gelangen, zeigen sich bei einer Betrachtung von Briefen gewöhnlicher Soldaten von der Front. Hier finden sich Belege sowohl für ein, wenn auch zeitweiliges, Wiederaufleben des Glaubens an Hitler als auch für extrem hitlerfeindliche Einstellungen, die trotz Zensur zum Ausdruck kommen. Im Bericht des Zensors vom August 1944, der sich auf 45 000 Briefe stützte, heißt es:

> Die hohe Anzahl der freudig bewegten Stimmen zur Rettung des Führers, die als ein wahres Glück für das deutsche Volk hervorgehoben wird, ist nicht nur ein Beweis für die Liebe und Freude der Soldaten zum Führer, sondern es wird in den Briefen anschließend daran auch die feste Entschlossenheit der Soldaten zum Ausdruck gebracht, in seinem Sinne zu kämpfen und zu siegen … Der Verrat der Verschwörerclique wird allgemein als das größte Verbrechen am deutschen Volk abgelehnt … Die Briefe fast aller guten Soldaten lassen erkennen, dass die militärischen Pflichten des Soldaten und seine gute militärische Haltung untrennbar verbunden sind mit der Treue zum Führer und damit mit echter nationalsozialistischer Haltung überhaupt.[77]

Erhalten gebliebene Briefe beweisen umfassend die durch und durch loyalen, vom Nationalsozialismus geprägten Auffassungen von Offizieren und einfachen Soldaten.[78] Während gegen Hitler gerichtete Bemerkungen offensichtlich gefährlich waren, war es dagegen nicht notwendig, sich schriftlich in glühende Lobhudeleien über ihn einzulassen, ja nicht einmal unvermeidlich, den »Führer« oder den Anschlag auf sein Leben überhaupt zu erwähnen. Die Beispiele hitlertreuer Gefühlsäußerungen können daher nicht einfach der Notwendigkeit, sich linientreu zu verhalten, und der Kontrolle durch die Zensur zugeschrieben werden. Tatsächlich deutet manches andere auch auf ein Wiederaufleben der Hitler-Gläubigkeit unter Soldaten nach dem Bombenanschlag hin. So steigerte sich der Glaube an Hitler unter den Kriegsgefangenen in Frankreich zwischen Mitte Juli und Anfang August 1944 von 57 auf 68 Prozent.[79]

Der Trend ging jedoch nicht in jeder Hinsicht in die gleiche Richtung. Der Zensor berichtete von einer Zunahme der negativen Bemerkungen in Soldatenbriefen zwischen Juli und August von 20 auf 25 Prozent.[80] Und trotz der Zensur gingen einige couragiert bis an die Grenze der Tollkühnheit. Ein gewöhnlicher Landser schrieb am 4. August nach Hause: »Du schreibst in Deinem Brief von dem Attentat auf den Führer. Ja, wir haben es denselben Tag noch zu erfahren bekommen. Leider haben die Herren Pech gehabt, dann wäre schon heute Waffenstillstand, und wir wären von diesem Dreck erlöst gewesen.«[81]

Dieser Brief erreichte unbemerkt sein Ziel. Weniger Glück hatte ein Gefreiter, der in einem Brief schrieb: »Den letzten Sonntag, als ich in der Kirche war, da dankte tatsächlich der Prediger Gott, dass er den Führer vor dem Attentat gnädig behütet und bewahrt hatte. Ich hätte ihm am liebsten den Mund zugestopft mit Heu. Unser Volk sieht nicht, wie es gehalten wird von satanischer Macht.« Der Schreiber dieses Briefes wurde ermittelt; wahrscheinlich war die Folge die Todesstrafe.[82]

Wir können aus dem zur Verfügung stehenden Material, so unbefriedigend es auch in vieler Hinsicht ist, schließen, dass der Angriff auf Hitlers Leben wie bereits 1939 zu einer Polarisierung der Einstellungen führte. Es liegt auch die Schlussfolgerung nahe, dass sogar noch stärker als 1939 ein erheblicher Teil der Bevölkerung über Hitlers Tod nicht traurig gewesen wäre und sein Überleben als Hindernis für die Beendigung des Krieges ansah. Dies steht auch nicht im Widerspruch zu einem kurzlebigen, aber starken Wiederaufleben der Zustimmung für Hitler, insbesondere – aber nicht nur – unter den Parteigläubigen. Es blieben noch beträchtliche Reserven an Unterstützung für Hitler übrig. Angesichts der Umstände besaß der »Hitlermythos« immer noch eine bemerkenswerte Kraft. Viele der Verschwörer waren sich von vornherein sehr wohl bewusst, dass ihr Versuch wenig Rückhalt in der Bevölkerung haben würde.[83] Viele Deutsche akzeptierten ganz eindeutig die Darstellung der Ereignisse durch die Propaganda, und selbst dann, wenn sie begonnen hatten, an Hitler zu zweifeln, betrachteten sie doch die Verschwörung als eine frevlerische und verräterische Tat gegen das Staatsoberhaupt und als einen Versuch zur Sabotage an den Kriegsanstrengungen.

Gewiss hätte ein erfolgreicher Putsch das Potenzial für eine gefährliche neue Version der Dolchstoßlegende geliefert.[84] Wie die Dinge lagen, bestand die objektive Funktion massiver Loyalitätsbekundungen gegenüber Hitler, wie auch immer sie zustande gekommen sein mochten, darin, den Schwankenden zu verdeutlichen, dass der »Hitlermythos« immer noch voller Lebenskraft war und das Regime sich weiterhin eines beträchtlichen Maßes an Unterstützung erfreute, die sich wie immer um die Bindungen an den Führer konzentrierte. Kombiniert mit dem drastisch erhöhten Standard an Kontrolle und Unterdrückung diente die Breite der Massenanhängerschaft für den »Führer« immer noch als Abschreckung vor weiter gehenden Gedanken an aktiven Widerstand.

Hitler sollte nie wieder so sehr im Mittelpunkt der öffentlichen Aufmerksamkeit stehen, wie er es nach dem Attentatsversuch vom 20. Juli 1944 eine Weile lang tat. In den Monaten danach verschwand er fast vollständig aus dem Blickfeld. Die meisten Meinungsberichte aus den letzten Kriegsmonaten enthalten keine oder kaum eine Erwähnung des »Führers« und der Einstellung der Bevölkerung zu ihm. Er war nun für die meisten eine ferne, schattenhafte Gestalt geworden, jetzt nur noch selten in Wochenschauen zu sehen, kaum jemals sprach er noch zur Nation, und er tauchte nicht länger mehr in der Öffentlichkeit auf. Klagen aus regionalen Propagandastellen, dass weder Presse noch Radio noch Wochenschau irgendetwas über den »Führer« berichteten, waren vergeblich.[85] Das fortgesetzte Schweigen über ihn gab neuen Gerüchten über seine Gesundheit und seinen Geisteszustand Auftrieb, auch hieß es, er sei durch Himmler und Goebbels seiner Pflichten entbunden worden.[86] Einige behaupteten immer noch, dem »Führer« werde durch seine Umgebung die Wahrheit vorenthalten, man vermittle ihm ein viel zu rosiges Bild von der Lage. Aber selbst die von starken Vorurteilen geprägten Berichte der Propagandastellen mussten einräumen, dass Kritik an Hitler und Zweifel am »Feldherrngenie des Führers« sich stark zuspitzten. Es hieß auch, »diejenigen, die nach wie vor unbeirrbar und unerschütterlich auf die Worte des Führers vertrauten, dass noch in diesem Jahre [1945] die geschichtliche Wende zu unseren Gunsten eintrete, hätten gegenüber den Zweiflern und Miesmachern einen sehr schweren Stand«.[87] Wenn auch einige Berichte, besonders von höheren Beamten, in absurder Weise weiterhin feststellten, der Glaube an den »Führer« habe sich trotz aller Rückschläge nicht vermindert[88], lieferten doch die regionalen und örtlichen Berichte des SD einen weit niederschmetternderen und zugleich realistischeren Eindruck von Hitlers Image in der letzten Phase des Krieges.

Eine Reihe von Berichten des Stuttgarter SD bietet einen besonders offenherzigen Abriss von Hitlers Ansehen in der Zeit zwischen August 1944 und Januar 1945. Der Bericht vom 8. August 1944 legte unverblümt dar, abgesehen von einem ganz winzigen Anteil der Bevölkerung und den Parteiaktivisten glaube niemand mehr an einen Sieg. Nur ein Wunder könne Deutschland helfen, und der Glaube an Wunder sei eine Sache der Vergangenheit. Hitlers Rede nach dem Anschlag vom 20. Juli werde zu einer Kritik an ihm und dem Regime umgebogen. Die Behauptung des »Führers«, seine Arbeit sei jahrelang sabotiert worden und die deutsche Kriegsmaschinerie könne sich nun endlich voll entfalten, da die letzte Verschwörung zunichtegemacht sei, werde als Beweis dafür betrachtet, dass die Menschen bei früheren Stellungnahmen seit Langem schon belogen worden seien, hatte es doch immer wieder geheißen, die Zeit arbeite für Deutschland und die Kriegsproduktion wachse. Entweder, so hieß es weiter in diesem Bericht, bedeutete die Behauptung des »Führers«, dass er sich schwer hatte täuschen lassen und also nicht das Genie war, für das er stets gehalten worden war, oder er hatte das Volk absichtlich mit Aussagen über die wachsende Kriegsproduktion getäuscht, während er die ganze Zeit wusste, dass

Saboteure am Werk waren. Der Schluss des Berichts lautete: »Das Bedenklichste an der ganzen Sache ist wohl, dass die meisten Volksgenossen, auch diejenigen, die bisher unerschütterlich glaubten, jeden Glauben an den Führer verloren haben.«[89]

Zwei Monate später spiegelte sich die wachsende Erkenntnis des schrecklichen Preises, den die Menschen für ihren Hitler-Glauben zu zahlen hatten – dass die »Hoffnung von Millionen« zu Deutschlands Ruin geworden war –, in bitteren Anspielungen auf die »Sendung« des Führers wider. So zitierte der Stuttgarter SD eine Bemerkung, die angeblich in Varianten immer wieder zu hören war: »Der Führer wurde uns von Gott gesandt, aber nicht um Deutschland zu retten, sondern um Deutschland zu verderben. Die Vorsehung hat beschlossen, das deutsche Volk zu vernichten und Hitler ist der Vollstrecker dieses Willens.«[90]

Anfang Januar 1945 legten Beobachter aus Stuttgart und Umgebung dar, dass nun – recht verspätet – *Mein Kampf* zitiert werde, um zu beweisen, dass Deutschland sich wegen des Krieges selbst Vorwürfe machen müsse und dass Hitlers expansionistische Ziele, die er 20 Jahre zuvor formuliert hatte, die Ursache des Krieges seien. Daher sei klar: »Der Führer habe also von allem Anfang an auf den Krieg hingearbeitet.«[91] Zu einer besonders heftigen Lobhudelei Goebbels' wurde festgehalten: »Zu dem *Reich-Artikel* ›Der Führer‹, den Dr. Goebbels am 31. Dezember veröffentlicht hat, sind fast aus allen Volkskreisen große Kommentare geliefert worden. Wohl noch nie stand ein Goebbels-Artikel so im Allgemeinen Blickpunkt wie dieser, aber wahrscheinlich habe man auch seine Artikel noch nie so kritisiert. Nur sehr wenige Volksgenossen und selbstverständlich die alten treuen Kämpfer hätten die Artikel positiv aufgenommen.« Die »menschlichen« Tugenden Hitlers, ein Aspekt des »Führermythos«, den Goebbels immer wieder besonders hervorgehoben hatte, wurden nun verächtlich abgetan. Die Lobeshymne über Hitlers Bescheidenheit wurde mit dem Akzent des Selbstlobs über seine Arbeit und seine Bemühungen verglichen, der ein Hauptmerkmal seiner Neujahrsrede gewesen war. Große Erwartungen richteten sich nun auch auf den mystischen Aspekt des Hitler-Images. Es wurde behauptet, Goebbels habe Hitler »zum deutschen Gott« erhoben. Die Behauptung des Propagandaministers, Hitler verfüge über einen »sechsten Sinn«, um das zu erkennen, was gewöhnlichen Sterblichen verborgen bleibe, wurde sarkastisch von einer jungen Sekretärin kommentiert: Deshalb habe er sich wohl für Italien als Verbündeten entschieden. Was den Krieg selbst anging, so hätte Hitlers »sechster Sinn« ihm doch wohl sagen müssen, dass andere Länder sich nicht einfach den deutschen Expansionsgelüsten beugen würden. Daher sei er nicht das Genie, als das Goebbels ihn schildere, und »er hätte bewusst diesen Weltbrand entfacht, um als großer ›Verwandler der Menschheit‹ proklamiert zu werden«.[92]

Sonderberichte aus regionalen Propagandastellen über das Echo auf Hitlers Neujahrsansprache räumten eine gewisse Enttäuschung über den Mangel an Einzelheiten über die Aufstellung von Vergeltungswaffen oder über die Abwehr gegen die Bombenangriffe ein. Auch sonst suchte man wieder einmal Zuflucht bei den üblichen leeren Klischees über die erfolgreiche Wiederherstellung der Moral. Viele Menschen sollen Tränen in den Augen gehabt haben, als sie die Führerrede hörten. Das war nicht sarkastisch gemeint.[93] Aus lokalen SD-Berichten ergibt sich wiederum ein an Gegensätzen reiches Bild. In Berchtesgaden, wo Hitler auf dem Obersalzberg daheim war und wo er sich früher einer besonderen Verehrung erfreut hatte, berichtete der SD, seine Neujahrsrede sei mit der Bemerkung quittiert worden, dass sie »keine Neuigkeiten brachte«.[94] Und zu seiner letzten Rundfunkansprache vom 30. Januar 1945 hieß es, sie »vermochte nicht die lauten Zweifel zu beseitigen«.[95] Die letzte öffentliche Verlautbarung Hitlers an sein Volk am 20. Februar 1945, dem Jahrestag der Verkündung des Parteiprogramms, wurde nicht von Hitler selbst gesprochen, sondern als »Führerproklamation« von seinem alten Münchener Kameraden Hermann Esser verlesen.[96] Mit ihren Tiraden gegen das »unnatürliche Bündnis zwischen ausbeuterischem Kapitalismus und menschenvernichtendem Bolschewismus« appellierte sie an die letzte verbliebene Hoffnung – den Glauben an das Wunder eines Zerwürfnisses zwischen östlichen und westlichen Alliierten und an eine neue Allianz zwischen dem Reich und dem Westen gegen den Bolschewismus. Doch war in der Bevölkerung zu hören, nun glaube nur noch der »Führer« allein an Wunder[97], »während«, so berichtete die SD-Außenstelle Berchtesgaden, »bei der überwiegenden Zahl der Volksgenossen der Inhalt der Proklamation vorbeirauschte wie der Wind in leerem Geäst«.[98] Der größte Demagoge aller Zeiten verfügte nun über kein Publikum mehr.

Wie wenig das Volk in den letzten Kriegsmonaten auf den heroischen Ton eingestimmt war, den vor allem Goebbels anschlug, machen zahlreiche Meldungen deutlich. »Das Volk hat die Nerven vollständig verloren und ist furchtbar aufgeregt und verängstigt«, hieß es aus Bad Aibling im März 1945, als wieder einmal eine »feindliche Luftarmada ... schier parademäßig über uns den Himmel« verdüsterte.[99] Von »Lethargie«, von »trostloser, an Apathie grenzender Stimmung« war in anderen Berichten aus dieser Zeit die Rede.[100] Selbst die stark gefärbten Berichte, die ins Propagandaministerium geschickt wurden, mussten im März 1945 einräumen, dass die Vertrauenskrise gegenüber der Führung vor der Person Hitlers nicht haltmachte[101], und dieser Punkt wurde in den letzten Berichten des »Meinungsforschungsamts« des SD noch viel intensiver herausgearbeitet.[102]

Seit Anfang des Jahres hatten die Kriegsgegner Deutschlands die Reichsgrenzen in Ost und West überschritten. Für viele Deutsche begannen nun die schlimmsten Qualen des Krieges. Die Schreckensgeschichten über die Rote Armee, die durch Tausende von Flüchtlingen aus dem Osten übermittelt wurden, peitschten neue Ängste hoch, und es hieß dann: »Wenn nur der Russe nicht hierher kommt, alles andere wäre noch zu ertragen.«[103] Doch die Bereitschaft zu heldenhaftem Widerstand war gering. In einem Goebbels-Artikel in *Das Reich* von Anfang März unter dem Titel »Unsere letzte Chance« war die Rede »von der großen Ehre der Opfer und des Aushaltens für das neue Europa«, für das es sich lohne, »bis zum Letzten zu kämpfen, um in die Geschichte einzugehen«. Dies stieß auf heftige Kritik. In einem SD-Bericht aus Berchtesgaden hieß es dazu: »Es ist der breiten Masse derzeit ganz einerlei, wie das künftige Europa aussieht. Aus allen Gesprächen ist zu entnehmen, dass sich die Volksgenossen aller Schattierungen sobald als möglich den Lebensstandard der Vorkriegszeit herbeiwünschen und gar keinen Wert darauf legen, in die Geschichte einzugehen.«[104]

Der Versuch, das Volk zu heldenhafter Selbstaufopferung und zu historischen Taten um ideologischer Ziele willen zu »erziehen«, hatte schließlich zu einem noch stärkeren Streben nach materieller Befriedigung und persönlichem Glück geführt. Was ein Bewohner von Berchtesgaden im März 1945 zum Ausdruck brachte, kam den Empfindungen vieler Deutscher zu jener Zeit sehr nahe: »Hätte man 1933 geahnt, dass sich die Ereignisse so zuspitzen würden, wäre Hitler nie gewählt worden.«[105]

Die moralische Verurteilung des Dritten Reiches trat größtenteils erst nach Ende des Krieges zutage, als die barbarischsten Verbrechen des Regimes voll ins Licht der Öffentlichkeit gelangten. In den ersten Monaten des Jahres 1945 betrachtete sich das deutsche Volk selbst als das Hauptopfer Hitlers.

Mit der Zugkraft des »Hitlermythos« war es nun vorbei. Verbittertes Schweigen ersetzte die frühere Bewunderung für den »Führer«. Dies kam deutlich zum Ausdruck im Bericht über eine Feier zum Heldengedenktag am Kriegerdenkmal des kleinen bayerischen Alpenstädtchens Markt Schellenberg am 11. März 1945:

> Als der Führer der Wehrmachtseinheit am Schluss seiner zu der Feier gehaltenen Rede ein ›Sieg-Heil‹ auf den Führer ausbrachte, wurde es weder von der angetretenen Wehrmacht, dem Volkssturm, noch von der als Zuschauer erschienenen Zivilbevölkerung erwidert. Dieses Schweigen der Masse wirkte geradezu drückend und spiegelt wohl am besten die tatsächliche Einstellung des Volkes.[106]

Wer über solche Demonstrationen schweigender Missbilligung oder Verachtung hinausging und den Führer schlicht einen »Verbrecher« nannte, musste sich aber noch immer auf das Schlimmste gefasst machen. Und dies nicht nur wegen der Gestapo. Der Führerglaube war für einige »Volksgenossen« so sehr zur pseudoreligiösen »Wahrheit« geworden, dass sie sich mit allen Mitteln gegen die Evidenz der Fakten wehrten, manche mit Selbstmord, andere noch in letzter Stunde mit Denunziationen von Regimekritikern. Einen solchen Vorfall, der sich in Nürnberg Mitte April 1945 – einige Tage vor dem Eintreffen amerikanischer Truppen – zutrug, hielt ein Journalist in seinem Tagebuch fest: Die Inhaberin eines kleinen Ladens hatte in Gegenwart einer Kundin in ihrem Geschäft geäußert, was »in diesen Tagen Gemeingut fast aller Nürnberger war«, dass nämlich »Hitler, der auf Fortsetzung des Krieges bestehe und der Bevölkerung vormachen lasse, dass er noch eine Wunderwaffe habe, doch nichts anderes als ein Verbrecher sei. Es wäre zu wünschen, dass die Amerikaner bald kommen und dem Unsinn der Fortsetzung des Krieges ein Ende machen.« Die Geschäftsfrau wurde von der Kundin angezeigt, von der Polizei festgenommen und wegen »Wehrkraftzersetzung« erschossen.[107]

Angesichts des Fehlens von »Lageberichten« über ein Land, das nun beinahe vollständig von seinen Kriegsgegnern besetzt war, gibt es keine Hinweise auf Reaktionen der Bevölkerung auf die Nachricht über Hitlers Tod am 30. April 1945. Man kann sich kaum vorstellen, dass sein Tod große Trauer auslöste. Mit dem Ende Hitlers verschwanden auch die äußeren Zeichen des Nationalsozialismus allem Anschein nach über Nacht von der Bildfläche. »Führerbilder« und Parteisymbole, Uniformen und NS-Literatur waren vor Ankunft der russischen, amerikanischen oder britischen Soldaten weggeworfen oder verbrannt worden. Wie der »Führermythos« hatten auch sie ihren Zweck bereits vor Ende des Dritten Reiches überlebt und stellten nun eine Belastung dar. Der neue Landrat von Gunzenhausen, einer früheren Hochburg des Nationalsozialismus in Franken, schrieb im August 1945 in seinem ersten Monatsbericht nach dem Ende des Dritten Reiches: »Obwohl der Krieg erst seit einigen Monaten beendet ist, wird vom Nationalsozialismus fast nicht mehr, und wenn schon, dann im nachteiligen Sinne gesprochen. Bei Leuten, die in ihren Heimen Zeichen des nationalsozialistischen Staates in jeglicher Form zeigten, ist keine Spur davon zu sehen.«[108]

TEIL 3

DER »HITLERMYTHOS« UND DER WEG ZUM VÖLKERMORD

Kapitel 9

Das Hitler-Bild in der Bevölkerung und die »Judenfrage«

Die beiden zwillingshaft miteinander verknüpften ideologischen Zwangsvorstellungen Hitlers hießen *Lebensraum* und *Antisemitismus*. Paranoider Hass gegen die Juden war dabei der vorherrschende Zug, wenn auch die beiden Themen sich in Hitlers Kopf in der Vision des vom Judentum verseuchten bolschewistischen Russland miteinander verbanden, das reif sei für eine Expansion Deutschlands nach Osten. Wir haben in früheren Kapiteln gesehen, dass es eine beträchtliche Disparität zwischen Hitlers tatsächlichen Expansionszielen und dem gab, was sein öffentliches Image in dieser Hinsicht nahelegte. Gewiss gab es Gemeinsamkeiten zwischen volkstümlichen Bestrebungen nach einer Steigerung des Prestiges und der Macht der deutschen Nation und Hitlers rassisch-imperialistischen Zielen. Ausdehnungen der deutschen Grenzen, insbesondere die Eingliederung von »ethnisch« deutschen Territorien in das Reich, waren höchst populär, solange dies ohne Blutvergießen erreicht wurde. Aber Begeisterung für den Krieg selbst und für einen apokalyptischen Kampf um Lebensraum war außerhalb der Kreise vom Nationalsozialismus tief ergriffener Jugendlicher, der SS und der Parteifanatiker nicht leicht zu erregen. Und als der Krieg dann einmal da war, richtete sich die allgemeine Sehnsucht trotz der Bereitschaft, in jeder möglichen Weise aus der Erwerbung und Ausbeutung der besetzten Gebiete zu profitieren, vor allem auf einen baldigen Frieden. Es gab also gewisse Affinitäten, aber keineswegs eine totale Identität zwischen Hitlers Version des auf Lebensraumerweiterung gerichteten Expansionismus und den Hoffnungen und Erwartungen der deutschen Bevölkerung.

Eine parallele Unterscheidung lässt sich in Bezug auf den Antisemitismus machen. Ganz gewiss waren Abneigung und Misstrauen gegenüber Juden, sogar bevor Hitler die Macht übernahm, weitverbreitet. Die Juden mussten in vielen Lebensbereichen Diskriminierungen ertragen. Und bei einer – allerdings wachsenden – Minderheit der nichtjüdischen Bevölkerung, die nach 1933 Machtpositionen besetzen sollte, entwickelte sich die Abneigung gegen Juden zu einem bösartigen und gewalttätigen Hass. In der Atmosphäre des Dritten Reiches war es selbstverständlich, dass das Sperrfeuer der NS-Propaganda nicht ohne Auswirkungen auf bereits vorherrschende antisemitische Einstellungen bleiben konnte, die es ausweitete und vertiefte. Viele Deutsche, vielleicht die überwiegende Mehrzahl der Bevölkerung, waren 1939, wenn nicht schon früher, davon überzeugt, dass die Juden einen schädlichen Einfluss in der deutschen Gesellschaft ausübten. Daher sei es besser, wenn jene Juden, die noch da waren, sobald wie möglich das Land verließen (oder dazu gezwungen würden). Zwar war die vorherrschende Haltung gegenüber den Juden zu dieser Zeit unter der gesamten Bevölkerung mit kleinen Ausnahmen in unterschiedlichem Maße diskriminierend, erreichte aber bei Weitem nicht den antijüdischen Wahn eines Hitler und der aktivistischen Judenschläger-Elemente in der NS-Bewegung. Tatsächlich deutet vieles darauf hin, dass der Antisemitismus trotz seiner zentralen Stellung in Hitlers Denken als Faktor der öffentlichen Meinungsbildung im Dritten Reich meist nur von zweitrangiger Bedeutung war.[1]

Dies wirft auch die schwierige Frage nach der Stellung des Antisemitismus im Hitler-Bild der Bevölkerung auf. Konnte der Antisemitismus, der in Hitlers Weltanschauung eine so zentrale Rolle spielte, bei der Herausbildung der Verbindungen zwischen Führer und Volk, die dem Dritten Reich seine volkstümliche Legitimierung und seine plebiszitäre Zustimmungsbasis gaben, von nur geringer Bedeutung sein? War das Hitler-Image auf diesem hochbedeutsamen Gebiet wiederum großenteils fern der Realität? Und welche Bedeutung schreiben wir dann Hitlers Rolle in der Öffentlichkeit zu, wenn wir den Entwicklungsprozess verstehen wollen, der nach Auschwitz führte? Das Quellenmaterial, das für den Versuch zur Verfügung steht, diese Frage zu beantworten, ist, das muss betont werden, schwer zusammenzustellen und noch weniger leicht zu interpretieren. Die Schlussfolgerungen der kurzen Analyse, die nun folgt, sind daher notwendigerweise bloß als vorläufige und vorsichtige Annäherungen an eine gültige Antwort zu betrachten.

Die 1980 erfolgte Veröffentlichung aller bekannten Reden und Schriften Hitlers aus der Zeit von 1919 bis 1924 bietet zum ersten Mal die Gelegenheit, sich das Selbstbild anzuschauen, welches seine öffentlichen Äußerungen prägte. Im vorliegenden Zusammenhang ist von Bedeutung, wenn auch nicht ganz überraschend, dass es zwischen 1920 und 1922 kaum eine Rede oder Publikation Hitlers gab, in der nicht das konzentrierteste Gift über die Juden ausgeschüttet wurde. In den frühesten Reden bildeten in erster Linie die Juden den Kern der von Hitler fanatisch angegriffenen »Kriegsgewinnler, Gangster und Parasiten« – dies war eine Ausdrucksform seiner Art von populistischem Antikapitalismus. Seit Mitte der Zwanzigerjahre beschäftigte sich Hitler, möglicherweise unter dem Einfluss von Rosenberg, in seinen Reden vor allem mit dem bolschewistischen Russland. Das Bild von der brutalen Herrschaft der Juden, für die, so hieß es, in Deutschland die Sozialdemokratie den Weg ebne, wurde zum Katalysator für die Verbindung von Antisemitismus und Antimarxismus. Im Februar 1922 verkündete Hitler seinen SA-Leuten, die »Judenfrage« sei das einzige, was wirklich zähle, und ein paar Monate später fasste er das gesamte Parteiprogramm in einem Punkt zusammen: nämlich dass kein Jude ein »Volksgenosse« sein könne.[2] Die Allgegenwart des Themas Juden in Hitlers öffentlichen Reden zu jener Zeit schließt die Vorstellung aus, dass frühe Konvertiten zum Nationalsozialismus eine andere Möglichkeit hatten, als im gewalttätigen Antisemitismus einen Kernbestand des Hitler-Images zu sehen.

Seit Ende 1922 jedoch begann der extreme Antimarxismus – nun oftmals ohne ausdrückliche Verknüpfung mit den Juden – zum vorherrschendem Thema seiner Reden zu werden. Jetzt erklärte Hitler, das Ziel der NSDAP sei einfach die »Vernichtung und Ausrottung der marxistischen Weltanschauung«[3], und im Jahre 1923, als die Auffassung von einem heroischen Endkampf zwischen zwei entgegengesetzten Weltanschauungen in seinem Denken eine wachsende Rolle zu spielen schien, übernahmen die Juden eine weniger wahrnehmbare Funktion in Hitlers öffentlichen Aussagen, während nun der Marxismus als der einzige Todfeind der NS-Bewegung benannt wurde.[4] Als die Presse diesen Wandel der Argumentation bemerkte, sagte Hitler, er habe in der Tat seine Haltung geändert, aber nur insoweit, als er vorher zu milde gewesen sei und bei der Arbeit an *Mein Kampf* bemerkt habe, dass die »Judenfrage« sich nicht nur dem deutschen Volk, sondern allen Völkern stellte, »denn Juda ist die Weltpest«.[5] Es gab keine Veränderung im Grundmuster seines Denkens, sondern nur eine Verlagerung des Schwerpunkts. Aber selbst zu diesem Zeitpunkt kann die Akzentverschiebung nur ein bewusster Versuch gewesen sein, ein breiteres Publikum anzusprechen, wenn auch damals hauptsächlich innerhalb Bayerns, wo man im Jahre 1923 allenthalben an Hitler Interesse zu zeigen begann. Hinzu kam wohl die Erkenntnis, dass es für den Antimarxismus einen breiteren potenziellen Interessentenkreis gab als für die bloße Wiederholung judenfeindlicher Hasstiraden.

Wir wissen wenig wissenschaftlich Gesichertes über die ideologischen Motive der Parteimitglieder an der Basis der NS-Bewegung vor dem Putschversuch (im November 1923 ungefähr 55 000 Menschen). Da der Antisemitismus ein hochwichtiger Bestandteil des öffentlichen Bildes der Partei und ihres Führers war, den viele persönlich in Münchener Biersälen und -kellern haben reden hören, scheint es gewiss, dass die »Judenfrage« damals als motivierender Faktor bei der Rekrutierung neuer Mitglieder für die Bewegung eine große Rolle spielte. Die neuen »Parteigenossen« traten oftmals aus anderen antisemitischen Organisationen und völkischen Gruppierungen zur NSDAP über. Zwar beruht eine Anzahl von Untersuchungen über die frühe NS-Bewegung auf oberflächlichen Eindrücken, doch ihre Ergebnisse legen immerhin folgende These nahe: Je eher jemand in die NSDAP eintrat, umso wahrscheinlicher war er ein überzeugter Antisemit.[6]

Es ist unwahrscheinlich, dass der Antisemitismus als Motivationskraft für Neugewonnene in der »Massenphase« der Partei nach 1929/30 ebenso bedeutend war, wie er es für den frühen aktivistischen Kern der NSDAP gewesen war. Das Material von Abel – mehr als die Hälfte seiner Stichprobe bilden Mitglieder, die der Partei vor ihrem Aufschwung in den Dreißigerjahren beigetreten waren – deutet stark darauf hin, dass – nach Merkls Rangliste der ideologischen Hauptthemen – selbst unter den »alten Kämpfern« der Bewegung nur ungefähr ein Achtel den Antisemitismus als ihr dringendstes Anliegen ansahen, während »ideologisch überzeugte Antisemiten« nur 8,5 Prozent der Erfassten ausmachten.[7] Merkl fasst seine Ergebnisse wie folgt zusammen: »Eine Betrachtung nach dominierenden ideologischen Themen … zeigt: Ungefähr ein Drittel ist in erster Linie an solidarischer Volksgemeinschaft interessiert, über ein Fünftel besteht aus Superpatrioten. Fast ebenso viele sind von Hitlers persönlichem Charisma hingerissen. Ungefähr ein Siebtel scheint vor allem durch seinen Antisemitismus motiviert zu sein … Fragt man nach dem Hauptziel ihrer Feindseligkeit, so lässt sich feststellen, dass Abels frühe Nationalsozialisten sich zu zwei Dritteln als Antimarxisten entpuppten.«[8] Merkl wies allerdings darauf hin, dass auch bei den anderen Kategorien von Parteigenossen antisemitische Gefühle, die in etwa zwei Drittel der »Biografien« auftauchten, keineswegs ausgeschlossen waren.[9] Tatsächlich könnte man weitergehen und behaupten, der Antisemitismus sei eine gemeinsame Bestimmungsgröße gewesen, die all diese ideologischen Themen verbinden und Rechtfertigungen für sie liefern konnte. Dennoch sprechen die Zahlen gewiss dafür, dass andere Züge als der Antisemitismus das Bild der NSDAP in den Augen ihrer Mitgliedschaft vor 1933 bestimmten.

Wenn wir akzeptieren, dass Hitler von den sehr vielen, wenn nicht von allen als Verkörperung der Partei betrachtet wurde, dann scheint es, dass für die meisten neuen Rekruten der NS-Bewegung während ihres Aufstiegs zur Macht sein persönlicher, zweifellos extremer Antisemitismus eher eine sekundäre Komponente seines Images und seiner Wirkung ausmachte.

Da Erhebungen mit modernen Methoden der Meinungsforschung fehlen, können die Motive von NS-Wählern nur Gegenstand ungesicherter Schlussfolgerungen sein. Aber wenn wir die obige Beweisführung, die sich auf Motive der »alten Kämpfer« der Partei bezieht, auf die Wählerschaft der Partei übertragen, dann müssen wir schließen, dass Hitlers Image hier – möglicherweise in einem sogar noch erheblicheren Maße – nicht von seiner Besessenheit in der Judenfrage bestimmt war. Diese Ableitung gewinnt einige Unterstützung durch einen Inhaltsvergleich von Hitler-Reden – die seine Selbstdarstellung offenbaren – aus den frühen Dreißigerjahren, als die NS-Bewegung große Erfolge bei Wahlen erzielte, mit solchen aus den frühen Zwanzigerjahren, als die NSDAP bloß eine völkische Sekte am äußersten Rand des politischen Spektrums war. Eine Überprüfung der Wahlpropaganda vor dem Durchbruch bei den Wahlen von 1930 hat erbracht, dass verbale Attacken auf Juden eher ein Hintergrundthema waren und Hitlers Reden allem Anschein nach dazu tendierten, nicht auf die »Judenfrage« einzugehen – insbesondere, wenn er ein »gutbürgerliches« Publikum vor sich hatte.[10] Als Hitler 1932 für die Reichspräsidentschaft kandidierte und die NS-Bewegung die Unterstützung von einem Drittel der Bevölkerung errang, kam die »Judenfrage« in Hitlers öffentlichen Reden kaum vor. Die Juden und die »Judenfrage« wurden als solche weder in Hitlers Neujahrsaufruf an die Partei von Anfang 1932 noch in seiner berüchtigten Rede vor dem Düsseldorfer Industrieclub im Januar noch in seinem »Appell an die Nation« erwähnt, der im Juli als Schallplatte verkauft wurde und für seine Wahlreden in der ersten Jahreshälfte typisch war.[11] Die Hauptangriffsziele waren hier ganz klar der »Marxismus« und das Weimarer »System«, und die zentrale Botschaft lautete, allein Hitler und seine Bewegung böten Hoffnung auf Rettung von diesen Übeln und der Katastrophe, die sie über Deutschland gebracht hätten. Selbstverständlich war für Hitler persönlich – und für einige seiner ältesten und fanatischsten Helfershelfer – all das Unheil einzig und allein auf die »Judenfrage« zurückzuführen. Dies war eine ideologische Selbstverständlichkeit, die innerhalb der NS-Bewegung eine fundamentale Prämisse verkörperte. Aber das Bild Hitlers in der Öffentlichkeit spiegelte zu jener Zeit den Vorrang der »Judenfrage« in seinem Denken nicht wider. Obschon sein Image in der Bevölkerung zweifellos die weitverbreiteten ideologischen Vorurteile und Hoffnungen der Massen – einschließlich des Antisemitismus – umfasste, kann man doch kaum behaupten, dass zu einer Zeit, da Hitler gewaltige Erfolge bei Wahlen erzielte, die Judenfrage das entscheidende Element war, aus dem seine wachsende Zugkraft resultierte.

Das Fehlen verbaler Angriffe gegen die Juden fällt auch in Hitlers öffentlichen Reden in den Jahren 1933 und 1934 auf. Die »Judenfrage« wird nicht in einer einzigen wichtigen großen öffentlichen Rede des »Führers« in dieser Zeit der »Machtergreifung« und der Konsolidierung der Macht behandelt – einer Zeit, in der, wie wir bereits gesehen haben, seine Popularität sich weit ausbreitete und der »Führermythos« massiv wuchs.[12]

Nur die Aufforderung an »alle Parteiorganisationen« vom 28. Mai 1933 zur Durchführung eines landesweiten Boykotts jüdischer Geschäfte, Produkte, Ärzte und Anwälte, der am 1. April beginnen sollte, konzentrierte sich ausdrücklich auf die »Judenfrage«.[13] Proklamationen an die Partei nach der »Machtergreifung« erfolgten im Allgemeinen unter Hitlers Namen. In diesem Falle jedoch wurde der Aufruf kollektiv von der »Parteileitung« unterzeichnet, wiewohl der Stil erkennbar von Hitler geprägt ist (abgesehen von den begleitenden spezifischen Anweisungen zur Durchführung des Boykotts, die von Goebbels zu stammen scheinen).[14] Selbstverständlich hätte sich niemand vorstellen können, dass der Boykott ohne Hitlers ausdrückliche Unterstützung stattfand. Aber der Aufruf war so formuliert, als sei der Boykott allein eine gerechtfertigte Vergeltung für die »Hetzkampagne« und die »Lügen« der Auslandspresse, die angeblich durch jüdische Emigranten ausgelöst worden waren. Und die Behauptung, dass den Juden im Laufe der »nationalen Revolution« »[k]aum ein Haar« gekrümmt worden sei, sollte den Eindruck erwecken, die Parteiführung (einschließlich Hitler) habe nichts über die tagtägliche Misshandlung von Juden durch Parteimitglieder an der Basis gewusst. Es war daher möglich, soweit Hitler überhaupt direkt mit dem Boykott in Zusammenhang gebracht wurde, ihn nur in Verbindung mit vorgeblich gerechtfertigtem Handeln zu sehen, als habe er mit den »bedauerlichen Exzessen« der Parteiaktivisten nichts zu tun.

Bekanntlich führte dieser Boykott nicht gerade zu einem überwältigenden Erfolg. Dies galt sowohl für die Reaktion der Bevölkerung als auch in organisatorischer Hinsicht. Er wurde daher nach einem einzigen Tag abgebrochen. Der relative Mangel an Resonanz auf den Boykottaufruf kann Hitler nur angezeigt haben, dass er recht daran tat, sich in der »Judenfrage« nicht allzu deutlich zu profilieren. Denn das Fehlen offener Bezugnahme auf die »Judenfrage« in seinen wichtigsten Reden und seines Namens unter den Unterschriften des Aufrufs zum Boykott kann nur als bewusste politische Taktik angesehen werden, den »Führer« persönlich und sein Bild in der Öffentlichkeit gegenüber gewalttätiger Judenhetze und Radauantisemitismus, denen er insgeheim zustimmte, auf Distanz zu halten. Hitler war sich bereits von einem sehr frühen Zeitpunkt an – vielleicht schon seit 1923 – politisch dessen bewusst, dass eine auf mehr Resonanz stoßende Parole als der Antisemitismus benötigt wurde, um die NSDAP von der rein sektiererischen Politik anderer völkischer Gruppen zu unterscheiden, den Wirkungskreis der Partei zu erweitern und sie zu einem ernsthaften Bewerber um die Macht zu machen. Je näher Hitler der Übernahme der Macht kam, umso stärker musste der Antisemitismus nach außen hin anderen Komponenten des Hitler-Bildes untergeordnet werden. Und sobald Hitler einmal Regierungschef geworden war, beruhte die Notwendigkeit, sich persönlich von der geschmacklosen Skandaltaktik seiner aktivistisch-antisemitischen Genossen fernzuhalten, vor allem auf außenpolitischen Rücksichten sowie auf der Unumgänglichkeit, eine schwerwiegende Entfremdung des konservativen Establishments um Hindenburg zu vermeiden, dessen eigener tief verwurzelter Antisemitismus dort aufhörte, wo offene Gewaltanwendung begann. Darüber hinaus war es 1935, wenn nicht sogar schon früher, vollkommen klar, dass antisemitistische Ausschreitungen und terroristisches Rowdytum gegen Juden durch Parteirabauken unter dem breiten Publikum generell unpopulär waren. Dennoch hatte zu dieser Zeit die Gewalttätigkeit, die durch eine neue antisemitische Welle provoziert und durch Propaganda aufgeheizt worden war, die »Judenfrage« wieder ganz vorn auf die Tagesordnung gesetzt, und innerhalb der Partei nahm das Verlangen nach einer antisemitischen Gesetzgebung zur Erfüllung der Ziele des Parteiprogramms zu. Gleichzeitig wurde in der Öffentlichkeit die Forderung nach verbindlichen Regelungen laut, um »Einzeltaten« ein Ende zu bereiten, die jenen Sommer der Gewalt geprägt hatten.[15] Hitler konnte sich nicht länger mehr von der »Judenfrage« fernhalten.

In seiner Rede vor dem beim Parteitag in Nürnberg versammelten Reichstag griff Hitler am 15. September 1935 erstmals, seit er Reichskanzler war, die »Judenfrage« in einer wichtigen öffentlichen Ansprache auf und empfahl die Annahme von drei Gesetzen, die dem Parlament vorlagen – das »Flaggengesetz« und die beiden berüchtigten antijüdischen Nürnberger Gesetze (das »Reichsbürgergesetz«, das die Juden daran hinderte, Bürger des Reichs zu werden, und das Gesetz zum Schutz des deutschen Blutes und der deutschen Ehre, das Eheschließungen und sexuelle Beziehungen zwischen Juden und »Ariern« verbot). Wie schon 1933 beschuldigte er auch diesmal die Juden im Ausland, Agitation und Boykotte gegen Deutschland anzufachen. Und er behauptete, dass dies auf die Juden innerhalb Deutschlands Einfluss ausgeübt habe, deren provokatives Verhalten in der Öffentlichkeit zu zahllosen Beschwerden und dem Verlangen nach Handeln seitens der Regierung geführt habe. Er bezeichnete die »gesetzliche Regelung des Problems« als einzige Methode, mit den zu erwartenden spontanen »Abwehrreaktionen der empörten Bevölkerung« fertigzuwerden, und er behauptete, die deutsche Regierung sei »beherrscht von dem Gedanken, durch eine einmalige säkulare Lösung vielleicht doch eine Ebene schaffen zu können, auf der es dem deutschen Volke möglich wird, ein erträgliches Verhältnis zum jüdischen Volk finden zu können«. Sollte sich diese Hoffnung nicht erfüllen und die internationale Agitation weitergehen, dann, so drohte er, müsse die Situation neu überdacht werden.[16] In weiteren Reden forderte Hitler am selben Tag Partei und Nation auf, Disziplin zu wahren und in dieser Angelegenheit nicht vom Pfad der Legalität abzuweichen. Er betonte, dass die vorgelegten Gesetze den Juden innerhalb Deutschlands die Möglichkeit einer gesonderten Existenz in allen Lebenssphären ließen, und er erneuerte den Befehl, »jede Einzelaktion gegen Juden« zu unterlassen.[17]

Die Scheinheiligkeit der von Hitler zum Ausdruck gebrachten Ansichten bedarf keiner Hervorhebung. Aber was sein Bild in der Öffentlichkeit angeht, wie es damals gesehen wurde, so hatte er vorsichtig dafür gesorgt, sich persönlich vom unpopulären antijüdischen Terror nationalsozialistischer Pöbelhaufen zu distanzieren, und sich auf die Seite von Recht und Gesetz gestellt. Die Reaktionen unter Parteimitgliedern waren gemischt. Einige Aktivisten waren über die Befürwortung gesetzlicher Regelungen und die Ablehnung »direkter

Aktionen« enttäuscht und meinten, die Gesetzgebung wage sich an die »Judenfrage« nicht hinreichend heran.[18] Andere ahnten richtig, dass Hitlers öffentliche Äußerungen nicht seine wirklichen Gefühle in dieser Angelegenheit wiedergaben. Ein Lagebericht aus Hessen vom März 1936 erwähnt ausdrücklich die angeblich unter der dortigen Bevölkerung weitverbreitete Meinung, die allerdings zweifellos vor allem die Ansicht von Parteiaktivisten widerspiegelte, »dass der Führer zwar aus außenpolitischen Erwägungen nach außen hin Einzelaktionen gegen das Judentum verbieten müsse, aber in Wahrheit durchaus damit einverstanden sei, dass jeder einzelne den Kampf gegen das Judentum in schärfster und radikalster Form auf eigene Faust fortsetze«.[19] Außerhalb der Reihen der Parteiaktivisten bestanden die am häufigsten berichteten positiven Reaktionen auf die Verkündung der Nürnberger Gesetze in der Befürwortung des formalen juristischen Rahmens zur Trennung von Deutschen und Juden und zur Regelung des Umgangs mit der »Judenfrage«. Es wurde auch über negative Reaktionen berichtet: Diese kamen aus kirchlichen Kreisen, von ideologischen Gegnern des Regimes, aus der liberalen Intelligenz und von einigen Geschäftsleuten, die die ökonomischen Folgen der Gesetze fürchteten.[20] Das Bild, das Hitler beim Nürnberger Parteitag von sich zeichnete, stand eindeutig im Einklang mit der breiten Akzeptanz der allgemeinen Prinzipien der legalen Diskriminierung und rassischen Trennung und mit der Befriedigung, die generell über das Ende der Brutalitäten in aller Öffentlichkeit und der pogromartigen judenfeindlichen Ausschreitungen des vulgärantisemitischen Mobs verspürt wurde.

Nach dem Parteitag von 1935 berührte Hitler zwei Jahre lang in seinen wichtigen Reden erneut kaum einmal die »Judenfrage«. Selbst nach der Ermordung des führenden NS-Funktionärs in der Schweiz, Wilhelm Gustloff, durch einen jungen Juden veranlassten ihn die zeitliche Nähe zur Winterolympiade und außenpolitische Überlegungen dazu, sich auf eine einzige und in ihrer Art relativ »maßvolle« Rede bei der Beerdigung zu beschränken. Hier warf er den Juden in sehr allgemeiner Weise vor, praktisch hinter jedem politischen Mord an einem Vertreter der politischen Rechten seit der Revolution von 1918 gestanden zu haben.[21] In seiner Rede vom 1. Mai 1936 nannte Hitler nur »Elemente«, die international die Saat der Unruhe säten, aber diese Hinweise wurden vom Publikum sofort richtig eingeordnet – das brüllte nämlich: »Die Juden.« Hitlers nächste Worte lauteten sodann: »Ich weiß.« Darauf folgte ein Beifall, der minutenlang dauerte.[22] Einige Monate später, am 30. Januar 1937, erwähnte er kurz die angeblich günstigen Auswirkungen auf die deutsche Kultur, die sich aus der Beseitigung des jüdischen Einflusses ergeben hätten.[23] Und bei der Eröffnung des »Hauses der deutschen Kunst« in München im darauffolgenden Juni schmähte er erneut den jüdischen Beitrag auf dem Felde der Kunst.[24] Doch erst im September 1937 unternahm er bei einer Parteiveranstaltung erneut einen Frontalangriff auf das Judentum. Er war in recht allgemeinen Begriffen formuliert und stand im Zusammenhang mit einem Hauptangriff gegen den Bolschewismus, den er ausdrücklich zu einem Geschöpf des Judentums erklärte. In typischer Phrasenhaftigkeit behauptete er, 80 Prozent der sowjetischen Führer seien Juden, die Leiter der bayerischen Räterepublik, des Spartakusbundes und der kommunistischen Partei seien Juden gewesen, und die Juden hätten sich verschworen, ganz Europa »in das bolschewistische Chaos [zu] stürzen«.[25]

Trotz dieses flüchtigen Aufscheinens von altehrwürdigem antisemitischen Wahn, der den Ton für eine neue Welle antijüdischer Taten und Agitation angab, die in den letzten Monaten des Jahres 1937 anfing und sich während des folgenden Jahres fortsetzte, wurde die »Judenfrage« in Hitlers Reden während des höchst kritischen Jahres 1938 kaum berührt. Als er sich im September 1938 wieder einmal unter den Getreuen der Partei in Nürnberg befand, enthielt seine Proklamation nur das übliche Klischee über die NSDAP in ihren Kindertagen, die den Kampf gegen den größten Feind begann, der das deutsche Volk bedrohte: das internationale Judentum. Und ein paar Tage später, immer noch auf dem Parteitag, versuchte er Deutschlands Bemühungen, alle Juden loszuwerden, durch den stereotypen Hinweis zu rechtfertigen, es handele sich hier schließlich um ein übervölkertes Land.[26] Ansonsten erwähnte er die Juden in seinen öffentlichen Auslassungen im Jahre 1938 kaum. Seine Reden waren selbstverständlich von den großen außenpolitischen Fragen des Jahres beherrscht, aber es kann keinen Zweifel daran geben, dass Hitler sich sichtlich von der »Judenfrage« fernhielt und dass es fortwährend Versuche gab, sein Bild in der Öffentlichkeit bewusst von der hässlichen Kehrseite des Antisemitismus abzurücken, wie sie sich in der erneut wachsenden Gewalttätigkeit der Parteiaktivisten offenbarte.

In Direktiven an die Presse wurde 1938 die Erörterung der »Judenfrage« in den Zeitungen im Zusammenhang mit der Berichterstattung über Hitlers Reisen in verschiedene Teile Deutschlands untersagt.[27] Vor allem zeigte sich Hitlers bewusst zurückhaltendes Engagement in Hinblick auf Aktionen gegen die Juden am totalen Ausbleiben jeder öffentlichen Äußerung zum Pogrom in der »Reichskristallnacht« vom 9./10. November 1938. Obwohl der Anschlag eines jungen Juden gegen den Legationssekretär der deutschen Botschaft in Paris, Ernst vom Rath, genau am Tag vor Hitlers üblicher Rede an die alte Parteigarde in München am 8. November 1938 stattgefunden hatte, vermied es Hitler, dieses Ereignis in seiner Ansprache auch nur zu erwähnen.[28] Auch ging er in seiner Rede vor neuen SS-Rekruten am 9. November um Mitternacht nicht darauf ein, und es gab auch kein Wort über das Pogrom in seiner vertraulichen Rede vor führenden deutschen Journalisten am Abend des 10. November, weniger als 24 Stunden nach der Niederbrennung der Synagogen und der Zerstörung jüdischen Eigentums überall in

Deutschland.[29] Das durch das Pogrom ausgelöste Maß an Gewalt und Zerstörung führte zu heftiger Kritik[30], aber die unpopuläre Angelegenheit wurde meist Goebbels und der Partei, weniger Hitler persönlich zugeschrieben – selbst wenn einem Sopade-Beobachter aus Sachsen zufolge »Hitler selbst, dessen Namen früher bei derartigen Gesprächen kaum genannt wurde, ... heute immer häufiger vorgeworfen [wird], dass er durch sein Schweigen, durch seine Duldung oder gar offene Deckung all der Vorkommnisse die Hauptverantwortung zu tragen habe«.[31]

Während der Dreißigerjahre, als Hitlers Popularität schwindelerregende Höhen erreichte, waren seine öffentlichen Äußerungen zur »Judenfrage« weniger zahlreich, als man annehmen mag, und während sie gewiss voller Hass steckten, waren sie gewöhnlich mit abstrakten Allgemeinheiten über die westliche »Plutokratie« oder den Bolschewismus verbunden. Griff der »Führer« aber öffentlich ein, dann im Allgemeinen, um »legalen« Diskriminierungsmaßnahmen – die meist populär waren und auf breite Zustimmung stießen – seine Unterstützung zu gewähren, hier ging es um den Ausschluss von Juden aus der deutschen Gesellschaft und Wirtschaft. Doch, wie wir gesehen haben, vermied er es mit äußerster Sorgfalt, in der Öffentlichkeit mit den durchgehend unpopulären pogromartigen antisemitischen Ausschreitungen in Verbindung gebracht zu werden. Wenn auch außenpolitische Erwägungen, fraglos beeinflusst von persönlichen Befürchtungen über die internationale Macht der Juden, im Vordergrund standen, so war doch für Hitler die Bewahrung seines Prestiges und seiner Stellung im deutschen Publikum ebenfalls wichtig.

In den Friedensjahren des Dritten Reiches rangierte die »Judenfrage« auf der Skala der Prioritäten des größten Teils der deutschen Bevölkerung nicht ganz oben. Zu gewissen Zeiten, besonders im Frühjahr 1933, im Sommer 1935 und vor allem im Herbst 1938, kam der »Judenfrage« allerdings große Bedeutung zu. Doch meist war das Interesse an ihr relativ gering – außer bei Parteiaktivisten – und bei der Bildung der Volksmeinung weit dringlicheren Angelegenheiten untergeordnet. Es besteht kein Zweifel, dass Hitlers Antisemitismus, der vor allem in Zusammenhang mit der juristischen Diskriminierung gegen die Juden wahrgenommen wurde, für die Millionenschar seiner Bewunderer akzeptabel war. Aber es fällt auf, wie wenig sowohl in den Inlandsberichten als auch in jenen der Sopade die »Judenfrage« bei Aussagen über Hitlers Ansehen im Volke eine Rolle spielte, und es scheint unwahrscheinlich, dass sie für die meisten »gewöhnlichen« Deutschen den Hauptgrund für ihre Bewunderung des »Führers« bildete.

Zwischen dem Pogrom und dem Kriegsbeginn ging Hitler nur in einer einzigen Rede auf die »Judenfrage« ein. Dabei handelt es sich allerdings um seine berüchtigte Reichstagsrede vom 30. Januar 1939, bei der er in weit bedrohlicherer Weise denn je zuvor verkündete, er wolle »heute wieder ein Prophet sein«: Ein neuer Krieg werde »die Vernichtung der jüdischen Rasse in Europa mit sich bringen«.[32] Dies war die erste in einer Reihe von brutalen Anspielungen auf die »Judenfrage«, die Hitler in den nächsten Jahren machen sollte.

Diese »Führer«-Rede erfolgte vor dem Hintergrund von Deutschlands seit dem Münchener Abkommen gestärkter Stellung und der Entschlossenheit Hitlers, das Tempo der außenpolitischen Aktivitäten im Jahre 1939 zu beschleunigen. Sie war geprägt von einem verschärft aggressiven Ton gegenüber den Juden sowie von dem Zorn, den er angesichts der wachsenden antideutschen Stimmung in den USA und in Großbritannien verspürte, die durch das Pogrom der »Reichskristallnacht« stark angefacht worden war. Hitlers Drohungen gegen die Juden, deren Wirken er wieder einmal hinter dem Treiben der britischen und amerikanischen »Kriegshetzer« sehen wollte, stellten den Versuch dar, sich an dem zu rächen, was er als von den Juden verhetzte deutschfeindliche öffentliche Meinung im Westen betrachtete. Außerdem schilderte er die Juden gleichsam als Geiseln und damit unabwendbar als Opfer in jedem neuen Krieg, um so Druck auf Großbritannien und die USA auszuüben, Deutschland freie Hand in Europa zu lassen.[33]

Hitlers »Prophezeiung«, die nur einen kurzen Teil seiner zweistündigen Rede ausmachte, wurde als zentrales Thema der Berichterstattung der *Wochenschau* vom 3. Februar herausgegriffen. Bemerkenswerterweise jedoch erwähnten weder die Inlandsberichte noch die Berichte der Sopade die Passage über die Juden in ihren Kommentaren zu den Auswirkungen der Hitler-Rede. Im SD-Bericht für das erste Vierteljahr 1939 wird die Rede nur im Zusammenhang mit Faktoren erwähnt, die die deutsche Presse veranlassten, ihre Aufmerksamkeit stark auf außenpolitische Entwicklungen zu richten. Es folgte dann ein kurzer Hinweis auf Hitlers Bemerkungen zur »Kirchenfrage«.[34] Die Berichte der bayerischen Regierungspräsidenten, die alle von der großartigen Wirkung der Rede kündeten – einer nannte sie »gewaltig«, ein anderer »epochemachend« –, interpretierten diese aber einzig und allein in Hinblick auf Befürchtungen vor einem nahe bevorstehenden Krieg, die durch Hitlers Unterstreichung seines Friedenswillens abgeschwächt worden seien.[35]

Die Sopade-Berichte konzentrierten sich ebenfalls auf die Folgerungen der Rede zur Frage von Krieg oder Frieden, behaupteten aber im Gegensatz zu den Inlandsberichten des SD, dass sie in Deutschland erhebliche Besorgnisse vor einem Krieg in naher Zukunft verstärkt hätte. Einem Beobachter aus Schlesien zufolge fasste die Rede die allgemeine Diskussion in der Bevölkerung, ja selbst in NS-Kreisen zusammen, die sich fast ausschließlich um den kommenden Krieg drehte.[36] Aber wieder einmal wurde die Passage dieser Hitler-Rede über die Juden nicht erwähnt. Der längere Abschnitt des gleichen Berichts über die Verfolgung der Juden in Deutschland begann mit der Feststellung, was gegenwärtig stattfinde, sei »die unaufhaltsame Ausrottung einer Minderheit«, sie sei zu vergleichen bei dem Völkermord, den die Türken während des Ersten Weltkriegs an den Armeniern verübt hatten, werde aber in Deutschland gegen die Juden »langsamer und planmäßiger« durchgeführt. Hinzugefügt wurde zu Recht, »dass in Wirklichkeit längst ein gesetzloser Zustand herrscht, durch den jede Gewalttat gegen die jüdische Minderheit sanktioniert ist«. Wieder gab es keine direkte Bezugnahme auf Hitlers »Prophezeiung« über die Vernichtung des europäischen Judentums, obwohl der ganze Abschnitt des Berichts unter einem Motto stand, das ein Zitat aus der Rede war und der Stelle über die Juden unmittelbar voranging: »Man bleibe uns vom Leibe mit Humanität!« – und dies wurde mit dem gerechtfertigt, was Deutschen durch andere Völker angetan worden sei.[37]

Weitere Reaktionen, über die berichtet wurde, legen nahe, dass sich die deutsche Öffentlichkeit in erster Linie nicht mit Hitlers Bemerkungen zur »Judenfrage« beschäftigte, sondern mit den Andeutungen über Krieg und Frieden, die in seiner Rede enthalten waren. Die Drohungen gegen die Juden wurden ohne Zweifel in Regierungs- und Parteikreisen korrekt als Hinweis »verstanden«, dass ein Krieg in irgendeiner Weise zu einer letzten Auseinandersetzung auf Leben und Tod mit den Juden führen würde. Aber Hitlers Prophezeiung, so ungeheuer bedeutsam sie auch in der Rückschau erscheint, wurde damals von den meisten »gewöhnlichen« Deutschen im Kontext der immer offener radikal antijüdischen Politik des Regimes als Selbstverständlichkeit betrachtet – als eine »Voraussage«, die so sehr der allgemeinen Stimmungslage entsprach, dass sie weder übertriebene Ausdrucksformen des Lobes auslöste noch Animositäten oder Zurückweisungen provozierte.[38] Eines jedoch ist ganz deutlich: Anders als in den Dreißigerjahren war Hitler nun bereit, ja er strebte sogar danach, in der Öffentlichkeit während des Krieges persönlich in Zusammenhang mit den radikalsten Schritten in der »Judenfrage« gesehen zu werden. Doch selbstverständlich blieben seine grauenerregenden Stellungnahmen in niederträchtige Allgemeinheiten eingepackt, sie vermieden alle spezifischen Hinweise auf Einzelheiten der Endlösung, die vollkommen geheim bleiben sollten.

Der im Stile einer Dokumentation produzierte ekelerregende Film *Der ewige Jude*, der seine Premiere im November 1940 erlebte – in jenem Jahr also, in dem auch zwei weitere antisemitische Filme, nämlich *Jud Süß* und *Die Rotschilds*, in einem konzentrierten Versuch produziert wurden, die deutsche öffentliche Meinung zu »erziehen« und die Einstellungen zur »Judenfrage« zuzuspitzen –, liefert eine Illustration dafür, wie die Propaganda nun eine direkte Verbindung zwischen Hitler persönlich und der Notwendigkeit der radikalsten »Lösung« der »Judenfrage« herstellte. Der Film verdeutlicht allerdings auch einige Schwierigkeiten, die sich ergaben, wenn es darum ging, dies zur Rezeption des Hitler-Images in der Bevölkerung in Beziehung zu setzen.

Der Film, der sich darauf konzentrierte, unter Verwendung von Trickaufnahmen den »wirklichen« Ghettojuden hinter der Maske der Assimilierung zu zeigen, setzte die Wanderungen der Juden mit der Verbreitung einer Seuche durch Krankheitserreger übertragende Ratten gleich, und er stellte dazu, wie das Filmprogramm es formulierte, einen Ausschnitt aus Hitlers Reichstagsrede vom 30. Januar 1939 in strahlenden Gegensatz, in der er die Vernichtung der Juden »prophezeite«. Es ging darum, »den Betrachter mit einem Gefühl tiefer Dankbarkeit zu erfüllen, weil er einer Rasse angehörte, deren Führer im Begriff ist, die Judenfrage von Grund auf zu lösen«.[39] Der Film lief Ende 1940 und Anfang 1941 in allen wichtigen Städten Deutschlands, in Berlin sogar in nicht weniger als 66 Kinos gleichzeitig.[40] Ein SD-Bericht, der Reaktionen auf den Film aus zahlreichen Städten zusammenfasste, sprach von einer überwältigend positiven Aufnahme. Nach dem Bericht aus München brach bei dem Ausschnitt aus Hitlers Reichstagsrede begeisterter Applaus aus. Doch stellte der SD dann fest, nachdem zunächst, ausgelöst durch starke Propaganda, ungewöhnlich große Zuschauermengen den Film besucht hatten, sei die Zahl der Besucher sehr schnell zurückgegangen, und es gab Bemerkungen wie: Der Film bringe wieder nichts Neues, die Leute hätten genug vom Thema Juden und sie seien angewidert von der Darstellung ritueller Schlachtszenen – einige hätten Ohnmachtsanfälle erlitten, andere das Kino voller Abscheu verlassen. Schließlich hieß es, »dass oft nur der politisch aktivere Teil der Bevölkerung den Dokumentarfilm besucht habe, während das typische Filmpublikum ihn teilweise mied«.[41] Aus diesen Bemerkungen lässt sich schließen, dass die Verknüpfung Hitlers mit der Lösung der »Judenfrage« in den Augen eines politisch aktiven Teils der Bevölkerung, der die Mehrheit der Betrachter dieses Filmes stellte, positiv gesehen wurde, dass es aber unter »gewöhnlichen« Deutschen ein beträchtliches Maß an Desinteresse an der »Judenfrage« gab.

Von 1941 an, aber insbesondere 1942, als die »Endlösung« in vollem Gange war, bezog sich Hitler wiederholt auf seine »Prophezeiung« von 1939, die er immer wieder falsch auf den Tag des Kriegsausbruchs, den 1. September 1939, und nicht auf den 30. Januar datierte. Dies kann an sich schon kaum ein Zufall sein und spiegelt Hitlers persönliche Gleichsetzung des Krieges mit der Vernichtung der Juden wider.[42] Hitler erinnerte sein Publikum das erste Mal in seiner Reichstagsrede vom 30. Januar 1941 an seine finstere »Prophezeiung«. Und 1942 kam er nicht weniger als viermal in wichtigen Reden darauf zurück: am 30. Januar, 24. Februar, 30. September und 8. November, außerdem deutete er in seiner Neujahrsrede auf die Vernichtung der Juden hin.[43] Bei seinem höchst grässlichen Hinweis auf »die Ausrottung [!] des Judentums in Europa« in seiner Novemberrede vor der alten Garde der Partei führte er aus: »Man hat mich immer als Propheten ausgelacht. Von denen, die damals lachten, lachen heute unzählige nicht mehr, und die jetzt noch lachen, werden es vielleicht in einiger Zeit nicht mehr tun.«[44] Zwei weitere Male, am 24. Februar und am 21. März 1943, wiederholte Hitler seine Drohung, der Krieg werde zur Ausrottung der Juden führen; letztmals kam er auf das Thema bei seiner Rede vor Generälen und Offizieren in Berchtesgaden am 26. Mai 1944 zurück – die »lebhaften Beifall« auslöste.[45]

Zu Recht ist festgestellt worden, dass diese bemerkenswerten Äußerungen nur als Hitlers Wunsch angesehen werden können, sein Werk vor der Geschichte augenscheinlich zu machen.[46] Gleichzeitig jedoch stimmte er Ende 1941 mit Rosenberg überein, dass es nicht angemessen sei, in der Öffentlichkeit von Vernichtung zu sprechen.[47] Und Ende 1942 bemühte sich Bormann, Gerüchten ein Ende zu bereiten, die über die »Endlösung« im Osten umliefen.[48] Der auffallende Gegensatz zwischen Hitlers bewusst offenen Hinweisen – die zwar barbarisch, aber doch generalisierend und abstrakt waren – auf schreckliche Ereignisse im Osten und der Unterdrückung »harter« Informationen über die tatsächlichen Mechanismen des Massenmordes spiegelt die Art und Weise wider, wie Hitler als treibende Kraft hinter dem Genozid persönlich massive Drohungen gegen die Juden mit einem Tabu hinsichtlich der Einzelheiten der Vernichtung verband.[49]

Die Reaktionen, die durch Hitlers eiskalte öffentliche Bemerkungen über das kommende Ende des Judentums hervorgerufen wurden, lassen sich selbstverständlich nicht präzise feststellen. Wenige Tage nach Hitlers Wiederholung seiner »Prophezeiung« am 30. Januar 1942 berichtete der SD, seine Worte seien »dahingehend gedeutet [worden], dass der Kampf des Führers gegen das Judentum mit unerbittlicher Konsequenz zu Ende geführt und der letzte Jude schon bald vom europäischen Boden vertrieben werde«.[50] Doch wahrscheinlich war der nationalsozialistisch gesinnte Teil der Bevölkerung überrepräsentiert, wenn es um offen ausgesprochene Meinungen zu diesen Themen ging, die den SD-Informanten zu Ohren kamen. Darüber hinaus waren Hitlers bösartige, aber recht allgemeine Bemerkungen über die Juden für die meisten eindeutig nicht der zentrale Punkt der Rede. Nach dem SD-Inlandsbericht[51] galt das Hauptinteresse der Bevölkerung an Hitlers Rede seiner Einschätzung der militärischen Lage im Osten, und die allgemeine Reaktion auf die »Prophezeiungs«-Passage wurde in dem oben zitierten einzelnen Satz zusammengefasst. Für die meisten Deutschen, so scheint es, war die »Judenfrage« jetzt, wie schon zuvor, bloß von untergeordnetem Interesse.

Dies scheint durch die Tatsache verstärkt zu werden, dass die SD-Berichte nach den Wiederholungen von Hitlers Prophezeiung in den Reden vom 24. Februar, 30. September und 8. November 1942, 24. Februar und 21. März 1943 keinerlei Reaktionen auf die Passage über die Juden enthalten. Hitlers Proklamation vom 24. Februar 1943 wurde tatsächlich von der Bevölkerung kaum zur Kenntnis genommen[52], während die Reaktionen auf die nicht sonderlich herausgestellte Rede vom 21. März 1943 durch Spekulationen über die von Hitler genannten, erstaunlich niedrigen Zahlen über deutsche Kriegsverluste bestimmt wurden.[53] Daher muss man annehmen, dass Hitlers Bemerkungen über die Juden trotz all ihrer drakonischen Unerbittlichkeit im Vergleich zu seiner Einschätzung der Kriegslage als stereotype Wiederholung und als wenig interessant angesehen wurden.

Es gibt dennoch genügend Anzeichen dafür, dass die Haltung gegenüber den Juden sich während des Krieges verhärtete und dass unter jenen Parteimitgliedern und anderen Bürgern, die die NS-Auffassungen zur Judenfrage teilten, Hitlers Proklamationen als Bestätigung der rücksichtslosesten Vernichtungspolitik gegen den »Rassenfeind« willkommen geheißen wurden.

Nach dem Angriff auf die Sowjetunion, in einer Phase gesteigerten Hasses gegenüber dem »jüdisch-bolschewistischen Erzfeind« und erhöhter Spannung, während Parteiaktivisten mit erneuertem Druck auf Taten in der »Judenfrage« drängten, hatte sich das Klima für die noch in Deutschland gebliebenen Juden bedeutend verschlechtert. Die Einführung des »gelben Sterns« im September 1941, der die Juden öffentlich als vogelfrei brandmarkte – ein direktes Ergebnis derartigen Drucks –, und der Beginn der Deportationen im Herbst jenes Jahres stellten die »Judenfrage« zeitweise wieder in den Mittelpunkt der Aufmerksamkeit. In diesem Klima hatte der Goebbels-Artikel »Die Juden sind schuld« in *Das Reich* mit seinem ausdrücklichen Hinweis auf Hitlers »Prophezeiung« nach Aussage des SD in der Bevölkerung »einen starken Widerhall gefunden«; kritische Bemerkungen dazu kamen nur aus den Kreisen regelmäßiger Kirchgänger.[54] Einige Wochen später rief die Deportation der Juden aus der Stadt Minden in Westfalen, so wurde berichtet, gemischte Reaktionen der örtlichen Bevölkerung hervor: Sie reichten von Sympathie für die Juden bis zu deutlich nationalsozialistisch geprägten Kommentaren, indem dem »Führer« gedankt wurde, weil er das Volk von der Pest des jüdischen Blutes befreie, und es hieß außerdem, wäre all dies schon ein halbes Jahrhundert früher geschehen, dann wäre der Erste Weltkrieg nicht notwendig gewesen. Es kursierten auch Gerüchte, Hitler wünsche, ihm werde am 15. Januar 1942 gemeldet, dass es keine Juden in Deutschland mehr gebe.[55]

Diese und andere Berichte machen deutlich, dass die Einstellungen zur »Judenfrage« – jetzt wie in der Vergangenheit – gespalten waren. Ob man dies nun positiv sah oder – wie eine Minderheit der Bevölkerung – negativ, so scheint jedenfalls klar, dass Hitler nun in weit größerem Ausmaß als in der Vorkriegszeit direkt mit radikalen antijüdischen Maßnahmen des Regimes in Verbindung gebracht wurde. Und jenen, insbesondere innerhalb der »Bewegung«, für die all dies eine dringende Angelegenheit war, galten Hitlers Worte eindeutig als Signal und Freibrief für weitere radikale Taten und zunehmend auch als wahrheitsgetreue Beschreibung dessen, was tatsächlich vorging.[56]

Die extrem judenfeindlichen Empfindungen, die in Soldatenbriefen von der Front zum Ausdruck gebracht wurden, tauchten zwar offensichtlich nur bei einem kleinen Teil der Gesamtpost der Wehrmachtsangehörigen auf, solche Briefe enthielten aber ebenfalls manchmal direkte Hinweise auf Hitlers Stellung zur »Judenfrage« und interpretierten den Krieg in typisch nationalsozialistischer Weise als Kampf, den die Juden heraufbeschworen hätten und der mit deren Vernichtung enden werde. In einem Brief heißt es: »Die große Aufgabe, die uns im Kampf gegen den Bolschewismus gestellt ist, liegt in der Vernichtung des ewigen Judentums. Wenn man sieht, was der Jude in Russland angerichtet hat, kann man erst recht verstehen, warum der Führer den Kampf gegen das Judentum begonnen hat. Was wäre über unser Vaterland nicht alles an Leid gekommen, wenn diese Bestie Mensch die Oberhand behalten hätte?«[57] Ein anderer Brief aus jener Zeit, diesmal von einem Gefreiten, der an der Westfront diente und offensichtlich extrem nationalsozialistisch gesinnt war, bezog sich ausdrücklich auf Hitlers »Prophezeiung« in einer böswilligen Tirade, in der unter anderem dem *Stürmer* für die Treue gegenüber seinen Prinzipien in der »Judenfrage« gedankt wurde, hier wurde mit Beifall die Einführung des gelben Sterns auch in den westlichen besetzten Gebieten begrüßt: »Aber es ist ja nun endlich soweit, wie unser Führer in seiner großen Rede bei Ausbruch dieses Ringens dem Weltjudentum vorausgesagt hat: ›Dass, sollt es das Judentum noch einmal fertig bringen, die Völker nochmals in einen neuen Weltkrieg zu stürzen, so werde es der Untergang ihrer Rasse sein.‹ Allmählich wird daher diese Rasse immer mehr und mehr an diese Worte erinnert ... Aber alles Gekeifere und die ganzen Anstrengungen dürften ihr Schicksal nicht mehr ändern ...«[58] Andere Soldaten schickten Briefe, in denen ähnliche Auffassungen zum Ausdruck kamen, direkt an den *Stürmer*. Die Auflage dieses Hetzblatts betrug während des Krieges immer noch über 300000 Exemplare, und wie bisher druckte es stets eine Auswahl der widerwärtigsten judenfeindlichen Briefe ab.[59] Als unter dem Bombenhagel in der letzten Phase des Krieges einige nationalsozialistische Verschrobene und Fanatiker Briefe an das Propagandaministerium schickten, die selbst für das Dritte Reich im Ausmaß ihrer Unmenschlichkeit außerordentlich waren, schlugen sie die Erschießung oder das Verbrennen von Juden als Vergeltung für alliierte Luftangriffe vor, und gelegentlich wurde ausdrücklich verlangt, diese Anregungen sollten direkt an Hitler weitergeleitet werden. Andere richteten ihre Propaganda-»Vorschläge« direkt an den »Führer« persönlich.[60]

Wie ungleichmäßig unser Belegmaterial auch sein mag, so legt es doch eine Reihe genereller Schlussfolgerungen nahe. Die wachsende Barbarisierung des Krieges führte, insbesondere nach dem Beginn des Angriffs auf die Sowjetunion,[61] zu einer wachsenden Entmenschlichung der abstrakten Vorstellung vom »Juden« und einer dementsprechenden »Verinnerlichung« der Notwendigkeit, nach einer radikalen Lösung der »Judenfrage« zu streben. Dass er offen die Vernichtung des europäischen Judentums vertrat, stärkte Hitlers Image bei einer Minderheit der deutschen Bevölkerung – wobei es sich allerdings um eine wachsende und mächtige Minderheit handelte (sie umfasste insbesondere, wenn auch keineswegs ausschließlich, jene, die in der NS-Bewegung »organisiert« waren, und vermutlich auch jene, die bereits vor dem Krieg aktive, uneingeschränkte Nationalsozialisten und überzeugte ideologische Antisemiten gewesen waren). Für die fanatischen Exponenten der NS-Herrschaft bedeuteten Hitlers öffentliche Stellungnahmen über die Vernichtung der Juden Zustimmung und Legitimierung für ihre eigenen »Privatinitiativen«, die sie gegen Juden ergriffen hatten, sowie Unterstützung und Rückhalt für ihre persönliche Beteiligung in der eskalierenden Kriminalität des Regimes.

Für eine andere kleinere und inzwischen ganz machtlose

Minderheit waren die barbarischen Maßnahmen und politischen Vorgehensweisen gegen die Juden eine Komponente ihrer Kritik am Nationalsozialismus oder dessen totaler Zurückweisung. Praktizierende Christen bildeten hier die sichtbarste Gruppe und wurden in vielen NS-Berichten speziell als Leute genannt, die Einwände gegen die Behandlung der Juden erhoben. Doch auch viele unbekannte Einzelne, deren menschlicher Anstand selbst durch Jahre des Nationalsozialismus nicht ausgelöscht worden war, offenbarten durch kleine Taten oder Gesten der Freundlichkeit oder Sympathie, dass sie nicht im Gleichschritt mit den vorherrschenden nationalsozialistischen Einstellungen gegenüber den Juden marschierten.[62] Für diese Menschen konnte offensichtlich Hitlers öffentlich sichtbare Verwicklung in die radikale »Lösung der Judenfrage« und die Verbindung des »Führers« mit weitverbreiteten Kenntnissen und Gerüchten über die Ausrottung der Juden im Osten nur einen weiteren negativen Zug seines Images bilden. Das gilt möglicherweise auch für jene, die aus Gründen, die mit Humanität wenig zu tun hatten, Kritik an der nationalsozialistischen Politik gegen die Juden artikulierten. Dabei spielten Furcht vor jüdischer Vergeltung im Falle eines verlorenen Krieges oder Vorwürfe gegen Hitler eine Rolle, weil er den Krieg durch Angriff auf die Juden ausgelöst habe, Einstellungen, die natürlich ihrerseits den Einfluss der NS-Propaganda über eine »jüdische Verschwörung« zeigten.[63]

Die Gleichsetzung Hitlers mit dem »Kampf gegen die Juden« wurde wahrscheinlich in weit breiteren Teilen der Bevölkerung eher positiv gesehen, die zwar niemals radikale oder gewalttätige Antisemiten waren, aber doch die grundlegende Rechtfertigung der Diskriminierung und »Vertreibung« der Juden akzeptiert hatten und generell von der Verantwortung des »Weltjudentums« für den Krieg überzeugt waren. Obwohl sich in diesen Kreisen während der Kriegsjahre die Einstellungen gegenüber den Juden zweifellos verhärteten, wäre es gleichzeitig leicht, die Bedeutung der »Judenfrage«

bei der öffentlichen Meinungsbildung zu übertreiben. Das Beweismaterial legt tatsächlich nahe, dass, wie schon zuvor, auch während des Krieges die »Judenfrage« keine hochrangige Bedeutung im Vergleich zu anderen Faktoren hatte, die die Volksmeinung in Deutschland prägten.

Es gab, so viel scheint deutlich, sehr viel bewusste oder unterschwellige Verdrängung der Behandlung der Juden aus dem öffentlichen Bewusstsein – ein mehr oder weniger bewusst gepflegtes Desinteresse, das Hand in Hand mit einem betonten »Rückzug in die Privatssphäre« ging, sowie eine wachsende Ichbezogenheit in schwierigen und sorgenreichen Kriegsumständen. Zum Schicksal der Juden ist treffend bemerkt worden: »Das Thema war unangenehm, Vermutungen ergaben nichts, vor Diskussionen über das jüdische Schicksal schreckte man zurück. Überlegungen zu dieser Frage wurden beiseite geschoben und auf Dauer verdrängt.«[64]

Diese Schlussfolgerung wird durch die Antworten unterstützt, die Michael Müller-Claudius, ein ehemaliger Psychologe, bei seiner einmaligen geheimen Umfrage auf der Basis einer kleinen Stichprobe von 61 Parteimitgliedern (alle waren sie der NSDAP oder der Hitlerjugend vor 1933 beigetreten) im Jahre 1942 erhielt. Als Reaktion auf seine auslösende Bemerkung: »Das jüdische Problem ist immer noch nicht geklärt. Man hört gar nichts davon, wie die Lösung gedacht sein mag«, bejahten nur drei Parteimitglieder (fünf Prozent) offen das Recht, die Juden auszurotten. Dies geschah durch Bemerkungen wie: »Der Führer hat die Ausrottung des Judentums beschlossen. Er wird sie durchführen.« 13 Befragte (21 Prozent) zeigten einige Anzeichen von ethischen oder moralischen Skrupeln, obwohl sie durchweg die nationalsozialistische Behauptung akzeptierten, dass die Juden Deutschland Schaden zugefügt hätten. Ihre Antworten offenbarten auch eine gewisse Resignation – ein Waschen der Hände in Unschuld angesichts jeglicher Brutalitäten, zu denen es kommen mochte. Drei der Befragten (fünf Prozent) offenbarten, was der Autor als »klare Ablösung vom Antisemitismus« bezeichnete. 42 der Nationalsozialisten schließlich (69 Prozent der Stichprobe) gaben Antworten, die man als »Indifferenz des Gewissens« klassifizieren könnte. Dies deutete auf Gleichgültigkeit oder innere Unterdrückung des Wissens über und der Verantwortung für das Schicksal der Juden hin. Zu den hier typischen Antworten zählten die folgenden: »Es hat keinen Zweck, sich Gedanken darüber zu machen. Die Entscheidung hat Hitler allein.« »Ich möchte lieber nicht davon sprechen. Es ist gar nicht möglich, sich eine Meinung darüber zu bilden.« »Nehmen Sie lieber eine Zigarette. Ich bin 12 Stunden am Tage beschäftigt und kann mich nicht noch damit befassen.«[65]

Wenn man auch Müller-Claudius' »Stichprobe« kaum als repräsentativ bezeichnen kann, so haben die Antworten doch eine gewisse Plausibilität für sich, und da sie von »alten« Nationalsozialisten stammen, die der Partei vor Hitlers »Machtergreifung« angehört hatten, können sie erst recht auf »nichtorganisierte« Deutsche übertragen werden. Es scheint nicht unfair, den Schluss zu ziehen: Wenn auch für die Masse der deutschen Bevölkerung Hitlers Image ohne Zweifel in abstrakter Weise mit dem Finden einer »Lösung der Judenfrage« in Verbindung stand, war dies doch eine Angelegenheit, über die die Menschen entweder wenig nachdachten oder von der sie sich bewusst abwandten, und dementsprechend wurden Hitlers öffentliche Angriffe auf die Juden mit wenig Interesse aufgenommen. Sie bilden kein entscheidendes Element, wenn es darum geht, entweder die Höhepunkte seiner Popularität oder den Zusammenbruch des »Führermythos« in den letzten Kriegsjahren zu erklären.

Kehren wir zu den Fragen, die wir zu Beginn dieses Kapitels gestellt haben, zurück, dann müssen wir aus alldem die Schlussfolgerung ziehen, dass der Antisemitismus, trotz seiner zentralen Stellung in Hitlers Weltanschauung für die Stärkung der Verbindung zwischen Führer und Volk, jenes Bandes also, das das Dritte Reich mit seiner volkstümlichen Legitimierung versorgte und die Grundlage für plebiszitäre Zustimmung lieferte, nur von sekundärer Bedeutung war. Gleichzeitig war das Prinzip des Ausschlusses der Juden aus der deutschen Gesellschaft in weiten Kreisen und in wachsendem Maße populär und Hitlers Judenhass – böse in seinen Drohungen, aber verbunden mit dem Eintreten für gesetzmäßiges »rationales« Handeln im Kontrast zu der unpopulären, derben Gewalt und Brutalität der Gossenelemente der Partei – gewiss ein akzeptabler Bestandteil seines Images in der Bevölkerung, selbst wenn es sich hier um einen Bestandteil handelte, der gleichsam »mit in Kauf genommen« wurde und für die meisten Deutschen keinen zentralen motivierenden Faktor bildete.

Ganz eindeutig war das Hitler-Bild auf diesem fundamental wichtigen Gebiet wiederum größtenteils realitätsfern. Zwar hatte Hitler ganz zu Beginn seiner politischen Laufbahn betont: »Der Antisemitismus aus rein gefühlsmäßigen Gründen wird seinen letzten Ausruck finden in der Form von Progromen [*sic!*]. Der Antisemitismus der Vernunft jedoch muss führen zur planmäßigen gesetzlichen Bekämpfung und Beseitigung der Vorrechte des Juden.«[66] Doch gab es – und dies ist wohlbekannt – keine Maßnahmen in der »Judenfrage«, die ihm zu extrem waren, allerdings herrschten gelegentlich taktische Gesichtspunkte vor. Seine beharrliche Verteidigung des Antisemitismus eines Streicher und dessen *Stürmer* sowie seine Sanktionierung der goebbelsschen Initiative zur Entfesselung des Pogroms von 1938 – die er niemals öffentlich eingestand – zeigen die Dimension der Kluft zwischen Image und Realität. Die Ersetzung des Antisemitismus durch den Antimarxismus, der bereits ab 1922/23 das wichtigste »Hassthema« seiner öffentlichen Äußerungen wurde, und der relativ niedrige Stellenwert des Antisemitismus in seinen Reden während der Dreißigerjahre können wiederum als Ergebnis einer bewussten Entscheidung erklärt werden: Aus innen- und außenpolitischen Zwecküberlegungen sah Hitler weitgehend davon ab, seine persönlichen Angstneurosen und Wahnvorstellungen öffentlich zum Ausdruck zu bringen. Dabei ging es darum, breiteren Anklang zu finden und unnötige Entfremdungsprozesse im Lande und international zu vermeiden. Seine Reichstagsrede vom 30. Januar 1939 markiert den Punkt, an dem sich sein Image in der Öffentlichkeit und die Realität einander anzunähern begannen. Doch auch während des Krieges vermied er, wie gewaltbetont auch immer seine Rhetorik war, jede ausdrückliche Verbindung zwischen seiner Person und dem tatsächlichen Prozess des Massenmordes.[67]

Die dritte Frage, die wir zu beantworten versucht haben, betrifft die Funktion von Hitlers öffentlicher Persönlichkeit bei der Erklärung der Radikalisierung der »Judenfrage« und der Genese der »Endlösung«. Hier scheint es wichtig zu unterscheiden zwischen Hitlers einem Image, wie es den Massen nahegebracht und von ihnen begriffen wurde und bei dem der Antisemitismus nicht mehr als ein Nebenbestandteil des »Führermythos« war, und seinem anderen Image, wie es im Inneren der NS-Bewegung und in Teilen der Staatsbürokratie gesehen wurde. In diesem zweiten Bereich wirkte sein »Auftrag« zur Vernichtung der Juden als symbolische Motivation für Partei und SS und als aktivierender und legitimierender Antrieb für Initiativen der Verwaltung zur Beschleunigung einer radikalen Lösung der »Judenfrage«.[68] In dieser letztgenannten Hinsicht spielte Hitlers Image, wie es von seiner loyalen Gefolgschaft begriffen wurde – im Rahmen einer charismatischen Politik –, die entscheidende Rolle, und zwar nicht nur für die Spitzen von Partei und Staat, sondern auch für die Verantwortlichen in mittleren Stellungen. – Ob aus ideologischen Gründen, aus Karrierestreben oder wegen anderer Motive, die wenig mit prinzipiellem Hass gegen die Juden zu tun hatten, betrachteten sie Hitlers unklar zum Ausdruck gebrachte »Absicht« als Freibrief für ein immer radikaler werdendes Handeln, das eigene Dynamik und Schwungkraft entwickelte.

Für die Spitze und die mittleren Schichten der Parteiführung stand daher Hitlers Image in weit engerer Beziehung zur Realität, als es dies für die Masse der Bevölkerung tat. In privaten oder halbprivaten Gesprächen und in »vertraulichen« Ansprachen an Parteigläubige ließ Hitler keinen Zweifel an seinen Empfindungen in der Judenfrage. Einen Beweis dafür bildet eine Rede Hitlers von 1937 in Sonthofen vor den Kreisleitern der NSDAP, den unverzichtbaren Verbindungsgliedern zur aktivistischen Basis der Partei auf Kreisebene, bei der er in Gegensatz zum sorgfältig kultivierten Image, das bei seinen Äußerungen vor der großen Öffentlichkeit kultiviert wurde, aufrichtig und frei über seine Methoden und Ziele sprach.[69] Unter direkter Bezugnahme auf die Judenfrage und in Erwiderung auf eine Forderung nach radikalerem Handeln, die er in einer Zeitung gelesen hatte, machte Hitler deutlich, dass er zu jenem Zeitpunkt taktisch und stufenweise vorgehen müsse, seine Strategie aber darin bestehe, den Feind in die Ecke zu drängen, um ihn schließlich total zu vernichten.[70] Auf diese Weise gab Hitler den bösartigen Ton der Diskriminierung und Verfolgung vor, lieferte den Prüfstein und die Legitimierung für Initiativen, die weitgehend von anderen auf verschiedenen Ebenen der Partei, der Staatsbürokratie und nicht zuletzt im Sicherheitskomplex von SS, SD und Gestapo ausgingen, wo die »Judenfrage« eine Schlüsselrolle »im Dienst« spielte.

Hitlers Image fungierte dementsprechend auf zwei unterschiedlichen Ebenen. Innerhalb der nationalsozialistischen Bewegung und des Zwangsapparats des Staates, die das Engagement verkörperten, sich der deutschen Juden zu entledigen und in wachsendem Maße auch das gesamte Judentum physisch ein für alle Mal zu vernichten, hatte dieses Image eine Bedeutung, die kaum überschätzt werden kann. Aber außerhalb der NS-Bewegung bestand die objektive Funktion des »Führermythos« eher darin, die Masse der »gewöhnlichen« und »nichtorganisierten« Deutschen, für die die »Judenfrage« eine relativ geringe Bedeutung besaß, durch Heranführen an die populäreren und attraktiveren Aspekte der NS-Herrschaft, die durch Hitler symbolisiert wurden, ins Dritte Reich zu integrieren. Dies lenkte die Aufmerksamkeit von Hitlers Verwicklung in die finstereren Aspekte der NS-Politik ab. Hitlers gewaltige persönliche Popularität vergrößerte zur gleichen Zeit die Bereitschaft, unkritisch den von ihm proklamierten Kampf gegen die gewaltige (aber anonyme) Macht des »Weltjudentums« und das wachsende Niveau »legaler« Diskriminierung gegen die Juden, für die er öffentlich eintrat, zu akzeptieren. Im Gegenzug sicherte dies zumindest die passive Hinnahme, wenn nicht die offene Billigung der wachsenden Unmenschlichkeit der judenfeindlichen Politik des Nationalsozialismus und verschaffte dem Regime damit eine umfangreiche Sphäre der Autonomie. Hier konnte es frei von allen Einengungen durch Kritik der Bevölkerung immer radikalere Maßnahmen zur »Endlösung der Judenfrage« ergreifen.

SCHLUSS

Wir haben die Hauptbestandteile des Hitler-Images in der Bevölkerung und dessen Verschmelzung zu einem Führungsmythos von bemerkenswerter Kraft und Beständigkeit untersucht. Die Kluft zwischen der fiktiven Gestalt, die durch Propaganda auf der Grundlage bereits bestehender »heroischer« Führungsideale geschaffen wurde, und dem wirklichen Hitler ist auffallend. So schwierig all dies auch einzuschätzen ist, so hat das von uns überprüfte Tatsachenmaterial über die Rezeption des Hitler-Images Hinweise auf sieben wichtige Grundlagen des »Hitlermythos« erbracht. In jedem dieser Fälle ist der Kontrast zwischen Image und Realität gewaltig, der »mythische Inhalt« unverkennbar.

Erstens wurde Hitler als die Personifizierung der Nation und der Einheit der »Volksgemeinschaft« – fern aller selbstsüchtigen Teilinteressen und materiellen Rücksichten – betrachtet, die die Normalität des Alltagslebens prägten und die zerstörerischen Spaltungen in Gesellschaft und Politik schufen. Er galt als der selbstlose Exponent der nationalen Interessen, dessen Unbestechlichkeit und uneigennützige Motive der schimpflichen Habsucht und der Überheblichkeit der Parteifunktionäre fernstanden. Zweitens wurde Hitler als der alleinige Architekt und Schöpfer des deutschen »Wirtschaftswunders« der Dreißigerjahre akzeptiert, der die Heimsuchung der Massenarbeitslosigkeit, die andere europäische Nationen weiterhin plagte, überwand und die Wirtschaft wiederbelebte. Dieser Aufschwung sorgte für einen verbesserten Lebensstandard und bot eine neue Grundlage für dauerhaften Wohlstand. Drittens wurde Hitler als Repräsentant eines volkstümlichen Gerechtigkeitsgefühls, als Organ des »gesunden Volksempfindens«, als Garant der öffentlichen Moral, als Verkörperung starken, wenn nötig rücksichtslosen Handelns gegen »Volksfeinde« und als Erzwinger von Recht und Ordnung betrachtet. Dies zeigte sich am deutlichsten 1934 an den Reaktionen der Bevölkerung auf das Massaker an der SA-Führung. Viertens wurde Hitler, wie das Beispiel des Kirchenkampfes zeigte, durchweg – selbst unter prominenten Führern der Kirchen, die in dem Ruf standen, Gegner des Nationalsozialismus zu sein – als persönlich aufrichtig angesehen. In Angelegenheiten, die verwurzelte Traditionen und althergebrachte Institutionen betrafen, galt er als ein »Gemäßigter« im Gegensatz zu den radikalen und extremen Elementen der NS-Bewegung, aber weithin im Dunkeln gelassen über das, was tatsächlich geschah. Fünftens wurde Hitler auf dem Feld der Außenpolitik gemeinhin als Garant und fanatischer Verfechter der berechtigten Interessen Deutschlands, als Erneuerer der Kraft der Nation und als staatsmännisches Genie betrachtet. In der Regel sah man ihn, so scheint es, keineswegs als rassistisch-imperialistischen Kriegstreiber, der auf einen »Vernichtungskrieg« hinarbeitete und grenzenlose Eroberungspläne für Deutschland schmiedete. Sechstens erschien Hitler in der ersten Kriegshälfte als militärischer Führer ohnegleichen, der aber doch als früherer tapferer Frontsoldat die »Seele« des gewöhnlichen Landsers kannte. Selbst nach der Wende des Kriegsglücks gegen Deutschland wurde er weiterhin von vielen als die Verkörperung von Deutschlands unerbittlichem Streben nach einem sicheren Sieg verstanden. Schließlich spielte noch Hitlers Image als Bollwerk gegen die angeblich mächtigsten ideologischen Feinde der Nation eine Rolle – gegen den Marxismus/Bolschewismus und vor allem gegen die Juden. Dieses Image wurde vermutlich am stärksten von jenen Teilen der Bevölkerung aufgenommen, die der ideologischen Schulung am intensivsten ausgesetzt waren – insbesondere also von den überzeugten Mitgliedern der Partei und ihrer Nebenorganisationen. Die Furcht vor dem Bolschewismus und der entschiedene Antimarxismus der deutschen Mittelschichten wurden durch die schrillen Töne der NS-Propaganda zugespitzt und stellten fraglos eine breite, auf Ablehnung eines gemeinsamen Gegners beruhende Grundlage für Hitlers Popularität dar. Doch auffallenderweise scheint Hitlers persönliche Besessenheit hinsichtlich des »Kampfes gegen die Juden« für den Großteil der Bevölkerung nicht zu den wichtigsten Bestandteilen seines Images gehört zu haben.

Dass die krasse Umkehrung der Realität, die sich in diesen Aspekten der volkstümlichen Vorstellung von Hitler in geradezu grotesker Weise zeigt, in weitem Maße das Produkt von bewussten Verzerrungen durch die NS-Propaganda war, ist in den vorangegangenen Kapiteln sehr deutlich geworden. Den Bemühungen um die Durchsetzung dieses Images war in den immer noch nicht erschütterten sozialistisch/kommunistischen und katholischen Subkulturen wohl bestenfalls ein Teilerfolg beschieden. Hier gab es starke ideologische Gegenkräfte gegen eine Akzeptanz des »Hitlermythos«. Dies galt ebenso in Teilen der Oberklasse, deren statusbewusstes Elitedenken für eine permanente Barriere gegenüber der Attraktivität populistischer Führungsimages sorgte. Dennoch kann es keinen Zweifel geben, dass der propagierte »Hitlermythos« tief eindrang, und dies insbesondere, aber keineswegs ausschließlich in der deutschen Mittelklasse. Nach 1933 konnte die nationalsozialistische Propaganda, die nun innerhalb Deutschlands fast ohne Herausforderung dastand, nachdem die Gegner zum Schweigen gebracht worden waren, Hitler fast zum Gott machen. Goebbels hielt, wie wir gesehen haben, den von ihm geschaffenen »Hitlermythos« für den größten Erfolg seiner Propaganda. Doch so zynisch diese Manipulation auch war, so waren doch die Exzesse des Führerkults nach 1933 und das Ausmaß, in dem er die Gesellschaft durchdrang, nur möglich, weil er angesichts der von Krisen geprägten Verhältnisse der frühen Dreißigerjahre überkommene und tief sitzende Elemente der bürgerlichen politischen Kultur in Deutschland – wenn auch in extremer und verzerrter Weise – angesprochen und artikuliert hatte.

Die wichtigsten Elemente dieser bürgerlichen politischen Kultur ergaben sich aus den Disparitäten zwischen der formal erreichten nationalen Einheit und den inneren Spaltungen des deutschen Nationalstaats seit seiner Gründung 1871 sowie aus der Kluft zwischen den ungeheuren Weltmachtansprüchen und der Bescheidenheit des von Deutschland außenpolitisch tatsächlich Erreichten. Seit der Bismarckzeit wurde die »nationale Einheit« in dem neu gebildeten Nationalstaat nicht nur in übertriebener Weise in den Vordergrund gestellt, sondern sie manifestierte sich auch vor allem in der Zurückweisung von »Reichsfeinden« (Katholiken, Sozialisten, ethnischen Minderheiten) im Inneren. Und unter Wilhelm II. verband sie sich in wachsendem Maße mit expansionistischen Vorstellungen mannigfacher Art. Die inneren Verwerfungen entwickelten sich eher offen als versteckt und wurden seit den 1890er-Jahren durch eine populistische Politik verstärkt. Die imperialistischen Ambitionen spitzten sich immer mehr zu, endeten jedoch schließlich in schweren Enttäuschungen. Damit war die ideologische Basis für die tiefen Abgründe gelegt, die Krieg, Niederlage und Revolution aufrissen und die zur Folge hatten, dass die Weimarer Republik von Anfang an, insbesondere innerhalb des Bürgertums und der Eliten, nur über eine außerordentlich schwache Legitimationsbasis verfügte. Die verstärkte Zersplitterung der Weimarer Politik und ihr schließlicher Abstieg zu purer Interessenpolitik[1] angesichts einer sich zuspitzenden internationalen Krise delegitimierten das staatliche System, diskreditierten die pluralistische Politik ganz und gar und bahnten den Weg für eine neue Basis der Integration. Diese wurde bereits 1932 von etwa 13 Millionen Deutschen voll akzeptiert und nahm eine völlig neue politische Form an, die sich in Hitlers »charismatischer« Führung personifizierte.

Unter den Bedingungen, wie sie in der Endphase der Weimarer Republik herrschten – nämlich der totalen Diskreditierung eines staatlichen Systems, das sich auf pluralistische Politik gründete –, verlor die »sachgerechte« Führung durch Bürokraten und Parteipolitiker als Repräsentanten einer unpersönlichen Form »rational-legaler« politischer Herrschaft an Glaubwürdigkeit. Es reichte nicht mehr, eine Führung zu haben, die Gesetze durchsetzte und Funktionen wahrnahm, aber dafür nicht persönlich verantwortlich war und sich damit nicht identifizierte. Rettung konnte nur bei einem Führer zu finden sein, der *persönliche Macht* besaß und bereit war, *persönliche Verantwortung* zu übernehmen, der die Ursachen des Elends beseitigte und die gesichtslosen Politiker und Bürokraten hinwegfegte, die das Elend bloß verwalteten, und der sich im Unterschied dazu zum Lenker der Geschichte zu machen schien.[2] In Wirklichkeit wurde die faschistische Variante der »charismatischen Führung« – im Mussolini-Kult zeigen sich hier offensichtliche Parallelen – nicht bloß einer bestehenden bürokratischen Herrschaft übergestülpt, sondern sie schuf auch neue umfangreiche Apparate bürokratischer Verwaltung und führte nicht zu verminderten, sondern zu massiv zunehmenden bürokratischen Eingriffen in alle Sphären des Alltagslebens. An dieser paradoxen Entwicklung erkennen wir den Kern der sich zuspitzenden Abneigung gegen eine neue Sorte von Partei-»Funktionären«. Sie waren – gemeinsam mit den immer schon missliebigen Staatsbeamten – Vermittler dieser bürokratisierten Kontrolle. Auf der anderen Seite stand die Popularität des »Führers«, dessen persönliche Macht idealisiert und auf ein Niveau geschraubt wurde, wo sie außerhalb des täglichen Einerlei zu existieren schien.

Ein Auszug aus einer Reichstagsrede von April 1939 zeigt sehr gut die persönlichen Ansprüche, die Hitler auf seine »großen Errungenschaften« erhob; er zeigt auch, wie weit diese eher auf »nationalen« als auf spezifisch nationalsozialistischen Idealen und Hoffnungen beruhten. Diese »Leistungen« bildeten das Fundament, auf dem Hitler mehr denn je ein Politiker zuvor imstande war, nicht nur die deutschen Mittelschichten zu integrieren, sondern die große Mehrheit einer Bevölkerung, die hinsichtlich bestimmter Aspekte der Politik spezifischen Manifestationen der NS-Herrschaft oftmals heftig widersprach, wenn diese in ihr eigenes Alltagsleben eingriffen. In seiner Rede vom 28. April 1939 trug Hitler den folgenden Katalog von Errungenschaften vor, der in den Augen der meisten gewöhnlichen Deutschen nur als atemberaubende Liste von persönlichen Erfolgen angesehen werden konnte:

> Ich habe das Chaos in Deutschland überwunden, die Ordnung wiederhergestellt, die Produktion auf allen Gebieten unserer nationalen Wirtschaft ungeheuer gehoben … Es ist mir gelungen, die uns alle so zu Herzen gehenden 7 Millionen Erwerbslosen wieder in nützliche Produktion einzubauen, den deutschen Bauern trotz aller Schwierigkeiten auf seiner Scholle zu halten und diese selbst ihm zu retten, den deutschen Handel wieder zur Blüte zu bringen und den Verkehr auf das gewaltigste zu fördern. Um den Bedrohungen durch eine andere Welt vorzubeugen, habe ich das deutsche Volk nicht nur politisch geeint, sondern auch militärisch aufgerüstet, und ich habe weiter versucht, jenen Vertrag Blatt um Blatt zu beseitigen, der in seinen 448 Artikeln die gemeinste Vergewaltigung enthält, die jemals Völkern und Menschen zugemutet worden ist. Ich habe die uns 1919 geraubten Provinzen dem Reich wieder zurückgegeben, ich habe Millionen von uns weggerissener, tiefunglücklicher Deutscher wieder in die Heimat geführt, ich habe die tausendjährige historische Einheit des deutschen Lebensraums wieder hergestellt, und ich habe, Herr Präsident, mich bemüht, dies alles zu tun, ohne Blut zu vergießen und ohne meinem Volk oder anderen daher das Leid des Krieges zuzufügen. Ich habe dies, Herr Präsident, als ein noch vor 21 Jahren unbekannter Arbeiter und Soldat meines Volkes, aus meiner eigenen Kraft geschaffen.[3]

Für die große Masse von Hitlers Publikum war die politische und ökonomische Erholung Deutschlands, die er triumphal als seine eigene persönliche Leistung ausgab, Selbstzweck. Für Hitler und die NS-Führung bildete sie nur die Basis für eine rassisch-imperialistische Eroberungspolitik und einen Vernichtungskrieg. Wir müssen uns nun fragen, wie das von uns untersuchte Hitler-Bild der Bevölkerung zur wachsenden Stärke des Regimes und dazu beitrug, diesen Krieg möglich zu machen, den, wie wir gesehen haben, die meisten Deutschen höchst ängstlich vermeiden wollten – wenn sie auch bereit waren zu kämpfen, falls es notwendig sein sollte.

Der »Hitlermythos« bildete gleichsam das zentrale Triebwerk für die Integration, Mobilisierung und Legitimierung im NS-Herrschaftssystem. Seine funktionale Bedeutung muss im Kontext seiner Wichtigkeit für die »nichtorganisierten« Massen geprüft werden, deren Hitler-Bild in dieser Arbeit von zentralem Gewicht war, schließlich interessiert aber auch seine Relevanz für die Parteigläubigen und für die Eliten, ob Nationalsozialisten oder nicht.

Angesichts der Bindung der Massen an seine Person und damit ans Regime war sich niemand stärker als Hitler persönlich der funktionalen Bedeutung seiner Popularität bewusst. Er legte dar, die Stärke des Regimes könne nicht »mit den Gesetzen der Geheimen Staatspolizei und so weiter allein« gesichert werden, sondern »die breite Masse [der Bevölkerung] brauche ein Idol«.[4] Bei anderer Gelegenheit behauptete er, ein Herrscher, der nur von der Exekutivgewalt abhängig sei, ohne »den Weg zum Volk« zu finden, sei zum Scheitern verurteilt.[5] Seine wohldokumentierte Furcht vor dem Verlust seiner persönlichen Popularität und einer damit zusammenhängenden anwachsenden Instabilität des Regimes[6] ist ein weiterer Beweis für sein Verständnis für die zentrale Bedeutung der Integrationskraft seiner Rolle als »Führer«. Diese Integration war weitgehend gefühlsmäßig bestimmt, beruhte überwiegend darauf, eher psychische oder emotionale als materielle Bande zu schmieden, aber die Realität dieses Phänomens kann kaum angezweifelt werden. Und in Augenblicken innerer Krisen – etwa im Juni 1934 – wurde das Regime durch die Welle der Hitler-Begeisterung und die Stärkung der identitätsstiftenden Bande zwischen Volk und »Führer« stabilisiert und damit seiner Herrschaft ein erweiterter Manövrierraum gegeben. Durch sein Image in der öffentlichen Darstellung war Hitler in der Lage, im Dritten Reich einen positiven Spannungspol anzubieten, partielle Interessen und Nöte durch das alles überwölbende Ideal der nationalen Einheit zu überwinden. Dies wurde ermöglicht durch seine notwendige Distanz vom konfliktträchtigen Bereich der politischen Alltagsgeschäfte, was seine Trennung von den unpopuläreren Aspekten des Nationalsozialismus gewährleistete.

Hitler erkannte, dass Begeisterung und Opferbereitschaft nicht konserviert werden konnten, sondern angesichts grauer Routine und den Bequemlichkeiten des Lebens schnell zerrinnen mussten.[7] Er sah daher, dass die Massen nur durch ständige psychische Mobilisierung an ihn gefesselt werden konnten, was ständige Erfolge zur Voraussetzung hatte. Bis zur Mitte des Krieges gab es diese Erfolge – und zwar in spektakulärer Weise, insbesondere auf dem Gebiet der Außenpolitik und der Kriegführung, was viele Deutsche, die durchaus keine Nationalsozialisten waren, zu starker Identifizierung mit Hitler veranlasste. So wurde eine gelegentlich sinkende Moral wieder aufgemöbelt sowie offene Zustimmung erreicht, und dies führte – wenn auch oberflächlich und weitgehend ritualisiert – zu aktiver Unterstützung »seiner« Errungenschaften, es entwaffnete potenzielle Widersacher und machte es schwierig, Einwände gegen die NS-Politik zu formulieren. Dies war beispielsweise zweifellos die Auswirkung der Plebiszite, die 1933, 1934, 1936 und 1938 veranstaltet wurden. Die massive Zustimmung war zwar das Produkt von intensiver Propaganda und Zwang und spiegelte offensichtlich in keiner Weise den wahren Stand der Meinung wider, dennoch reflektierten diese Volksabstimmungen eine echte, weitverbreitete Zustimmung und Bewunderung für Hitlers Erfolge und veranlassten Schwankende, sich der allgemeinen Linie anzuschließen.[8]

Die plebiszitäre Zustimmung, die Hitler stets mobilisieren konnte, versorgte ihn mit einer unangreifbaren Basis an Popularität und verschaffte so dem Regime Legitimation sowohl innerhalb Deutschlands wie auch in den Augen auswärtiger Mächte, und sie gewährleistete Spielraum für weitere Mobilisierungen und einen zunehmenden Schwung der NS-Politik. Die gewaltige Popularität Hitlers, die sogar von Feinden des Regimes anerkannt wurde, bildete daher ein entscheidendes Element in der Struktur der nationalsozialistischen Herrschaft in Deutschland. Sie trägt dazu bei, nicht nur das hohe und wachsende Ausmaß an relativer Unabhängigkeit von nichtnationalsozialistischen Eliten verständlich zu machen, derer sich Hitler und die NS-Führung erfreuten, sondern sie erklärt auch teilweise – neben Terror, Unterdrückung und Einschüchterung – die Schwäche des Widerstands gegen das Regime. Der »Hitlermythos« und der Terror waren insofern zwei Seiten einer Medaille. Beide sorgten für politische Kontrolle durch und Mobilisierung für das Regime. Es war daher kein Zufall, dass terroristische Unterdrückung sich in der Endphase des untergehenden Regimes gewaltig ausbreitete, da die Bindekraft von Hitlers Popularität schwächer wurde und schließlich erlosch.

Für die Masse der nicht organisierten Deutschen funktionierte der »Hitlermythos« – immer wieder, aber jeweils temporär – durch Stimulierung der Zustimmung der Bevölkerung für vollendete Tatsachen, für Coups, die durchgesetzt worden waren, für Erfolge, die bereits erzielt waren, nicht aber für eine klar definierte Abfolge von politischen Schritten. Eine wichtige Aufgabe der Partei bestand darin, dafür zu sorgen, dass ein angemessenes Ausmaß an Zustimmung zustande kam. Aber für die Aktivisten in der Partei und ihren

Nebenorganisationen beschränkten sich die integrativen und mobilisierenden Funktionen des »Hitlermythos« nicht darauf, laufende aktuelle Kampagnen zu fördern, sondern sie stützten sich darauf, dass sich in Hitler die Idee des Nationalsozialismus selbst verkörperte; dies garantierte die Verwirklichung von Utopien in der Zukunft wie auch die Wiedererringung vergangenen Ruhms. Die zentrifugalen Kräfte in der NS-Bewegung wurden weitgehend durch die Ideale, die im Bild des Führers verkörpert wurden, zusammengehalten. Soziale Enttäuschung und Desillusionierung konnten durch Teilnahme am großen »Kampf« des Führers sowie durch die Verwirklichung aller Träume in der kommenden schönen, neuen Welt überwunden werden. Für den aktivistischen und überzeugten Kern der Bewegung, insbesondere für seine jüngeren Elemente, stand das wahrgenommene Hitler-Bild symbolisch für ideologische Richtlinien – es bereitete die finale Auseinandersetzung mit dem Bolschewismus um den Erwerb von *Lebensraum* und die »Entfernung der Juden« vor. Dies waren »Handlungsanweisungen«[9], lange bevor es sich um realisierbare Ziele handelte. Ohne solche ideologischen Richtlinien, die der repräsentativen Gestalt des »Führers« verpflichtet waren, ist die Dynamik der permanenten Mobilisierung der Partei und ihrer Nebenorganisationen kaum vorstellbar. Nicht detaillierte Entwürfe eines Parteiprogramms, sondern Hitlers Rolle als Verkörperung des allumfassenden Kampfes gegen unversöhnliche innere und äußere Feinde von ungeheurer Macht und Größe fesselten die Parteigläubigen letztendlich an Hitler.

Während die bevorstehende Auseinandersetzung auf Leben und Tod mit dem Bolschewismus unter den NS-Aktivisten die Bereitschaft und die Neigung zu kompromisslosem und brutalem Kampf verschärfte und die Idee des Kampfes um *Lebensraum* und eines unbegrenzten deutschen Expansionismus ein zukünftiges Allheilmittel gegen alle nationalen Übel und gegenwärtige persönliche Unzufriedenheiten lieferte, bot die »Entfernung der Juden« ein aktuell zu verwirklichendes Ziel, selbst wenn der Weg dorthin nicht klar war. All dies gründete sich auf rassische Prinzipen mit der Gestalt des Juden als Brennpunkt allen Hasses, und der »Führer« bildete dabei den ideologischen und organisatorischen Angelpunkt. Dabei benötigte die NS-Bewegung keine regelmäßigen Befehle oder Anweisungen von Hitler, um das Tempo judenfeindlicher Aktionen und Diskriminierungen zu beschleunigen, um Regierung und Staatsbürokratie zum Handeln anzutreiben und so die sich stets radikalisierende Wucht der Rassenpolitik zu steigern.

In dieser Hinsicht wirkte das Führer-Image als Integrationsfaktor für die potenziell divergierenden Kräfte innerhalb der NS-Bewegung unter den Parteigläubigen auf einer anderen Ebene als unter der breiten Masse der nicht organisierten Deutschen. Dies geschah durch Mobilisierung der grenzenlosen Energie und des fehlgeleiteten Idealismus der Fanatiker und Aktivisten und durch Orientierung auf langfristige »allumfassende« und »utopische« Ziele sowie durch das Angebot einer Legitimierung von Taten gegen ideologische und rassische »Staatsfeinde«.

Die Bedeutung des »Hitlermythos« muss schließlich auf einer dritten Ebene gesehen werden, die in den vorangegangenen Kapiteln nicht systematisch analysiert worden ist: Hier geht es um seine Funktion für die Eliten – und zwar sowohl für die nicht nationalsozialistischen, nationalkonservativen Eliten als auch für die Machtgruppen innerhalb der Bewegung selbst.

Für nicht nationalsozialistische, nationalkonservative Machteliten in Wirtschaft und Wehrmacht war Hitlers Charisma an sich niemals ein entscheidender Faktor, wenn auch in den frühen Dreißigerjahren klar schien, dass beträchtliche Sektoren insbesondere der »intellektuellen Elite« in unterschiedlichem Maße dem Führerkult erlegen waren.[10] Die traditionellen Eliten band nicht Charisma, sondern pragmatische machtpolitische Erwägungen an Hitler. Die Erosion der politischen und sozialen »Legitimationsgrundlagen« dieser Eliten, die tief in die Zeit vor dem Ersten Weltktieg zurückreichten, hatte in der Weimarer Republik ein kritisches Ausmaß angenommen.[11] Hitler konnte diesen Kreisen eine neue Massenbasis für die scheinbare Konsolidierung ihrer Führungsstellungen innerhalb des Rahmens eines autoritären Regimes bieten, verbunden mit der Aussicht, dass Deutschland eine Hegemonialposition in Europa und sogar eine Weltmachtstellung erwerben würde. Hitler seinerseits benötigte die Unterstützung dieser Kräfte, um die Macht zu erobern und zu festigen. Dies war das allgemein bekannte Fundament des Bündnisses zwischen den dominierenden Kräften der traditionellen »Machtelite« und der NS-Führung im Januar 1933.[12]

Doch Charisma war 1933 bei derlei Überlegungen kaum von Bedeutung. Allem Anschein nach spielte in den folgenden Jahren der »Hitlermythos« – oder bedeutsame Teile davon – zumindest in zweierlei Hinsicht bei der Herausbildung des Verhaltens der konservativen Eliten eine wichtige Rolle. Erstens gab es innerhalb der Eliten unangemessene Vorstellungen von Hitlers Vertrauenswürdigkeit und Kooperationsbereitschaft im Unterschied zu den Parteiradikalen. Diese Illusionen integrierten die disparaten Sektoren der Eliten und mobilisierten sie für die Unterstützung der NS-Führung in den kritischen frühen Jahren des Regimes, während ihnen zugleich Hitlers Popularität eine Massenbasis zur Legitimierung ihres Anspruchs auf ihre eigene Herrschaftssphäre lieferte. Wichtige Persönlichkeiten aus den Reihen der nationalkonservativen Eliten, die später eine prominente Rolle im Widerstand gegen den Nationalsozialismus spielten – wie Ernst von Weizsäcker in der Bürokratie, Karl Goerdeler in der Wirtschaft und Henning von Tresckow in der Wehrmacht –, waren in den ersten Jahren allesamt bereit, Hitler persönlich von ihrer wachsenden Kritik an den Radikalen in der »Bewegung« auszunehmen.[13] Der Weg dieser Leute in die Fundamentalopposition war teilweise aus diesem Grunde ein zögerlicher, und ihre Einwände gegen das Regime waren lange Zeit keineswegs grundsätzlicher Natur.[14]

Zweitens bedeutete ihre Unterschätzung der »cäsaristischen« Elemente von Hitlers »charismatischer« Massenbasis, dass die plebiszitäre Akklamation für den »Führer« keineswegs, wie die traditionellen Eliten gehofft hatten, neue Grundlagen für ihre Macht lieferte. Hitlers persönliche Machtstellung ermöglichte es ihm, sich allzu engen Umarmungen zu entziehen und ein hohes Maß an relativer Autonomie zu erreichen. Gleichzeitig reduzierte er ehemals dominierende Gruppen wie das Militär von wirklichen »Machteliten« auf den Status von bloß »funktionalen Eliten«[15], die – selbst, wenn sie dies gern getan hätten – nicht imstande gewesen wären, Hitler persönlich und den »wilden Gestalten« der NS-Bewegung Einhalt zu gebieten. Indem er die Grundlage der Schlüsselstellung des »Führers« festigte, hatte der »Hitlermythos« zur Schaffung einer Lage beigetragen, in der die traditionellen Eliten von den spezifisch nationalsozialistischen Eliten überflügelt werden konnten. Anders als es der klassischen Theorie des Bonapartismus entspräche, konnten der Diktator und seine Umgebung daher nicht durch die traditionelle »herrschende Klasse« an den Rand gedrückt werden, nachdem die Wirtschaft sich stabilisiert hatte. Die dynamische Triebkraft des »Hitlermythos« gestattete tatsächlich keine Stabilisierung oder »Normalisierung«, sondern schuf eher Umstände, unter denen die traditionelle »herrschende Klasse« immer stärker unterworfen und vom Behemoth[16] des NS-Staates abhängig wurde, den sie nicht länger mehr in seinem irren Lauf in Richtung Vernichtung zügeln konnte.

Von den frühen Zwanzigerjahren an hatte Hitler seine Machtbasis in der Partei vor allem aufgrund der Stärke der Bindungen persönlicher Loyalität mit seinen »Paladinen«, den NS-Führern in der zweiten Reihe und den Gauleitern, geschaffen. Hitlers persönliche Magnetkraft, seine einzigartigen demagogischen Talente, seine Willensstärke, sein offensichtliches Selbstvertrauen, seine Sicherheit im Handeln und seine Unersetzlichkeit in der Bewegung (die nach dem Scheitern des Putsches von 1923 ohne seine Führung zerfallen war) – all dies lieferte die Grundlage für eine charismatische Autorität von außerordentlicher Kraft innerhalb seiner eigenen Gefolgschaft. Diese Stellung resultierte aus persönlichen Loyalitätsbindungen. Selbst fühlte sich Hitler am ehesten in der Gemeinschaft seiner engsten Gruppe von »Mitkämpfern« aus der »Kampfzeit« heimisch. Er war sich dessen bewusst, dass deren Loyalität die stärkste Grundlage für seine persönliche Macht bildete, dass er sie so brauchte wie sie ihn. Sein Hass gegen Abtrünnige, die ihm entgegentraten, nachdem sie zuvor durch Bande gegenseitiger Treue mit ihm verbunden waren, kannte keine Grenzen. Doch andererseits vergaß er nie Dienste, die ihm in der Vergangenheit geleistet worden waren. Abgesehen von der »Nacht der langen Messer« im Juni 1934 führte er keinerlei Säuberungen innerhalb der Partei durch.[17]

Die Institutionalisierung von Hitlers charismatischer Führung, zuerst in den Zwanzigerjahren innerhalb der Partei und dann nach 1933 innerhalb des Staates, diente ganz wesentlich der Besiegelung der Verbindung zwischen Hitler und der ihm untergeordneten Ebene der Parteiführung. Die Integrationsfunktion war hier entscheidend. Die Zersplitterung der nationalsozialistischen Elitegruppen hatte sich 1924 deutlich gezeigt. Und die innerparteilichen Gruppenbildungen und Oppositionsströmungen waren in den frühen Dreißigerjahren nur durch die Stärke von Hitlers persönlicher Stellung überwunden worden. Auch nach 1933 gab es innerhalb der NS-Elite scharfe persönliche Gegensätze und politische Konflikte, die das System hätten zerstören können, sie wurden nur durch Hitlers persönliche charismatische Autorität überwunden – seine nicht zur Diskussion stehende Stellung als Fundament der Legitimierung des Nationalsozialismus im Volk und als Verkörperung der nationalsozialistischen »Idee«.

Die führenden Parteileute standen selbstverständlich dem wirklichen Hitler näher, als dies die Masse der gewöhnlichen Deutschen oder selbst die Masse der Parteiaktivisten tat. Daher fällt auf, und dies ist für den Schwung und die Dynamik des Regimes von Bedeutung, dass der unverfälschte »Hitlermythos« – der voll entwickelte Kult des Führers als Übermensch mit all seiner Glorifizierung – die NS-Elite fast vollständig ergriff und von ihr nicht einfach zynisch als funktionale Propagandamanipulation angesehen wurde. Falls die glorifizierenden Reden und Schriften von Unterführern während des Dritten Reiches dafür keinen hinreichenden Beweis bilden[18], dann demonstrieren das Verhalten der in Nürnberg angeklagten NS-Führer und deren Nachkriegs-Memoiren (trotz aller offensichtlichen Apologetik) dies überzeugend.[19]

Selbst nach dem Krieg und den Enthüllungen in Nürnberg nannte Alfred Rosenberg Hitler »treibende Kraft und nimmermüder Motor« der »großen Errungenschaften des nationalsozialistischen Staates«.[20] Für Hans Frank war Hitler »eine Art Übermensch«, an den er »vorbehaltlos« geglaubt hatte und von dem er annahm, »dass er recht hatte in allem Entscheidenden«.[21] Albert Speer, der ehrgeizige, berechnende und rationale Machttechniker, der ganz nach oben gelangt war und der sich in Nürnberg am deutlichsten von Hitler distanzierte, gab in seinen Memoiren zu, für ihn sei Hitler so etwas wie »ein Held der antiken Sage« gewesen und nach dem Sieg in Frankreich habe er geglaubt, dass Hitler »zu einer der größten Gestalten der deutschen Geschichte geworden sei«.[22] Und der frühere Chef der Hitlerjugend, Baldur von Schirach, der selbst in Nürnberg an seiner naiven Bindung an Hitler festhielt, schrieb in seinen Erinnerungen immerhin selbstkritisch: »Diese grenzenlose, fast religiöse Verehrung, zu der ich ebenso beigetragen habe wie … zahllose andere, hat in Hitler selbst den Glauben gefestigt, dass er mit der Vorsehung im Bunde sei.«[23]

Diese Autobiografien machen ganz deutlich, dass Hitlers eigene Person zunehmend nicht mehr vom »Führermythos«

zu trennen war. (Dass sich hier ein Element der Selbstrechtfertigung wegen der totalen Unterwerfung unter den »Führer« findet, schließt nicht aus, dass diese Apologeten wirklich an seine Kraft glaubten und sich ihm in extremer Weise persönlich unterordneten.) Hitler musste mehr und mehr das konstruierte Image von Allmacht und Allwissenheit »ausleben«. Und je mehr er der Verlockung des Führerkults um seine eigene Person nachgab und an seinen eigenen Mythos glaubte, umso mehr wurde sein Urteil durch den Glauben an seine eigene »Unfehlbarkeit« geprägt[24]; dadurch verlor er seine Fähigkeit zur Einschätzung dessen, was allein durch seine Willenskraft erreicht werden konnte und was nicht. Hitlers Fähigkeit zur Selbsttäuschung war seit Mitte der Zwanzigerjahre, wenn nicht schon früher, hoch entwickelt und von entscheidender Bedeutung dafür, innerhalb seiner unmittelbaren Umgebung die Überzeugung von der Größe seines Auftrags und der Richtigkeit seines Wegs zu dessen Verwirklichung durchzusetzen. Aber nachdem sein Erfolg innerhalb der Bewegung, innerhalb Deutschlands und auf der internationalen Bühne so lange gewachsen war, bis er keine Grenzen mehr kannte, steigerte sich die Selbsttäuschung des aus »Überzeugung« handelnden Ideologen bis zu dem Punkt, da sie letztendlich alle Restbestände des berechnenden und opportunistischen Politikers aufzehrte und nur einen unersättlichen Zerstörungsdrang übrig ließ. Und am Ende stand dann die Selbstzerstörung. In diesem Sinne bildete der »Hitlermythos« einen Grundbestandteil der dem NS-Regime zugrunde liegenden Instabilität und seiner Dynamik grenzenloser Zerstörung.

Man würde zu viel erwarten, wenn man sich vorstellte, dass der einst allmächtige »Hitlermythos« im Jahre 1945 einfach über Nacht hätte verschwinden können und gemeinsam mit den sterblichen Überresten des »Führers« verwest und mit der Asche des Dritten Reiches verstreut worden wäre. Der Mythos war nicht nur zu tief verwurzelt, als dass dies unter beträchtlichen Teilen der Bevölkerung hätte der Fall sein können, sondern die Umstände der unmittelbaren Nachkriegszeit waren für viele erbärmlich genug, um wenig schmeichelhafte Vergleiche mit der Friedenszeit unter dem Nationalsozialismus zu ziehen.

Eine von den US-Besatzungsstreitkräften im Oktober 1945 in Darmstadt durchgeführte Meinungsumfrage machte Differenzen in der Einstellung gegenüber dem Nationalsozialismus unter Deutschen deutlich, je nachdem, ob sie jünger oder älter als 19 Jahre waren. Nicht weniger als 42 Prozent der Jüngeren waren, verglichen mit 22 Prozent der Älteren, der Ansicht, der Wiederaufbau eines neuen Deutschland könne am besten durch »einen starken Führer« vollbracht werden. Dem Bericht zufolge »wurde ein beträchtlicher Unterschied in der Haltung gegenüber Hitler deutlich, die Mehrheit der jungen Leute war bereit, Hitler als guten Menschen mit schlechten Beratern zu entschuldigen, während die Mehrheit der Älteren Hitler als bösen Menschen verdammte«.[25] Die Nürnberger Prozesse öffneten vielen Deutschen die Augen, und spätere OMGUS-Umfragen ergaben, dass nur einer von acht (12 Prozent) der in der US-Zone Befragten angab, Hitler als Machthaber bis zum Kriegsende vertraut zu haben, während 35 Prozent bekundeten, ihm nie vertraut zu haben, weitere 16 Prozent wollten ihm nur bis zum Ausbruch des Krieges ihr Vertrauen geschenkt haben.[26] Dennoch vertrat etwa jeder zweite Deutsche sowohl in der amerikanischen als auch in der britischen Zone – und dieser Anteil war im Wachsen – die Ansicht, dass der Nationalsozialismus grundsätzlich eine gute Idee gewesen sei, die nur schlecht durchgeführt worden sei, und diese Leute waren dem Nationalsozialismus gegenüber weit positiver eingestellt als gegenüber dem Kommunismus.[27] Ausgewogene soziale Zustände, gute Lebensbedingungen, Vollbeschäftigung, Konsolidierung von Staat und Regierung sowie Ordnung und Sicherheit waren die Attribute, die in dieser Reihenfolge als das Beste am Nationalsozialismus genannt wurden.[28] Noch im Jahre 1950 sahen bei einer das ganze Land umfassenden Meinungsumfrage in Westdeutschland zehn Prozent der Befragten Hitler als einen Staatsmann, der für Deutschland Außerordentliches erreicht habe – er stand dabei als Zweiter hinter Bismarck.[29] Im Sommer 1952 vertrat ungefähr ein Viertel der Bevölkerung eine »gute Meinung« über Hitler.[30] Ein Zehntel der Befragten meinte, Hitler sei der größte Staatsmann des Jahrhunderts, dessen wahre Größe erst zu einem späteren Zeitpunkt erkannt werden würde, und weitere 22 Prozent waren der Ansicht, er habe zwar »einige Fehler« gemacht, sei aber dennoch ein exzellenter Staatschef gewesen.[31] Ungefähr ein Drittel der Befragten war immer noch gegen das Attentat auf Hitler vom 20. Juli 1944.[32] Im Jahre 1953 brachten immerhin noch 14 Prozent ihre Bereitschaft zum Ausdruck, bei Wahlen wieder für einen Mann wie Hitler zu stimmen.[33]

Eine Stichprobe unter Jugendlichen in Norddeutschland, die in den späten Fünfzigerjahren befragt wurden, offenbarte weiterhin signifikante Restbestände des »Hitlermythos«: Hitler habe, so hieß es, durch Abschaffung der Arbeitslosigkeit, Bestrafung von Sexualverbrechern, Bau von Autobahnen, Einführung billiger Volksempfänger, Gründung des Arbeitsdienstes und Wiederherstellung des deutschen Ansehens in der Welt viel Gutes getan. Hitler sei ein Idealist gewesen, der zunächst viele gute Ideen vertreten habe, nur später Fehler begangen habe, er stellte sich dann als im Grunde böse heraus, entwickelte krankhafte Züge und wurde ein Massenmörder.[34]

Der entscheidende Abfall des Niveaus von Hitlers posthumer Popularität vollzog sich in der Phase des »Wirtschaftswunders« unter Adenauer und Erhard. Mitte der Sechzigerjahre sagten nur noch vier Prozent der befragten Deutschen, sie seien bereit, noch einmal jemanden wie Hitler zu wählen.[35] Zu diesem Zeitpunkt glaubten nur zwei oder drei Prozent, Hitler habe für Deutschland mehr als jeder andere Staatsmann erreicht. (Adenauer lag in dieser Hinsicht inzwischen weit vor Bismarck an der Spitze dieser »Konkurrenz«.)[36] Immerhin blieb die Zahl jener, die meinten, Hitler wäre einer der größten deutschen Staatsmänner aller Zeiten gewesen, hätte es nicht den Krieg gegeben, relativ hoch, obwohl auch diese Zahl (von 48 Prozent 1955 auf 32 Prozent 1967) stark sank.[37]

Mitte der Sechzigerjahre beschränkte sich die Bewunderung für Hitler fast vollständig auf die Restbestände der extremen Rechten, die »Neo-Nazis«. In den ersten Jahren der Bundesrepublik – zwischen 1949 und 1953 – hatte die Rechte so etwas wie einen neuen Aufschwung erlebt, und es hatte Versuche gegeben, zwischen einem »verrückten Hitlerismus« und den positiven Aspekten des Nationalsozialismus zu unterscheiden.[38] Als jedoch diese Phase rechtsradikalen Optimismus ab 1953 zu Ende ging, setzten sich im harten Kern der Rechten NS-Nostalgie und offene Glorifizierung Hitlers durch.[39] Der Grundtenor der Veröffentlichungen der extremen Rechten hat sich seitdem kaum verändert. Das kurzlebige Wiederaufleben der neonazistischen Rechten, das zwischen 1966 und 1968 zum zeitweiligen Aufstieg der NPD führte, war von einer minimalen Neubelebung positiver Ansichten über Hitler und den Nationalsozialismus begleitet. Im Jahre 1968 äußerten sechs Prozent der westdeutschen Bevölkerung (im Vergleich zu vier Prozent 1965 und 1967) ihre Bereitschaft, erneut für einen Mann wie Hitler zu stimmen.[40] Die »Hitlerwelle« auf dem Buchmarkt der Siebzigerjahre scheint zu einer erneuten und offenen Glorifizierung Hitlers seitens der extremen Rechten beigetragen zu haben.[41] Hitler wird in diesen Kreisen heute noch als Heros betrachtet, als »großer Staatsmann« und »bedeutende Persönlichkeit«, seine Außenpolitik habe Macht und Selbstbestimmung für Deutschland erreicht, wogegen sein Scheitern und die Niederlage im Krieg auf Sabotage von innen zurückgeführt werden. Und was die Schuld am Ausbruch des Zweiten Weltkriegs angeht, so wird diese nicht Hitler zugeschrieben, sondern der

Einmischung der Westmächte in eine deutsch-polnische Auseinandersetzung.[42] Systematische Befragungen westdeutscher Wähler erbrachten 1979/80, dass 13 Prozent der Wähler in der Bundesrepublik über eine verfestigte rechtsextreme »Weltanschauung« verfügten; 14 Prozent reagierten positiv auf die Feststellung: »Wir sollten wieder einen Führer haben, der Deutschland mit starker Hand regiert.«[43]

Auch wenn diese Zahlen schockieren mögen, müssen sie in der richtigen Perspektive gesehen werden. Seit 1945 ist Westdeutschland eine »normale« liberale Demokratie mit großen Ähnlichkeiten zu den politischen Systemen anderer westlicher Länder geworden. Auch in diesen Ländern gibt es unbelehrbare Faschisten und »Nazis«, einen Restbestand von Leuten am äußersten »irren« Rand des Rechtsradikalismus, und auch sie kennen breitere Strömungen von Sympathisanten mit verschiedenen Aspekten rechtsextremen Denkens. Und abgesehen von Besonderheiten, die aus der Beziehung der Bundesrepublik zur DDR resultieren, stimmen die strukturellen Probleme des westdeutschen Staates im großen Ganzen mit denen der am meisten fortgeschrittenen kapitalistischen Industriegesellschaften in der Gegenwart überein (und sind weniger akut als in vielen von ihnen): Überall geht es hier um Probleme der sozialen Gleichheit und der Verteilung, der Aufrechterhaltung bestimmter Leistungen in einem Zeitalter weltweiter Rezession, des Rückgangs des Wirtschaftswachstums, das für die Legitimierung der liberalen Demokratien in der Nachkriegszeit von zentraler Bedeutung war. Hinzu kommen Probleme der Ausbeutung (und oftmals Zerstörung) von begrenzten natürlichen Ressourcen im Interesse der Wirtschaft, Probleme der Verteidigungspolitik im Nuklearzeitalter sowie die sich daraus ergebenden Schwierigkeiten, oftmals gerechtfertigten sozialen und politischen Protest einzudämmen und zu absorbieren, ohne bürgerliche Freiheiten zu zerstören und die Grundlagen des liberalen demokratischen Staates zu unterminieren.

Die sozioökonomischen Probleme haben in Westdeutschland wie anderswo zum unvermeidlichen Aufschwung einer feindseligen Einstellung gegenüber ethnischen und anderen Minderheiten geführt und einigen Druck auf das politische System selbst ausgeübt (was sich im Auftauchen der Grüner Partei widerspiegelt, die teilweise ökologischem, teilweise antinuklearem, teilweise allgemeinem Protest zuneigt). Doch die spezifischen Züge und strukturellen Charakteristika der deutschen soziopolitischen Kultur im kurzlebigen und wenig erfolgreichen Nationalstaat, die Grundlage für die Schaffung und die Wirkung des außergewöhnlichen »Hitlermythos« waren, wurden im Wirbelwind des Wandels, der sich aus der totalen Niederlage ergab, überwiegend hinweggefegt. Sie wurden dann im Prozess des langfristigen Wandels komplett überwunden, der aus dem Wiederaufbau der Nachkriegszeit resultierte. Wie in den Zwanziger- und Dreißigerjahren mögen zwar die gegenwärtigen sozioökonomischen Probleme erheblich sein, sie haben aber diesmal nicht zu einem bedeutsamen Aufschwung der extremen Rechten geführt. Ja, sie haben nunmehr, und das ist entscheidend, keine zerstörerische Legitimationskrise des Staates hervorgebracht und werden dies auch wahrscheinlich nicht tun.

Nur eine Krise von fast unvorstellbar zerstörerischen Dimensionen – wie sie etwa auf einen größeren Krieg folgen kann – könnte die existierenden pluralistischen politischen Strukturen derart untergraben und zerstören, dass eine neue Form von charismatischer Führung faschistischen Stils beträchtlichen Teilen der Bevölkerung als eine vorstellbare und attraktive Lösung erscheinen könnte. Ohne übertriebene Zuversicht verbreiten zu wollen und ohne das immer noch existierende Problem des Rechtsextremismus und die Notwendigkeit der Wachsamkeit dagegen zu verharmlosen, lässt sich doch in voller Kenntnis der Verantwortung, die Hitler für das unglaubliche Leid von Millionen trägt, sagen: Er hat alles, wofür er stand, in den Augen zurechnungsfähiger Menschen allerorten derart diskreditiert, dass es nur unter Umständen, die die Grenzen unseres Vorstellungsvermögens überschreiten, denkbar ist, dass es zu einem Wiederaufleben oder zu einer neuen Variante des einstmals so machtvollen »Hitlermythos« mit seiner Kraft, die Fantasie von Millionen in seinen Bann zu ziehen, kommen könnte.

Alte Mythen werden jedoch in dem Maße durch neue ersetzt, wie die Verbindung von moderner Technik und fortgeschrittenen Marketingstrategien selbst in westlichen Demokratien immer ausgefallenere und raffiniertere Beispiele von politischer Imagegestaltung um kleinere Personenkulte herum hervorbringt, die allesamt darauf abzielen, unter den Unwissenden und Leichtgläubigen die Realität zu vernebeln. Die Deutschen hatten zwischen 1933 und 1945 einen hohen Preis zu zahlen für die Aufgabe demokratischer Verantwortung und für ein unkritisches Vertrauen in eine »starke Führung«, die vermeintlich von guten Absichten geleitet war. Wenn auch in den westlichen Demokratien Zusammenbrüche unwahrscheinlich sind, die zu neuen Formen des Faschismus führen könnten, so gibt doch die massive Ausweitung der Macht des modernen Staats über seine Bürger an sich schon mehr als genug Anlass zu höchstem Misstrauen und kritischem politischen Denken als dem einzigen Schutz gegen die nach den Regeln des Marketing gesteuerten Images von heutigen und zukünftigen Kandidaten für politische »Führung«.

ANHANG

ANMERKUNGEN

EINLEITUNG

1 S. Haffner, Anmerkungen zu Hitler, München 1978, S. 46.
2 Siehe unten Kapitel 3.
3 Z.B.A. Bullock, Hitler. Eine Studie über Tyrannei [vollständig überarbeitete Neuausgabe], Düsseldorf 1967; J.C. Fest, Hitler. Eine Biografie, Frankfurt a.M. 1973; J. Toland, Adolf Hitler, Bergisch Gladbach 1977; R. Binion, Hitler unter den Deutschen, Stuttgart 1978; R.G. L. Waite, The Psychopathic God – Adolf Hitler, New York 1977. Für Zweifel am Nutzen biografischer Ansätze in Bezug auf Hitler siehe H. Graml, »Probleme einer Hitler-Biographie. Kritische Bemerkungen zu Joachim C. Fest«, *VfZ*, 20 (1974), S. 76–92.
4 Für eine neuere Übersicht über die Quellenlage siehe S. Gordon, Hitler, Germans and the ›Jewish Question‹, Princeton 1984, Kapitel 2.
5 Bezüglich der untergeordneten Rolle der Außenpolitik als Thema von nationalsozialistischen Treffen in Northeim vor 1933 siehe W.S. Allen, The Nazi Seizure of Power. The Experience of a Single German Town, 1922–1945, 2. Auflage, New York 1984, S. 322. Die NS-Propaganda dieser Zeit tendierte dazu, von der Zukunft nur in dem vagen Sinne zu sprechen, dass ein vereintes Deutschland wieder zu einer Weltmacht werden würde, mit der man rechnen müsse, oder dass Deutschland wieder Überseekolonien bekommen würde. Für einen anregenden Überblick über die »ideologischen Hauptthemen« der gewöhnlichen NSDAP-Mitglieder Anfang der Dreißigerjahre siehe P. Merkl, Political Violence under the Swastika, Princeton 1975, S. 450ff.
6 Siehe M. Broszat, »Soziale Motivation und Führer-Bindung des Nationalsozialismus«, *VfZ*, 18 (1970), S. 392–409.

7 T. W. Mason, »Open Questions on Nazism«, in R. Samuel (Hg.), People's History and Socialist Theory, London 1981, S. 207.

8 Für George Sorels scharfsichtige Vorahnung der Bedeutung des Mythos in modernen Massenbewegungen siehe den Kommentar von Noel O'Sullivan, Fascism, London 1983, S. 119–123.

9 H. von Kotze, H. Krausnick (Hg.), »Es spricht der Führer«. 7 exemplarische Hitler-Reden, Gütersloh 1966, S. 42. (Das Buch wird im Folgenden als »von Kotze« zitiert.)

10 Siehe ebd., S. 31 ff.

11 T. W. Mason, »Intention and Explanation: A Current Controversy about the Interpretation of National Socialism«, in G. Hirschfeld, L. Kettenacker (Hg.), Der ›Führerstaat‹. Mythos und Realität, Stuttgart 1981, S. 35.

12 M. Weißbecker, »Zur Herausbildung des Führerkults in der NSDAP«, in K. Drechsler u. a. (Hg.), Monopole und Staat in Deutschland 1917–1945, Berlin 1966, S. 122.

13 Eine exemplarische Darstellung dieser Interpretation findet sich bei E. Gottschling, »Der faschistische Staat«, in D. Eichholtz, K. Gossweiler (Hg.), Faschismusforschung. Positionen, Probleme, Polemik, Berlin 1980, S. 95–98.

14 Der funktionale Zweck des Rituals im nationalsozialistischen Staat ist gut herausgearbeitet worden von S. Taylor, Prelude to Genocide, London 1985, Kapitel 7.

15 R. Semmler, Goebbels. The Man Next to Hitler, London 1947, S. 56f.

16 J. P. Stern, Hitler: Der Führer und das Volk, München 1978, S. 106.

17 Der Ausdruck »Repräsentant (representive individual)« scheint von Stern geprägt worden zu sein. Siehe ebd., S. 9 ff., und L. Kettenacker, »Sozialpsychologische Aspekte der Führerherrschaft«, in Hirschfeld/Kettenacker, S. 103, 110, 119 ff., 132.

18 Haffner, S. 43.

19 I. Kershaw, Popular Opinion and Political Dissent in the Third Reich, Oxford 1983, S. 6 ff. Der Charakter und Wert interner Meinungsberichte wird diskutiert beispielsweise in den Einführungen zu den verschiedenen Teilen von M. Broszat, E. Fröhlich, F. Wiesemann (Hg.), Bayern in der NS-Zeit, München/Wien 1977; H. Unger, The Totalitarian Party, Cambridge 1974, S. 221–262; M. G. Steinert, Hitlers Krieg und die Deutschen, Düsseldorf 1970, S. 40–48; H. Boberach (Hg.), Meldun-

gen aus dem Reich, Neuwied 1965, S. IX–XXVIII; L. D. Stokes, The *Sicherheitsdienst* (SD) of the *Reichsführer SS* and German Public Opinion, September 1939–June 1941, Diss., Johns Hopkins University, Baltimore 1972, S. 194–253. Einen guten Überblick über die Struktur der Gestapo- und SD-Berichterstattung (mit besonderer Berücksichtigung der »Judenfrage«) gibt O. D. Kulka, »Die Nürnberger Rassengesetze und die deutsche Bevölkerung«, *VfZ*, 32 (1984), S. 584 ff. Für eine Auswertung des Sopade-Materials siehe M. Voges, »Klassenkampf in der ›Betriebsgemeinschaft‹«, *Archiv für Sozialgeschichte*, 21 (1981), S. 329–343.

20 Die zentralen Bände, Deutschland-Berichte der Sozialdemokratischen Partei Deutschlands 1934–1940, fortan kurz DBS, sind mittlerweile in sieben Bänden bei Zweitausendeins, Frankfurt a. M. 1980, als Reprint der Ausgabe im Verlag Petra Nettelbeck veröffentlicht worden. Die Berichte der »Grenzsekretäre«, auf die sich die zentralen Berichte stützen, befinden sich im Archiv der sozialen Demokratie (Friedrich-Ebert-Stiftung), Bonn.

21 Webers Modell ist in seiner Anwendung auf besondere politische Umstände kritisiert worden, unter anderem von C. J. Friedrich, »Political Leadership and the Problem of Charismatic Power«, *Journal of Politics*, 23 (1961), S. 3–24, und C. Ake, »Charismatic Legitimation and Political Integration«, *Comparative Studies in Society and History*, 9 (1966/1967), S. 1–13. Obgleich sie unleugbare Schwächen und Grenzen aufweist, ist eine überzeugende Verteidigung von Webers Theorie und ihrer Anwendung auf moderne politische Herrscher, nicht zuletzt Hitler, vorgelegt worden von Arthur Schweitzer, The Age of Charisma, Chicago 1984. Webers Modell wird in einer weiteren Arbeit fruchtbar angewandt: F. Weinstein, The Dynamics of Nazism. Leadership, Ideology, and the Holocaust, New York 1980, S. 81 ff.

22 Max Weber, Wirtschaft und Gesellschaft, 4. Auflage, Tübingen 1956, S. 124, 140.

23 Ebd. 140: »... darauf allein, wie sie [die Qualität der charismatischen Persönlichkeit] von den charismatisch Beherrschten, den ›*Anhängern*‹, bewertet wird, kommt es an.«

24 Ebd., S. 140.

25 Ebd., S. 142, 850.

26 Insbesondere von J. Nyomarkay, Charisma and Factionalism within the Nazi Party, Minneapolis 1967; W. Horn, Führer-

ideologie und Parteiorganisation in der NSDAP, 1919–1933, Düsseldorf 1972; M.R. Lepsius, »From Fragmented Party Democracy to Government by Emergency Decree and National Socialist Takeover: Germany«, in J.J. Linz, A. Stepan (Hg.), The Breakdown of Democratic Regimes, Baltimore/London 1978, S. 61 ff.

27 Kettenacker, »Sozialpsychologische Aspekte«, und M.H. Kater, »Hitler in a Social Context«, *Central European History*, 14 (1981), S. 243–272, bilden Ausnahmen dieser Verallgemeinerung.

28 H.-U. Wehler, »30. Januar 1933 – ein halbes Jahrhundert danach«, *Aus Politik und Zeitgeschichte*, 29. Januar 1983, S. 50.

29 In einem umfassenden Vergleich einer Typologie »charismatischer« Herrschaftsformen arbeitet Schweitzer, The Age of Charisma, die Besonderheiten und Neuerungen des faschistischen Charismatyps heraus sowie seine untypische Form von Politik, die im Allgemeinen aus dem Zusammenbruch einer Demokratie resultiert. Dadurch wird die Notwendigkeit betont, die Entstehung des »Charismas« im Kontext der zuvor bestehenden politischen Kultur zu verorten.

KAPITEL 1

1 K. Sontheimer, Antidemokratisches Denken in der Weimarer Republik, 4. Auflage, München 1962, S. 268.

2 Siehe die vergleichende Einschätzung von R. Vierhaus, »Faschistisches Führertum«, *Historische Zeitschrift*, 198 (1964), S. 619–639; speziell zum »Ducekult« siehe P. Melograni, »The Cult of the Duce in Mussolini's Italy«, *Journal of Contemporary History*, 11 (1976), S. 221–237, und J. Petersen, »Mussolini. Mythos und Wirklichkeit eines Diktators«, in K.H. Bohrer (Hg.), Mythos und Moderne, Frankfurt a.M. 1983, S. 242–260.

3 Zum folgenden siehe vor allem G.L. Mosse, Die Nationalisierung der Massen, Berlin 1976, Kapitel 1–4; außerdem T. Nipperdey, »Nationalidee und Nationaldenkmal in Deutschland im 19. Jahrhundert«, *Historische Zeitschrift*, 206 (1968), S. 529–585, L. Kettenacker, »Der Mythos vom Reich«, in Bohrer, Mythos und Moderne, S. 261–289, und K. Vondung, Magie und Manipulation, Göttingen 1971, Kapitel 1.

4 Siehe Mosse, S. 80f. und Abb. 14 und 15.

5 Zur Veränderung des Kaiserbilds siehe E. Fehrenbach, Wandlungen des deutschen Kaisergedankens 1871–1918, München/Wien 1969; ders., »Images of Kaiserdom: German Attitudes to Kaiser Wilhelm II«, in J.C.G. Röhl, N. Sombart (Hg.), Kaiser Wilhelm II. New Interpretations, Cambridge 1982, S. 269–285. Zur Verbreitung des Monarchie- und Reichskults siehe W.K. Blessing, »The Cult of Monarchy, Political Loyalty, and the Workers' Movement in Imperial Germany«, *Journal of Contemporary History*, 13 (1978), S. 357–375.

6 Zitiert in Fehrenbach, »Images«, S. 276.

7 G. Mann, Deutsche Geschichte des 19. und 20. Jahrhunderts, Frankfurt a.M. 1969, S. 484f.

8 Mosse, S. 51f.

9 Siehe Fehrenbach, Wandel, bes. S. 158–183.

10 D. Frymann (= H. Claß), Wenn ich der Kaiser wär, 5. Auflage, Leipzig 1914, S. 227.

11 Schon die Jugendbewegung um die Jahrhundertwende verfügte über ein »germanisches« Vokabular, das Wörter wie »Führer«, »Gau« und »Heil-Gruß« umfasste und später von der völkischen Rechten und den Nationalsozialisten einverleibt wurde. Sie praktizierte auch Feuerrituale und andere Formen neuheidnischer Kulte, die die Nationalsozialisten ebenfalls aufgriffen. Siehe Vondung, S. 16f. Dennoch wäre es zweifellos eine unzulässige Vereinfachung, die bürgerlichen Jugendgruppen vor dem Ersten Weltkrieg als direkte Vorläufer der Hitlerjugend zu betrachten. Siehe hierzu den Literaturüberblick von P.D. Stachura, »German Youth, the Youth Movement, and National Socialism in the Weimar Republic«, in ders. (Hg.), The Nazi Machtergreifung, London 1983, S. 68–84, und ders., The German Youth Movement 1900–1945. An Interpretative and Documentary History, London 1981.

12 Siehe die Kommentare von J. Petersen in: Der italienische Faschismus. Probleme und Forschungstendenzen. Kolloquien des Instituts für Zeitgeschichte, München 1983, S. 34ff., und M. Knox, »Conquest, Foreign and Domestic, in Fascist Italy and Nazi Germany«, *Journal of Modern History*, 56 (1984), 26ff.

13 Zur Beziehung zwischen der Ausbreitung des Faschismus und dem Fehlen pluralistischer nationaler Integration (in der Nachkriegszeit) siehe den anregenden Aufsatz von W.S. Allen,

»The Appeal of Fascism and the Problem of National Disintegration«, in H.A. Turner (Hg.), Reappraisals of Fascism, New York 1975, S. 44–68.

14 Vgl. die Bemerkungen von W. Schieder in: Totalitarismus und Faschismus. Kolloquien des Instituts für Zeitgeschichte, München 1980, S. 47.

15 Siehe Lepsius, S. 61 ff.

16 Siehe hierzu G. Eley, Reshaping the German Right, New Haven/London 1980, bes. Kapitel 5; R. Chickering, We Men Who Feel Most German, London 1984, bes. Kapitel 4; und aus einer marxistisch-leninistischen Perspektive J. Petzold, Die Demagogie des Hitlerfaschismus, Berlin 1982, bes. S. 32 ff.

17 Siehe R.G.L. Waite, Vanguard of Nazism. The Free Corps Movement in Postwar Germany 1918–1923, Cambridge (Mass.) 1952.

18 Siehe A. Klotzbücher, Der politische Weg des Stahlhelm, Bund der Frontsoldaten, in der Weimarer Republik, Diss., Erlangen 1965, S. 122, 127.

19 Vgl. J. Conway, Die nationalsozialistische Kirchenpolitik 1933–1945, München 1969, S. 33–35. Die Arbeit von R.P. Ericksen, Theologen unter Hitler, München 1986, liefert eine aufschlussreiche Analyse des intellektuellen Hintergrunds, der drei führende protestantische Theologen dazu brachte, den Nationalsozialismus zu begrüßen.

20 Zum neuen elitären Bewusstsein siehe W. Struve, Elites against Democracy, Leadership Ideals in Bougeois Political Thought in Germany, 1890–1933, Princeton 1973, bes. S. 11 ff.

21 Siehe Sontheimer, S. 268–270; Horn, S. 25–28; Vierhaus, S. 616 ff.

22 Zitiert in Sontheimer, S. 270.

23 Zitiert ebd., S. 273.

24 Zitiert ebd., S. 272.

25 Zitiert ebd., S. 272.

26 Zitiert ebd., S. 275.

27 Zitiert ebd., S. 272. Der neue Führungsstil, der Ideale verkörperte, die in extremem Gegensatz zu denen der liberalen bürgerlichen Politik standen und in »normalen Zeiten« Gegenstand eher der Verachtung als der Bewunderung gewesen wären, wird hervorgehoben von Vierhaus, S. 630.

28 Klotzbücher, S. 127 f., 13; siehe auch S. 122.

29 H. Heimann, Die Entwicklung des Automobils zum Massen-

konsumartikel in Deutschland, Magisterarbeit an der Ruhr-Universität Bochum, 1983, S. 24 und Fn. 67.

30 A. Tyrell, Vom ›Trommler‹ zum ›Führer‹, Müchen 1975, S. 225 (Fn. 225), S. 274 (Fn. 152).

31 Weißbecker, S. 121.

32 Tyrell, ›Trommler‹, S. 274f. (Fn. 151f.); C. Berning, Vom ›Abstammungnachweis zum ›Zuchtwart‹. Vokabular des Nationalsozialismus, Berlin 1964, S. 82; W. Maser, Der Sturm auf die Republik. Frühgeschichte der NSDAP, Stuttgart 1973, S. 354–357.

33 Zitiert in Berning, S. 82.

34 Zitiert ebd., S. 82.

35 E. Jäckel, A. Kuhn (Hg.), Hitler. Sämtliche Aufzeichnungen 1905–1924, Stuttgart 1980, S. 939, Nr. 538. (Im Folgenden zitiert als Jäckel und Kuhn.)

36 Zitiert in Tyrell, ›Trommler‹, S. 274 (Fn. 151).

37 Ebd., S. 161f.

38 Ebd., S. 274 (Fn. 151).

39 Siehe H. Auerbach, »Hitlers politische Lehrjahre und die Münchener Gesellschaft 1919–1923«, *VfZ*, 25 (1977), S. 1–45.

40 Tyrell, ›Trommler‹, S. 165.

41 Jäckel und Kuhn, S. 924, Nr. 525.

42 Jäckel und Kuhn, S. 946, Nr. 544.

43 Jäckel und Kuhn, S. 1268, Nr. N22.

44 Jäckel und Kuhn, S. 1188, Nr. 620. Für weitere Kommentare Hitlers aus den Jahren 1922/23 über das »heroische« Führertum siehe ebd., S. 578, 616, 641f., 767, 811, 837, 924, 932, 973, 1268.

45 Tyrell, ›Trommler‹, S. 165ff.

46 Ebd., S. 150–174.

47 Ebd., S. 173.

48 Siehe z.B. J. Noakes, The Nazi Party in Lower Saxony, Oxford 1971, S. 65–78.

49 Siehe ebd., S. 78–81; Horn, S. 240ff.; D. Orlow, The History of the Nazi Party, 1919–1933, Pittsburgh 1969, S. 68–70.

50 Siehe Nyomarkay, S. 13; Orlow, S. 72, 92.

51 Zitiert in E.K. Bramsted, Goebbels und die nationalsozialistische Propaganda 1925–1945, Frankfurt a.M. 1971, S. 282.

52 A. Tyrell, Führer befiel … Selbstzeugnisse aus der ›Kampfzeit‹ der NSDAP. Dokumentation und Analyse, Düsseldorf 1969, S. 129f., 163f.

53 Ebd., S. 163; J. Noakes, G. Pridham (Hg.), Documents on Nazism, London 1974, S. 84f.

54 Tyrell, Führer befiel, S. 173.

55 Ebd., S. 167.

56 Ebd., S. 388 und Abb. 5. Zwei Jahre zuvor hatte man ein riesiges Porträt Hitlers in Öl angefertigt, das die Kongresshalle des Parteitags in Nürnberg zieren sollte. Vor Beginn der Kundgebung wurde es, mit ziemlicher Sicherheit auf Hitlers ausdrückliche Anweisung, entfernt, vermutlich aus Angst vor weiterem Spott, den die politischen Gegner über die Auswüchse des »heroischen Führerkults« ausgießen würden. Siehe dazu A. Tyrell, III. Reichsparteitag der NSDAP, 19–21. August 1927, Filmedition G 122 des Instituts für wissenschaftlichen Film, Ser. 4, Nr. 4/G 122, Göttingen 1976.

57 Zitiert in Bramsted, S. 284. In seinen privaten Tagebüchern äußerte sich Goebbels jedoch weiterhin zum Teil kritisch über Hitler. Siehe BAK, NL 118/62, die Einträge für den 1. März, 29. und 30. Juni 1930.

58 Goebbels schrieb in sein Tagebuch: »107 Mandate auf einen Schlag. Keiner von uns hat das erwartet.« – BAK, NL 118/62, Eintrag für den 16. September 1930.

59 Siehe z.B. S. Neumann, Die Parteien der Weimarer Republik, Neuauflage, Stuttgart 1965, S. 73ff.; P. Fabry, Mutmaßungen über Hitler. Urteile von Zeitgenossen, Düsseldorf 1969, S. 40–45.

60 Zu der sozialen Basis der Wähler der NSDAP und ihrer Anziehungskraft siehe die hervorragende Untersuchung von T. Childers, The Nazi Voter. The Social Foundations of Fascism in Germany, 1919–1933, Chapel Hill/London 1983. M. Kater, The Nazi Party. A Social Profile of Members and Leaders, 1919–1945, Oxford 1983, liefert eine statistische Aufschlüsselung der sozialen Struktur der Parteimitgliederschaft. Die Literatur über die soziale Zusammensetzung der NSDAP-Wählerschaft wird zusammenfassend erörtert von M. Jamin, Zwischen den Klassen. Zur Sozialstruktur der SA-Führerschaft, Wuppertal 1984, S. 11–45.

61 Zitiert in Merkl, S. 539, siehe auch S. 453.

62 Zitiert ebd., S. 540.

63 Zitiert ebd., S. 396f.

64 C. Schmidt, »Zu den Motiven ›alter Kämpfer‹ in der NSDAP«, in D. Peukert, J. Reulecke (Hg.), Die Reihen fast geschlossen,

Wuppertal 1981, S. 36f. Zur Hitler-Verehrung auf dem Parteitag von 1929 siehe die Erinnerungen Otto Wagners in H.A. Turner (Hg.), Hitler aus nächster Nähe, Frankfurt a.M./Wien 1978, S. 17–21.

65 L. Steinbach, Ein Volk, ein Reich, ein Glaube?, Berlin/Bonn 1983, S. 31.

66 *Münchener Post*, 24. März 1931.

67 *Fränkische Tagespost*, 24. Oktober 1932.

68 Ebd., 25. Oktober 1932.

69 Fabry, S. 57, 59; siehe auch G. Schreiber, Hitler. Interpretationen 1923–1983. Ergebnisse, Methoden und Probleme der Forschung, Darmstadt 1984, S. 39ff. Der erste Teil von Schreibers Buch liefert einen hervorragenden Überblick über das Hitler-Bild in zeitgenössischen Veröffentlichungen.

70 Fabry, S. 162f.

71 Siehe z.B. die Auszüge aus der *Roten Fahne* vom 15. Juli und 6. August 1930 in W. Ruge, Das Ende von Weimar. Monopolkapital und Hitler, Berlin 1983, S. 177, 179.

72 Zitiert in S. Bahne, »Die Kommunistische Partei Deutschlands«, in E. Matthias, R. Morsey (Hg.), Das Ende der Parteien, Düsseldorf 1979, S. 658, 677 und Anm. 6; siehe auch O.K. Flechtheim, Die KPD in der Weimarer Republik, Frankfurt a.M. 1969, S. 265.

73 Ruge, S. 236f.

74 Flechtheim, S. 256.

75 In IfZ, MA 731, NSDAP-Hauptarchiv 1/13.

76 Für den Bann und andere Beschränkungen, die einige Bischöfe über Katholiken verhängten, die in die Partei eintraten, siehe G. Lewy, Die katholische Kirche und das Dritte Reich, München 1965, S. 20–28.

77 Siehe Schreiber, S. 88ff.

78 Siehe Lewy, S. 22. Ein bayrisches Provinzblatt, das zwar kein Organ der BVP war, aber die Meinungen des katholischen, »blau-weißen« Bayern wiedergab, bezeichnete die Nationalsozialisten sarkastisch als »Vaterlandsretter mit dem roten Unterfutter«; »das ganze Plakatgewäsch vom sozialen Aufstieg« sei nichts weiter als »ein Feigenblatt für sozialistische Diktatur des Proletariats und roten Einheitsstaat mit verkappter Gottlosenbewegung« – *Miesbacher Anzeiger*, 19. April 1932.

79 Schreiber, S. 91ff.; Lewy, S. 30f.

80 Zitiert in Lewy, S. 35; siehe auch Fabry, S. 104f.

81 IfZ, MA 731, NSDAP-Hauptarchiv 1/13; GS Waldsassen an BA Tirschenreuth, 29. Februar 1932; GS Altenschönbach an das BA Gerolzhofen, 4. April 1932.

82 Ebd., GS Plössberg an das BA Tirschenreuth, 11. März 1932.

83 Lewy, S. 19; J. Conway, »National Socialism and the Churches during the Weimar Republic«, in Stachura, The Nazi Machtergreifung, S. 135.

84 Siehe Lewy, S. 26f.; Childers, S. 258f.; F. J. Heyen (Hg.), Nationalsozialismus im Alltag, Boppard am Rhein 1967, S. 37; G. Pridham, Hitler's Rise to Power. The Nazi Movement in Bavaria 1923–1933, London 1973, Kapitel 5.

85 Siehe Fabry, S. 101.

86 *Fränkischer Kurier*, 8. April 1932; *Miesbacher Anzeiger*, 19. April 1932; GStA, MA 102144, RPvNB/OP, 19. Oktober 1932.

87 Zitiert in Lewy, S. 30.

88 Ebd., S. 23; siehe Kapitel 2f. für die »Gleichschaltung« der höheren kirchlichen Würdenträger Anfang 1933.

89 Siehe Schreiber, S. 69ff.; Childers, S. 204; R. Hamilton, Who Voted for Hitler?, Princeton 1982, S. 95, 127, 142, 166f., 178, 186, 192f., 208f.; Noakes und Pridham, S. 139.

90 Siehe Hamilton, S. 95, 142.

91 Vgl. R. Morsey, »Die Deutsche Zentrumspartei«, in Matthias und Morsey, S. 303f., zum »heroischen« Hindenburg-Bild zu jener Zeit.

92 Zitiert in Hamilton, S. 95.

93 Obgleich sie noch weit im Schatten der bürgerlichen, katholischen und sozialdemokratischen Presse standen, hatte sich die Zahl der nationalsozialistischen Zeitungen von sechs Tageszeitungen und 43 Wochenschriften im Jahre 1930 auf insgesamt 127 Blätter mit einer Auflage von weit über einer Million im Jahre 1932 gesteigert. – Z. Zeman, Nazi Propaganda, Oxford 1964, S. 20, 28f.

94 Ebd., S. 28.

95 Louise Solmitz, eine Hamburger Lehrerin, notierte zu einer Hitler-Veranstaltung im April 1932: »Keiner sagte ›Hitler‹, immer nur ›der Führer‹.« – Werner Jochmann, Nationalsozialismus und Revolution. Ursprung und Geschichte der NSDAP in Hamburg, 1922–1933, Frankfurt a. M. 1963, S. 404.

96 *Flamme*, 3. Juli 1931, in IfZ, MA 731, NSDAP-Hauptarchiv

1/13; *Völkischer Beobachter*, 28. Juli 1931, 25. November 1932.

97 In IfZ, MA 731, NSDAP-Hauptarchiv 1/13.

98 GStA, MA 102138, RPvOB, 22. Februar 1932. Nach dem Bericht fügte der Redner hinzu, Hitler sei ähnlicher Verfolgung und Verleumdung ausgesetzt gewesen wie Jesus. Ein anderer nationalsozialistischer Redner, den derselbe Bericht erwähnt, erklärte, »dass Hitler von einem höheren Wesen für seine Mission ausersehen sei«.

99 *Der Stürmer*, Nr. 36, September 1932, in IfZ, MA 731, NSDAP-Hauptarchiv 1/13.

100 Einige Ergebnisse dieser Forschungsarbeit finden sich in meinem Aufsatz »Ideology, Propaganda, and the Rise of the Nazi Party«, in Stachura, The Nazi Machtergreifung, S. 162–181.

101 L. Kettenacker, »Hitler's Impact on the Lower Middle Class«, in D. Welch (Hg.), Nazi Propaganda: The Power and the Limitations, London 1983; Kettenacker, »Sozialpsychologische Aspekte der Führer-Herrschaft«, S. 103, 119.

102 Siehe bes. Broszat, »Soziale Motivation«, und Orlow, S. 217–220, 299–302.

103 Das ist das Hauptergebnis der Untersuchung von Hamilton, Who Voted for Hitler?

104 Vgl. die Kommentare von Louise Solmitz in Jochmann.

105 Ebd., S. 404.

106 Zitiert in Bramsted, S. 284 f. Für einen guten Überblick über die Wahlpropaganda siehe Childers, S. 196 ff.

107 Noakes und Pridham, S. 104.

108 E. Deuerlein (Hg.), Der Aufstieg der NSDAP in Augenzeugenberichten, Düsseldorf 1968, S. 382, 385, 394, 402; M. Domarus (Hg.), Hitler. Reden und Proklamationen 1932–1945, Wiesbaden 1973, S. 101–103, 117–120, 138–142.

109 Dieser Aspekt der NS-Propaganda wird betont von R. Bessel, »The Rise of the NSDAP and the Myth of Nazi Propaganda«, *Wiener Library Bulletin*, 33 (1980), S. 20–29.

110 Jochmann, S. 404 f.

111 *Miesbacher Anzeiger*, 19. April 1932.

112 In einem Bericht über eine Wahlveranstaltung in Markt Grafing im August 1930 wurde die Zahl der Zuhörer beispielsweise auf 4000 geschätzt und vermerkt, dass eine Parallelveranstaltung in einem anderen Saal abgehalten werden musste. – GStA, MA 102138, RPvOB, 19. August 1930.

113 Z. Zofka, Die Ausbreitung des Nationalsozialismus auf dem Lande, München 1979, S. 41, 78, 89; *Völkischer Beobachter*, 13. Oktober 1932 (wo die Zuhörerzahl weit übertrieben mit 30000 angegeben wurde); GStA, MA 102149, RPvS, 19. Oktober 1932.

114 *Völkischer Beobachter*, 13. Oktober 1932.

115 Zofka, S. 41.

116 *Völkischer Beobachter*, 14. Oktober 1932.

117 IfZ, MA 731, NSDAP-Hauptarchiv 1/13, Pd Hof, 15. Oktober 1932.

118 Die »Opposition« gegen Hitler hatte sich im ernstzunehmenden »Stennesaufstand« der östlichen SA im Frühjahr 1931 manifestiert. Auch Hitlers Taktik in der Parteikrise im Herbst 1932, die im Rücktritt Strassers kulminierte, wirkte ernüchternd. Siehe Orlow, S. 216ff.; P.D. Stachura, Gregor Strasser and the Rise of Nazism, London 1983, Kapitel 6. Bezeichnend ist trotz allem, dass Hitler während der Stenneskrise in der Lage war, sein »Charisma« einzusetzen, um persönliche Loyalität zu fordern und die Situation zu entschärfen, und dass Strassers Rücktritt Ende 1932 ohne Versuch einer Herausforderung von Hitlers Führungsposition vonstatten ging.

119 GStA, MA 102151, RPvUF, 4. März 1932.

120 Ebd., 19. April 1932; GStA, MA 102144, RPvNB/OP, 19. Oktober 1932, wo hinzugefügt wird, dass Hitlers Wahlkampfreise den zu erwartenden Stimmenverlust der NSDAP bei den bevorstehenden Wahlen kaum beeinflussen würde.

121 Orlow, S. 254.

122 GStA, MA 102151, RPvUF, 21. September 1932.

123 Morsey, S. 315ff.

124 IfZ, MA 731, NSDAP-Hauptarchiv, 1/13, Pd Nürnberg-Fürth, 14. Oktober 1932; GStA, MA 102141/2, Pd Nürnberg-Fürth, 31. Oktober 1932; GStA, MA 102154, RPvMF, 19. Oktober 1932.

125 Siehe Morsey, S. 292, 294, 303f.; Childers, S. 207.

126 *Münchener Neueste Nachrichten*, 31. Januar 1933. Zu Aretin siehe seine Autobiografie: E. von Aretin, Krone und Ketten. Erinnerungen eines bayerischen Edelmannes, München 1955.

KAPITEL 2

1 Siehe z.B. GStA, MA 106682, RPvS, 6. Februar 1933, 21. Februar 1933.
2 Siehe GStA, MA 106670, RPvOB, 6. Februar 1933.
3 GStA, MA 106672, RPvNB/OP, 3. Februar 1933; siehe auch StAM LRA 76887, GS Landsham, Markt Schwaben, Anzing, Ebersberg, Markt Grafing und Aßling, Berichte vom 11. und 12. Februar 1933.
4 GStA, MA 106672, RPvNB/OP, 20. Februar 1933. In der Tat verlor die BVP zwischen November 1932 und März 1933 41000 Stimmen (29 Prozent ihrer Wähler). In Niederbayern, wo sie in den Reichstagswahlen von 1928 35,3 Prozent der Stimmen erhalten hatte, errang sie im November 1932 noch 16,9 und im März 1933 nur 9,5 Prozent. – M. Hagmann, Der Weg ins Verhängnis, München 1946, S. 15, 17.
5 GStA, MA 106670, RPvOB, 20. Februar, 4. April 1933; StAM LRA 76887, GS Markt Grafing, 12. Februar 1933.
6 Für diesen Absatz habe ich mich auf Berichte von Propagandaveranstaltungen im oberbayrischen Amtsbezirk Starnberg gestützt. Siehe StAM LRA 28340, GS Gauting, 4. und 13. Februar 1933; GS Aufkirchen, 9. und 10. Februar 1933. Der Ton ist typisch für die Wahlkampagne von 1933.
7 *Völkischer Beobachter*, 27. Februar 1933.
8 *Bayerische Volkszeitung*, 27. Februar 1933.
9 StAM LRA 76887, GS Anzing, 25. Februar 1933.
10 GStA, MA 106670, RPvOF/MF, 5. März 1933; vgl. auch GStA, MA 106682, RPvS, 4. März 1933.
11 Siehe GStA, MA 106672, RPvNB/OP, 5. März 1933. Dort wurde ausdrücklich behauptet, »das scharfe Vorgehen gegen die Unruhestifter« habe die »geängstigte Bevölkerung« zufriedengestellt und den Zuwachs an Stimmen für die NSDAP begünstigt.
12 Für einen Hinweis auf den wütenden Antikommunismus nach dem Reichstagsbrand siehe den Leitartikel des *Miesbacher Anzeigers* vom 2. März 1933, zitiert in Kershaw, Popular Opinion, S. 117f. Siehe auch Noakes und Pridham, S. 174f.
13 Hagmann, S. 23.
14 W. Beuth, Der deutsche Hitler-Frühling. Die Wiederaufrichtung Deutschlands durch den Volkskanzler des Deutschen Reiches Adolf Hitler, Frankfurt a.M. 1933, S. 9, 50ff.

15 Siehe z. B. die Reaktionen von Louise Solmitz, die eher nationalkonservativ als nationalsozialistisch eingestellt war, in Jochmann, S. 428 ff.

16 Siehe Noakes und Pridham, S. 190–195.

17 GStA, MA 106677, RPvOF/MF, 7. März 1933; siehe auch GStA, MA 106672, RPvNB/OP, 5. April 1933.

18 *Miesbacher Anzeiger*, 22. März 1933.

19 Zitiert in J. V. Wagner, Hakenkreuz über Bochum, 3. Auflage, Essen 1993, S. 219.

20 Siehe H. Huber, A. Müller (Hg.), Das Dritte Reich. Seine Geschichte in Texten, Bildern und Dokumenten, 2 Bände, München/Wien/Basel 1964; und F. V. Grunfeld, Die deutsche Tragödie: Adolf Hitler und das deutsche Reich 1918–1945 in Bildern, Hamburg 1975, S. 158.

21 GStA, MA 106672, RPvNB/OP, 5. April 1933; siehe auch GStA, MA 106682, RPvS, 22. März 1933.

22 *Miesbacher Anzeiger*, 24. März 1933.

23 Siehe GStA, MA 106682, RPvS, 6. April 1933; GStA, MA 106680, RPvUF, 20. April 1933. Zur sozialen und politischen Bedeutung der Denunziation siehe M. Broszat, »Politische Denunziationen in der NS-Zeit«, *Archivalische Zeitschrift*, 73 (1977), S. 221–238; und R. Mann, »Politische Penetration und gesellschaftliche Reaktion. Anzeigen zur Gestapo im nationalsozialistischen Deutschland«, in R. Mackensen, F. Sagebiel (Hg.), Soziologische Analysen. Referate aus den Veranstaltungen der Sektionen der Deutschen Gesellschaft für Soziologie beim 19. Deutschen Soziologentag, Berlin 1979, S. 965–985.

24 *Völkischer Beobachter* (Norddeutsche Ausgabe), 21. April 1933; siehe auch Bramsted, S. 287 ff.

25 *Völkischer Beobachter* (Norddeutsche Ausgabe), 21. April 1933.

26 *Münchener Neueste Nachrichten*, 21. April 1933. Der folgende Abschnitt und das Zitat basieren ebenfalls auf diesem Bericht.

27 Ebd., 21. April 1933.

28 *Völkischer Beobachter* (Norddeutsche Ausgabe), 21. April 1933.

29 Zitiert in Bramsted, S. 289.

30 BAK, R 43 II/1263, Fos. 93, 164.

31 GStA, MA 106670, RPvOB, 19. August 1933. Nach den Berichten an die Sopade aus der Mitte des Jahres 1934 brach man Holzstückchen von Hitlers Gartenzaun in Obersalzberg ab und

nahm sie als »Reliquien« mit. Eine Frau habe sogar Erde abgekratzt, über die Hitler auf dem Weg zu seinem Haus gelaufen war. – DBS, I, S. 101, 26. Juni 1934.

32 Domarus, S. 296–299.

33 Z.B. GStA, MA 106670, RPvOB, 20. April 1933, 4. Mai 1933, 5. August 1933; MA 106672, RPvNB/OP, 5. April 1933, 6. Juni 1933, 5. Juli 1933, 7. August 1933; MA 106677, RPvOF/MF, 20. April 1933, 20. September 1933, 6. Oktober 1933; MA 106680, RPvUF, 20. April 1933, 6. Mai 1933, 21. Juli 1933, 18. August 1933, 6. September 1933; MA 106682, RPvS, 6. April 1933, 22. April 1933, 7. Juni 1933, 3. August 1933, 19. August 1933.

34 *Schwäbisches Volksblatt*, 9. September 1933. Für diesen Hinweis danke ich Herrn Dr. Zdenek Zofka.

35 *Münchener Neueste Nachrichten*, 3. November 1933.

36 Ebd., 6. November 1933.

37 Siehe BAK, R 18/5350, Fo. 83, sowie für Nachforschungen infolge von Beschwerden über Unregelmäßigkeiten bei den Wahlen Fos. 95–104, 107–122. Siehe auch M. Broszat, Der Staat Hitlers, München 1969, S. 127f. Eine detaillierte Analyse findet sich in K.D. Bracher, G. Schulz, W. Sauer, Die nationalsozialistische Machtergreifung, Frankfurt a.M. 1974, I, S. 480ff.

38 *Münchener Neueste Nachrichten*, 13. November 1933.

39 Ebd., 30. Januar 1934.

40 Siehe Broszat, Der Staat Hitlers, S. 258ff.

41 *Völkischer Beobachter* (Norddeutsche Ausgabe), 20. April 1934.

42 Siehe die Berichte, insbesondere die Teile über wirtschaftliche Fragen, für Februar und April 1934 von den Gestapobüros in Preußen, die sich im ZStA Potsdam befinden: RMdI 25721, 26060. Für Bayern siehe Kershaw, Popular Opinion, S. 46ff., 75ff., 120ff. Siehe auch DBS, I, S. 9–14, 99–122, die Berichte vom 17. Mai und vom 26. Juni 1934.

43 DBS, I, S. 101f., 26. Juni 1934.

44 Ebd., I, S. 100f., 26. Juni 1934.

45 Ebd., I, S. 10f., 17. Mai 1934. Siehe auch L. Eiber, Arbeiter unter der NS-Herrschaft. Textil- und Porzellanarbeiter im nordöstlichen Oberfranken 1933–1939, München 1979, S. 110; und T.W. Mason, Arbeiterklasse und Volksgemeinschaft, Opladen 1975, S. 123, 149 (Fn. 233).

46 Diesen Punkt habe ich näher erörtert in meinem Aufsatz »Alltägliches und Außeralltägliches: ihre Bedeutung für die Volksmeinung 1933–1939«, in Peukert und Reulecke, S. 273–292.

47 Das folgende stammt aus StAM, NSDAP 494. In einem anderen Kontext habe ich in Popular Opinion, S. 128 f., auf diesen Bericht Bezug genommen.

48 IML/ZPA, St. 3/44/1, Fo. 180, LB der Stapo Breslau, 4. März 1936.

49 *Münchener Neueste Nachrichten*, 3. August 1934; J.C. Fest, Hitler. Eine Biographie, Frankfurt a.M. 1976, S. 651.

50 *Münchener Neueste Nachrichten*, 3. August 1934.

51 Ebd., 4. August 1934.

52 Ebd., 19. August 1934.

53 Zum Rückgang der »Ja«-Stimmen im Vergleich zum November 1933 siehe BAK, R 18/5355, »Die Volksabstimmungen am 12. November 1933 und 19. August 1934«. Eine regionale Analyse der Volksabstimmung findet sich in Bracher u.a., Die national-sozialistische Machtergreifung, I, S. 486–498.

54 Volksopposition im Polizeistaat, hg. von B. Vollmer, Stuttgart 1957, S. 74; IML/ZPA, St. 3/936, Fo. 17, RP Potsdam, 5. September 1934. Eine ähnliche Stimmung war etwas früher im Jahr in den Sopade-Berichten unter der Landbevölkerung Brandenburgs festgestellt worden, wo Leute behauptet hatten, sie würden bei einer weiteren Volksabstimmung auf den Stimmzettel schreiben: »Für Adolf Hitler ja, aber tausendmal nein für die braunen Bonzen!« – DBS, I, S. 11, 17. Mai 1934.

55 D.J. Diephouse, »The Triumph of Hitler's Will«, in J. Held (Hg.), The Cult of Power. Dictators in the Twentieth Century, New York 1983, S. 51.

56 Zitiert nach D. Welch, Propaganda and the German Cinema, 1933–1945, Oxford 1983, S. 157. Für eine gute Analyse des Films siehe ebd., S. 147–159. Der Hitler-Kult dominierte den Film weit mehr als den unter dem Titel »Sieg des Glaubens« gedrehten Film Leni Riefenstahls über den vorangegangenen Parteitag von 1933. Der frühere Film, der in vieler Hinsicht ein »Probelauf« für den »Triumph des Willens« war, gestand Hitlers Paladinen im Gegensatz zum späteren Film einen Teil des Rampenlichts zu. Vor allem Ernst Röhm stand im Vordergrund, was als Grund dafür galt, dass Hitler angeblich nach der »Nacht der langen Messer« 1934 befahl, die Kopien des

Films zu vernichten. Bis vor Kurzem wurde in der Tat angenommen, dass keine einzige Kopie des Films erhalten sei. – H. Hoffmann, »›Victory of Faith‹ (1933) by Leni Riefenstahl«, unveröffentlichtes Manuskript, S. 5, 15f.

57 Allerdings hieß es in einem Bericht aus Berchtesgaden, die Kinobesucher, die den »Triumph des Willens« sehen wollten, als der Film an den ersten drei Oktobersonntagen des Jahres 1936 in Bad Reichenhall gezeigt wurde, seien nahezu ausschließlich Österreicher gewesen, die in Autos und auf Fahrrädern über die wiedergeöffneten Grenzen geströmt seien. – StAM, LRA 29655, BA Berchtesgaden, 3. November 1936.

58 Zitiert nach Welch, S. 156.

59 Siehe ebd., S. 146; Der Nationalsozialismus. Dokumente 1933–1945, hg. von W. Hofer, Frankfurt a.M. 1957, S. 82f.; DBS, V, S. 525–531.

60 Noakes und Pridham, S. 254.

61 DBS, II, S. 9, 12ff., 6. Februar 1935.

62 Ebd., II, S. 278f., 14. März 1935.

63 Ebd., II, S. 283, 14. März 1935.

64 *Völkischer Beobachter* (Norddeutsche Ausgabe), 20. April 1935.

65 Das folgende stammt aus dem *Völkischen Beobachter* (Norddeutsche Ausgabe), 21.–22. April 1934 (gekürzte Fassung); die ungekürzte Fassung findet sich in *Münchener Neueste Nachrichten*, 21.–22. April 1935.

66 Nach Fest, S. 713, gefielen Hitler prunkvolle Uniformen in seiner Umgebung, die seine eigene »schlichte« Kleidung besonders gut zur Geltung brachten.

67 BAK, NS 10/158, Fo. 172. Weitere Beispiele sind in BAK, NS 10/157, Fo. 126, 138, und NS 10/160, Fos. 150–150 v.

68 IML/ZPA, St. 3/39/III, Fo. 625, LB der Stapo Stettin für September 1935.

69 BAK, R 43 II/318, Fo. 2, Frick an Lammers, 24. Juli 1935.

70 Ebd., Fos. 28f., 62: Zusammenfassung der Berichte aus Arnsberg, Münster und Minden vom 8. August 1935 für Lammers; Mitschriften eines Treffens von Arbeitervertretern, 27. August 1935.

71 IML/ZPA, St. 3/38/II, Fos. 312f.; LB der Stapo Erfurt, 6. Juni 1935.

72 DBS, II, S. 757–760, 895, 899, 903ff., Berichte für Juli und August 1935.

73 IML/ZPA, St. 3/44/III, Fo. 700, LB der Stapo Magdeburg, 5. März 1936.

74 BAK, R 58/535, Fos. 91–96, Stapo Berlin, Bericht für Oktober 1935. Der Bericht war von Graf Helldorf, dem Polizeipräsidenten von Berlin, unterzeichnet worden, der sich später am Widerstand beteiligte und 1944 wegen seiner Verwicklung in den Stauffenberg-Anschlag auf Hitler erschossen wurde.

75 BAK, R 58/567, Fos. 84–92, Stapo Berlin, Bericht für Januar 1936.

76 IML/ZPA, St. 3/44/I, Fos. 103–107, LB der Stapo Berlin, 6. März 1936.

77 F. Wiedemann, Der Mann, der Feldherr werden wollte, Velbert/Kettwig 1964, S. 90. Es bestand die Furcht, dass der negative Grundton der preußischen »Lageberichte«, die seit der Mitte des Jahres 1934 regelmäßig eingesandt worden waren, selbst zu einer Stimmungsverschlechterung unter ihren Adressaten beitragen würde. Göring nannte diese Furcht als Hauptgrund für die Einstellung der Berichte, die auf Anordnung des Gestapochefs Heydrich am 8. April 1936 stattfand. – Kulka, »Die Nürnberger Rassengesetze«, S. 595.

78 BAK, R 43 II/318, Fo. 31, 204–213, 219f.; R 43 II/318 a, Fo. 45–53; BAK, Zsg. 101/28, Fo. 331 (»Vertrauliche Informationen« für die Presse über ein Ministertreffen am 7. November 1935 über die Lebensmittelengpässe. Gegen eine Rationierung legte Hitler sein Veto ein und akzeptierte die Bereitschaft der Wehrmacht, auf einen Teil ihrer Auslandswährung bis zum Frühjahr zu verzichten, damit er zum Ankauf von Lebensmitteln benutzt werden könne.)

79 M. Funke, »7. März 1936. Fallstudie zum außenpolitischen Führungsstil Hitlers«, in W. Michalka (Hg.), Nationalsozialistische Außenpolitik, Darmstadt 1978, S. 278f.

80 *Münchener Neueste Nachrichten*, 29. März 1936.

81 Ebd., 28. März 1936.

82 BAK, R 18/5038, Fo. 373. Diese Akte enthält außerdem Richtlinien für die Wahlpropaganda. Die Ergebnisse wurden im Statistischen Jahrbuch für das Deutsche Reich, hg. vom Statistischen Reichsamt, Berlin 1936, S. 565, veröffentlicht.

83 Siehe T. Eschenburg, »Streiflichter zur Geschichte der Wahlen im Dritten Reich«, *VfZ*, 3 (1955), S. 311–316.

84 Wiedemann, S. 74.

85 *Münchener Neueste Nachrichten*, 14. März 1936.

86 ASD, ES/M 33, Hans Dill an Otto Wels, 7. März 1936.
87 *Münchener Neueste Nachrichten*, 20. April 1936.
88 Ebd., 20. April 1936.
89 IfZ, MA 731, NSDAP-Hauptarchiv 1/1.
90 Weißbecker, S. 122.
91 O. Dietrich, Zwölf Jahre mit Hitler, Köln/München o. J. (1955), S. 44 f.; R. Diels, Lucifer ante portas. Zwischen Severing und Heydrich, Zürich o. J. (1949), S. 48 ff., 58 f., 61 f.
92 Domarus, S. 606, siehe auch S. 16–19.
93 Der Parteitag der Ehre vom 8. bis 14. September 1936, München 1936, S. 246.
94 Siehe Fest, S. 713 f.; Bullock, S. 357.

KAPITEL 3

1 GStA, MA 106682, RPvS, 3. Juli 1934.
2 GStA, MA 106670, RPvOB, 4. Juli 1934.
3 StAM, LRA 76887, GS Landsham, 12. Juli 1934. Siehe auch DBS, I, S. 202, 21. Juli 1934, Bericht aus Dresden.
4 Die Berichte finden sich in GStA, MA 106765.
5 GStA, MA 106765, AA Cham, 10. Juli 1934; AA Marktredwitz, 9. Juli 1934; StAM, LRA 76887, GS Markt Schwaben, 12. Juli 1934; LRA 134055, BA Bad Tölz, 14. Juli 1934.
6 GStA, MA 106675, AA Marktredwitz, 9. Juli 1934.
7 BAK, R 43 II/1263, Fo. 262, LB der OP Hannover für Juli 1934.
8 Ebd., Fo. 320, LB der Stapo Köln für Juli 1934.
9 ZStA, Potsdam, 25732/2, Fos. 2, 7, LB der RP in Arnsberg, 10. August 1934; siehe auch ebd., Fos. 35 f., LB der OP der Provinz Westfalen, 11. August 1934.
10 BAK, R 43 II/1263, Fos. 235–237, Der Preußische Ministerpräsident an den Stellvertreter des Führers, 31. August 1934. Die Akte enthält die exzerpierten Berichte, auf denen Görings Kommentar basierte. Die »Zwölf Punkte« waren in einem veröffentlichten Befehl an den neuen Stabschef der SA, Viktor Lutze, vom 30. Juni 1934 enthalten. Den Wortlaut zitiert Domarus, S. 401 f.
11 DBS, I, S. 197–203, 249–253, 21. Juli 1934. Siehe auch die detaillierten Berichte der bayerischen Grenzsekretäre über den Einfluss des »Röhm-Putsches« auf Hitlers Image in der Bevöl-

kerung in ASD, ES/M 31, 19. Juli 1934, und M 63, Bericht für Juli 1934.

12 StAB, K 8/III, 18470, BA Ebermannstadt, 14. Juli 1934; GStA, MA 106765, AA Donauwörth, 12. Juli 1934; für das Fortbestehen der Gerüchte über einen weiteren Anschlag auf Hitler siehe GStA, MA 106685, Pd München, 8. Dezember 1934.

13 GStA, MA 106765, AA Marktredwitz, 9. Juli 1934. Fast jeder Bericht erwähnt die wilden Gerüchte über die Zahl der Erschossenen und das weitverbreitete Misstrauen gegenüber den offiziellen Meldungen.

14 GStA, MA 106765, AA Marktredwitz, 9. Juli 1934.

15 GStA, MA 106765, AA Pfarrkirchen, 10. Juli 1934; AA Marktredwitz, 9. Juli 1934.

16 Siehe Fest, S. 642f.

17 Für den Text siehe Domarus, S. 410–424.

18 StAB, K 8/III, 18470, BA Ebermannstadt, 14. Juli 1934. Zur Wirkung der Rede siehe auch GStA, MA 106670, RPvOB, 18. Juli 1934; MA 106677, RPvOF/MF, 21. Juli 1934; MA 106680, RPvUF, 20. Juli 1934; MA 106685, Pd München, 8. August 1934.

19 GStA, MA 106691, LB des RPvNB/OP, 8. August 1934. Siehe auch MA 106693, LB des RPvS, 8. August 1934: »Der Führer genießt eine sehr große Verehrung, die Bevölkerung glaubt unerschütterlich an ihn.«

20 DBS, I, S. 249–253, 21. Juli 1934.

21 GStA, MA 106765, AA Ingolstadt, 10. Juli 1934.

22 Siehe DBS, I, S. 197, 21. Juli 1934.

23 Z.B. GStA, MA 106765, AA Ingolstadt, 10. Juli 1934; StAN, LRA 76887, GS Markt Schwaben, GS Steinhöring, GS Zorneding, alle vom 12. Juli 1934.

24 Für Zeichen der Zustimmung unter früheren Anhängern der BVP, siehe StAB, K (/III, 18470, GS Unterweilersbach, 1. August 1934, und GStA, MA 106670, RPvOB, 18. Juli 1934; für Reaktionen in protestantischen Gegenden Bayerns siehe StAN, 212/13/II, 654, BA Neustadt an der Aisch, 2. Juli 1934, und GStA, MA 106765, AA Marktredwitz, 9. Juli 1934.

25 GStA, MA 106765, AA Ingolstadt, 10. Juli 1934.

26 GStA, MA 106767, AA Kempten, 9. August 1934; AA Straubing, 10. September 1934.

27 H. Bretschneider, Der Widerstand gegen den Nationalsozialismus in München 1933 bis 1945, München 1968, S. 44, 102;

StAB, K 8/III, 18470, BA Ebermannstadt, 14. Juli 1934. Für die schwachen und verspäteten Reaktionen der Untergrund-KPD im Ruhrgebiet siehe D. Peukert, Die KPD im Widerstand, Wuppertal 1980, S. 220.

28 DBS, I, S. 202, 21. Juli 1934.

29 Gelegentliche Kommentare, die zu einer Anklage führten, beispielsweise die Verurteilung Hitlers als Mörder (StAM, SGM 8930), scheinen denkwürdige Ausnahmen gewesen zu sein.

30 Siehe z. B. GStA, MA 106670, RPvOB, 18. Juli 1934; StAA, BA Amberg 2398, GS Freudenberg, 23. Juli 1934.

31 StAB, K 8/III, 18470, GHS Ebermannstadt, 12. Juli 1934. Ein Sopade-Bericht aus Bayern wies ebenfalls darauf hin, wie auffällig es sei, dass besonders Arbeiter Zufriedenheit über die Vorstellung bekundeten, Hitler habe den Großen und Mächtigen die eiserne Faust gezeigt. – DBS, I, S. 200, 21. Juli 1934 (von ASD, ES/M 63, Bericht für Juni 1934, S. 7f.).

32 GStA, MA 106765, AA Traunstein, 11. Juli 1934; MA 106767, AA Ingolstadt, 9. August 1934.

33 DBS, I, S. 198f., 201, 21. Juli 1934.

34 Vgl. die Berichte aus den preußischen Provinzen in BAK, R 43 II/1263; außerdem M. Jamin, »Zur Rolle der SA im nationalsozialistischen Herrschaftssystem«, in Hirschfeld und Kettenacker, S. 349–353, und R. Bessel, Political Violence and the Rise of Nazism, New Haven/London 1984, S. 143–146.

35 DBS, I, S. 200, 21. Juli 1934.

36 Ebd., I, S. 249.

37 Ebd., I, S. 199, 201.

38 GStA, MA 106691, RPvNB/OP, 8. August 1934; GStA, MA 106767, AA Marktredwitz, 7. August 1934. Siehe auch ebd., AA Hof-Saale, 10. August 1934; MA 106765, AA Marktredwitz, 9. Juli 1934; StAM, LRA 76887, GS Markt Grafing, 31. Dezember 1934; LRA 134055, GHS Bad Tölz, 27. Juli 1934; NSDAP 655, NS-Hago Penzberg, 6. Juli 1934.

39 »Alte Kämpfer« aus Regensburg beispielsweise äußerten ihre Enttäuschung darüber, dass weitere Säuberungen ausgeblieben und ihre Hoffnungen auf die Besetzung frei werdender Posten unerfüllt geblieben waren. – GStA, MA 106767, AA Regensburg, 9. August 1934.

40 GStA, MA 106765, AA Weißenburg i. B., 9. Juni 1934 (fälschlicherweise auf den 9. Mai 1934 datiert). Siehe auch die Einschätzung der Stimmung durch die Sopade kurz vor dem

»Röhm-Putsch« in DBS, I, S. 9–14, 17. Mai 1934, und I, S. 99–122, 26. Juni 1934.

41 GStA, MA 106767, AA Cham, 10. September 1934.

42 GStA, MA 106672, RPvNB/OP, 7. August 1934.

43 BAK, R 43 II/1263, Fos. 235–237, Göring an Heß, 31. August 1934.

44 GStA, MA 106765, AA Weißenburg i. B., 9. Juni 1934.

45 GStA, MA 106767, AA Kempten, 9. August 1934.

46 StAA, Amtsgericht Cham 72/35. Siehe auch z. B. GStA, MA 106767, AA Cham, 9. August 1934; AA Marktredwitz, 7. August 1934; AA Schwandorf i. B., 10. September 1934, 10. Januar 1934; AA Straubing, 10. September 1934; MA 106691, LB des RPvOB, 8. August 1934; siehe auch Kershaw, Popular Opinion, S. 122f.

47 GStA, MA 106767, AA Marktredwitz, 11. September 1934.

48 Siehe Z. Zofka, »Dorfeliten und NSDAP«, in *Bayern IV*, S. 383–433; Zofka, Die Ausbreitung des Nationalsozialismus auf dem Lande, S. 238ff., 294ff.; E. Fröhlich, M. Broszat, »Politische und soziale Macht auf dem Lande. Die Durchsetzung der NSDAP im Kreis Memmingen«, *VfZ*, 25 (1977), S. 546–572; E. Fröhlich, »Die Partei auf lokaler Ebene. Zwischen gesellschaftlicher Assimilation und Veränderungsdynamik«, in Hirschfeld und Kettenacker, S. 255–269.

49 Im November 1932 hatte die NSDAP nur 24,3 Prozent der Stimmen erhalten, verdoppelte aber bis März 1933 ihren Stimmenanteil nahezu auf 47,5 Prozent. – Hagmann, S. 22.

50 StAM, LRA 76887, GS Markt Grafing, 12. September 1933.

51 Ebd., 26. März 1934.

52 Ebd., 31. Juli 1934.

53 Ebd., 12. Januar 1934.

54 Ebd., 30. November 1934.

55 Ebd., GS Steinhöring, 31. Januar 1935, 1. August 1935. Für nahezu identische Meinungsäußerungen siehe GStA, MA 106691, LB des RPvOB, 8. August 1934; StAM, OLG 127, PLG Eichstätt, 28. Dezember 1935.

56 StAM, LRA 76887, GS Landsham, 10. August 1933.

57 Ebd., GS Ebersberg, 26. Juni 1933.

58 Ebd., GS Zorneding, 13. Mai 1934, 1. November 1934. Wie wenig die Bauern von Zorneding im Gegensatz zu den Sammlungen für Kirchenmissionen für die Winterhilfe zu

geben bereit waren, wird berichtet in GStA, MA 106670, RPvOB, 3. März 1934.

59 StAM, LRA 76887, GS Markt Grafing, 31. Dezember 1934.

60 StAM, NSDAP 249, Bericht über ein Treffen von 15 Ortsgruppen- und Stützpunktleitern vom 18. Oktober 1934. Statistiken über die Mitgliedszahlen finden sich in derselben Akte und in NSDAP 256; zum Vergleich die Zahlen für Oberbayern in der Parteistatistik, hg. vom Reichsorganisationsleiter der NSDAP, München 1935, I, S. 34f. Zur Wahlunterstützung siehe Hagmann, S. 12f., 22.

61 StAA, BA Amberg 2399, BA Amberg, 29. August 1934; vgl. den Bericht vom 31. Juli 1934.

62 Ebd., BA Amberg, 30. August 1934.

63 StAM, LRA 61612, BA Garmisch, 2. August 1934. Für die Wahlergebnisse der NSDAP vor 1933 siehe Hagmann, S. 23, 2f., 12f., 22, und G. Pridham, Hitler's Rise to Power. The Nazi Movement in Bavaria 1923–1933, London 1973, S. 284f.

64 StAM, LRA 61613, GS Mittenwald, 30. Dezember 1934, 28. Februar 1935.

65 StAM, LRA 61612, BA Garmisch, 3. November 1934; LRA 61613, GBF Garmisch, 3. April 1935; GS Wallgau, 28. Februar 1935, 30. November 1935. Über den spärlichen Besuch von Parteitreffen, das geringe Interesse am Nürnberger Parteitag, die Ignorierung der NS-Presse, das Desinteresse an der Wiedereingliederung des Saarlands und die Beschwerden, dass nur wenige Leute das Parteiprogramm kennten, siehe StAM, LRA 61612, BS Garmisch, 2. Oktober, 3. November, 3. Dezember 1934; LRA 61613, GS Partenkirchen, 30. Dezember 1934; BA Garmisch, 6. März 1935; GBF Garmisch, 3. April 1935.

66 StAM, LRA 61613, GBF Garmisch, 4. Februar 1935.

67 GStA, MA 106697, LB der Pd Augsburg, 1. September, 1. Oktober, 1. November 1934. Für ähnliche Kritik in anderen Teilen Bayerns siehe ebd., LB der Pd München, 3. September 1934; MA 106691, LB des RPvNB/OP, 6. September 1934; MA 106694, LB des RPvOF/MF, 9. November 1934.

68 Heyen, S. 287f.

69 ZStA, Potsdam, 27079/36, anonymer Brief an Frick, 21. Januar 1935. Für die vernichtende Kritik an der Korruption innerhalb der Partei und der anmaßenden »Bonzenherrschaft« als hervorstechender Zug einer wachsenden Vertrauenskrise gegenüber dem System selbst siehe die Berichte aus Berlin, auf die oben in

Kapitel 2, Fn. 74–76, Bezug genommen wurde. Siehe auch die Sopade-Berichte, die gelegentlich in ihrer Einschätzung des Ausmaßes der Krise übertrieben, aus verschiedenen Teilen Deutschlands in DBS, II, S. 895, 899, 903–905, 21. September 1935.

70 Siehe Fröhlich und Broszat, »Politische und soziale Macht auf dem Lande«, und Zofka, »Dorfeliten«. M. Kater, »Sozialer Wandel in der NSDAP im Zuge der NS-Machtergreifung«, in W. Schieder (Hg.), Faschismus als soziale Bewegung, Hamburg 1976, S. 25–67, arbeitet die Schwerpunktverlagerung der Parteimitgliederschaft auf die Mittelschichten heraus. Siehe auch Kater, The Nazi Party, S. 85 ff., 97 ff.

71 Siehe auch M. Mayer, They Thought They Were Free. The Germans 1933–1945, Chicago 1955, S. 64 f., und Stokes, The Sicherheitsdienst, S. 514–516.

72 Der Reichsparteitag der Freiheit vom 10.–16. September 1935. Offizieller Bericht über den Verlauf des Reichsparteitages mit sämtlichen Kongreßreden, München 1935, S. 287.

73 Vgl. die Beschwerden, die gegen Hitlers Verteidigung seiner Untergebenen auf dem Parteitag laut dem Berliner Polizeibericht geäußert wurden, aus dem oben in Kapitel 2 (Fn. 76) zitiert wurde.

74 Semmler, S. 56 f.

KAPITEL 4

1 Das Wesen des Dissens in der Bevölkerung, wie er sich aus dem »Kirchenkampf« in Bayern ergab, habe ich untersucht in meinem Werk, Popular Opinion, Kapitel 4 und 5. Zum allgemeinen Verlauf der Auseinandersetzung zwischen Kirche und Staat im Dritten Reich siehe Conway, Die nationalsozialistische Kirchenpolitik.

2 Zitiert nach Sontheimer, S. 271. Wie viele Vertreter der nationalkonservativen Rechten, die sich auf der Suche nach einem idealen »Führer« befanden und während der Weimarer Republik die Idee der »heroischen Führung« vertraten, sollte Stapel schließlich Hitler und das Dritte Reich als Verrat an seinen Erwartungen betrachten. Siehe Weinstein, S. 11 ff., 39 f. (Anm. 35 ff.)

3 Siehe Schweitzer, S. 68 ff.; Diephouse, S. 54 ff.; W. Carr, Hitler.

Persönlichkeit und politisches Handeln, Stuttgart 1980, S. 17, 176–179; siehe auch F. Heer, Der Glaube des Adolf Hitler. Anatomie einer politischen Religiosität, München 1966. Das Werk von R.P. Ericksen, Theologen unter Hitler, liefert Einsichten in die Art und Weise, wie Begriffe von »geistlicher Erneuerung« einige der bedeutendsten Theologen der evangelischen Kirche veranlassten, den Nationalsozialismus mit Begeisterung zu akzeptieren und größte Hoffnung in Hitlers Führung zu setzen.

4 Domarus, S. 208; siehe auch von Kotze, S. 41. Goebbels war hingerissen von dem Eindruck, den diese Stelle machte, siehe J. Goebbels, Vom Kaiserhof zur Reichskanzler, 21. Auflage, München 1937, S. 260.

5 Domarus, S. 264.

6 Ebd., S. 641. J.P. Stern, Hitler: Der Führer und das Volk, München 1978, S. 87, analysiert die christliche Bildersprache dieser Rede. Zu anderen Beispielen im Jahre 1936 siehe auch Domarus, S. 570 und Carr, S. 177f.

7 Siehe W. Shirer, Berliner Tagebuch-Aufzeichnungen 1934–1941, hg. von J. Schebera, Leipzig/Weimar 1991, S. 24f.; Carr, S. 17, 179.

8 Zitiert bei Bramsted, S. 209, nach *Völkischer Beobachter*, 20. April 1936. Zwei Jahre später verkündete Goebbels bei gleicher Gelegenheit: »Vielleicht ist das auch ein Stück Religion, sein ganzes Leben in den Dienst eines Volkes zu stellen, und für das Glück der Menschen zu arbeiten und zu handeln.« Zitiert nach *Völkischer Beobachter*, 21. April 1938.

9 J. Goebbels, Tagebücher 1945. Die letzten Aufzeichnungen, Hamburg 1977, S. 49.

10 Zitiert bei L. Volk, »Kardinal Faulhabers Stellung zur Weimarer Republik und zum NS-Staat«, Stimmen der Zeit, CLXXVII (1966), S. 187; siehe auch Lewy, S. 229f.

11 Außerhalb der beiden großen Konfessionen jubelten auch viele der kleinen christlichen Sekten – mit der bemerkenswerten Ausnahme der »Zeugen Jehovahs« – Hitler häufig überschwänglich zu. Gelegentlich gingen sie dabei sogar so weit, sich auf Jesus als Führerideal zu berufen und dann in Hitler den Führer zu entdecken, nach dem Deutschland suche. Siehe C. King, The Nazi State and the New Religions, New York/Toronto 1983, S. 91ff., 99, 122ff., 127, 130f., 141, 188f., 194.

12 Zur Vielzahl an Positionen in der jüngeren Forschung über das Ausmaß an Zusammenarbeit und Opposition der Kirchen während des Dritten Reiches, siehe J. Schmädeke und P. Steinbach (Hg.), Der Widerstand gegen den Nationalsozialismus, München 1985, Teil 3 und S. 1125 ff.

13 Die dadurch ausgelöste Unruhe in der Bevölkerung habe ich untersucht in Popular Opinion, S. 164 ff.

14 KL, I, 36.

15 Ebd., II, 82. Andere Beispiele öffentlicher Ermutigung durch die Geistlichkeit beider großer Konfessionen, »den Führer« bei der Volksabstimmung von 1936 sowie auch bei der nach dem »Anschluss« 1938 zu unterstützen, finden sich ebd., I, 136; II., 100, 161; GStA MA 106687; Bericht der BPP, 1. April 1936, S. 16, 18; StAM, LRA 134057, BA Bad Tölz, 3. April 1936; sowie (zum katholischen Kirchenrecht) Lewy, S. 223–227, 234–241.

16 KL, I., 193.

17 Ebd., II, 195 f.

18 Lewy, S. 231 f.

19 KL, IV, 115 f.

20 Ebd., I, 148 f.

21 Ebd., I., 195 f.

22 Ebd., II, 128.

23 DBS, II, 673 f., 15. Juli 1935, Bericht aus Rheinland-Westfalen.

24 KL, II., 165.

25 Ebd., II., 165, 197, Nach einem Sopade-Bericht aus Sachsen von 1937, einem Zeitpunkt, da der protestantische »Kirchenkampf« sich nach der Ankündigung bevorstehender innerkirchlicher Neuwahlen (die tatsächlich niemals stattfinden sollten) und der Verhaftung einiger Geistlicher (darunter Martin Niemöller) wieder zugespitzt hatte, hatten viele Pfarrer aufgehört, ihre Zustimmung zu Hitler zum Ausdruck zu bringen, und »Argumente wie: ›Der Führer will es nicht‹ – ›Wenn es der Führer wüsste, würde er …‹ hörte man nicht mehr«; – zitiert nach DBS, IV., 592 f., 8. Mai 1937.

26 KL, II., 161.

27 Ebd., II., 118.

28 Ebd., II., 73. Siehe auch S. 144, 211 und I., 213.

29 StAM, LRA 76887, GS Landsham, 30. Juni 1935.

30 KL, II., 126,

31 Ebd., IV., 224; siehe auch I., 127.

32 Volksopposition im Polizeistaat, S. 141.

33 U. von Hehl, Priester unter Hitlers Terror. Eine biographische und statistische Erhebung, Mainz 1984, S. XLIIf., LIII.

34 Eine Auswahl aus vielen Beispielen: KL, I., 126f.; II., 181; III., 129; IV., 163; GstA, MA 106687, Bericht der BPP, 1. Juli 1936, S. 42; StAB, K8/III, 18472, GS Königsfeld, 24. Februar 1937. Zu den wenigen Ausnahmen gehörte ein Pfarrer aus Sulzbach am Main, der der nationalsozialistischen Weltanschauung weitgehend folgte und Mitte 1934 erklärte, »dass man dem Herrgott nicht genug danken könne und alle Tage beten müsse, dass er uns einen Mann wie Reichskanzler Hitler geschenkt habe« (LRA Obernburg am Main, Sammelakt »Kirche und Nationalsozialismus«, GS Sulzbach am Main, 6. August 1934).

35 LBA Obernburg am Main, Sammelakt »Kirche und Nationalsozialismus«, BA Obernburg an die BPP, 23. Oktober 1935, betr. »Kath. Mission in Mömlingen«.

36 KL, I., 307.

37 Siehe Kershaw, Popular Opinion, S. 170–173.

38 GStA, MA 107291, Siebert an Frick, 20. Oktober 1934.

39 Bei den Wahlen von November 1932 hatten die Nationalsozialisten in Amberg-Land nur 10,9 % der Stimmen erhalten. Bei den Wahlen von März 1933 lag der Stimmenanteil für die NSDAP in der Stadt Amberg mit 28,2 % geringfügig niedriger als im Durchschnitt der Städte in der Oberpfalz (30,2 %). Amberg-Land hinkte mit 26,2 % ziemlich hinter dem Durchschnitt der Landkreise in der Region mit 35,1% nach. Hagmann, S. 14f, 23.

40 StAA, BA Amberg 2399, BA Amberg, 30. August 1934. Siehe dazu auch KL, IV., 30f.

41 StAA, BA Amberg 2398, GS Freudenberg, 21. Dezember 1934.

42 StAA, BA Amberg 2399, GS Freihung, 26. Januar 1937; siehe auch die Berichte vom 25. März 1937 und – für die Vorgeschichte des Zwischenfalls – vom 26. Mai 1936. Der Vorfall wurde ausdrücklich erwähnt im Bericht der Regierungspräsidenten von Niederbayern und der Oberpfalz – KL, IV., 113.

43 Ebd., GS Freihung, 26. Januar 1937 und »Sonderbericht« vom 14. Februar 1937.

44 KL, IV., 113.

45 StAA, BA Amberg 2398, GHS Amberg, 13. Juni 1936.

46 Ebd., BA Amberg 2398, GS Schnaittenbach, 24. August 1936; ähnliche Bemerkungen finden sich in GHS Amberg, 13. Juni

1936 und StAA, BA Amberg 2399, GS Freudenberg, 28. Mai 1936. Zu Rücktritten aus parteinahen Verbänden und zu Rekrutierungsschwierigkeiten im Kreis siehe StAA, BA Amberg 2399, 22. Juli 1936, 22. Januar 1937.

47 KL, IV., 112 (Auszug aus einem Bericht des Bürgermeisters der Stadt Regensburg vom Januar 1937). Zu ähnlichen Gefühlen im Kreis Amberg siehe ebd., IV., 117f. und StAA, BA Amberg 2398, GHS Amberg, 24. Februar 1937; BA Amberg, 1. März 1937.

48 StAM, LRA 61615, GBF Garmisch, 3. Oktober 1937.

49 StAM, LRA 61614, GS. Mittenwald, 30. Juni 1936; BA Garmisch, 4. Juli 1936.

50 KL, IV., 356.

51 DBS, II., 236f., 14. März 1935, Bericht aus Rheinland-Westfalen.

52 StAM, LRA 47140, Bad Aibling, 5. Januar 1937 (fälschlich auf den 5. Januar 1936 datiert).

53 Weber, Wirtschaft und Gesellschaft, 3. Auflage, Tübingen 1947, S. 761.

KAPITEL 5

1 In seinen öffentlichen Reden der frühen Zwanzigerjahre scheint Hitler den Begriff »Lebensraum« – wenn überhaupt – nur selten benutzt zu haben. In der von Jäckel und Kuhn herausgegebenen Ausgabe seiner Reden von 1919 bis 1924, die mehr als 600 000 Hitler-Wörter umfasst, taucht der Terminus »Lebensraum«, soweit ich feststellen konnte, nicht ein einziges Mal auf. Dennoch war Hitlers Lebensraum-Konzept spätestens Ende 1922 abgeschlossen – siehe Jäckel und Kuhn, S. 773, Nr. 452, und G. Stoakes, »The Evolution of Hitler's Ideas on Foreign Policy 1919–1925«, in P.D. Stachura (Hg.), The Shaping of the Nazi State, London 1978, S. 39–42.

2 W. Treue, »Rede Hitlers vor der deutschen Presse (10. Nov. 1938)«, *VfZ*, 6 (1958), S. 182; Domarus, S. 974.

3 Domarus, S. 273, 277.

4 Ebd., S. 506.

5 GStA, MA 106672, RPvNB/OP, 7. Juni 1935. Siehe auch Shirer, S. 42ff. Der Text der Rede findet sich bei Domarus, S. 505ff.

6 IML/ZPA, ST 3/38/II, Fo. 198. Stapo für den Regierungsbezirk Arnsberg in Dortmund, LB für Mai 1935.

7 IML/ZPA, ST 3/38/II, Fo. 695. Stapo für den Regierungsbezirk Münster in Recklinghausen, LB vom 6. Juni 1935.
8 Volksopposition im Polizeistaat, S. 211 f.
9 Siehe oben, Kapitel 2.
10 StAM, LRA 99532, GHS Aichach, 29. März 1936. Siehe auch GStA, MA 106670, RPvOB, 8. April 1936, sowie Volksopposition im Polizeistaat, S. 370 f. In den meisten Sopade-Berichten wurde die Kriegsfurcht hervorgehoben: DBS, III., 300 ff., 2. April 1936.
11 GStA, MA 106697, LB der PD Augsburg, 3. April. 1936.
12 GStA, MA 106697, RPvOF/MF, 7. April 1936. Siehe auch GstA, MA 106670, RPvOB, 8. April 1936; MA 106682, RPvS, 6. April 1936; MA 106672, RPvNB/OP, 7. April 1936; MA 106680, RPvUF, 7. April 1936; MA 106687, BPP, 1. April 1936; und Shirer, S. 54–57.
13 Volksopposition im Polizeistaat, S. 370 ff.
14 DBS, III., 460, 4. Mai 1936. Siehe auch die Berichte aus den vorangegangenen Monaten, ebd., S. 300–320.
15 Für Berichte über solche Massenkundgebungen in Bayern, siehe GstA, MA 106697, LB des PD Augsburg, 3. April 1936; MA 106687, BPP, 1. April 1936; MA 106685, Pd München, 5. April 1936.
16 *Münchner Neueste Nachrichten,* 16. März 1936; ASD, ES/M64, Bericht für März 1936, S. 9.
17 DBS, III., 304, 2. April 1936.
18 GStA, MA 106687, BPP, 1. April 1936; MA 106670; RPvOB, 8. Mai 1936. Sopade-Berichterstatter erkannten die Ablenkungswirkung des Rheinland-Coups – AdSD, ES/M33, 18. März 1936; ES/M64, Bericht für April 1936.
19 Siehe GStA, MA 106686, PD Augsburg, 30. April 1936.
20 StAM, LRA 47140, BA Bad Aibling, 6. April 1936; siehe auch GStA, MA 106687, BPP, 1. Mai 1936.
21 DBS, III., 304, 2. April 1936, Bericht aus dem Ruhrgebiet.
22 Ebd., 306 ff., nach AdSD, ES/M64, Bericht für März 1936.
23 Die Hoßbach-Denkschrift findet sich in ADAP, Ser. D, Band I, S. 25–32; in gekürzter Version in: Das Dritte Reich. Dokumente zur Innen- und Außenpolitik, Band 1: »Volksgemeinschaft« und Großmachtpolitik 1933–1939, hg. von W. Michalka, München 1985, S. 234 ff.; zu Goebbels Tagebuchnotizen: Joseph Goebbels Tagebücher 1924–1945, 5 Bände, Band 3: 1935–1939, hg. von R.G. Reuth, München

1992; einige relevante Auszüge in I. Kershaw, Der NS-Staat, Reinbek bei Hamburg 1988, S. 240f.

24 GStA, MA 106673, RPvNB/OP, 8. März 1938; siehe auch StAA Amberg, BA Amberg 2398, GS Schnaittenbach, 24. Februar 1938; StAM, NSDAP 983, NSLB Kreis Erding, 8. Februar 1938; LRA 61616, GBF Garmisch, 2. März 1938; GS Mittenwald, 26. Februar 1938.

25 Text in Domarus, S. 792–804. Zu den Reaktionen, siehe GStA, MA 106671, RPvOB, 10. März 1938; MA 106673, RPvNB/OP, 8. März 1938; MA 106678, RPvOP/MF, 9. März 1938. Nicht jeder interessierte sich intensiv für Hitlers Klarstellungen zu den Veränderungen in Regierung und Militärführung. In der Umgebung von Berchtesgaden erklärten 300 »Kraft durch Freude«-Urlauber aus Düsseldorf und Berlin, sie seien zu sehr mit ihren Wintersportaktivitäten beschäftigt, um diese abzubrechen und sich die Hitler-Rede anzuhören – StAM, LRA 29654, GS Markt Schellenberg, 28. Februar 1938.

26 H. Auerbach, »Volksstimmung und veröffentlichte Meinung in Deutschland zwischen März und November 1938«, in F. Knipping und K.-J. Müller (Hg.), Machtbewußtsein in Deutschland am Vorabend des Zweiten Weltkrieges, Paderborn 1984, S. 278.

27 StAM, LRA 30678, GS Anger, 31. März 1938.

28 StAM, LRA 61616, GS Mittenwald, 29. März 1938; GS Wallgau, 30. März 1938.

29 GStA, MA 106683, RPvS, 8. April 1938.

30 StAM, LRA 30678, GS Anger, 31. März 1938.

31 StAB, K8/III, 18473, GS Unterweilersbach, 26. März 1938; siehe auch GBF Ebermannstadt, 29. März 1938; BA Ebermannstadt, 1. April 1938; GS Heiligenstadt, 25. März 1938; GS Waischenfeld, 25. März 1938; GStA, MA 1066799, RPvOF/MF, 8. April 1938.

32 DBS, V., 256ff., 9. April 1938.

33 Ebd., S. 260.

34 Ebd., S. 267f.

35 Ebd., S. 268f.

36 Ebd., S. 263f.

37 Zur Volksabstimmung siehe Auerbach, »Volksstimmung«, S. 279.

38 MadR, II., 72f.

39 GStA, MA 106673, RPvNB/OP, 8. September 1938.

40 StAA, BA Amberg 2399, GS Hahnbach, 21. September 1938.

41 StAM, NSDAP 983, NSLB Kreis Weilheim, Abschnitt Peißenberg, 3. Oktober 1938.

42 Ebd., Bericht an NSLB, Kreis Traunstein, 23. September 1938.

43 StAM, NSDAP 440, »Bericht über die Stimmung der Jugend in den kritischen Tage«, undatiert, vermutlich Oktober 1938.

44 StAM, NSDAP 126, KL Erding, Bericht vom Oktober–Dezember 1938. Der zitierte Kommentar wurde durchgestrichen und durch eine neutralere Formulierung ersetzt.

45 StAM, NSDAP 440, NS-Frauenschaft Ebersberg, 31. Oktober 1938 und der undatierte »Stimmungsbericht [eines Blockwarts] über die ereignisreichen Tage im September 1938 vor dem Einmarsch ins Sudetenland«. Defätistische und kritische Bemerkungen aus den Mittelschichten und Klagen von Bauern über die Requirierung von Pferden werden in einem anderen Bericht in der gleichen Akte erwähnt: »Reichsbund der Deutschen Beamten« an die »Ortsgruppe Ebersberg«, 29. Oktober 1938.

46 StAM, LRA 59595, BA Schrobenhausen, 4. November 1938; LRA 47140, GS Feilnbach, 18. Juli 1938; LRA 134059, BA Bad Tölz, 2. Sept. 1938.

47 StAA, BA Amberg 2398, GS Hirschau, 22. August 1938; StAM, LRA 99497, BA Aichach, 1. September 1938; GStA, MA 106681, RPvUF, 7. September 1938.

48 DBS, V., 685–689, 24. August 1938.

49 Ebd., S. 684f.; siehe auch S. 913–939, 10. Oktober 1938.

50 Nach einer groben Auswertung wurde Hitler 1937 in 81 der 448 Heimtückefälle (18,1 %) des Sondergerichts München direkt kritisiert, dagegen 1938 in 297 von 1302 (22,8 %), 1939 in 290 von 1269 (22,9 %) und 1940 in 234 von 812 (28,8 %) Heimtückefällen. Im Gegensatz zu den meist unspezifisch abfälligen Bemerkungen und allgemeinen Schimpfereien in den ersten Jahren der Diktatur, einschließlich einer bedeutenden Minderheit von Fällen, besonders zur Zeit der »Röhm-Affäre«, die die Sexualität Hitlers bespöttelte, beschäftigte sich die Kritik zwischen 1938 und 1940 viel häufiger mit Hitlers Schuld an spezifischen außenpolitischen Angelegenheiten, an seinen kriegerischen Zielen und schließlich am Krieg selbst. Witze und Äußerungen über seine Sexualität verschwinden zu dieser Zeit fast völlig, und es gibt prozentual weniger nicht spezifische Beleidigungen. Allein wegen angeblicher Kritik an der Sudetenpolitik der Regierung kamen 79 Personen in den

Jahren 1938/39 vor das Sondergericht München – meist ungelernte Arbeiter, Facharbeiter, Handwerker und Landwirte. Sondergerichtsmaterial im StAM.

51 N. Henderson, Failure of a Mission, London 1940, S. 154, 161, 166.

52 Shirer, S. 138; Stokes, SD, S. 272; R. Andreas-Friedrich, Schauplatz Berlin. Ein deutsches Tagebuch, München 1962, S. 5 f.; siehe auch Steinert, S. 77 ff.

53 Steinert, S. 79.

54 GStA, MA 106671, RPvOB, 10. Oktober 1938. Siehe auch Stokes, SD, S. 270, 273; Steinert, S. 78 f.; Shirer, S. 142.

55 Auerbach, Volksstimmung, S. 285.

56 Siehe Henderson, S. 175, 179.

57 GStA, MA 106671, RPvOB, 10. November 1938. Siehe auch MA 106681, RPvUF, 10. November 1938.

58 DBS, V., 939–947, 10. Oktober 1938.

59 Ebd., 940.

60 Siehe DBS, VI., 281, 14. April 1939, Bericht aus Südwestdeutschland; StAM, NSDAP 126, KL Wasserburg, Bericht für Januar bis März 1939. Siehe auch LRA 29654, GS Bad Reichenhall, 28. März 1939, und StAB, K8/III, 18473, GS Königsfeld, 27. März 1939.

61 So ausdrücklich in StAB, K8/III, 18473, GS Waischenfeld, 26. März 1939. Siehe auch die Sopade-Berichte in DBS, VI., 278 ff., 14. April 1939.

62 StAM, NSDAP 126, KL Aichach, 31. März 1939. Siehe auch GstA, MA 106683; RPvS, 7. April 1939: MA 106678; RPvOF/MF, 10. April 1939; MA 106673, RPvNB/OP, 11. April 1939; MA 106681, RPvUF, 11. April 1939, MA 106671, RPvOB, 12. April 1939 zu den Reaktionen, wie sie von den bayerischen Regierungspräsidenten berichtet wurden.

63 Siehe DBS, VI., 282, Bericht aus Südwestdeutschland.

64 Ebd., S. 278, Bericht aus Rheinland-Westfalen.

65 Ebd., S. 275. »Stumpfe Gleichgültigkeit«, Kritik am deutschen Imperialismus – der jetzt zum ersten Mal nicht mehr unter dem Vorwand der »Befreiung unterdrückter deutscher Minderheiten« agierte, und die Sorge, dass man dem Krieg jetzt einen Schritt näher gekommen sei, wurden als weitere allgemeine Reaktionen vermerkt (S. 276).

66 Ebd., S. 435–454, 10. Mai 1939.

67 Text in Domarus, S. 1148 ff. Einige Beobachter hielten die

Erwiderung an Roosevelt für die »wahrscheinlich ... brillanteste, die er je gegeben hat«. Siehe Fest, S. 795–798.

68 GStA, MA 106673, RPvNB/OP, 7. August 1939, siehe auch MA 106671, RPvOB, 10. August 1939, und Steinert, S. 84 f.

69 I. McKee, Tomorrow the World, London 1960, S. 27.

70 StAB, K8/III, 18473, LR Ebermannstadt, 30. Juni 1939; siehe auch GI Ebermannstadt, 29. Juli 1939.

71 StAB, K8/III, 18473, LR Ebermannstadt, undatiert (Ende Juli) 1939.

72 Siehe etwa Shirer, S. 181f, 189 f.; Steinert, S. 91 f.; Stokes, SD, S. 471; Fest, S. 849.

73 GStA, MA 106671, 11. September 1939. Siehe auch MA 106678, RPvOF/MF, 7. September 1939, und MA 106683, RPvS, 8. September 1939.

74 StAB, K8/III, 18473, LR Ebermannstadt, 31. August 1939.

75 Siehe DBS, VI., 985–989, zu Reaktionen auf den Nichtangriffspakt mit der Sowjetunion, und ebd., S. 975–983, zu ersten Reaktionen auf den Krieg. Der Bericht wurde am 24. Oktober 1939 abgeschlossen.

76 Siehe z. B. Shirer, S. 163.

77 Zu solchen Überzeugungen, siehe z. B. GStA, MA 106673, RPvNB/OP, 9. Oktober 1939, MA 106681, RPvUF, 10. Februar 1940; MA 106678, RPvOF/MF, 7. April 1940; StAM, LRA 29655, GS Bad Reichenhall, 29. Dezember 1939.

78 Siehe z. B. GStA, MA 106673, RPvNB/OP, 8. September 1939: »Aus allen Berichten ging ... bereits hervor, dass die Bevölkerung zwar von einem Krieg nichts wissen wollte, dass sie aber trotz Fehlens einer Kriegsbegeisterung wie 1914 auch im Kriegsfall das Unabwendbare im Vertrauen auf den Führer in Ruhe und Zuversicht tragen werde.« Siehe auch GStA, MA 106678, RpvOF/MF, 7. September 1939; Shirer, S. 196, 205; Steinert, S. 95 ff.

79 GStA, MA 106671, RPvOB, 11. September 1939. Siehe auch Stokes, SD, S. 472: »Es gibt keinen Grund zu der Annahme, dass die große Masse der Bevölkerung Hitlers Selbstdarstellung als enttäuschter Friedenssucher nicht akzeptierte.«

80 Siehe Shirer, S. 163.

81 P. Schmidt, Statist auf diplomatischer Bühne, Bonn 1953, S. 469.

82 Text bei Domarus, S. 1377 ff. Siehe auch den Kommentar zu dieser Rede bei Shirer, S. 220 ff.

83 GStA, MA 106678, RPvOF/MF, 7. November 1939. Siehe auch Stokes, SD, S. 473–476; Steinert, S. 108f.

84 StAB, K8/III, 18473, GKF Ebermannstadt, 29. September 1939.

85 Siehe z.B. BA/MA, RW20–13/8, »Geschichte der Rüstungs-Inspektion XIII«, S. 35; Meldungen, S. 8.

86 Shirer, S. 208, 20. September 1939.

87 WL, »Deutsche Inlandsberichte«, Nr. 56, 1. November 1939.

88 Zu Reaktionen aus Bayern, siehe z.B. GStA, MA 106678, RPvOF/MF, 7. Dezember 1939; MA 106683, RPvS, 9. Dezember 1939; MA 106681, RPvUF, 11. Dezember 1939; StAB, K8/III, 18473, GP Waischenfeld, 26. November 1939; StAM, LRA 61616, GKF Garmisch, 28. November 1939; GP Mittenwald, 24. November 1939. Vgl. dagegen von Reck-Malleczewen, eines christlichen Konservativen und scharfen Gegners des Regimes: »Es gibt, denke ich, in dieser ›Hauptstadt der Bewegung‹ (d.h. München), die im Volksmunde längst ›Hauptstadt der Gegenbewegung‹ heißt, keine tausend Eingeborene, die sich nicht über das Misslingen die Haare raufen.« – F.P. Reck-Malleczewen, Tagebuch eines Verzweifelten, Frankfurt a.M./Hamburg 1971, S. 68.

89 MadR, III., 449. Im Bericht vom 13. November 1939 hieß es zusätzlich, die Teilnahme an der Beerdigung der Opfer sei schwach gewesen und die Beileidsbekundungen gedämpft.

90 DBS, VI., 1024f., 2. Dezember 1939.

91 Meldungen, S, 34ff.; siehe auch Stokes, SD, S. 379–395; Steinert, S. 110–122.

92 Domarus, S. 1234.

93 Domarus, S. 1426.

94 Siehe A. Speer, Erinnerungen, Frankfurt a.M./Berlin, S. 229, über Hitlers Interesse an der Aufrechterhaltung der positiven Volksstimmung und insbesondere daran, ein Sinken seiner Beliebtheit zu vermeiden, aus dem sich eine innenpolitische Krise für das Regime ergeben könnte.

KAPITEL 6

1 F. Terveen, »Der Filmbericht über Hitlers 50. Geburtstag. Ein Beispiel nationalsozialistischer Selbstdarstellung und Propaganda«, *VfZ*, 7 (1959), S. 82.

2 Siehe Stokes, SD, S. 375–395; Kershaw, Popular Opinion, Kapitel 7.
3 Zur allgemeinen Stimmungslage, siehe Stokes, SD, S. 284 ff., 395 ff.; Steinert, S. 121 ff.
4 Fest, S. 862.
5 Siehe Stokes, SD, S. 282–288.
6 Die deutsche Behauptung war nicht unbegründet. Siehe Steinert, S. 123 f.; Stokes, SD, S. 481 f.
7 GStA, MA 106683, RPvS, 7. Mai 1940.
8 Z.B. GStA, MA 106678, RPvOF/MF, 8. Mai 1940.
9 DBS, VII., 221 f., 8. April 1940, Berichte aus Berlin und Rheinland-Westfalen.
10 WL, »Deutsche Inlandsberichte«, Nr. 61, 29. April 1940.
11 Das andere Gesicht des Krieges. Deutsche Feldpostbriefe 1939–1945, hg. von O. Buchbender und R. Sterz, München 1982, S. 51.
12 Dennoch hielt der SD die deutsche Propaganda in Hinblick auf einen Neutralitätsbruch für wirksam. Siehe Steinert, S. 125 f.
13 Meldungen, S. 66.
14 GStA, MA 106683, RPvS, 10. Juni 1940.
15 Ebd., 9. Juli 1940.
16 StA Neu, vorl. LO A5, KL Augsburg-Stadt, 10. Juli 1940.
17 Meldungen, S. 77 f. Siehe auch GStA, MA 106671, RPvOB, 8. Juni 1940; MA 106678, RPvOF/MF, 8. Juli 1940.
18 Siehe z.B. die Bemerkungen von Carl Severing, zitiert bei Stokes, SD, S. 399, sowie die Erinnerungen eines Vorarbeiters in den Messerschmitt-Werken in Augsburg, zitiert bei W. Domarus, Nationalsozialismus, Krieg und Bevölkerung, München 1977, S. 90.
19 BA/MA, RW 20–7/16, »Geschichte der Rüstungsinspektion VII«, S. 105.
20 Steinert, S. 137; BAK, R22/3379, OLGP München, 3. September 1940.
21 Das andere Gesicht des Krieges, S. 62.
22 StANeu, vorl. LO A5, KL Augsburg-Stadt, 10. August 1940. Eine zugespitzte antibritische Stimmung zeigte sich deutlich in den Berichten der bayerischen Regierungspräsidenten: GStA, MA 106678, RPvOF/MF, 7. August 1940; MA 106681, RPvUF, 10. August 1940; MA 106683, RPvS, 8. August 1940; MA 106673, RPvNB/OP, 8. August 1940.

23 Die Texte der Reden Hitlers vom 10. Dezember 1940 sowie vom 30. Januar, 24. Februar und 16. März 1941 finden sich bei Domarus, S. 1626–1634, 1667–1670, 1674 f.
24 MadR, V., 1763, 14. November 1940.
25 StAW, SE/13, AS Bad Kissingen, 25. Februar 1941.
26 StAW, SE/22, AS Schweinfurt, 4. März 1941.
27 StAW, SD/35, HAS Würzburg, 25. März 1941; SD/23, AS Würzburg, 18. März 1841; siehe auch SD/22, AS Schweinfurt, 18. März 1941; SD/17, AS Kitzingen, 18. März 1941.
28 StAW, SD/17, AS Kitzingen, 1. April 1931. Siehe auch Meldungen, S. 129; Steinert, S. 125 f.
29 StAW, SD/22, AS Schweinfurt, 7. März 1941.
30 Meldungen, S. 116 f.; StAW, SD/17, AS Kitzingen, 21. März 1941.
31 GStA, MA 106674, RPvNB/OP, 8. Mai 1941.
32 Rheinisch-Westfälische Zeitung, 20. April 1941.
33 Heyen, S. 228.
34 Meldungen, S. 133; Steinert, S. 187; Stokes, SD, S. 334.
35 GStA, MA 106674, RPvNB/OP, 8. Mai 1941; MA 106681, RPvUF, 12. Mai 1941.
36 GStA, MA 106681, RPvUF, 12. Mai 1941.
37 GStA, MA 106674, RPvNB/OP, 8. Mai 1941.
38 Domarus, S. 1692, 1708 (»Aufruf zum 2. Kriegshilfswerk für das Deutsche Rote Kreuz«, 18. April 1941; Bericht über den Balkanfeldzug an den Reichstag, 4. Mai 1941). Zu den Reaktionen, siehe GStA, MA 106674, RPvNB/OP, 8. Mai 1941; MA 106684, RPvS, 10. Juni 1941; MA 106671, RPvOB, 10. Juni 1941, Meldungen, S. 143; Steinert, S. 188 ff.; Stokes, SD, S. 337, 490.
39 StAB, K8/III, 18473, LR Ebermannstadt, 30. September 1939; siehe auch BAK, R22/3555, OLGP Bamberg, 1. Juli 1940.
40 Siehe Stokes, SD, S. 499 ff.
41 GStA, MA 106674, RPvNB/OP, 8. März 1941.
42 StAW, SD/31, SD-Abschnitt Würzburg, 4. November 1841, »Volksleben und Nationalsozialismus«.
43 StAW, SD/10/12, AS Würzburg, 13. Februar 1941.
44 StAW, SD/19, AS Lohr, 25. März 1941.
45 Über die NSV und die nationalsozialistische »Wohlfahrts-« und »Sozialarbeit« in der Kriegszeit siehe C. A. A. Smith, »The National Socialist organisation NSV ›NS-People's Welfare‹, propaganda and influence, 1933–1945«, Phil. Diss., University of Edinburgh, 1986, Kapitel 7.

46 Z. B. StANeu, Vorl. LO A5, KL Augsburg-Stadt, 9. März, 10. August, 10. Oktober 1940.

47 Begrenzte wirtschaftliche Unterstützung durch die Partei oder die NSV an bestimmte Personen oder Familien und die Höhe von Familienbeihilfen waren in ländlichen Gebieten Gegenstand von Neid und Kritik. Und Vorstellungen über großzügigen finanziellen Beistand für Evakuierte – etwa aus dem Saarland –, die offensichtlich von schwerer Arbeit in der Landwirtschaft wenig hielten, veranlassten manche Bauern, damit zu drohen, in Zukunft keine Spenden an die NSV mehr zu geben. Siehe z. B. StAB, K8/III, 18473, GKF Ebermannstadt, 31. Juli 1940; LR Ebermannstadt, 31. Juli 1940, GStA, MA 106671, RpvOB, 10. Mai 1941.

48 StANeu, vorl. LO A5, KL Augsburg-Stadt, 10. August, 10. November 1940.

49 Siehe Steinert, S. 174. Ganz besonders schimpfte man über das Wohlleben von Parteifunktionären in Spitzenhotels inmitten von allgemeiner Sparsamkeit, dies gab Anlass zu Vergleichen mit den Zuständen während des Ersten Weltkriegs – StAW, SD/23, AS Würzburg, 8. April 1941; StAM, LRA 616118, GP Mittenwald, 25. Februar 1941.

50 GStA, MA 106678, RPvOF/MF, 7. April 1940; BAK, R22/3381, OLGP Nürnberg, 8. März, 8. Mai, 4. November 1940; GenStA Nürnberg, 11. April 1940; StAB, K8/III, 18473, GKF Ebermannstadt, 29. März 1940; LR Ebermannstadt, 30. März 1940.

51 GStA, MA 106671, RPvOB, 10 Juni 1941.

52 StANeu, vorl. LO 15, Fo. 168, KL Memmingen, undatiert (Ende Mai 1941). Derlei Gerüchte finden sich in fast allen Berichten aus dieser Zeit.

53 Meldungen, S. 146.

54 Stokes, SD, S. 511 f.

55 SGM-Bestände in StAM.

56 StAW, SD/31, SD-Abschnitt Würzburg, 13. Juni, 12. September 1940, »Volksleben und Nationalsozialismus«.

57 Ebd., 25. November 1940.

58 StAW, SD/23, AS Würzburg, 25. Februar 1941.

59 Meldungen, S. 145 f.; Steinert, S. 195; Stokes, SD, S. 511; GstA, MA 106684, RPvS, 10. Juni 1941; MA 106679, RPvOF/MF, 8. Juni 1941; LRA 29655, GP Anger, 29. Mai 1941; LRA 135114, LR Mühldorf, 4. Juni 1941.

60 Meldungen, S. 145 f.
61 GStA, MA 106684, RPvS, 10. Juni 1941.
62 StAM, LRA 61618, GP Mittenwald, 24. Mai 1941.
63 StAM, LRA 135114, GP Kraiburg, 29. Mai 1941. Siehe auch GStA, MA 106674, RPvNB/OP 8. Juni 1941; MA 106679, RPvOF/MF, 8. Juni 1941; MA 106671, RPvOB, 10. Juni 1941; MA 106681, RPvUF, 1. Juni 1941; BAK, R22/3355; OLGP Bamberg, 1. Juli 1941.
64 IWM, »Aus deutschen Urkunden«, unveröffentlichte Dokumentation, undatiert, S. 243–246. Zur NS-Propaganda im Zusammenhang mit der Heß-Affäre und ihren Auswirkungen siehe M. Balfour, Propaganda in War, 1939–1945, London 1979, S. 217–221.
65 H. Picker, Hitlers Tischgespräche im Führerhauptquartier 1941 bis 1942, Stuttgart 1963, S. 132.

KAPITEL 7

1 USSBS, IV., 16.
2 Etwa die Hälfte der deutschen Bevölkerung war bis zum bitteren Ende nicht bereit, eine bedingungslose Kapitulation in Erwägung zu ziehen. Und selbst noch nach dem Kriege räumte ein beträchtlicher Anteil ein, er habe damals darauf vertraut, dass die deutsche Führung im wahren Interesse des Volkes handle – ebd., S. 14–18.
3 Siehe, Kershaw, Popular Opinion, S. 329.
4 BA/MA, RW 20–13/9. »Geschichte der Rüstungsinspektion XIII«, S. 156.
5 Das andere Gesicht des Krieges, S. 70. Zu Hitlers Proklamation am 22. Juni 1941 über den Angriff auf die Sowjetunion, siehe Domarus, S. 1726–1732.
6 Meldungen, S. 155 f.
7 BDC, Personalakte Adolf Wagner, »Kreisappell der Ortsgruppenleiter und Bürgermeister« in Rosenheim, 22. Oktober 1941.
8 Text bei Domarus, S. 1758–1767.
9 Einige Tage nach dieser Rede berichtete der Regierungspräsident von Schwaben von »der wachsenden Einsicht, dass der Krieg mit Russland notwendig war und dass der Bolschewismus zum Überfall auf ganz Europa bereitstand.« – GStA, MA 106684, RPvS, 8. Oktober 1941.

10 Domarus, S. 1762f.; Meldungen, S. 180.
11 Domarus, S. 1758; StANeu, vorl. LO A5, KL Augsburg-Stadt, 10. November 1941; GStA, MA 106674, RPvNB/OP, 8. November 1941.
12 Meldungen, S. 182, 184; GStA, MA 106684, RPvS, 8. November 1941.
13 Meldungen, S. 182f. Im SD-Bericht war die Rede von einer skeptischen und abwartenden Haltung der Bevölkerung, die der deutschen Propaganda mit Misstrauen begegne.
14 Domarus, S. 1757.
15 Das andere Gesicht des Krieges, S. 84.
16 Meldungen, S. 184ff.; Steinert, S. 234f.; siehe auch GStA, MA 106671, RPvOB, 10. November 1941; MA 106674, RPvNB/OP, 8. Dezember 1941; MA 106684; RPvS, 8. November 1941; MA 106679, RPvOF/MF, 7. Oktober 1941; StANeu, vorl. LO A5, KL Augsburg-Stadt, 10. November 1941.
17 Meldungen, 191f.
18 Ebd., S. 202; GStA, MA 106671, RRvOB, 9. Januar 1942; MA 106679, RPvOF/MF, 5. Januar 1942; MA 106681, RPvUF, 12. Januar 1942; MA 106674, RPvNB/OP, 8. Januar 1942; BAK, R22/3355, OLGP Bamberg, 1. Januar 1942; R22/3381, GenStA Nürnberg, 10. Februar 1942.
19 GStA, MA 106684, RPvS, 12. Januar 1942, Meldungen, S. 203.
20 StAB, K8/III, 18474, GKF Ebermannstadt, 30. Januar 1942.
21 GStA, MA 106684, RPvS, 8. November 1941, 9. Februar 1942. Siehe auch Meldungen, S. 200f.
22 StAW, GL Mainfranken II/5, Kreispropagandaleiter Brückenau-Hammelburg, 26. Januar 1942. Siehe auch GStA, MA 106679, RPvOF/MF, 5. Januar 1942; MA 106684, RPvS, 12. Januar 1942; sowie Steinert, S. 264–268.
23 Siehe Kershaw, Popular Opinion, S. 334ff.
24 E. Klee, »Euthanasie« im NS-Staat. Die »Vernichtung lebensunwerten Lebens«, Frankfurt a.M. 1983, S. 333ff.
25 Siehe z.B. Kershaw, Popular Opinion, S. 336.
26 Klee, S. 341.
27 Conway, S. 247, 274f., ein Rundschreiben Bormanns über das Verhältnis von Nationalsozialismus und Christentum findet sich in der englischen Ausgabe: J. Conway, The Nazi Persecution of the Churches, 1933–1945, London 1968, S. 383–386; sowie Kershaw, Popular Opinion, S. 332ff.
28 Siehe Kershaw, Popular Opinion, S. 340ff.

29 LRA Neumarkt in der Oberpfalz (Registratur), LRA Parsberg 939, anonymer Brief an den Ortsgruppenleiter von Hemau, eingegangen am 20. September 1941.

30 KL, IV., 290.

31 KL, I., 328.

32 StANeu, vorl. Slg. Schum. Anh. 3, KL Augsburg-Land, 20. Oktober 1941; StAM, SGM 5659, 8634.

33 Hitler war angeblich wütend auf Gauleiter Wagner, weil der diese Unruhe provoziert habe – E. N. Peterson, The Limits of Hitler's Power, Princeton 1969, S. 219.

34 LRA Neumarkt in der Oberpfalz, LRA Parsberg 939, »Durchführung des Kreuzerlasses in Parsberg«, 19. September 1941.

35 StAM, LRA 31933 GP Ramsau, 9. Oktober 1941.

36 StAM, LRA 48235, Brief an den Bezirksschulrat Pfaffenhofen, 17. September 1941.

37 StAL 164/14.5731, Pfarramt Ulbering an den LR Pfarrkirchen, 3. September 1941; GP Triftern, 3. September 1941; LR Pfarrkirchen, 26. September 1941.

38 KL, III., 223.

39 MadR, IX. 3225, 29. Januar 1942.

40 Siehe Bramsted, S. 307 f. Die Presse hatte tatsächlich im März die Anweisung erhalten, bei der Kommentierung des Films alle Vergleiche zwischen Friedrich dem Großen und Hitler sowie alle Analogien zur Gegenwart zu vermeiden. Dies galt insbesondere in Hinblick auf die pessimistisch gestimmten Eingangsszenen des Films. Sie sollten auf keinen Fall mit dem gleichgesetzt werden, was das deutsche Volk im gegenwärtigen Krieg zu ertragen habe. – »Wollt ihr den totalen Krieg?« Die geheimen Goebbels-Konferenzen 1939–1943; hg. von W. A. Boelcke, München 1969, S. 287, 298. Dennoch hat Goebbels im Zusammenhang mit diesem Film Hitler ausdrücklich mit Friedrich dem Großen verglichen. Siehe MadR, X., 3660 ff., 23. April 1942.

41 Meldungen, S. 216 f.

42 StAN, LRA Hilpoltstein 792, SD Schwabach, 2. März 1942.

43 Meldungen, 239 f.

44 Domarus, S. 1850; Meldungen, S. 239.

45 StAM, LRA 29656, SD Berchtesgaden, 31. März 1942. Siehe auch GStA, MA 106679, RPvOF/MF, 7. April 1942; MA 106674, RPvNB/OP, 10. April 1942; MA 106684, RPvS, 10. April 1942.

46 StAN, LRA Hilpoltstein 792, SD Schwabach, 2. März 1942.
47 Text bei Domarus, S. 1865–1877.
48 Zum folgenden, siehe MadR, X., 3671–3674, 3685–3688, 27. April, 30. April 1942.
49 Idid., S. 3687.
50 Ebd., S. 3672.
51 StANeu, vorl. LO 30/35, KL Nördlingen, 11. Mai 1942. Siehe auch Slg. Schum. Anh. 3, KL Augsburg-Land, 23. Mai 1942.
52 MadR, X., 3687. Siehe auch BAK, R22/3355, Fols. 63a–b, OLGP Bamberg, 29. Juni 1942.
53 MadR, X., 3686. Siehe auch BAK, R22/3355, Fos. 62c–d, 63a–d, OLGP Bamberg, 30. April, 29. Juni 1942; Steinert, S. 289–292; Kershaw, Popular Opinion, S. 327.
54 StAB, LRA Münchberg, vorl. ohne Signatur. Ich danke Herrn Dr. Karl-Heinz Mistele (Staatsarchiv Bamberg) dafür, dass er mich auf dieses Dokument hingewiesen hat.
55 MadR, XI., 4259, 1. Oktober 1942. Text der Hitler-Rede bei Domarus, S. 1913–1924.
56 MadR, XI., 4291 ff., 8. Oktober 1942.
57 Z.B. StAM, LRA 61619, SD Garmisch, 27. Oktober 1942; StAW, SD/36, HAS Würzburg, 8. Oktober 1942.
58 StAM, LRA 29656, LR Berchtesgaden, 3. Oktober 1942; MadR, XI., 4279 f., 5. Oktober 1942.
59 StAB, K8/III, 18474, LR Ebermannstadt, 2. November 1942.
60 StAW, SD/36, HAS Würzburg, 8. Oktober 1942.
61 StAM, LRA 61619, GP Mittenwald, 25. Februar, 24. März 1942; GP Kohlgrub, 24. Juni 1942; GKF Garmisch, 29. Juni 1942.
62 Ebd., GP Ettal, 25. August 1942.
63 Ebd., GP Oberammergau, 25. Juni 1942.
64 Ebd., 24. Juli 1942.
65 StAM, SGM 11316, 12573.
66 Z.B. ebd., 11298.
67 MadR, XI., 4190, 10. September 1942; StANeu, vorl. Slg. Schum. Anh. 3, SD Friedberg, 28. September 1942; StAM, LRA 29656, SD Berchtesgaden, 28. September 1942.
68 MadR, 4259, 1. Oktober 1942.
69 Eine zentrale Direktive des Reichssicherheitshauptamtes vom 19. Juni 1940 an alle Leitabschnitte des SD befahl die Beobachtung der Todesanzeigen für gefallene Soldaten in den Zeitungen – StAW, SD/41/6, RSHA-SD Nr. 17766, 19. Juni 1940.

William Shirer hat behauptet, bereits während des Polenfeldzuges habe die Nichterwähnung des »Führers« in Todesanzeigen politische Zwischentöne zum Ausdruck gebracht – Shirer, S. 212.

70 Bereits im Spätsommer 1942 war in den bayerischen Berichten die Rede davon, dass viele Menschen nach Frieden verlangten – selbst wenn es sich dabei nicht um einen Siegfrieden handelte – StANeu, vorl. Slg. Schum. Anh. 3, SD Friedberg, 14. September 1942.

71 Siehe z.B. L. Gruchmann, Der Zweite Weltkrieg, 4. Auflage, München 1975, S. 190–194.

72 Eine gute Schilderung der Mystifizierung Stalingrads durch die Propaganda liefert J.W. Baird, The Mythical World of Nazi War Propaganda 1939–1945, Minneapolis 1974, Kapitel 11.

73 *Augsburger National-Zeitung*, 18. September 1942.

74 StANeu, vorl. Slg Schum. Anh. 3, SD Friedberg, 28. September 1942.

75 Domarus, S. 1914.

76 »Wollt ihr den totalen Krieg?«, S. 383 ff.

77 StAM, LRA 61619, SD Garmisch, 27. Oktober 1942.

78 »Wollt ihr den totalen Krieg?«, S. 399 f.; Balfour, S. 290, 305 f.; Bramsted, S. 260.

79 MadR, XII., 4619, 4. Januar 1943; GStA, MA 106679, RPvOF/MF, 8. Januar 1943; MA 106681, RPvUF, 9. Januar 1943; Das andere Gesicht des Krieges, S. 19; siehe auch Balfour, S. 307.

80 »Wollt ihr den totalen Krieg?«, S. 422. Eine geplante Ausgabe letzter Briefe der »Helden« von Stalingrad musste unterbleiben, da die meisten Briefe nicht den Ansprüchen der NS-Propaganda an eine heroische Sprache genügten – Steinert, S. 328. Für Feldpostbriefe aus Stalingrad, siehe Das andere Gesicht des Krieges, S. 95–107; sowie True to Type. A Selection of Letters and Diaries of German Soldiers and Civlians collected on the Soviet-German Front, London o.J. (1944?), S. 71–78, 109 f.

81 »Wollt ihr den totalen Krieg?«, S. 426.

82 Steinert, S. 327.

83 Domarus, S. 1985. Einen interessanten Augenzeugenbericht über die Reaktionen der Menschen im Stadtzentrum von Nürnberg gibt F. Nadler, Eine Stadt im Schatten Streichers, Nürnberg 1969, S. 71–76.

84 »Wollt ihr den totalen Krieg?«, S. 437.

85 MadR, XII., 4750 f., 4760 f., 4. Februar, 8. Februar 1943;

GStA, MA 106684, RPvS, 11. Februar 1943; MA 106681, RPvUF, 10. März 1943; MA 106679, RPvOF/MF, 8. März 1943; MA 196671, RPvOB, 8. Februar 1943; MA 106674, RPvNB/OP, 10. Februar 1943; StAW, SD/36, HAS Würzburg, 1., 8. Februar 1943; BAK, R22/3355, OLGP Bamberg, 29. März 1943; StAM, LRA 29656, LR Berchtesgaden, 1. Februar 1943.

86 GStA, MA 106679, RPvOF/MF, 8. Januar 1943; MA 106684, RPvS, 10. Dezember 1942; StANeu, vorl. Slg. Schum. Anh 3, SD Friedberg, 4. Januar 1942; MadR, XII., 4618, 4. Januar 1943.

87 StAW, SD/36, HAS Würzburg, 25. Januar 1943.

88 Die Hassell-Tagebücher 1938–1944, hg. von F. Freiherr Hiller von Gaertringen, [nach der Handschrift revidierte und erweiterte Neuausgabe] 2. Auflage, Berlin 1988, S. 347f.

89 Speer, S. 271.

90 Zitiert bei Steinert, S. 348.

91 BAK, R22/3355, OLGP Bamberg, 29. Mai 1942.

92 StAM, SGM 12443.

93 StAN, LRA Hilpoltstein 792, SD Schwabach, 6. März 1943.

94 StAb, K8/III, 18475, LR Ebermannstadt, 2. Februar 1943.

95 GStA, MA 106671, RPvOB, 10. März 1943; siehe auch MA 106684, RPvS, 11. Februar 1943; StAM, LRA 29656, LR Berchtesgaden, 1. Februar 1943; sowie Steinert, S. 347.

96 Der Nationalsozialismus. Dokumente 1933–1945, hg. von Walter Hofer, Frankfurt a.M. 1957, S. 328ff.

97 StAW, SD/23, AS Würzburg, 23. April 1943; SD/37, HAS Würzburg, 29. Mai 1943.

98 MadR, XIII., 4944, 15. März 1943.

99 StAW, SD/36, HAS Würzburg, 15. März 1943; StAM, LRA 29656, SD Berchtesgaden, 25. Februar 1943.

100 StAW, SD/37, HAS Würzburg, 8. Mai 1943; StANeu, vorl. LO 30/35, KL Nördlingen, 10. April 1943.

101 StAM, SGM 12443. Andere Witze aus jener Zeit finden sich in: StAW, SD/37, HAS Würzburg, 29. Mai, 15. Juni 1943; SD/23, AS Würzburg, 22. Mai 1943; sowie Steinert, S. 348.

102 StAW, SD/22, AS Schweinfurt, 16. April 1943; StAM, SGM 12506, 12513; LRA 135116, GP Neumarkt-St. Veit, 25. Juni 1943.

103 MadR, XIII., 4944, 15. März 1943; StAW, SD/14, AS Bad Neustadt, etwa 21. März 1943; SD/36, HAS Würzburg, 15. März, 31. März 1943.

104 MadR, XIII., 4981, 22. März 1943.

105 StAW, SD/17, AS Kitzingen, etwa 21. März, 2. April 1943. Die Leute behaupteten, teilweise »habe der Tonfall deprimierend gewirkt«. – StAW, SD/37, HAS Würzburg undatiert (Anfang April) 1943. Zum Weiterbestehen von Gerüchten über Hitlers Gesundheit, siehe auch: StAW, SD/37, HAS Würzburg, 29. Mai, 15. Juni 1941; StAM, LRA 29656, GFK Berchtesgaden, 27. März 1943; LR Berchtesgaden, 3. Mai 1943; SD Berchtesgaden, 27. April 1943; LRA 61619, GKF Garmisch, 30. März, 28. Juli 1943.

106 MadR, XIII., 4981 f., 22. März 1943, StAW, SD/36, HAS Würzburg, 22. März 1943; SD/13, AS Bad Kissingen, etwa 21. März 1943. Text bei Domarus, S. 1999–2002.

107 MadR, XIII., 4982. Während in der zentralen Zusammenfassung von Überraschung und Erleichterung über die geringen Verluste die Rede war, was nur einen versteckten Hinweis bedeutet, bringen örtliche Berichte die Skepsis eindeutig zum Ausdruck. So hieß es etwa: »Die vom Führer nur beiläufig erwähnte Zahl der 542 tausend Mann Verluste wurde kaum von einem Volksgenossen geglaubt.« – StAW, SD/13, AS Bad Kissingen, etwa 21 März 1943.

108 BAK, R55/583, Fo. 8–80.

109 Siehe beispielsweise: StAW, SD/37, HAS Würzburg, 5. Juni 1943; SD/17, AS Kitzingen, 9. April 1943; SD/22, AS Schweinfurt, 7. Mai 1943; SD/12, AS Bad Brückenau, 14. März 1943; MadR, XIII., 5202 f., 5215 f., 5285 f., 3. Mai, 6. Mai, 30. Mai 1943.

110 MadR, XIII., 5157 f., 22. April 1943. Die lokalen Berichte erwähnen die niedrige Teilnehmerzahl bei den offiziellen Feiern, die Gleichgültigkeit, die sich am geringen Flaggenschmuck gezeigt habe, und den Mangel an Resonanz auf Goebbels übliche Glückwunschrede – StAW, SD/12, AS Bad Brückenau, 22. April 1943; SD/17, AS Kitzingen, 23. April 1943; SD/19, AS Lohr, 23. April 1943.

111 StAB, K8/III, 18475, GKF Ebermannstadt, 22. März 1943; siehe auch GP Waischenfeld, 19. März 1943; GKF Ebermannstadt, 27. Februar 1943; LR Ebermannstadt, 2. Februar 1943.

112 StAM, LRA 29656, GKF Berchtesgaden, 27. März 1943; StAW, SD/36, HAS, Würzburg, 22. Februar 1943.

113 Text in Goebbels-Reden, hg. von Helmut Heiber, Düsseldorf 1972, II., S. 172–208. Eine Analyse der Rede bietet G. Molt-

mann, »Goebbel's Speech on Total War, February 18, 1943«, in H. Holborn (Hg.), Republic to Reich, New York 1972, S. 298–342. Zur Rezeption dieser Rede, siehe auch: »Wollt ihr den totalen Krieg«, S. 23 f., 444 ff., MadR, II., 4831, 22. Februar 1943; Steinert, S. 331–337, Balfour, S. 322 ff.

114 StAW, SD/36, HAS Würzburg, 21. Februar, 22. Februar 1943; SD/17, AS Kitzingen, etwa 18. Februar 1943; SD/23, AS Würzburg etwa 18. und 19. Februar 1943.

115 Siehe Steinert, S. 354 ff.; Kershaw, Popular Opinion, S. 308.

116 StAW, SD/23, AS Würzburg, 19. Februar 1943; SD/36, HAS Würzburg, 25. Januar, 8. Februar 1943.

117 StANeu, vorl. SLG. Schum. Anh. 3, SD Friedberg, 29. März, 23. April 1943; vorl. LO 30/35, KL Neu-Ulm, 2. April 1943; KL Nördlingen, 10. April 1943; StAW, SD/22, AS Schweinfurt, 7. Mai 1943.

118 StAW, SD/17, AS Kitzingen, 14. Mai 1943.

KAPITEL 8

1 Siehe Max Weber, S. 1114 f.

2 Nach Erhebungen aus der Nachkriegszeit wollte zum Zeitpunkt der Landung der Alliierten in der Normandie ein Drittel der Bevölkerung keine Fortsetzung des Krieges mehr, zwischen 50 und 60 Prozent waren am Ende bereit, eine bedingungslose Kapitulation zu akzeptieren – USSBS, IV., 14 ff.

3 Zur Ausnutzung der alliierten Forderung nach »bedingungsloser« Kapitulation durch die Propaganda siehe Balfour, S. 316 f.

4 Goebbels hat dies indirekt anerkannt. Siehe ebd., S. 316. Obwohl man in britischen Geheimdienstkreisen eine hinreichend klare Vorstellung von Hitlers schwindender Popularität hatte (siehe ebd., S. 293), zeichnete die alliierte Propaganda weiterhin das Bild eines deutschen Volkes, das bereit sei, bis zum Letzten für seinen »Führer« zu kämpfen – ebd., S. 320.

5 Zahlreiche SD-Berichte gehen auf die Reaktionen zur verstärkten alliierten Bomberkampagne ab März 1942 ein. Siehe z. B. MadR, IX., 3506, 23. März 1942, ebd., X., 3344 f., 3567, 3597 f., 3615, 3687, 3697, 3708, Berichte für den 31. März, 2., 9., 13., 20., 30. April, 4., 7. Mai 1942; zu den Reaktionen auf Angriffe in Süddeutschland 1942 siehe ebd., X., 3640 f., 20. April 1942; GStA, MA 106684, RPvS, 9. Mai 1942,

10. Oktober 1942; Reichsstatthalter 694, RPvOB, 5. September 1942, sowie einen anonymen Brief an Reichsstatthalter Epp, datiert auf den 22. September 1942; StANeu vorl. LO A5, KL Augsburg-Stadt, 10. September 1942; vorl. Slg. Schum. Anh. 3, SD Friedberg, 31. August 1942; W. Domarus, S. 140–145, F. Nadler, Ich sah wie Nürnberg unterging, 2. Auflage, Nürnberg 1959, S. 270.

6 Gruchmann, S. 198, 280f., 414.

7 USSBS, IV., 7–10.

8 MadR, XIV., 5356, 5427, 17. Juni, 2. Juli 1943; siehe auch G. Kirwan, »Allied Bombing and Nazi Domestic Propaganda«, *European History Quarterly,* XV (1985), S. 351.

9 MadR, XIV., 5354–5357, 17. Juni 1943.

10 Siehe Kirwan, »Allied Bombing«, S. 350.

11 MadR, XIV, 5562f., 2. August 1943.

12 StAW, SD/37, HAS Würzburg, 17. August 1943; sowie auch 20. Juli 1943; SD/17, AS Kitzingen, 2. August 1943; SD/20, AS Lohr/Markheidenfeld, 2. August 1943.

13 StAW, SD/37, HAS Würzburg, 15., 19., 22., Juni 1943. Teilweise über Franken berichtet auch: Kirwan, »Allied Bombing«, 350ff.

14 StAW, SD37, HAS Würzburg, 17. August 1943.

15 StAW, SD/37, HAS Würzburg, 24. August 1943. Siehe auch ebd., 7. September 1943; SD/22, AS Schweinfurt, 6. September 1943; SD/23, AS Würzburg, 24. August 1943; BAK, R22/3355, OLGP Bamberg, 27. November 1943.

16 StAW, SD/37, HAS Würzburg, 31. August 1943.

17 StAW, SD/13, AS Bad Kissingen, 29. August 1943.

18 StAW, SD/37, HAS Würzburg, 24. August 1943; siehe auch SD/23, AS Würzburg, 24. August 1943; SD/17, AS Kitzingen, 1., 13. September 1943; SD/12, AS Bad Brückenau, 20. September 1943; SD/19, AS Lohr, 29. August 1943.

19 StAW, SD/23, AS Würzburg, 24. August 1943. Man vergleiche dies mit der Einschätzung von D. Orlow, The History of the Nazi Party, 1933–1945, Pittsburgh 1973, S. 438ff.: »Es gibt wenig Zweifel, dass sich die Bombardierung deutscher Städte kontraproduktiv auf die Propaganda der Alliierten auswirkte. Die Bevölkerung gab der Partei nicht die Schuld an den Bomben, sondern vielmehr den alliierten Piloten. Die Hoheitsträger konnten ihre Popularität durch beeindruckende Betreuungsleistungen nach Bombenangriffen verbessern.«

20 StAW, SD/17, AS Kitzingen, 6. September 1943; SD/37, HAS Würzburg, 31. August 1943.

21 StAW, SD/12, AS Bad Brückenau, 11. Oktober 1943. Zur Propaganda über »Vergeltung« und andere Reaktionen in der Bevölkerung siehe G. Kirwan, »Waiting for Retaliation – A Study in Nazi Propaganda Behaviour and German Civilian Morale«, *Journal of Contemporary History*, 16 (1981), S. 565–583.

22 StAW, SD/22, AS Schweinfurt, zwischen dem 28. Februar und 8. April 1944. Die »im Eiltempo« durchgeführte Spritztour von Arbeitsfrontführer Robert Ley durch die zerstörten Betriebe Schweinfurts war besonderer Gegenstand von Kritik.

23 Ebd., Bericht zusammengestellt zwischen 11. und 22. April 1944.

24 Ebd., 27. Mai 1944.

25 USSBS, IV., 16f.

26 Siehe Steinert, S. 317, 434.

27 Ebd., S. 434; Kirwan, »Allied Bombing«, S. 343f.

28 Siehe Kirwan, »Waiting for Retaliation«; sowie Balfour, S. 339ff.

29 Z.B. MadR, XII. 4652, 4761, 5277f., 11. Januar, 8. Februar, 24. Mai 1943; sowie insbesondere ebd., XIV., 5426–5434, 2. Juli 1943. Siehe auch Steinert, S. 362ff.; Kirwan, »Allied Bombing«, S. 350f., 355ff.; und H. Schnatz, Der Luftkrieg im Raum Koblenz 1944/45, Boppard a.R. 1981, S. 324f., 479–482, 515–518.

30 Siehe Balfour, S. 340f.

31 USSBS, IV., 1, 7, 13–18.

32 Ebd., S. 2.

33 Heyen, S. 228.

34 MadR, XIV., 5603–5607, hier speziell S. 5606, 12. August 1943. Siehe auch Steinert, S. 400ff.

35 Siehe L. Gruchmann, »Jugendopposition im Dritten Reich«, in W. Benz (Hg.), Miscellanea. Festschrift für Helmut Krausnick, Stuttgart 1980, S. 103–130; M. von Hellfeld, Edelweißpiraten in Köln, Köln 1981; A. Klönne, Jugend im Dritten Reich. Die Hitler-Jugend und ihre Gegner, Düsseldorf 1982; H. Muth, »Jugendopposition im Dritten Reich«, *VfZ*, 30 (1982), S. 369–417; D. Peukert, »Edelweißpiraten, Meuten, Swing. Jugendsubkulturen im Dritten Reich«, in G. Huck (Hg.), Sozialgeschichte der Freizeit, Wuppertal 1980, S. 307–327; siehe auch Steinert, S. 402f.

36 R. Schörken, Luftwaffenhelfer und Drittes Reich. Die Entstehung eines politischen Bewusstseins, Stuttgart 1984, S. 202 ff.
37 Steinert, S. 388 f.
38 Z.B. Das andere Gesicht des Krieges, S. 112 ff., 126, 154.
39 I.M. Gurfein und M. Janowitz, »Trends in Wehrmacht Morale«, *Public Opinion Quarterly*, 10 (1946), S. 81 ff.
40 Das andere Gesicht des Krieges, S. 117.
41 Ebd., S. 153.
42 Ebd., S. 22 f.
43 USSBS, IV., 33 f.
44 MadR, XIV., 5560 ff., 2. August 1943.
45 Ebd., XV., 5753 f., 13. September 1943. Für das Zitat über »die Vergeltung«: StAW, SD/37, HAS Würzburg, 11., 14. September 1943; siehe auch SD/20, AS Lohr-Marktheidenfeld, 13. September 1943. Text der Hitler-Rede: Domarus, S. 2305–2309.
46 MadR, XV., 5987 ff., 11. November 1943; StAW, SD/37, HAS Würzburg, 9. November 1943; SD/23, AS Würzburg, 9. November 1943; SD/22, AS Schweinfurt, 10. November 1943. Text der Hitler-Rede: Domarus, S. 2050–2059.
47 MadR, XV., 5988 f., 6022 f., 11., 18. November 1943.
48 Ebd., S. 5988.
49 StAW, SD/17, AS Kitzigen, 15. November 1943; SD/37, HAS Würzburg, 16. November 1943.
50 StAW, SD/13, AS Bad Kissingen, 13. November 1943.
51 StAW, SD/23, AS Würzburg, 9. November 1943.
52 StAW, SD/17, HAS Würzburg, 11. September 1943; SD/20, AS Lohr-Marktheidenfeld, 13. September 1943; SD/17, AS Kitzingen, etwa 10. September 1943; SD/12, AS Bad Brückenau, etwa 10. September 1943; AS Schweinfurt, 12. September 1943; SD/14, AS Bad Neustadt, etwa 10., 12. September 1943; SD/13, Bad Kissingen, etwa 10. September 1943.
53 StAW, SD/22, AS Schweinfurt, 20. September 1943.
54 StAW, SD/13, AS Bad Kissingen, etwa 10. September 1943; SD/13, AS Bad Neustadt etwa 10. November 1943;
55 StAW, SD/22, AS Schweinfurt, 10. November 1943. Diese Passage gelangte über den Bericht der HAS Würzburg (SD/37, 9. November 1943) in den zentralen »SD-Bericht zu Inlandsfragen« vom 11. November 1943 – MadR, XV., 5989. Für die einschlägige Stelle der Hitler-Rede siehe Domarus, S. 2057.
56 StAW, SD/12, AS Bad Brückenau, 9. November 1943.

57 Ebd., 9. Nov. 1943.
58 StAW, SD/13, AS Bad Kissingen, 13. November 1943. Die Passage über die Vergeltung dagegen soll bei der städtischen Bevölkerung Anklang gefunden haben, und besonders positiv sei die Rede in Arbeiterkreisen aufgenommen worden.
59 StAW, SD/12, AS Bad Brückenau, 24. April 1944.
60 *Völkischer Beobachter,* 20. April 1944.
61 StAW, SD/23, AS Würzburg, 6. Juni 1944; siehe auch SD/22, AS Schweinfurt, 22. April 1944.
62 StAW, SD/22, AS Schweinfurt, 22. April 1944.
63 MadR, XVII., 6576–6580; GStA, MA 106696, RPvNB/OP, 10. Juli 1944; MA 106695, RPvS, 15. Juli 1944; MA 106695, RPvOF/MF, 9. Juni, 6. Juli 1944; MA 106696, RPvUF, 7. Juli 1944.
64 Steinert, S. 459f.
65 GStA, MA 106690, RPvUF, 7. Juli 1944.
66 GStA, MA 106695, RPvOB, 7. August 1944.
67 Siehe Balfour, S. 377–383; sowie Kirwan, »Waiting for Retaliation« zum Versagen der Propaganda. Insgesamt wurden 9300 V1 auf England abgefeuert, von denen 29 Prozent ihr Ziel erreichten. Die kriegswichtigen Schäden waren gering, die Menschenverluste – 6184 Tote – ebenfalls, die psychologische Wirkung auf die Moral unbedeutend. Nach Gruchmann, S. 284.
68 Die Darstellung stützt sich hier auf die Berichte in Spiegelbild einer Verschwörung, hg. vom Archiv Peter, Stuttgart 1962, S. 1–10. Für eine kritische Rezension der Berichte von Kaltenbrunner an Bormann siehe Hans Rothfels, »Zerrspiegel des 20. Juli«, *VfZ*, 10 (1962), S. 62–67; sowie Steinert, S. 475–479.
69 BAK, R55/614, R55/678, »›Treuekundgebungen‹ nach dem 20.7.44«; IWM, »Aus deutschen Urkunden«, S. 289–292; MadR, XVII., 6684ff., 28. Juli 1944; Steinert, S. 475ff.; Balfour, S. 388.
70 MadR, XVII., 6684, 28. Juli 1944; GStA, MA 106696, RPvOF/MF, 8. August 1944.
71 Z.B. StAB, K8/III, 18475, GP Heiligenstadt, 26. November 1943; BAK, R22/3355, OLGP Bamberg, 27. November 1943; R22/3379, OLGP München, 28. März 1944; StAM, LRA 113813, LR Bad Aibling, 1. Dezember 1943, 31. Januar 1944; GP Feldkirchen, 24. November 1943; StAW, SD/23, AS Würzburg, 24. April 1944.

72 GStA, MA 106695, RPvOB, 7. August 1944.
73 StAM, LRA 113813, Schupo Bad Aibling, 23. Juli 1944.
74 Ebd., LR Bad Aibling, 31. Juli 1944; GP Feldkirchen, 24. Juli 1944; GP Ostermünchen, 24. Juli 1944; GP Bad Aibling, 25. Juli 1944; GP Feilnbach, 23. Juli 1944.
75 StAM, LRA 61619, GP Bad Kohlgrub, 25. Juli 1944; siehe auch GP Garmisch, 26. Juli 1944; GKF Garmisch, 28. Juli 1944; sowie GStA, MA 106695, RPvOB, 7. August 1944.
76 StAM, LRA 29656, LRA Berchtesgaden, 3. August 1944.
77 Das andere Gesicht des Krieges, S. 21 f. Die Zahl der vom Zensor überprüften Briefe bedeutete eine hohe Steigerung gegenüber den 17332 Briefen im Vormonat.
78 Siehe ebd., S. 142–148.
79 Gurfein und Janowitz, S. 81; Balfour, S. 389.
80 Das andere Gesicht des Krieges, S. 22 f.
81 Ebd., S. 146.
82 Ebd., S. 24, 147 f.
83 H. Mommsen, »Gesellschaftsbild und Verfassungspläne des deutschen Widerstandes«, in: Widerstand im Dritten Reich. Probleme, Ereignisse, Gestalten, hg. von H. Graml, Frankfurt a. M. 1984.
84 Siehe den Schlussteil dieses Buches zum relativ hohen Niveau der Verurteilung des Attentatsversuchs und zu positiven Ansichten über Hitler in den Fünfzigerjahren.
85 BAK, R55/601, Fos. 212 f.
86 V. Berghahn, »Meinungsforschung im ›Dritten Reich‹: Die Mundpropaganda-Aktion der Wehrmacht im letzten Kriegshalbjahr«, Militärgeschichtliche Mitteilungen, I. (1967), S. 99.
87 BAK, R55/601, Fos. 123 f., 295 f. Die entsprechende Stelle in Hitlers Rede vom 24. Februar 1945 findet sich in Domarus, S. 2205.
88 GStA, MA 106695, RPvOB, 7. Dezember 1944, 9. Januar 1945.
89 IWM, »Aus deutschen Urkunden«, S. 264.
90 Ebd., S. 276.
91 Ebd., S. 276 ff.
92 Ebd., S. 66 f.
93 BAK, R55/612, Fos. 19–21. Siehe auch Berghahn, S. 101.
94 StAM, LRA 29656, SD Berchtesgaden, 5. Januar 1945; Text der Hitler-Rede in Domarus, S. 2179–2185.
95 StANeu, vorl. Slg. Schum. Anh. 3, SD Friedberg, 3. Februar 1945. Text bei Domarus, S. 2195–2198.

96 Text bei Domarus, S. 2203–2207.
97 Berghahn, S. 105.
98 StAM, LRA 29656, SD Berchtesgaden, 7. März 1945. Siehe auch GStA, MA 106695, RPvOB, 7. März, 7. April 1945.
99 StAM, LRA 113813, LR Bad Aibling, 1. März 1945; siehe auch Schupo Bad Aibling, 24. Januar 1945.
100 StAM, LRA 61620, GP Oberammergau, 24. Februar 1945; LRA 113813, Schupo Bad Aibling, 24. Januar 1945; LR Bad Aibling, 31. Januar, 1., 31. März 1945; LRA 29656, SD Berchtesgaden, 7. März 1945; GStA, MA 106695, RPvS, 9. April 1945. Siehe auch Steinert, S. 554f.
101 MadR, XVII., 6732ff., 28. März 1945.
102 Ebd., XVII., 6734–6740, Ende März 1945, Steinert, S. 572–577.
103 StAM, LRA 113813, GP Brückmühl, 24. Februar 1945; siehe auch GStA, MA 106695, RPvS, 9. März 1945, MA 106695, RPvOB, 7. April 1945, StAM, LRA 29656, SD Berchtesgaden, 7. März 1945.
104 StAM, LRA 29656, SD Berchtesgaden, 7. März 1945.
105 Ebd., 7. März 1945.
106 Ebd., LR Berchtesgaden, 4. April 1945 mit Wiedergabe eines Berichts vom GP Markt Schellenberg. Der Vorfall wurde im Bericht des Regierungspräsidenten von Oberbayern erwähnt – GStA, MA 106695, RPvOB, 7. April 1945.
107 Nadler, Ich sah wie Nürnberg unterging, S. 100. Ähnliche Äußerungen aus dieser Zeit finden sich in StAM, SGM-Akten.
108 StAM, BA Gunzenhausen 4346, GKF Gunzenhausen, 5. August 1945.

KAPITEL 9

1 Dies wird inzwischen in der Literatur weitgehend akzeptiert – siehe Steinert, S. 263; I. Kershaw, »The Persecution of the Jews and German Popular Opinion in the Third Reich«, Yearbook of the Leo Baeck Institute, XXVI (1981), S. 281, 287; W. S. Allen, »Die deutsche Öffentlichkeit und die ›Reichskristallnacht‹ – Konflikte zwischen Werthierarchie und Propaganda im Dritten Reich«, in Peukert und Reulecke, S. 401f., D. Bankier, »German Society and National Socialist Antisemitism, 1933–1948«, Hebrew University Jerusulem, Ph.D. thesis,

englische Zusammenfassung, S. XI; O.D. Kulka und A. Rodrigue, »The German Population and the Jews in the Third Reich«, *Yad Vashem Studies*, 16 (1984), S. 435.

2 Jäckel und Kuhn, S. 568, 727, Nr. 357, 421.

3 Ebd., S. 704, Nr. 411.

4 Ebd., z.B. S. 1210, 1226, 1232, Nr. 625, 626, 636.

5 Ebd., S. 1242, Nr. 654.

6 Z.B. Noakes, Kapitel 1; R. Hambrecht, Der Aufstieg der NSDAP in Mittel- und Oberfranken, 1925–1933, Nürnberg 1976, Kapitel 2. Die These wird auch durch das »Abel-Material« gestützt – 581 »Autobiografien« von einfachen NSDAP-Mitgliedern, die später von Peter Merkl aufbereitet wurden –, allerdings gibt es hier nur 20 Lebensläufe von »Parteigenossen«, die vor 1923 eintraten. Die Schlussfolgerung bezieht sich auch eher auf Berlin als auf die frühen Hochburgen der Nationalsozialisten um München und in Franken. Der Erste Weltkrieg und insbesondere die Revolution spielten eine entscheidende Rolle bei der Herausbildung des Vorurteils in der relativ großen Gruppe der extremen Antisemiten – siehe Merkl, S. 498ff., 556f.; sowie Gordon, S. 57–65.

7 Merkl, S. 33, 453, 566f.

8 Ebd., S. 33, siehe auch S. 453, 522f.

9 Ebd., S. 33, 499. Siehe auch Gordon, S. 55ff.

10 Gordon, S. 68.

11 Domarus, S. 59–117.

12 Auch spielte die Judenfrage in den Filmen Sieg des Glaubens und Triumph des Willens keine Rolle, die die beiden ersten Reichsparteitage nach der Machtübernahme behandelten und in denen der Führerkult im Vordergrund stand.

13 Domarus, S. 248–251.

14 Ebd., S. 251.

15 Siehe Kulka, »Die Nürnberger Rassengesetze«, S. 608–624.

16 Domarus, S. 537. Hitler benutzte Ende November 1935 dieselben Argumente und Rechtfertigungen in einem Interview mit amerikanischen Pressevertretern – ebd., S. 557f.

17 Ebd., S. 538f.

18 Kulka, »Die Nürnberger Rassengesetze«, S. 623; Kulka und Rodrigue, S. 426. H. Mommsen, »Die Realisierung des Utopischen: Die ›Endlösung der Judenfrage‹ im ›Dritten Reich‹«, *Geschichte und Gesellschaft*, 9 (1983), S. 388f., Anmerkung 20, spricht von einer »schwere[n] Niederlage« der Partei.

19 ZStA Potsdam, RMdI, 27079/71, Fo. 52, LB der RP in Kassel, 4. März 1936.
20 Kulka, »Die Nürnberger Rassengesetze«, S. 622 f.; O.D. Kulka, »›Public Opinion‹ in Nazi Germany and the ›Jewish Question‹«, *Jerusalem Quarterly*, 25 (1982), S. 124 f.
21 Domarus, S. 573 ff.
22 Als es ruhiger wurde, wiederholte Hitler noch einmal: »Ich weiß.« Diesmal jedoch bildeten diese Worte den ersten Teil eines phrasenhaften Satzes, in dem die Juden nicht noch einmal erwähnt wurden – ebd., S. 621 und Anmerkung 121.
23 Ebd., S. 666.
24 Ebd., S. 708.
25 Ebd., S. 727–732.
26 Ebd., S. 890, 899.
27 Gordon, S. 153.
28 Text bei Domarus, S. 966–969.
29 Ebd., S. 970–973.
30 Siehe Steinert, S. 74 ff.; Kershaw, »The Persecution of the Jews«, S. 275 ff.; Allen, »Die deutsche Öffentlichkeit«, S. 398 ff.; Kulka, »›Public Opinion‹ in Nazi Germany and the ›Jewish Question‹«, S. 138 ff.
31 DBS, VI., 10, 9. Februar 1939.
32 Domarus, S. 1058; siehe auch S. 1055 ff.
33 Mommsen, »Die Realisierung des Utopischen«, S. 396, siehe auch S. 392, Anmerkung 36.
34 MadR, II., 228, 287; »SD-Vierteljahresbericht 1939«. Hitler sagte: »Den deutschen Priester als Diener Gottes werden wir beschützen, den Priester als politischen Feind des Deutschen Reiches werden wir vernichten.« Und er attackierte die ausländische »Sympathie für Elemente, die in Deutschland mit dem Gesetz in Konflikt geraten sind«. Domarus, S. 1061.
35 GStA, MA 106671, RPvOB, 8. Februar 1939; RPvOF/MF, 8. Februar 1939; MA 106673; RPvNB/OP, 9. Februar 1939; MA 106683, RPvS, 7. Februar 1939; MA 106678, MA 106681, RPvUF, 10. Februar 1939. Siehe auch Steinert, S. 80 zu dem glühenden Lob für Hitler nach seiner Rede, doch ebenfalls ohne Erwähnung der »Judenfrage«.
36 DBS, VI., 123, 10. März 1939.
37 Ebd., VI., 201 ff., 10. März 1939.
38 Bei den Fällen, mit denen sich das Münchener »Sondergericht« beschäftigte, zeigte sich Ende 1938/Anfang 1939 – hauptsäch-

lich im Zusammenhang mit dem Pogrom der »Reichskristallnacht« – ein Anstieg der Kritik an der judenfeindlichen Politik der Nationalsozialisten, doch war die Gesamtzahl derartiger Fälle immer noch außerordentlich klein – SGM-Akten im StAM.

39 Welch, Propaganda and the German Cinema, S. 293, 299.

40 D. Sington und A. Weidenfeld, The Goebbels Experiment, London 1942, S. 213.

41 MadR, VI., 1917ff., 20. Januar 1941. Ich danke Herrn Professer O.D. Kulka (Jerusalem), der mich auf diesen Bericht aufmerksam gemacht hat.

42 Siehe Domarus, S. 1058, Anmerkung 119, S. 1663, Anmerkung 54, H.-H. Wilhelm, »The Holocaust in National Socialist Rhetoric and Writings«, *Yad Vashem Studies,* 16 (1984), S. 102, Anmerkung 8; E. Jäckel, »Hitler und der Mord an den europäischen Juden«, in P. Märtesheimer und I. Frenzel (Hg.), Im Kreuzfeuer: Der Fernsehfilm ›Holocaust‹, Frankfurt a.M. 1979, S. 161f.; E. Jäckel, Hitler in History, Hanover/London 1984, S. 56. Im Unterschied zu Hitler hat Goebbels die »Prophezeiung« korrekt datiert – Wilhelm, S. 105, unter Hinweis auf einen Goebbels-Leitartikel vom 16. November 1941.

43 Domarus, S. 1663, 1821, 1828f., 1844, 1920, 1937; Jäckel, »Hitler und der Mord an den europäischen Juden«, S. 160f.

44 Domarus, S. 1937. Siehe auch Wilhelm, S. 111, Anmerkung 23.

45 Domarus, S. 1992, 2001; Wilhelm, S. 102. Goebbels erwähnte die »Prophezeiung« zumindest in den beiden Leitartikeln in *Das Reich* vom 16. November 1941 und 9. Mai 1943. Das Blatt galt als Qualitätszeitung und hatte Anfang 1944 eine Auflage von 1,5 Millionen Exemplaren – ebd., S. 104f., 111.

46 Jäckel, »Hitler und der Mord an den europäischen Juden«, S. 161.

47 Nach Jäckel, Hitler in History, S. 55.

48 Nach Steinert, S. 252.

49 Siehe Mommsen, »Die Realisierung des Utopischen«, S. 391–395.

50 Meldungen, S. 218f.; siehe auch O.D. Kulka, »›Public Opinion‹ in Nazi Germany: the Final Solution«, *Jerusalem Quarterly,* 25/26 (1983), 147; sowie Kulka und Rodrigue, S. 433f.

51 Meldungen, S. 216–220. Die Darstellung der Reaktion auf diese Stelle zur »Judenfrage« umfasst nur fünf Zeilen in einem Bericht von fast vier Druckseiten.

52 MadR, XIII., 4869, 1. März 1943.

53 Ebd., XIII, 4981 ff., 22. März 1943; siehe auch oben, Kapitel 7, zu den Zweifeln an den von Hitler genannten deutschen Verlustzahlen.

54 Ebd., VIII., 3007, 20. November 1941.

55 SD-HAS Bielefeld, 16. Dezember 1941; SD-AS Minden, 6., 12. Dezember 1941. Ich bin Herrn Professoer O.D. Kulka (Jerusalem) zu tiefstem Dank verpflichtet, mir Einblick in diese Berichte gewährt zu haben.

56 An dem Tag, da Hitler seine »Prophezeiung« in der »Botschaft« verkünden ließ, die – erstmals in seiner Abwesenheit – vor den Getreuen der Partei beim Gründungsjubiläum am 24. Februar 1942 in München verlesen wurde, gab die Niedersächsische Tageszeitung dem entsprechenden Teil ihres Berichts die Überschrift: »Der Jude wird ausgerottet«. Der entsprechende Zeitungsausschnitt findet sich in den Tagebuchnotizen von Karl Dürckefälden, einem einfachen Staatsbürger und Gegner des Nationalsozialismus, der in der Nähe von Celle in Niedersachsen lebte. Er nahm diese Überschrift offensichtlich im buchstäblichen Sinne ernst – H. Obenaus, »Haben sie wirklich nichts gewusst? Ein Tagebuch zum Alltag von 1933–1945 gibt eine deutliche Antwort«, *Journal für Geschichte,* 2 (1980), S. 29; siehe auch H. und S. Obenaus, »Schreiben, wie es wirklich war!« Aufzeichnungen Karl Dürckefäldens aus den Jahren 1933–1945, Hannover 1985, S. 107 ff.

57 Das andere Gesicht des Krieges, S. 171, Nr. 351, 18. Juli 1942.

58 Ebd., S. 172, Nr. 352, 22. Juli 1942.

59 F. Hahn, Lieber Stürmer, Leserbriefe an das NS-Kampfblatt 1924 bis 1945, Stuttgart 1978, S, 114, 149, 188–227.

60 BAK, R55/1461, Fos. 38–40, 301; siehe auch Steinert, S. 260 f.

61 Siehe O. Bartov, »The Barbarisation of Warfare. German Officers and Men on the Eastern Front, 1941–1945«, *Jahrbuch des Instituts für deutsche Geschichte,* Tel Aviv, 13 (1984), S. 305–339; siehe auch H. Krausnick und H.-H. Wilhelm, Die Truppe des Weltanschauungskrieges, Stuttgart 1981; sowie C. Streit, Keine Kameraden. Die Wehrmacht und die sowjetischen Kriegsgefangenen, Stuttgart 1978.

62 Bemerkenswerte Beispiele von Beistand für die Juden geben: K. Kwiet und H. Eschwege, Selbstbehauptung und Widerstand.

Deutsche Juden im Kampf um Existenz und Menschenwürde 1933–1945, Hamburg 1984, S. 159 ff.; siehe auch H. D. Leuner, Als Mitleid ein Verbrechen war, Wiesbaden 1967; A. M. Keim (Hg.), Yad Vashem. Die Judenretter aus Deutschland, Mainz/München, 1983; I. Deutschkron, Ich trug den gelben Stern, 4. Auflage, Köln 1983; L. Gross, The Last Jews in Berlin, London 1983.

63 Siehe Kershaw, Popular Opinion, S. 368 ff.; sowie SD-AS Minden, 6. Dezember 1945 (vgl. oben Anmerkung 55).

64 W. Laqueur, Was niemand wissen wollte, Frankfurt a. M./Berlin/Wiesbaden 1981.

65 M. Müller-Claudius, Der Antisemitismus und das deutsche Verhängnis, Frankfurt a. M. 1949, S. 166–176.

66 Jäckel und Kuhn, S. 89.

67 Siehe Mommsen, »Die Realisierung des Utopischen«, S. 391–398.

68 Siehe Broszat, »Soziale Motivation«, S. 402 ff., Mommsen, »Die Realisierung des Utopischen«, insbesondere S. 389 f., 399 f.; M. Broszat, »Hitler and the Genesis of the ›Final Solution‹«, *Yad Vashem Studies*, 13 (1979), insbesondere S. 81, 83 ff., 97 f.

69 Text und Kommentar in von Kotze, S. 111–177.

70 Ebd., S. 147 f. Siehe auch das Beispiel eines Kreisleiters, der nach einem Prozess, bei dem ein Jude über einen »Arier« obsiegt hatte, verkündete, er würde geradezu an der Justiz zweifeln, wenn er »nicht wüsste, dass an der Spitze unseres Volkes ein Führer steht, der auch diesen Sumpf trockenlegen wird, wenn er Zeit dazu findet«. – Hahn, S. 193.

SCHLUSS

1 Siehe T. Childers, »Interest and Ideology«: Anti-System Politics in the Era of Stabilization 1924–1928«, in G. Feldman (Hg.), Die Nachwirkungen der Inflation auf die deutsche Geschichte, München 1985, S. 1–20.

2 Siehe A. Gorz, Abschied vom Proletariat, Frankfurt a. M. 1980, S. 51 f., 54 f.

3 Domarus, S. 1178, siehe auch Haffner, S. 44.

4 Picker, Hitlers Tischgespräche, S. 478; zitiert bei von Kotze, S. 46.

5 Zitiert bei von Kotze, S. 46.
6 Siehe Speer, S. 229; sowie auch T. W. Mason, »The Legacy of 1918 for National Socialism«, in A. Nicholls und F. Matthias (Hg.), German Democracy and the Triumph of Hitler, London 1971, S. 215–239.
7 Lagebesprechungen im Führerhauptquartier, hg. von Helmut Heiber, Berlin 1962, S. 287.
8 Siehe Schweitzer, S. 86f.
9 Broszat, »Soziale Motivation«, S. 405. Die folgenden Überlegungen verdanken dieser anregenden Arbeit viel.
10 Siehe Struve, S. 433; Weinstein, S. 66f.; H. Mommsen, »Zur Verschränkung traditioneller und faschistischer Führungsgruppen in Deutschland beim Übergang von der Bewegungs- zur Systemphase«, in Schieder, S. 165; und H. Mommsen, »Der Mythos des nationalen Aufbruchs und die Haltung der deutschen intellektuellen und funktionalen Eliten«, in: 1933 in Gesellschaft und Wissenschaft, hg. von der Pressestelle der Universität Hamburg, Hamburg 1983, S. 134.
11 Siehe K.-J. Müller, »Nationalkonservative Eliten zwischen Kooperation und Widerstand«, in Schmädecke und Steinbach, S. 25f.; R. Baum, The Holocaust and the German Elite, London 1981, S. 52f., 178ff., 183ff.
12 Siehe Müller, »Nationalkonservative Eliten«, S. 25f.
13 Ebd., S. 28ff.
14 Die Art und Weise, wie sich konservative Widerstandsgruppen, sogar wenn sie aktiv mit dem Ziel der Zerstörung des Regimes konspirierten, sich – natürlich ohne sich mit dieser zu identifizieren – zentralen Teilen der NS-Ideologie »weltanschaulich« anpassen konnten, ist im Hinblick auf die »Judenfrage« untersucht worden bei C. Dipper, »The German Resistance and the Jews«, *Yad Vashem Studies,* 16 (1984), S. 51–93.
15 Siehe K.-J. Müller, Armee, Politik und Gesellschaft in Deutschland 1933–1945, Paderborn 1979, S. 39–47.
16 Siehe F. Neumann, Behemoth. Struktur und Praxis des Nationalsozialismus 1933–1944, hg. von G. Schäfer, Köln/Frankfurt a. M. 1977.
17 Siehe Kater, »Hitler in a Social Context«, S. 257–260; Schweitzer, S. 66ff.
18 Siehe Schweitzer, S. 82.
19 Siehe G. M. Gilbert, Nürnberger Tagebuch, Frankfurt a. M. 1962, S. 203–212; sowie D. Jahr, »Die Einstellung der engeren

NS-Elite zur Persönlichkeit und politischen Strategie Adolf Hitlers«, Ruhr-Universität Bochum, Magisterarbeit, 1984.

20 A. Rosenberg, Letzte Aufzeichnungen. Ideale und Idole der nationalsozialistischen Revolution, Göttingen 1953, S. 328.

21 H. Frank, Im Angesicht des Galgens, München 1953, S. 139, 322.

22 Speer, S. 177, 184.

23 B. von Schirach, Ich glaubte an Hitler, Hamburg 1967, S. 160.

24 Nach O. Dietrich begann Hitler etwa 1935/36 »Einwendungen gegen seine Erkenntnisse und Zweifel an seiner Unfehlbarkeit zu hassen. Er wollte reden, aber nicht zuhören.« – Dietrich, S. 44f. Fritz Wiedemann behauptete, es sei unmöglich gewesen, einem Chef zu widersprechen, »der sofort heftig wird, wenn die Tatsachen nicht in sein Konzept passen«. – Wiedemann, S. 90, siehe auch, S. 73f., 89.

25 IfZ, OMGUS-Akten, 5/234–2/2, 13. Oktober 1945.

26 A.J. und R.L. Merritt (Hg.), Public Opinion in Occupied Germany. The OMGUS Surveys, 1945–1949, Urbana 1970, S. 30f.

27 Ebd., S. 32f.; A.J. und R.L. Merritt (Hg.), Public Opinion in Semisovereign Germany. The HICOG Surveys, 1949–1955, Urbana 1980, S. 7; IfZ, OMGUS-Akten, 5/233–3/2, Berichte von 11. Juni 1948, 5. Januar 1949, 11. Februar 1949 des British Zone Public Opinion Research Office, Bielefeld.

28 IfZ, OMGUS-Akten, 5/233–3/2, 11. Februar 1949.

29 Jahrbuch der öffentlichen Meinung 1947–1955, hg. von F. Noelle und F.P. Neumann, Allensbach 1956. K.D. Bracher, Die deutsche Diktatur, Köln/Berlin 1969, S. 517, schreibt, dass 1953 mehr als 35 Prozent der Westdeutschen meinten, Hitler sei möglicherweise der größte Staatsmann des Jahrhunderts gewesen, er scheint hier aber wohl die Zahlen für Bismarck mit denen für Hitler zu verwechseln.

30 Jahrbuch der öffentlichen Meinung 1947–1955, S. 135.

31 Ebd., S. 136.

32 Ebd., S. 138.

33 Merritt und Merritt, Public Opinion in Occupied Germany, S. 62, Anmerkung 17.

34 W. Jaide, »Not interested in Politics?«, in W. Stahl (Hg.), The Politics of Post-war Germany, New York 1963, S. 368f.

35 Merritt und Merritt, Public Opinion in Occupied Germany, S. 62, Anmerkung 17.

36 Jahrbuch der öffentlichen Meinung 1965–1967, hg. von E. Noelle und F.P. Neumann, Allensbach 1974, S. 201.

37 Jahrbuch der öffentlichen Meinung 1965–1967, S. 144.

38 H.H. Knuetter, »Ideologies of Extreme Rightists in Postwar Germany«, in Stahl, S. 224.

39 Ebd., S. 224ff.

40 Merritt und Merritt, Public Opinion in Occupied Germany, S. 62. Vermutlich aus taktischen Erwägungen gab nur ein Drittel der befragten NPD-Anhänger zu, bereit zu sein, wieder für einen Mann wie Hitler zu stimmen.

41 Zur kommerziellen Verwertung Hitlers durch »Marketing« in den Siebzigerjahren, siehe C.H. Meyer, »Die Veredelung Hitlers. Das Dritte Reich als Markenartikel«, in W. Benz (Hg.), Rechtsextremismus in der Bundesrepublik, Frankfurt a.M. 1984, S. 45–67.

42 »5 Millionen Deutsche: Wir sollten wieder einen Führer haben…« Die SINUS-Studie über rechtsextremistische Einstellungen bei den Deutschen, Reinbek bei Hamburg 1981, S. 54f.

43 Ebd., S. 78f.

SIGLEN UND ABKÜRZUNGEN

AA	Arbeitsamt
Abschnitt	regionales SD-Verwaltungsamt, im Status der Hauptaußenstelle entsprechend
ADAP	Akten zur Deutschen Auswärtigen Politik
AS	Außenstelle
ASD	Archiv der sozialen Demokratie, Bonn
BA	Bezirksamt, Bezirksamtsvorstand, seit 1939 Landratsamt
BAK	Bundesarchiv Koblenz
BA/MA	Bundesarchiv/Militärarchiv, Freiburg im Breisgau
Bayern I–IV	Bayern in der NS-Zeit, hg. von Martin Broszat u. a., 6 Bände, München/Wien 1977–83
BDC	Berlin Document Centre
BPP	Bayerische Politische Polizei, nach 1936 Gestapo
DBS	Deutschland-Berichte der Sozialdemokratischen Partei Deutschlands 1934–1940, 7 Bände, Frankfurt a. M. 1980
ES	Emigration Sopade (Bezeichnung für die Berichtbände der Sopade-Grenzsekretäre, im Archiv der sozialen Demokratie, Bonn)
GBF	Gendarmerie-Bezirksführer
GenStA	Generalstaatsanwalt
Gestapo	Geheime Staatspolizei
GHS	Gendarmerie-Hauptstation
GI	Gendarmerie-Inspektion
GKF	Gendarmerie-Kreisführer
GP	Gendarmerie-Posten
GS	Gendarmerie-Station
GStA	Bayerisches Hauptstaatsarchiv, Abteilung II, Geheimes Staatsarchiv, München
HAS	Hauptaußenstelle
HICOG	United States High Commission for Germany

IfZ	Institut für Zeitgeschichte, München
IML/ZPA	Institut für Marxismus-Leninismus, Zentrales Parteiarchiv, Berlin
IWM	Imperial War Museum, London
KL	Die kirchliche Lage in Bayern nach den Regierungspräsidentenberichten 1933–1943, 4 Bände, hg. von H. Witetschek und (Band IV) W. Ziegler, Mainz 1966, 1967, 1971, 1973
KL	Kreisleiter
KPD	Kommunistische Partei Deutschlands
LB	Lagebericht
LK	Landkreis (seit 1939, früher Amtsbezirk)
LR	Landrat
LRA	Landratsamt (vor 1939 Bezirksamt)
MadR	Meldungen aus dem Reich. Die geheimen Lageberichte des Sicherheitsdienstes der SS 1938–45, 17 Bände, hg. von H. Boberach, Herrsching 1984
Meldungen	Meldungen aus dem Reich, hg. von H. Boberach, Neuwied 1965
MF	Mittelfranken
NB	Niederbayern
NS	Nationalsozialismus, nationalsozialistisch
NSDAP	Nationalsozialistische Deutsche Arbeiterpartei
NSLB	Nationalsozialistischer Lehrerbund
NSV	Nationalsozialistische Volkswohlfahrt
OB	Oberbayern
OF	Oberfranken
OLG	Oberlandesgericht
OLGP	Oberlandesgerichtspräsident
OMGUS	Office of Military Government of the United States for Germany
OP	Oberpfalz
Pd	Polizeidirektion
Pg	Parteigenosse
PLG	Präsident des Landesgerichts
RI	Rüstungsinspektion
RMdI	Reichsministerium des Innern
RP	Regierungspräsident
RSHA	Reichssicherheitshauptamt
S	Schwaben
SA	Sturmabteilung

Schupo	Schutzpolizei
SD	Sicherheitsdienst
SGM	Sondergericht München
Sopade	Sozialdemokratische Partei Deutschlands (SPD-Regierung im Exil in Prag (1933–38), Paris (1938–40) und zuletzt in London (seit 1940)
SPD	Sozialdemokratische Partei Deutschlands
SS	Schutzstaffeln
StAA	Staatsarchiv Amberg
StAB	Staatsarchiv Bamberg
StAL	Staatsarchiv Landshut
StAM	Staatsarchiv München
StANeu	Staatsarchiv Neuburg an der Donau
StAN	Staatsarchiv Nürnberg
Stapo	Staatspolizei (= Gestapo)
StAW	Staatsarchiv Würzburg
UF	Unterfranken
USSBS	United States Strategic Bombing Survey, Nachdruck New York/London 1976, Band 4 (»The Effects of Strategic Bombing on German Morale«)
VfZ	Vierteljahreshefte für Zeitgeschichte
WL	Wiener Library, London (seit ihrer Überführung nach Tel Aviv mit Mikrofilmkopien von Archivalien aus London)
WWI	Wehrwirtschaftsinspektion
ZStA	Zentrales Staatsarchiv, Potsdam

ARCHIVALISCHE QUELLEN UND ZEITUNGEN

1. Archiv der sozialen Demokratie (Friedrich-Ebert-Stiftung), Bonn
   ES 31–4, 63–6, 147
2. Bayerisches Hauptstaatsarchiv, Abt. II, Geheimes Staatsarchiv, München
   (i) Regierungspräsidenten- und Polizeiberichte
   MA 101241/1–2, MA 102138, MA 102141, MA 102144, MA 102149, MA 102151, MA 102154, MA 102155/3, MA 106670–4, MA 106677–91, MA 106693–7
   (ii) Andere Bestände
   MA 102257, MA 106457, MA 106468, MA 106765, MA 106767, MA 107257, MA 107291; Reichsstatthalter 39–40, 112–13, 157, 694
3. Berlin Document Centre
   Persönliche Akte des SS-Oberf. Hermann von Schade (Adolf Wagner)
4. Bundesarchiv Koblenz
   NL118/62–6, 87, 102–3; NS6/129, 406–7; NS10/154–5, 157–60; NS29/71; R18/5038, 5350, 5355; R22/3355, 3379, 3381; R43II/315a, 318, 318a, 528, 533, 972, 991, 1263–4; R55/vorl. 443, vorl. 445, 571, 580, 583–4, 601–3, 601–3, 612, 622–3, 1461; R58/81, 100, 144–94, 381, 386, 432, 535, 548, 552, 566–8, 570–1, 582, 584, 604, 656, 663–4, 666, 672, 681, 717, 1094–6, 1127–8, 1145; Zsg. 101/27–9, 33; Zsg. 102/1–3, 13; Zsg. 110/1–3
5. Bundesarchiv/Militärarchiv, Freiburg im Breisgau
   RW19/9–34, 38, 41, 48, 57, 67–78; RW20/7/16–17; RW20/13/8–9
6. Imperial War Museum, London
   »Aus deutschen Urkunden«, unveröffentlichte Dokumentation, o. J. (ca. 1945/6)

7. Institut für Marxismus-Leninismus, Zentrales Parteiarchiv, Berlin
   Pst.3/100, 152; St.3/38/I-IV, 39/I–III, 44/I–III, 47, 54–5, 64; St.3/936
8. Institut für Zeitgeschichte, München
   MA 441/1–9, 731, 738, 1217, 1226; OMGUS-Akten, 5/233-3/2, 5/234–2/2
9. LRA Parsberg 939
10. Landratsamt Obernburg am Main (Registratur)
    Sammelakte »Kirche und Nationalsozialismus«
11. Staatsarchiv Amberg
    BA Amberg 2397–9, 2859; BA Vohenstrauß 4674
12. Staatsarchiv Bamberg
    K8/III, 18470–5; M33/153–5, 175, 410
13. Staatsarchiv Landshut
    164/10, 5094–5; 164/14, 5731; 164/19, 3681
14. Staatsarchiv München
    LRA 28340, 29130, 29654–6, 30676–8, 31933, 47140, 48235, 59595, 61611–20, 79887–8, 99497, 99532, 112209, 113813, 116116, 134055–60, 135112–17; NSDAP 126–7, 249, 256, 285, 318, 349, 375–8, 440, 447, 494, 654–5, 980, 983; OLG 127; SGM (enthält einige 10000 Akten des Sondergerichts München)
15. Staatsarchiv Neuburg an der Donau
    NSDAP Mischbestand, Gau Schwaben: Sammlung Schumacher LO 47, 51–2, 60 Anhang Nr. 3; LO A5, 15, 18, 30/35, 53, 66
16. Staatsarchiv Nürnberg
    212/1/III, 2145; 212/8/V, 4237, 4241, 4266, 4346; 212/11/VI, 1530, 1792; 212/12/V, 99; 212/13/II, 654; 212/17/III, 8444; 212/18/VIII, 661; 218/1/I, 357–9; 218/1/I, 431
17. Staatsarchiv Würzburg
    Gauleitung Mainfranken II/5; IV/9; Sammlung Schumacher 29; SD-Hauptaußenstelle Würzburg 1–59; unkatalogisierte, vorläufige Bestände: BA Alzenau 1936–40, BA Bad Neustadt 125/1–7
18. Wiener Library
    »Deutsche Inlandsberichte«, 1939–41
19. Zentrales Staatsarchiv, Potsdam
    RMdI, 25721, 25732/1–2, 25736, 26058–60, 26186/1, 27079/28–71

20. Zeitungen
Augsburger National-Zeitung; Bayerischer Kurier; Bayerische-Volkszeitung; Fränkischer Kurier, Fränkische Tagespost, Miesbacher Anzeiger; Münchener Neueste Nachrichten; Münchner Post; Regensburger Anzeiger; Rheinisch-Westfälische Zeitung; Stürmer; Völkischer Beobachter

VERZEICHNIS DER ZITIERTEN LITERATUR

Ake, C., »Charismatic Legitimation and Political Integration«, *Comparative Studies in Society and History*, 9 (1966/67).

Allen, W. S., The Nazi Seizure of Power. The Experience of a Single German Town, 1922–1945, 2. Auflage, New York 1984.

Allen, W. S., »The Appeal to Fascism and the Problem of National Disintegration«, in: H. A. Turner (Hg.), Reappraisals of Fascism, New York 1975.

Allen, W. S., »Die deutsche Öffentlichkeit und die ›Reichskristallnacht‹«. Konflikte zwischen Werthierarchie und Propaganda im Dritten Reich«, in: Peukert und Reulecke (Hg.), Die Reihen fast geschlossen.

Andreas-Friedrich, R., Schauplatz Berlin. Ein deutsches Tagebuch, München 1962.

Aretin, E. von, Krone und Ketten. Erinnerungen eines bayerischen Edelmannes, München 1955.

Auerbach, H., »Hitlers politische Lehrjahre und die Münchener Gesellschaft 1919–1923«, *VfZ*, 25 (1977).

Auerbach, H., »Volksstimmung und veröffentlichte Meinung in Deutschland zwischen März und November 1938«, in: F. Knipping und K.-J. Müller (Hg.), Machtbewußtsein in Deutschland am Vorabend des Zweiten Weltkrieges, Paderborn 1984.

Bahne, S., »Die Kommunistische Partei Deutschlands«, in: Matthias und Morsey (Hg.), Das Ende der Parteien.

Baird, J. W., The Mythical World of Nazi Propaganda 1939–1945, Minneapolis 1974.

Balfour, M., Propaganda in War, 1939–1945, London 1979.

Bankier, D., »German Society and National Socialist Antisemitism, 1933–1938«, Diss., Hebrew University of Jerusalem, 1983 (englische Kurzfassung des hebräischen Textes).

Bartov, O., »The Barbarisation of Warfare. German Officers and Men on the Eastern Front, 1941–1945«, *Jahrbuch des Instituts für Deutsche Geschichte*, Tel Aviv, 13 (1984).

Baum, R., The Holocaust and the German Elite, London 1981.
Bayern in der NS-Zeit, hg. von M. Broszat u.a., 6 Bände, München, Wien 1977–83 (im Text als »Bayern I« etc. zitiert).
Berghahn, V., »Meinungsforschung im Dritten Reich: Die Mundpropaganda-Aktion der Wehrmacht im letzten Kriegshalbjahr«, *Miltärgeschichtliche Mitteilungen* 1 (1967).
Berning, C., Vom »Abstammungsnachweis« zum »Zuchtwart«. Vokabular des Nationalsozialismus, Berlin 1964.
Bessel, R., »The Rise of the NSDAP and the Myth of Nazi Propaganda«, *Wiener Library Bulletin* 33 (1980).
Bessel, R., Political Violence and the Rise of Nazism, New Haven/London 1984.
Beuth, W., Der deutsche Hitler-Frühling. Die Wiederaufrichtung Deutschlands durch den Volkskanzler des Deutschen Reiches Adolf Hitler, Frankfurt a.M. 1933.
Binion, R., Hitler unter den Deutschen, Stuttgart 1978.
Blessing, W.K., »The Cult of Monarchy, Political Loyalty, and the Workers' Movement in Imperial Germany«, *Journal of Contemporary History* 13 (1978).
Bohrer, K.H. (Hg.), Mythos und Moderne, Frankfurt a.M. 1983.
Bracher, K.D., Die deutsche Diktatur, Köln/Berlin 1969.
Bracher, K.D., Schultz, G., Sauer, W., Die nationalsozialistische Machtergreifung, 3 Bände, Frankfurt a.M. 1974.
Bramsted, E.K., Goebbels und die nationalsozialistische Propaganda 1925–1945, Frankfurt a.M. 1971.
Bretschneider, H., Der Widerstand gegen den Nationalsozialismus in München 1933 bis 1945, München 1968.
Broszat, M., Der Staat Hitlers, München 1969.
Broszat, M., »Soziale Motivation und Führer-Bindung des Nationalsozialismus«, *VfZ*, 18 (1970).
Broszat, M., »Politische Denunziationen in der NS-Zeit«, *Archivalische Zeitschrift* 73 (1977).
Broszat, M., »Hitler and the Genesis of the ›Final Solution‹«, *Yad Vashem Studies* 13 (1979).
Bullock, A., Hitler. Eine Studie über Tyrannei [vollständig überarbeitete Neuausgabe], Düsseldorf 1967.
Carr, W., Hitler. Persönlichkeit und politisches Handeln, Stuttgart 1980.
Chickering, R., We Men Who Feel Most German. A Cultural Study of the Pan German League, 1886–1914, London 1984.

Childers, T., The Nazi Voter. The Social Foundations of Fascism in Germany, 1919–1933, Chapel Hill, London 1983.

Childers, T., »Interest and Ideology: Anti-System Politics in the Era of Stabilization 1924–1928«, in: G. Feldman (Hg.), Die Nachwirkungen der Inflation auf die deutsche Geschichte, München 1985.

Conway, J., Die nationalsozialistische Kirchenpolitik 1933–1945, München 1969.

Conway, J., The Nazi Persecution of the Churches, 1933–1945, London 1968.

Conway, J., »National Socialism and the Churches during the Weimar Republic«, in: Stachura (Hg.), The Nazi Machtergreifung.

Das andere Gesicht des Krieges. Deutsche Feldpostbriefe 1939–1945, hg. von O. Buchbender und R. Sterz, München 1982.

Das Dritte Reich. Dokumente zur Innen- und Außenpolitik, Band 1: »Volksgemeinschaft« und Großmachtpolitik 1933–1939, hg. von W. Michalka, München 1985.

Der italienische Faschismus. Probleme und Forschungstendenzen, Kolloquien des Instituts für Zeitgeschichte, München 1983.

Der Nationalsozialismus. Dokumente 1933–1945, hg. von W. Hofer, Frankfurt a. M. 1957.

Deuerlein, E. (Hg.), Der Aufstieg der NSDAP in Augenzeugenberichten, Düsseldorf 1968.

Deutschkron, I., Ich trug den gelben Stern, 4. Auflage, Köln 1983.

Deutschland-Berichte der Sozialdemokratischen Partei Deutschlands 1934–1940, 7 Bände, Frankfurt a. M. 1980 (im Text als DBS zitiert).

Diels, R., Lucifer ante Portas. Zwischen Severing und Heydrich, Zürich o. J. (1949).

Diephouse, D. J., »The Triumph of Hitler's Will«, in: J. Held (Hg.), The Cult of Power. Dictators in the Twentieth Century, New York 1983.

Dietrich, O., Zwölf Jahre mit Hitler, Köln, München o. J. (1955).

Dipper, C., »The German Resistance and the Jews«, *Yad Vashem Studies* 16 (1984).

Domarus, M. (Hg.), Hitler. Reden und Proklamationen 1932–1945, Wiesbaden 1973 (als Domarus zitiert).

Domarus, W., Nationalsozialismus, Krieg und Bevölkerung, München 1977.

Eiber, L., Arbeiter unter der NS-Herrschaft. Textil- und Porzellanarbeiter im nordöstlichen Oberfranken 1933–1939, München 1979.

Eley, G., Reshaping the German Right, New Haven, London 1980.
Ericksen, R. P., Theologen unter Hitler, München 1986.
Eschenburg, T., »Streiflichter zur Geschichte der Wahlen im Dritten Reich«, *VfZ*, 3 (1955).
Fabry, P., Mutmaßungen über Hitler. Urteile von Zeitgenossen, Düsseldorf 1969.
Fehrenbach, E., Wandlungen des deutschen Kaisergedankens 1871–1918, München, Wien 1969.
Fehrenbach, E., »Images of Kaiserdom: German attitudes to Kaiser Wilhelm II«, in: J. C. G. Röhl und N. Sombart (Hg.), Kaiser Wilhelm II. New Interpretations, Cambridge 1982.
Fest, J. C., Hitler. Eine Biographie, Frankfurt a. M. 1973.
Flechtheim, O., Die KPD in der Weimarer Republik, Frankfurt a. M. 1969.
Frank, H., Im Angesicht des Galgens, München 1953.
Friedrich, C. J., »Political Leadership and the Problem of Charismatic Power«, *Journal of Politics* 23 (1961).
Fröhlich, E., »Die Partei auf lokaler Ebene. Zwischen gesellschaftlicher Assimilation und Veränderungsdynamik«, in: Hirschfeld und Kettenacker (Hg.), Der »Führerstaat«.
Fröhlich, E. und Broszat, M., »Politische und soziale Macht auf dem Lande. Die Durchsetzung der NSDAP im Kreis Memmingen«, *VfZ*, 25 (1977).
Fryman, D. (= Claß, H.), Wenn ich der Kaiser wär, 5. Auflage, Leipzig 1914.
Fünf Millionen Deutsche: »Wir sollten wieder einen Führer haben ...« Die SINUS-Studie über rechtsextremistische Einstellungen bei den Deutschen, Reinbek bei Hamburg 1981.
Funke, M., »7. März 1936. Fallstudie zum außenpolitischen Führungsstil Hitlers«, in: W. Michalka (Hg.), Nationalsozialistische Außenpolitik, Darmstadt 1978.
Gilbert, G. M., Nürnberger Tagebuch, Frankfurt a. M. 1962.
Goebbels, J., Vom Kaiserhof zur Reichskanzlei, 21. Auflage, München 1937.
Goebbels, J., Tagebücher 1945. Die letzten Aufzeichnungen, Hamburg 1977.
Goebbels-Reden, hg. von H. Heiber, 2 Bände, Düsseldorf 1972.
Gordon, S., Hitler, Germans and the »Jewish Question«, Princeton 1984.
Gorz, A., Abschied vom Proletariat, Frankfurt a. M. 1980.
Gottschling, E., »Der faschistische Staat«, in: D. Eichholtz und K.

Gossweiler (Hg.), Faschismusforschung. Positionen, Probleme, Polemik, Berlin 1980.

Graml, H., »Probleme einer Hitler-Biographie. Kritische Bemerkungen zu Joachim C. Fest«, *VfZ*, 22 (1974).

Gross, L., The Last Jews in Berlin, London 1983.

Gruchmann, L., Der Zweite Weltkrieg, 4. Auflage, München 1975.

Gruchmann, L., »Jugendopposition und Justiz im Dritten Reich«, in: W. Benz (Hg.), Miscellanea. Festschrift für Helmut Krausnick, Stuttgart 1980.

Grunfeld, F. V., Die deutsche Tragödie: Adolf Hitler und das deutsche Reich 1918–1945 in Bildern, Hamburg 1975.

Gurfein, I. M. und Janowitz, M., »Trends in Wehrmacht Morale«, *Public Opinion Quarterly* 10 (1946).

Haffner, S., Anmerkungen zu Hitler, München 1978.

Hagmann, M., Der Weg ins Verhängnis, München 1946.

Hahn, F., Lieber Stürmer. Leserbriefe an das NS-Kampfblatt 1924 bis 1945, Stuttgart 1978.

Hambrecht, R., Der Aufstieg der NSDAP in Mittel- und Oberfranken, 1925–1933, Nürnberg 1976.

Hamilton, R., Who voted for Hitler?, Princeton 1982.

Hassell, U. von, Die Hassell-Tagebücher 1938–1944, hg. von F. Freiherr Hiller von Gaertringen [nach der Handschrift revidierte und erweiterte Neuausgabe], 2. Auflage, Berlin 1988.

Heer, F., Der Glaube des Adolf Hitler. Anatomie einer politischen Religiösität, München 1966.

Hehl, U. von, Priester unter Hitlers Terror. Eine biographische und statistische Erhebung, Mainz 1984.

Heimann, H., »Die Entwicklung des Automobils zum Massenkonsumartikel in Deutschland«, Magisterarbeit, Ruhruniversität Bochum, Bochum 1985.

Hellfeld, M. von, Edelweißpiraten in Köln, Köln 1981.

Henderson, N., Failure of a Mission, London 1940.

Heyen, F. J. (Hg.), Nationalsozialismus im Alltag, Boppard am Rhein 1967.

Hirschfeld, G. und Kettenacker, L. (Hg.), Der »Führerstaat«: Mythos und Realität, Stuttgart 1981.

Hoffmann, H., »›Victory of Faith‹ (1933) by Leni Reifenstahl«, unveröffentlichtes Manuskript (1986).

Horn, W., Führerideologie und Parteiorganisation in der NSDAP, 1919–1933, Düsseldorf 1972.

Huber, H. und Müller, A. (Hg.), Das Dritte Reich. Seine Geschichte

in Texten, Bildern und Dokumenten, 2 Bände, München/Wien/Basel 1964.
Jäckel, E., Hitler in History, Hanover/London 1984.
Jäckel, E., »Hitler und der Mord an europäischen Juden«, in: P. Märthesheimer und I. Frenzel (Hg.), Im Kreuzfeuer: Der Fernsehfilm »Holocaust«, Frankfurt a. M. 1979.
Jäckel, E. und Kuhn, A. (Hg.), Hitler. Sämtliche Aufzeichnungen 1905–1924, Stuttgart 1980.
Jahr, D., »Die Einstellung der engeren NS-Elite zur Persönlichkeit und politischen Strategie Adolf Hitlers«, Magisterarbeit, Ruhruniversität Bochum, 1984.
Jahrbuch der öffentlichen Meinung 1947–1955, hg. von E. Noelle und E. P. Neumann, Allensbach 1956.
Jahrbuch der öffentlichen Meinung 1965–1967, hg. von E. Noelle und E. P. Neumann, Allensbach 1967.
Jahrbuch der öffentlichen Meinung 1968–1973, hg. von E. Noelle und E. P. Neumann, Allensbach 1974.
Jaide, W., »Not interested in Poltics?«, in: W. Stahl (Hg.), The Politics of Post-war Germany.
Jamin, M., Zwischen den Klassen. Zur Sozialstruktur der SA-Führerschaft, Wuppertal 1984.
Jamin, M., »Zur Rolle der SA im nationalsozialistischen Herrschaftssystem«, in: Hirschfeld und Kettenacker (Hg.), Der »Führerstaat«.
Joseph Goebbels Tagebücher 1924–1945, 5 Bände, hg. von R. G. Reuth, München 1992.
Kater, M., The Nazi Party. A Social Profile of Members and Leaders, 1919–1945, Oxford 1983.
Kater, M., »Sozialer Wandel in der NSDAP im Zuge der NS-Machtergreifung«, in: Schieder (Hg.), Faschismus als soziale Bewegung.
Kater, M., »Hitler in a Social Context«, *Central European History* 14 (1981).
Keim, A. M., (Hg.), Yad Vashem. Die Judenretter aus Deutschland, Mainz, München 1983.
Kershaw, I., Popular Opinion and Political Dissent in the Third Reich, Oxford 1983.
Kershaw, I., Der NS-Staat, Reinbek bei Hamburg 1988.
Kershaw, I., »The Persecution of the Jews and German Popular Opinion in the Third Reich«, Yearbook of the Leo Baeck Institute, 26 (1981).

Kershaw, I., »Ideology, Propaganda, and the Rise of the Nazi Party«, in: Stachura (Hg.), The Nazi Machtergreifung.

Kershaw, I., »Alltägliches und Außeralltägliches: Ihre Bedeutung für die Volksmeinung 1933–1939«, in: Peukert und Reulecke (Hg.), Die Reihen fast geschlossen.

Kettenacker, L., »Sozialpsychologische Aspekte der Führer-Herrschaft«, in: Hirschfeld und Kettenacker (Hg.), Der »Führerstaat«.

Kettenacker, L., »Hitler's Impact on the Lower Middle Class«, in: D. Welch (Hg.), Nazi Propaganda: the Power and the Limitations, London 1983.

Kettenacker, L., »Der Mythos vom Reich«, in: Bohrer, Mythos und Moderne.

King, C., The Nazi State and the New Religions, New York, Toronto 1983.

Kirchliche Lage in Bayern nach den Regierungspräsidentenberichten 1933–1943, hg. von H. Witetschek und (Band 4) W. Ziegler, 4 Bände, Mainz 1966, 1967, 1971, 1973 (im Text als KL, I, etc. zitiert).

Kirwan, G., »Waiting for Retaliation. A Study in Nazi Propaganda Behaviour and German Civilian Morale«, *Journal of Contemporary History* 16 (1981).

Kirwan, G., »Allied Bombing and Nazi Domestic Propaganda«, European History Quarterly 15 (1985).

Klee, E., »Euthanasie« im NS-Staat. Die »Vernichtung lebensunwerten Lebens«, Frankfurt a. M. 1983.

Klönne, A., Jugend im Dritten Reich. Die Hitler-Jugend und ihre Gegner, Düsseldorf 1982.

Klotzbücher, A., Der politische Weg des Stahlhelm, Bund der Frontsoldaten, in der Weimarer Republik, Erlangen 1965.

Knox, M., »Conquest, Foreign and Domestic, in Fascist Italy and Nazi Germany«, *Journal of Modern History* 56 (1984).

Knuetter, H.-H., »Ideologies of Extreme Rightists in Postwar Germany«, in: Stahl (Hg.), The Politics of Post-war Germany.

Kotze, H. von und Kruasnick, H., »Es spricht der Führer«. 7 exemplarische Hitler-Reden, Gütersloh 1966.

Kotze, H. von und Wilhelm, H.-H., Die Truppe des Weltanschauungskrieges, Stuttgart 1981.

Kulka, O. D., »Die Nürnberger Rassengesetze und die deutsche Bevölkerung«, *VfZ*, 32 (1984).

Kulka, O. D., »›Public Opinion‹ in Nazi Germany and the ›Jewish Question‹«, *Jerusalem Quarterly*, 25 (1982).

Kulka, O.D., »›Public Opinion‹ in Nazi Germany: the Final Solution«, *Jerusalem Quarterly* 26 (1983).

Kulka, O.D., und Rodrigue, A., »The German Population and the Jews in the Third Reich«, *Yad Vashem Studies* 16 (1984).

Kwiet, K. und Eschwege, H., »Selbstbehauptung und Widerstand. Deutsche Juden im Kampf um Existenz und Menschenwürde 1933–1945, Hamburg 1984.

Lagebesprechungen im Führerhauptquartier, hg. von H. Heiber, Berlin 1962.

Laqueur, W., Was niemand wissen wollte, Frankfurt a.M., Berlin/Wien 1981.

Lepsius, M.R., »From Fragmented Party Democracy to Government by Emergency Decree and National Socialist Takeover: Germany«, in: J.J. Linz und A. Stepan (Hg.), The Breakdown of Democratic Regimes, Baltimore, London 1978.

Leuner, H.D., Als Mitleid ein Verbrechen war, Wiesbaden 1967.

Lewy, G., Die katholische Kirche und das Dritte Reich, München 1965.

Mann, G., Deutsche Geschichte des neunzehnten und zwanzigsten Jahrhunderts, Frankfurt a.M. 1958.

Mann, R., »Politische Penetration und gesellschaftliche Reaktion. Anzeigen zur Gestapo im nationalsozialistischen Deutschland«, in: R. Mackensen und F. Sagebiel (Hg.), Soziologische Analysen. Referate aus den Veranstaltungen der Sektionen der Deutschen Gesellschaft für Soziologie beim 19. Deutschen Soziologentag, Berlin 1979.

Maser, W., Der Sturm auf die Republik. Frühgeschichte der NSDAP, Stuttgart 1973.

Mason, T.W., Arbeiterklasse und Volksgemeinschaft, Opladen 1975.

Mason, T.W., »The Legacy of 1918 for National Socialism«, in: A. Nicholls und E. Matthias (Hg.), German Democracy and the Triumph of Hitler, London 1971.

Mason, T.W., »Intention and Explanation: A Current Controversy about the Interpretation of National Socialism«, in: Hirschfeld und Kettenacker (Hg.), Der »Führerstaat«.

Mason, T.W., »Open Questions on Nazism«, in: R. Samuel (Hg.), People's History and Socialist Theory, London 1981.

Matthias, E. und Morsey, R. (Hg.), Das Ende der Parteien, Düsseldorf 1979.

Mayer, M., They Thought They Were Free. The Germans 1933–1945, Chicago 1955.

McKee, I., Tomorrow the World, London 1960.
Meldungen aus dem Reich, hg. von H. Boberach, Neuwied 1965 (im Text als »Meldungen« zitiert).
Meldungen aus dem Reich. Die geheimen Lageberichte des Sicherheitsdienstes der SS 1938–1945, hg. von H. Boberach, 17 Bände, Herrsching 1984 (im Text als »MadR« zitiert).
Melograni, P., »The Cult of the Duce in Mussolini's Italy, *Journal of Contemporary History,* 11 (1976).
Merkl, P., Political Violence under the Swastika, Princeton 1975.
Merritt, A. J. und Merritt, R. L. (Hg.), Public Opinion in Occupied Germany. The OMGUS Surveys, 1945–1949, Urbana 1970.
Merritt, A. J. und Merritt, R. L. (Hg.), Public Opinion in Semisovereign Germany. The HICOG Surveys, 1949–1955, Urbana 1980.
Meyer, C. H., »Die Veredelung Hitles. Das Dritte Reich als Markenartikel«, in: W. Benz (Hg.), Rechtsextremismus in der Bundesrepublik, Frankfurt a. M. 1984.
Moltmann, G., »Goebbel's Speech on Total War, February 18, 1943«, in: H. Holborn (Hg.), Republic to Reich, New York 1972.
Mommsen, H., »Gesellschaftsbild und Verfassungspläne des deutschen Widerstandes«, in: Widerstand im Dritten Reich. Probleme, Ereignisse, Gestalten, hg. von H. Graml, Frankfurt a. M. 1984.
Mommsen, H., »Zur Verschränkung traditioneller und faschistischer Führungsgruppen in Deutschland beim Übergang von der Bewegungs- zur Systemphase«, in: Schieder (Hg.), Faschismus als soziale Bewegung.
Mommsen, H., »Der Mythos des nationalen Aufbruchs und die Haltung der deutschen Intellektuellen und funktionalen Eliten«, in: 1933 in Gesellschaft und Wissenschaft, hg. von der Pressestelle der Universität Hamburg, Hamburg 1983.
Mommsen, H., »Die Realisierung des Utopischen: Die ›Endlösung der Judenfrage‹ im ›Dritten Reich‹«, *Geschichte und Gesellschaft,* 9 (1983).
Morsey, R., »Die Deutsche Zentrumspartei«, in: Matthias und Morsey (Hg.), Das Ende der Parteien.
Mosse, G. L., Die Nationalisierung der Massen, Berlin 1976.
Müller, K.-J., Armee, Politik und Gesellschaft in Deutschland 1933–1945, Paderborn 1979.
Müller, K.-J., Armee, »Nationalkonservative Eliten zwischen Kooperation und Widerstand«, in: Schmädeke und Steinbach, Der Widerstand.

Müller-Claudius, M., Der Antisemitismus und das deutsche Verhängnis, Frankfurt a. M. 1948.
Muth, H., »Jugendopposition im Dritten Reich«, *VfZ*, 30 (1982).
Nadler, F., Ich sah wie Nürnberg unterging, 2. Auflage, Nürnberg 1959.
Nadler, F., Eine Stadt im Schatten Streichers, Nürnberg 1969.
Neumann, F., Behemoth. Struktur und Praxis des Nationalsozialismus 1933–1944, hg. von G. Schäfer, Köln/Frankfurt a. M. 1977.
Neumann, S., Die Parteien der Weimarer Republik, Neuausgabe, Stuttgart 1965.
Nipperdey, T., »Nationalidee und Nationaldenkmal in Deutschland im 19. Jahrhundert«, *Historische Zeitschrift*, 206 (1968).
Noakes, J., The Nazy Party in Lower Saxony, Oxford 1971.
Noakes, J. and Pridham, G. (Hg.), Documents on Nazism, London 1974.
Nyomarkay, J., Charisma and Factionalism within the Nazi Party, Minneapolis 1967.
Obenaus, H., »Haben sie wirklich nichts gewusst? Ein Tagebuch zum Alltag von 1933–1945 gibt eine deutliche Antwort«, *Journal für Geschichte*, 2 (1980).
Obenaus, H. und Obenaus, S., »Schreiben wie es wirklich war!« Aufzeichnungen Karl Dürkefäldens aus den Jahren 1933–1945, Hannover 1985.
Orlow, D., The History of the Nazy Party, 1919–1933, Pittsburgh 1969.
Orlow, D., The History of the Nazy Party, 1933–1945, Pittsburgh 1973.
O'Sullivan, N., Fascism, London 1983.
Parteistatistik, hg. vom Reichsorganisationsleiter der NSDAP, 3 Bände, München 1935.
Parteitag der Freiheit vom 10. bis 16. September 1935. Offizieller Bericht über den Verlauf des Reichsparteitages mit sämtlichen Kongreßreden, München 1935.
Parteitag der Ehre vom 8. bis 14. September 1936, München 1936.
Petersen, J., »Mussolini. Wirklichkeit und Mythos eines Diktators«, in: Bohrer (Hg.), Mythos und Moderne.
Peterson, E. N., The Limits of Hitler's Power, Princeton 1969.
Petzold, J., Die Demagogie des Hitlerfaschismus, Berlin 1992.
Peukert, D., Die KPD im Widerstand, Wuppertal 1980.
Peukert, D., »Edelweißpiraten, Meuten, Swing, Jugendsubkulturen

im Dritten Reich«, in: G. Huck (Hg.), Sozialgeschichte der Freizeit, Wuppertal 1980.

Peukert, D. und Reulecke, J. (Hg.), Die Reihen fast geschlossen. Beiträge zur Geschichte des Alltags unter dem Nationalsozialismus, Wuppertal 1981.

Picker, H., Hitlers Tischgespräche im Führerhauptquartier 1941 bis 1942, Stuttgart 1963.

Pridham, G., Hitler's Rise to Power. The Nazy Movement in Bavaria, 1923–1933, London 1973.

Reck-Malleczewen, F. P., Tagebuch eines Verzweifelten, Frankfurt a. M., Hamburg 1976.

Rosenberg; A., Letzte Aufzeichnungen. Ideale und Idole der nationalsozialistischen Revolution, Göttingen 1955.

Rothfels, H., »Zerrspiegel des 20. Juli«, *VfZ*, 10 (1962).

Ruge, W., Das Ende von Weimar. Monopolkapital und Hitler, Berlin 1983.

Schieder, W., Faschismus als soziale Bewegung, Hamburg 1976.

Schirach, B. von, Ich glaubte an Hitler, Hamburg 1967.

Schmädeke, J. und Steinbach, P. (Hg.), Der Widerstand gegen den Nationalsozialismus, München 1985.

Schmidt, C., »Zu den Motiven »alter Kämpfer« in der NSDAP«, in: Peukert und Reulecke (Hg.), Die Reihen fast geschlossen.

Schmidt, P., Statist auf diplomatischer Bühne 1923–45, Bonn 1953.

Schnatz, H., Der Luftkrieg im Raum Koblenz 1944/45, Boppard am Rhein 1981.

Schörken, R., Luftwaffenhelfer und Drittes Reich. Die Entstehung eines politischen Bewusstseins, Stuttgart 1984.

Schreiber, G., Hitler. Interpretationen 1923–1983. Ergebnisse, Methoden und Probleme der Forschung, Darmstadt 1984.

Schweitzer, A., The Age of Charisma, Chicago 1984.

Semmler, R., Goebbels. The Man Next to Hitler, London 1947.

Shirer, W., Berliner Tagebuch-Aufzeichnungen 1934–1941, hg. von J. Schebera, Leipzig, Weimar 1991.

Sington, D. und Weidenfeld, A., The Goebbels Experiment, London 1942.

Smith, C. A. A., »The National Socialist Organisation NSV: ›NS. People's Welfare‹, propaganda and influence, 1933–1945«, Diss., University of Edinburgh, 1986.

Sontheimer, K., Antidemokratisches Denken in der Weimarer Republik, 4. Auflage, München 1962.

Speer, A., Erinnerungen, Frankfurt a. M., Berlin 1969.
Spiegelbild einer Verschwörung, hg. vom Archiv Peter, Stuttgart 1961.
Stachura, P. D. (Hg.), The Shaping of the Nazi State, London 1978.
Stachura, P. D., The German Youth Movement 1900–1945. An Interpretative and Documentary History, London 1981.
Stachura, P. D. (Hg.), The Nazi Machtergreifung, London 1983.
Stachura, P. D., Gregor Strasser and the Rise of Nazism, London 1983.
Stachura, P. D., »German Youth, the Youth Movement, and National Socialism in the Weimar Republic«, in: Stachura (Hg.), The Politics of Post-war Germany, New York 1963.
Statistisches Jahrbuch für das Deutsche Reich, hg. vom Statistischen Reichsamt, 1933–1942.
Steinbach, L., Ein Volk, ein Reich, ein Glaube?, Berlin/Bonn 1983.
Steinert, M. G., Hitlers Krieg und die Deutschen, Düsseldorf 1970.
Stern, J. P., Hitler: Der Führer und das Volk, München 1978.
Stoakes, G., »The Evolution of Hitler's Ideas on Foreign Policy 1919–1925«, in: Stachura, The Shaping of the Nazi State.
Stokes, L. D., »The Sicherheitsdienst (SD) of the Reichsführer SS and German Public Opinion, September 1939–June 1941«, Diss., Johns Hopkins University, Baltimore 1972.
Streit, C., Keine Kameraden. Die Wehrmacht und die sowjetischen Kriegsgefangenen, Stuttgart 1978.
Struve, W., Elites against Democracy. Leadership Ideals in Bourgeois Political Thought in Germany, 1890–1933, Princeton 1973.
Taylor, S., Prelude to Genocide, London 1985.
Terveen, F., »Der Filmbericht über Hitlers 50. Geburtstag. Ein Beispiel nationalsozialistischer Selbstdarstellung und Propaganda«, *VfZ*, 7 (1959).
Toland, J., Adolf Hitler, Bergisch Gladbach 1977.
Totalitarismus und Faschismus. Kolloquien des Instituts für Zeitgeschichte, München 1980.
Treue, W., »Rede Hitlers vor der deutschen Presse (10. Nov. 1938)«, *VfZ*, 6 (1958).
True to Type. A Selection of Letters and Diaries of German Soldiers and Civilians collected on the Soviet-German Front, London o. J. (1944?).
Turner, H. A. (Hg.), Hitler aus nächster Nähe, Frankfurt a. M./Berlin/Wien 1978.

Tyrell, A., Führer befiel… Selbstzeugnisseaus der »Kampfzeit« der NSDAP. Dokumentation und Analyse, Düsseldorf 1969.
Tyrell, A., Vom »Trommler« zum »Führer«, München 1975.
Tyrell, A., III. Reichsparteitag der NSDAP, 19.–21. August 1927, Filmedition G122 des Instituts für den wissenschaftlichen Film, Ser. 4, Nr. 4/G122, Göttingen 1976.
Unger, A.H., The Totalitarian Party, Cambridge 1974.
United States Strategic Bombing Survey, Nachdruck New York, London 1976, Band 4 (»The Effects of Strategic Bombing on German Morale«), (im Text zitiert als USSBS).
Vierhaus, R., »Faschistisches Führertum«, *Historische Zeitschrift*, 198 (1964).
Voges, M., »Klassenkampf in der ›Betriebsgemeinschaft‹«, *Archiv für Sozialgeschichte*, 21 (1981).
Volk, L., »Kardinal Faulhabers Stellung zur Weimarer Republik und zum NS-Staat«, *Stimmen der Zeit*, 177 (1966).
Volksopposition im Polizeistaat. Gestapo- und Regierungsberichte 1934–1936, hg. von B. Vollmer, Stuttgart 1957.
Vondung, K., Magie und Manipulation, Göttingen 1971.
Wagner, J.V., Hakenkreuz über Bochum, Bochum 1983.
Waite, R.G.L., Vanguard of Nazism. The Free Corps Movement in Postwar Germany 1918–1923, Cambridge, Mass., 1952.
Waite, R.G.L., The Psychopathic God – Adolf Hitler, New York 1977.
Weber, M., Wirtschaft und Gesellschaft, 4. Auflage, Tübingen 1956.
Wehler, H.-U., »30. Januar 1933 – Ein halbes Jahrhundert danach«, *Aus Politik und Zeitgeschichte*, 29. Januar 1983.
Weinstein, F., The Dynamics of Nazism. Leadership, Ideology, and the Holocaust, New York 1980.
Weißbecker, M., »Zur Herausbildung des Führerkults in der NSDAP«, in: K. Drechsler u.a. (Hg.), Monopole und Staat in Deutschland 1917–1945, Berlin 1966.
Welch, D., Propaganda and the German Cinema 1933–1945, Oxford 1983.
Welch, D. (Hg.), Nazi Propaganda: The Power and the Limitations, London 1983.
Wiedemann, F., Der Mann, der Feldherr werden wollte, Velbert/Kettwig 1964.
Wilhelm, H.-H., »The Holocaust in National Socialist Rhetoric and Writings«, *Yad Vashem Studies*, 16 (1984).

»Wollt ihr den totalen Krieg?« Die geheimen Goebbels-Konferenzen 1939–1943, hg. von W. A. Boelcke, München 1969.
Zeman, Z. A. B., Nazi Propaganda, Oxford 1964.
Zofka, Z., Die Ausbreitung des Nationalsozialismus auf dem Lande, München 1979.
Zofka, Z., »Dorfeliten und NSDAP«, in: *Bayern IV*.

PERSONENREGISTER